VAPAUDEN TULI

WOLFRAM
EILENBERGER

VAPAUDEN TULI

Filosofian pelastus synkkinä aikoina 1933–1943

Suomentanut Tommi Uschanov

Kustannusosakeyhtiö Siltala
Helsinki

The translation of this work was supported
by a grant from the Goethe-Institut.

Alkuteos: *Feuer der Freiheit. Die Rettung der Philosophie in finsteren Zeiten 1933–1943*

Finnish Translation published in arrangement with
Literary Agency Michael Gaeb, Berlin.
Kansi: © Rothfos & Gabler, Hamburg. Gaston La Touche, *Feu d'artifice sur Paris*,
© Sotheby's/AKG-images

Toinen painos

Painopaikka: Painettu EU:ssa
ISBN 978-952-234-834-0

Venlalle ja Kaisalle, naisille matkalla

SISÄLLYS

Luuletko ehkä,
että ma elämää vihaisin,
erämaahan pakenisin...

Johann Wolfgang von Goethe, "Prometheus" (1789)
(suom. V. A. Koskenniemi)

Fool me once, fool me twice
Are you death or paradise?

Billie Eilish, "No Time to Die" (2020)

I

KIPINÖITÄ

1943

Beauvoir on tunnelma korkealla, Weil transsissa,
Rand suunniltaan ja Arendt painajaisessa

PROJEKTI

”Miksi ylipäänsä aloittaa, kun joutuu taas keskeyttämään?”[1] Ei mikään huono aloitus. Juuri tätä esseen oli tarkoitus käsitellä: jännitettä oman olemassaolon rajallisuuden ja tämän maailman ilmeisen äärettömyyden välillä. Tämä kuilu uhkasi jo lyhyenkin pohdinnan jälkeen tehdä absurdiudellaan tyhjäksi jokaisen suunnitelman, jokaisen luonnostelman, jokaisen itselle asetetun tavoitteen. Riippumatta siitä, koostuiko se koko maapallon valloittamisesta vai pelkästään oman pihapuutarhan hoitamisesta.[2] Kyse oli viime kädessä aina samasta. Jollei kukaan muu, viimeistään itse aika tuhoaisi saavutuksen jonakin päivänä ja saisi sen unohtumaan ikuisesti. Aivan kuin sitä ei olisi koskaan tapahtunutkaan. Yhtä varma kohtalo kuin oma kuolema.

Joten miksi tehdä ylipäänsä jotakin, kun voi olla tekemättä mitään? Tai vielä paremmin, kolmen klassisen kysymyksen muodossa: ”Mikä on ihmisen mitta? Mitä tavoitteita hän voi asettaa itselleen, ja millaista toivoa hän voi vaalia?”[3] Niin juuri. Tässä se oli, etsitty rakenne!

Simone de Beauvoir seurasi ohi kulkevia ihmisiä Café Floren toisen kerroksen nurkkapöydästä. Siinä he säntäilivät. Muut ihmiset. Jokaisella oma tietoisuutensa. Liikkeellä omine pelkoineen ja huolineen, suunnitelmineen ja toiveineen. Aivan kuten hänkin. Mutta vain yhtenä miljardeista. Ajatus, joka värisytti häntä joka kerralla.

Beauvoir’n ei ollut helppo hyväksyä sitä. Ei vähiten sen aihepiirin takia, jota Jean Grenier halusi hänen käsittelevän. Tämä oli toimittamassa nykyisyyttä määrittelevistä älyllisistä virtauksista kokoomateosta, johon hän tarvitsi tekstin ”eksistentialismista”.[4] Sartre ja Beauvoir eivät olleet aiemmin omineet tätä termiä itselleen. Se oli sanomalehtikirjoittajien äskettäinen keksintö, ei muuta.

Aiheenasettelussa oli verratonta ironiaa. Sillä jos hänen ja Sartren ajattelijantietä oli jokin määrittänyt viimeksi kuluneiden kymmenen vuoden aikana, niin juuri johdonmukainen kieltäytyminen valmiista lokeroista, joihin muut olivat heitä työntämässä. Nimenomaan tällainen kapina oli ollut heidän projektinsa ydin – aina tähän päivään asti.

VOIMAN VUODET

Nimittäkööt muut vain sitä rauhassa "eksistentialismiksi". Hän halusi välttää käsitettä tietoisesti. Ja tehdä sen sijaan kirjoittajana yksinkertaisesti sitä, mitä hän oli rakastanut tehdä nuoruutensa ensimmäisistä päiväkirjamerkinnöistä lähtien: omistautua mahdollisimman keskittyneesti kysymyksille, jotka vainosivat hänen koko olemassaoloaan – ja joiden vastauksia hän ei vieläkään tiennyt. Kummallista kyllä, nämä kysymykset olivat yhä samoja. Ennen kaikkea kysymys hänen oman olemassaolonsa mahdollisesta merkityksestä. Sekä kysymys muiden ihmisten tärkeydestä hänen omalle elämälleen.

Mutta Beauvoir ei ollut koskaan ennen tuntenut itseään niin varmaksi ja vapaaksi näissä pohdinnoissa kuin nyt, keväällä 1943. Uuden maailmansodan huippukohdassa. Keskellä miehitettyä kaupunkiaan. Huolimatta elintarvikepulasta ja säännöstelystä. Huolimatta kroonisesta kahvin ja tupakan puutteesta (Sartre oli näihin aikoihin niin epätoivoinen, että ryömi joka aamu Flore-kahvilan lattialla keräämässä edellisen illan tumppeja itselleen). Huolimatta arkielämän häiriintymisestä ja ulkonaliikkumiskielloista. Huolimatta sensuurista ja saksalaisista sotilaista, jotka täällä Montparnassessa käyttäytyivät kahviloissa yhä häpeämättömämmin. Niin kauan kuin hän löysi tarpeeksi aikaa ja rauhaa kirjoittamiseen, kaikki muu oli edelleen siedettävää.

Syksyllä Gallimard-kustantamo julkaisisi hänen esikoisromaaninsa.[5] Toinen romaani oli pöytälaatikossa valmiina.[6] Myös näytelmän[7] kirjoittaminen eteni hyvin. Nyt seuraavaksi olisi vuorossa ensimmäinen filosofinen essee. Sartren tuhatsivuinen teos *L'être et le néant* (Oleminen ja ei-mikyys) oli myös menossa pian painoon. Hänen draamansa *Kärpäset* saisi ensi-iltansa Théâtre de la Citéssä kuukauden kuluttua. Se oli hänen toistaiseksi poliittisin näytelmänsä.

Todellisuudessa kaikki tämä oli kokonaisen vuosikymmenen henkinen sato; vuosikymmenen, jonka aikana hän ja Sartre olivat itse asiassa luoneet kokonaan uudenlaisen filosofointityylin. Ja – koska yhtä asiaa ei voinut erottaa toisesta – uuden tavan elää elämäänsä: yksityisesti, ammatillisesti, kirjallisesti, eroottisesti.

Kun Beauvoir vielä opiskeli filosofiaa École Normale Supérieuressa – Sartre kutsui hänet selittämään Leibnizia – he olivat tehneet erityisen rakkaussopimuksen. He olivat luvanneet toisilleen ehdotonta henkistä uskollisuutta ja rehellisyyttä – samalla kun pysyivät avoimina muiden houkutuksille. He olisivat ehdottoman välttämättömiä toisilleen ja niin sattuessa myös muille. Dynaaminen pari, jossa koko laajan maailman tulisi hänen tahtonsa mukaan heijastua. Siitä lähtien se oli vienyt hänet uusiin alkuihin ja seikkailuihin: Pariisista Berliiniin ja Ateenaan; Husserlista Heideggeriin ja Hegeliin; tutkielmista romaaneihin ja näytelmiin. Nikotiinista meskaliiniin ja amfetamiiniin. "Pikku venakosta" "pikku Bostiin" ja "pikkuruiseen venakkoon". Nizanista Merleau-Pontyyn ja Camusiin. Sartre oli yhä kiinni hänessä, tukevammin ja tukevammin kuin koskaan ("rakkauden eläminen tarkoittaa sen käyttämistä uusien tavoitteiden luomiseen").[8]

Samaan aikaan he tekivät viikoittaisen työmääränsä (enintään 16 tuntia) filosofian opettajina ilman suurempaa sitoutumista. Sen sijaan, että pitäisivät kiinni opetussuunnitelmasta, he antoivat oppilaiden keskustella vapaasti keskenään lyhyen johdantopuheenvuoron jälkeen – aina onnistuneesti. Sillä maksoi laskut. Ainakin osaksi. Heidän ei tarvinnut kustantaa vain omaa elämäänsä, vaan myös suuren osan heidän "perheestään". Viiden Pariisissa vietetyn vuoden jälkeenkin Olga oli vasta aloittamassa näyttelijän uraa. Pikku Bost hädin tuskin pärjäsi vapaana toimittajana, ja Olgan pikkusisko Wanda etsi epätoivoisesti jotakin, joka sopisi hänelle täysin. Vain nuorin lisäys Natalie Sorokin seisoi tukevasti omilla jaloillaan: heti sodan alussa hän oli erikoistunut polkupyörävarkauksiin, ja siitä lähtien hän on harjoittanut hyvin järjestäytynyttä mustan pörssin kauppaa, joka on kasvanut yhä laajemmaksi – ilmeisesti natsien sietämänä.

TILANNE

Sodan ja miehityksen kokemukset olivat jälleen lähentäneet heitä toisiinsa. Beauvoir'sta tuntui tosiasiallisena perheenpäänä siltä, että juuri edellisten kuukausien aikana heidän rinnakkaiselonsa oli löytänyt oikean paikan. Kaikki nauttivat omasta roolistaan, tyhjentymättä silti siihen. Jokainen tiesi oikeutensa olematta silti liian jäykkä. He olivat kukin onnellisia itsestään, mutta eivät silti pitkäveteisiä yhdessä.

Tulossa olevan tuomion julistaminen ei siis huolestuttanut Beauvoiria vain sen itsensä vuoksi. Vichyn viranomaisten urkkijat olivat tutkineet häntä jo yli vuoden. Sorokinin äiti oli sattumalta löytänyt pöytälaatikosta intiimin kirjeenvaihdon tyttärensä ja tämän silloisen filosofianopettajan välillä. Sitten hän teki oman tutkimuksensa asiasta ja vei lopulta aineiston viranomaisille. Kuvio on hänen valituksensa mukaan ilmeisesti aina sama: aluksi Beauvoir ystävystyi ihailevan nykyisen tai entisen oppilaansa kanssa yksityisesti, sitten vietteli hänet seksuaalisesti ja jonkin ajan kuluttua jopa paritti hänet pitkäaikaiselle kumppanilleen, filosofianopettaja ja kirjailija Jean-Paul Sartrelle. Tutkimuksen keskiössä oli siten "yllytys paheelliseen käyttäytymiseen",[9] josta uhkasi tulla Beauvoir'lle seuraamuksia, jos hänet todettaisiin syylliseksi. Opettajan valtuuksien pysyvä peruuttaminen olisi niistä helpoin. Toistaiseksi oli varmaa vain, että Sorokin, Bost ja Sartre olivat pysyneet kuulusteluissa hiljaa. Edellä mainittujen Sorokinille osoitettujen kirjeiden lisäksi ei todennäköisesti ollut muuta suoraa näyttöä, eivätkä ne viime kädessä riittäisi yksinään. Mutta tietenkin on varmasti paljon todisteita, jotka ovat antaneet Pétainin hallinnon nuuskijoille riittävän täsmällisen kuvan siitä, mihin Beauvoir sijoittui opettajana poliittisesti – ja mitä hän puolusti koko olemassaolollaan.

Hänellä ei ollut omaa asuntoa, vaan hän oli asunut vuosien ajan Montparnassen hotelleissa yhdessä Sartren kanssa. Siellä he tanssivat ja nauroivat, kokkasivat ja ryyppäsivät, riitelivät ja nukkuivat yhdessä. Ilman ulkoista pakkoa. Ilman ehdottomia sääntöjä. Ja ennen kaikkea – sikäli kuin se oli mahdollista – ilman valheellisia lupauksia ja uhrauksia. Eikö yksinkertainen katse, kevyt kosketus, yhdessä valvottu yö voikin tarjota kipinän, josta syttyy uuden elämän tuli? Niin hän halusi uskoa. Beauvoir'n ja Sartren mukaan ihminen oli todellakin vain aloittelija.

> Hän ei koskaan pääse perille mihinkään. On vain lähtökohtia, alkuja. Jokaisen ihmisen myötä ihmiskunta murtautuu uudestaan esiin. Ja niinpä nuori, joka etsii paikkaansa maailmasta, ei aluksi löydä sitä ja tuntee siksi olevansa hylätty – –.[10]

Se oli myös tapa selittää, miksi he olivat aikoinaan ottaneet Olgan, Wandan, pikku Bostin ja Sorokinin siipiensä suojaan ja vieneet nämä maakunnista Pariisiin, missä he tukivat, edistivät ja rahoittivat heitä. Johtaakseen nämä nuoret ilmeisestä hylätyksi tulemisesta vapauteen. Kannustaakseen heitä luomaan oman paikkansa maailmassa sen sijaan, että he vain ottaisivat sieltä jonkin valmiin paikan. Tässä oli kyse rakkaudesta, ei alistamisesta; elävästä eroksesta, ei sokeasta elostelusta. Tässä oli kyse teosta, joka suojeli ihmisyyttä. Sillä "[i]hminen on olemassa vain siinä määrin kuin hän valitsee itsensä; jos hän kieltäytyy valitsemasta itseään, hän tuhoaa itsensä."[11]

KUOLEMANSYNTEJÄ

Jos heidän uuden filosofiansa mukaan oli olemassa jotakin, mikä voisi Jumalan kuoleman jälkeen tulla "synnin" tilalle, se oli tämä tahallinen kieltäytyminen vapaudesta. Juuri tätä itse aiheutettua tuhoutumista oli vältettävä hinnalla millä hyvänsä. Sekä itsensä että muiden vuoksi. Sekä yksityisesti että poliittisesti. Tässä ja nyt, itse elämän nimessä ja sitä juhlistaen. Eikä "kuolemaa kohti olemisen" nimissä, kuten "eksistentialistiksi" luonnehdittu Martin Heidegger näytti Saksan syrjäseuduilla opettavan. "Ihmisen olemus on sellaisten hahmotusten muodossa, jotka eivät ole kuoleman vaan tiettyjen tavoitteiden hahmotuksia. -- Ihminen ei siis ole kuolemaa *kohti*."[12]

Ainoa olemus, jolla oli merkitystä, oli tämän maailman olemus. Ainoat kestävät arvot olivat tämän maailman arvoja. Niiden ainoa todella kestävä alkuperä on vapaan ihmisen tahdossa tarttua omaan vapauteensa. Tätä merkitsi se, että *oli olemassa* ihmisenä.

Juuri tämän olemassaolon muodon Hitler seuraajineen halusi hävittää. Täsmälleen tämä oli ollut heidän tavoitteenaan, kun he hyökkäsivät Beauvoir'n maahan kolme vuotta aiemmin – voidakseen lopullisen maailmanlaajuisen voittonsa jälkeen sanella viimeiselle jäljellä olevalle ihmiselle maan päällä tarkalleen, kuinka hänen pitäisi kirjoittaa esseensä tai hoitaa puutarhansa.

Ei, hänellä oli todella parempaakin tehtävää kuin huolehtia näiden fasististen pikkusielujen tuomiosta. Vieköötvain häneltä luvan opettaa! Hän osaa hahmotella itsensä uudelleen tyhjästä! Varsinkin nyt, kun monet ovet näyttivät avautuvan hänelle samanaikaisesti.

MORAALI

Beauvoir odotti keskusteluja innolla. Illalla olisi Sartren tuoreimman näytelmän kenraaliharjoitus. Sitten, kuten aina, mentäisiin viihteelle. Camus oli myös ilmoittanut tulevansa. Jos hän seurasi tähänastisia ajatuksiaan oikein, ne jopa avasivat uuden mahdollisuuden määrittää ihminen toimivaksi olennoksi. Sellaiseksi, joka ei ollut tyhjä sisällöstä, kuten Sartren kohdalla, eikä välttämättä ollut tuomittu absurdiuteen, kuten Camus'n mukaan. Esseessään hän toisi esiin uudenlaisen vaihtoehdon. Oman tiensä, kolmannen tien.

Hänen nähdäkseen aidosti inhimillisen toiminnan liikkumavaraa rajoitti sisältä päin kaksi ääripäätä: toisaalta totalitaarisen alistamisen äärimmäisyys ja toisaalta ehdottoman epäsosiaalinen nöyryys. Konkreettisesti ottaen toisessa päässä oli väistämättä yksinäinen tavoite valloittaa koko maailma, toisessa päässä taas yhtä yksinäinen pyrkimys viljellä vain omaa puutarhaa. Loppujen lopuksi täytyi vain katsoa ikkunasta nähdäkseen, että oli olemassa muitakin ihmisiä. Siksi moraalisen sitoutumisen tavoitteet olivat tältä pohjalta kahden ääripään välillä: toisaalla minuudesta tyhjentynyt ja väistämättä ohjautumaton myötätunto *kaikkia* muita kärsiviä ihmisiä kohtaan, toisaalla keskittyminen puhtaasti yksityisiin huolenaiheisiin. Tosielämän tapahtumana: "Yksi nuori nainen ärsyyntyy, koska hänen kengissään on reikiä joista pääsee vettä. – – Toinen saattaa samaan aikaan itkeä, koska nälänhätä Kiinassa on jotakin niin kamalaa."[13]

Beauvoir on jopa kerran kokenut tämän tilanteen itse. Nuori nainen, jolla oli reikiä kengissään, oli hän itse (tai pikemminkin eräs aikaisempi versio hänestä). Itkevä toinen oli hänen tuolloinen opiskelijatoverinsa Simone Weil. Sittemmin hän ei ollut koskaan tavannut ketään, joka puhkeaisi itkuun, koska jossain kaukana on tapahtunut katastrofi, jolla ei näytä olevan mitään tekemistä hänen oman elämänsä kanssa. Tuo toinen Simone hänen elämässään oli edelleen hänelle arvoitus.

Beauvoir pysähtyi ja katsoi kelloaan. Oli aika. Huomisaamuna hän palaisi Café Floreen miettimään uudelleen arvoitustaan.

ERITYISTEHTÄVÄ

Kuten Simone de Beauvoir, myös edellä mainittu Simone Weil on päättänyt vuoden 1943 alussa kulkea radikaalisti uusia polkuja. Tilanteen vakavuus ei jätä hänelle muuta vaihtoehtoa. Loppujen lopuksi 34-vuotias ranskalaisnainen on tänä keväänä varmempi kuin koskaan ennen, että hänellä on vastassaan vihollinen, joka oikeuttaa suurimman mahdollisen uhrauksen. Weilin kaltaiselle syvästi uskovaiselle ihmiselle tämä uhri ei merkitse oman henkensä antamista vaan hengen riistämistä toiselta.

”Jos olen valmis”, hän on kirjoittanut tämän kevään ajattelupäiväkirjassaan, ”jos on strateginen tarve tappaa saksalaisia, se ei johdu siitä, että kärsisin heidän takiaan. Eikä siitä, että he vihaavat Jumalaa ja Kristusta. Vaan siitä, että he ovat kaikkien maailman kansojen vihollisia, mukaan lukien kotimaani. Eikä heitä – niin suurta tuskaa kuin se minulle tuottaakin ja niin valitettavaa kuin se onkin – voida estää tekemästä pahaa tappamatta tiettyä joukkoa heistä.”[14]

New Yorkista, minne hän oli lähtenyt vanhempiensa kanssa maanpakoon, hän nousi lokakuun 1942 lopulla Liverpooliin lähtevään rahtilaivaan liittyäkseen Englannissa kenraali Charles de Gaullen johdolla koottuihin Vapaan Ranskan asevoimiin.[15] Sillä näinä sodan kannalta ratkaisevina viikkoina ja kuukausina mikään ei ole tuskallisempaa kuin ajatella olevansa kaukana kotoa, kaukana kansastaan. Heti saapuessaan Lontoon päämajaan hän ilmoitti siksi siellä oleville päättäjille palavasta halustaan päästä tehtäviin Ranskan maaperälle, jotta hän voisi tarvittaessa kärsiä marttyyrikuoleman isänmaansa puolesta. Mieluiten laskuvarjohyppääjänä – hän tutki huolellisesti aihetta käsitteleviä opaskirjoja. Tai yhteyshenkilönä paikan päällä oleville tovereille, joista jotkut hän tuntee henkilökohtaisesti, koska on aiemmin toiminut Marseillessa ”Kristittyjen todistajien” katolisen vastarintaryhmän palveluksessa. Mieluiten kuitenkin erikseen suunnitellun erityisoperaation kärjessä, jonka hän uskoo vakaasti voivan osoittautua ratkaisevaksi sodassa. Weilin suunnitelmana on perustaa erityinen ranskalaisten etulinjan sairaanhoitajien kommandojoukko, joka lähetetään vain vaarallisimpiin paikkoihin antamaan ensiapua kesken taistelujen. Hän on hankkinut tarvittavat lääketieteelliset tiedot Punaisen Ristin kursseilla New Yorkissa. Etulinjassa tämä erillisosasto voisi pelastaa monia arvokkaita ihmishenkiä, Weil selittää ja esittelee esikunnan henkilöstölle luettelon valituista kirurgian alan julkaisuista heidän arviointinsa tueksi.

Osaston todellinen arvo olisi kuitenkin sen symbolisessa voimassa, sen *hengellisessä* arvossa. Kuten jokainen sota, hän jatkaa kuin hurmiossa, tämäkin on alun perin asennoitumistapojen sota – ja siten propagandistisen viekkauden sota. Mutta juuri tällä alueella vihollinen on toistaiseksi osoittautunut pahasti ylivoimaiseksi. Ajatellaanpa vain Hitlerin SS:ää ja mainetta, joka on kulkenut sen edellä kaikkialle Eurooppaan:

”SS-miehet ovat täydellinen ilmaisu Hitlerin hengelle. Rintamalla heillä on – – julmuuden sankaruus. – – Mutta voimme osoittaa ja meidän täytyy osoittaa, että meillä on toisenlaista rohkeutta kuin heillä. Heidän rohkeutensa on julmaa ja alhaista, se juontuu vallan ja tuhoamisen tahdosta. Koska meillä on toisenlaiset tavoitteet, myös rohkeutemme on peräisin aivan toisenlaisesta hengestä. Mikään symboli ei voi paremmin heijastaa henkeämme kuin tässä ehdotettu naisjoukko. Pelkkä tiettyjen humanitaaristen palvelusten jatkuminen taistelun keskellä, barbaarisuuden huipentumassa, olisi räikeä haaste tälle barbaarisuudelle, jonka puolelle vihollinen on asettunut ja johon se pakottaa myös meidät. Haaste olisi sitäkin huomattavampi, koska nämä humanitaariset palvelukset olisivat naisten tekemiä ja niitä ympäröisi äidillinen huolenpito. Naisia olisi vain kourallinen ja heidän hoidettavinaan olevien sotilaiden määrä olisi suhteellisen pieni, mutta symbolin moraalista tehokkuutta ei mitata määrällisesti. – – Se olisi mitä havainnollisin esitys niistä kahdesta suunnasta, joiden väliltä ihmiskunnan on nykyään valittava."[16] Jälleen kerran hänen maansa historiassa, sanoo Weil, on tärkeää torjua epäjumalia kumartava henki turvaamalla aitoon, pelastavaan uskoon. Lyhyesti sanottuna hänellä on mielessään eräänlainen naispuolinen anti-SS, Orléansin neitsyen Jeanne d'Arcin hengessä. Kirjallinen suunnitelma on jo laadittu. Kun Simone Weil luovuttaa sen henkilökohtaisesti Maurice Schumannille, tämä lupaa entiselle opiskelutoverilleen esitellä sen de Gaullelle, joka päättäisi asiasta. Sitten hän saattaa Weilin henkilökohtaisesti majapaikkaansa kasarmille.

Kuten Schumann oli odottanutkin, de Gaulle tarvitsee alle kolme sekuntia esittääkseen lopullisen arvion "sairaanhoitajien kommandojoukosta": "Nainenhan on hullu!"[17] Weilin tapauksessa minkäänlainen toiminta Ranskan maaperällä ei voi tulla kysymykseen. Aivan liian vaarallista. Täytyy pelkästään miettiä sitä, millaisessa tilassa hän on. Riutunut, käytännössä sokea ilman silmälaseja. Jo fyysisestikään hän ei kestäisi kuormitusta. Henkisestä rasituksesta puhumattakaan.

Niin omalaatuiselta kuin Weil vaikuttaakin, Schumann huomauttaa hänen olevan mitä tinkimättömin ihminen, jolla on ennen kaikkea ainutlaatuinen äly. Weil on valmistunut filosofiasta Pariisin eliittiyliopistosta École Normale Supérieuresta, puhuu sujuvasti useita kieliä ja on erittäin lahjakas matematiikassa. Hänellä on monen vuoden työkokemus toimittajana ja ay-liikkeen piirissä. Hänen taitojaan on tärkeää hyödyntää.

Sen sijaan, että Weilille annettaisiin mahdollisuus kuolla ihanteidensa vuoksi rintamalla, hänen esimiehensä antavat hänelle aivan toisenlaisen erityistehtävän. Hänen on laadittava suunnitelma siitä, miten Ranskan poliittinen jälleenrakennus tapahtuu sen jälkeen, kun Hitler on kukistettu ja valta on siirtynyt pakolaishallitukselle.

Syvästi pettyneenä, mutta avointa vastarintaa tekemättä hän ottaa tehtävän vastaan. Hän sulkeutuu hotellihuoneeseen osoitteessa 19 Hill Street, joka on muunnettu hänelle erityiseksi kirjoitustilaksi – ja alkaa miettiä.

INNOITUKSEN VALLASSA

Ihmiskunnan historiassa on täytynyt olla vain vähän henkilöitä, jotka ovat olleet henkisesti tuotteliaampia vajaan neljän kuukauden ajan kuin filosofinen vastarintataistelija Simone Weil tuona Lontoon talvena 1943. Hän kirjoittaa tutkielmia valtiosääntöoikeudesta ja vallankumouksen teoriasta, Euroopan poliittisesta uudelleenjärjestelystä, marxilaisuuden tietoteoreettisista juurista, puolueiden tehtävästä demokratiassa. Hän kääntää valikoiman upanisadeja sanskritista ranskaksi, kirjoittaa tutkielmia Kreikan ja Intian uskonnollisesta historiasta, sakramenttien teoriasta ja ihmisen pyhyydestä kristinuskossa. Otsikolla *Juurtuminen*[18] hän kirjoittaa 300-sivuisen hahmotelman uudeksi tavaksi, jolla ihminen voisi olla kulttuurisesti olemassa modernina aikana.

Kuten hänen ”suunnitelmansa etulinjan sairaanhoitajien joukosta” osoittaa, Weil on se mitä tässä hetkessä tarvitaan ihanteiden ja inspiraation osalta. Hänen analyysinsä mukaan Eurooppa, jossa syttyi kaksi maailmansotaa vain parin vuosikymmenen sisällä, on jo pitkään kärsinyt sitä kulttuurisesti ja poliittisesti aiemmin kannatelleiden arvojen ja ihanteiden tuhoisasta heikkenemisestä. Tämä sota on itse asiassa ”uskontojen sota”, hän sanoo samannimisessä tekstissään, jonka hän helmikuussa osoittaa Ranskan vastarintaliikkeen sotilasjohdolle.[19]

> Eurooppa on yhä draaman keskipisteessä. Tulesta, jonka Kristus levitti ympäri maailmaa, ja joka on ehkä sama tuli jonka Prometheus toi, on Englannissa yhä joitakin hehkuvia kekäleitä. Se riittää ehkäisemään pahimman. – – Olemme yhä hukassa, ellei näitä kekäleitä ja mantereella häilyviä kipinöitä saada puhallettua liekiksi, joka valaisee koko Euroopan. Jos meidät pelastavat vain Amerikan raha ja koneet, tulemme tavalla tai toisella lankeamaan uuteen orjuuteen, joka on samanlainen kuin se mistä kärsimme nyt. Ei pidä unohtaa, etteivät Eurooppaa nujertaneet

mitkään toiselta mantereelta tai Marsista tulleet maahantunkeutujien laumat, jotka on vain ajettava uudestaan tiehensä. Eurooppa kärsii sisäisestä sairaudesta. Se tarvitsee pelastusta – –. Valloitetut kansat voivat vastustaa valloittajaa vain uskonnolla. – – [V]ihollisen yhteyslinjat – – tuhoutuisivat, jos koko maa syttyisi aidosta uskosta.[20]

Tämän paranemisprosessin käynnistämiseksi, ensin sotilaallisesti ja sitten myös poliittisesti ja kulttuurisesti, on mantereelle siis löydettävä "tapa saada kansa innostumaan".[21] Weilin mukaan innoituksen tulisi löytyä erityisesti Platonin ja Uuden testamentin teksteistä. Koska jos halutaan todellista parantumista, varsinkin synkkinä aikoina, on turvauduttava lähteisiin, jotka eivät ole pelkästään tästä maailmasta.

Tämä koskee ennen kaikkea hänen kotimaataan Ranskaa, joka vuoden 1789 vapaudensysäyksen syntymaana on kokenut sotaan osallistuvista maista kaikkein syvimmän henkisen pudotuksen. Kesällä 1940 Hitlerin joukot valtasivat Ranskan vain muutamassa viikossa, melkein ilman taistelua. Nyt sen vapautuminen oli ulkopuolisen avun varassa, ja kansa oli menettänyt kaiken uskon itseensä. Toisin sanoen sitä ravistelee tällä hetkellä ankarasti ihmissielun kaikkein tärkein ja syvin tarve: "juurtumisen" tarve.

Juurtuminen on ihmissielun tarpeista varmasti tärkein ja tuntemattomin. Se on yksi niistä tarpeista, joita on hyvin vaikea määritellä. Ihminen juurtuu osallistumalla todellisesti, aktiivisesti ja luontevasti yhteisöön, joka pitää hengissä menneisyyden aarteita sekä tiettyjä ennakkoaavistuksia tulevasta. Luonteva osallistuminen toteutuu automaattisesti ja se liittyy paikkaan, syntymähetkeen, ammattiin ja ympäristöön. Jokainen ihminen tarvitsee useita juuria. Jokaisella on tarve muodostaa moraalinen, älyllinen ja henkinen elämänsä miltei täysin niiden ympäristöjen kautta, joihin hän luonnollisesti kuuluu. – – Aina, kun valloi-

> tetaan alueita sotilaallisesti, irtoaa juuria, – –. [K]un valloittaja jää omistukseensa ottamalleen alueelle vieraaksi, on juurten irtautuminen alistetulle väestölle miltei tappavaa. Se on kaikkein kivuliaimmillaan, kun järjestetään suuria väestön siirtovangitsemisia, kuten nähtiin Saksan valloittamassa Euroopassa – –.[22]

Tällainen on Simone Weilin tilannearvio kenraali de Gaullen varjohallituksen filosofisena erityisneuvonantajana keväällä 1943. Hän on syntynyt juutalaiseksi, mutta on monien vuosien ajan ollut syvästi kristitty. Tämä analyysi, jonka mukaan murhaavien tapahtumien todellisena syynä on ollut henkinen vaje, toimii lähteenä hänen yli-inhimilliseltä vaikuttavalle ajatustyölleen.

TRANSSISSA

Kuin transsissa hän antaa ainutlaatuisen henkensä virrata paperille koko mitassaan näiden kuukausien aikana. Tunti toisensa jälkeen, päivä toisensa jälkeen. Saamatta riittävästi unta. Ja ennen kaikkea riittävästi ravintoa, kuten aiempinakin vuosina. Lontoon ajattelupäiväkirjassaan hän kirjoittaa: ”Mutta kun ihmiskunnan yleinen ja pysyvä tila tässä maailmassa on mitä on, saattaa aina olla petosta syödä itsensä kylläiseksi. (Olen tehnyt niin monta kertaa.)”[23]

Huhtikuun 15. päivänä 1943 hurmostila tulee äkkiä päätökseen. Weil romahtaa huoneessaan ja menettää tajuntansa. Hänet löydetään vasta tuntien kuluttua. Tultuaan taas tajuihinssa Weil kieltää ehdottomasti kutsumasta lääkäriä. Hän ei ole vieläkään täysin luopunut toivosta päästä taistelutehtäviin. Sen sijaan hän soittaa suoraan Schumannille, joka vakuuttaa hänelle useita kertoja, ettei lopullista päätöstä hänen Ranskaan lähettämisestään ole vielä tehty – joten periaatteessa kaikki on edelleen mahdollista. Varsinkin jos Weil toipuu nopeasti. Vasta se saa hänet suostumaan sairaalahoitoon.

HEIKKOMIELINEN

Jos kirjailija ja filosofi Ayn Rand olisi New Yorkissa halunnut löytää niiden kaikkien arvojen ruumiillistuman, joiden hän uskoi olevan vastuussa maailmansodan katastrofeista, kukaan ei olisi ollut sopivampi ehdokas kuin Simone Weil Lontoossa. Tuona keväänä 1943 Rand ei itse asiassa pidä mitään poliittisesti katastrofaalisempana kuin valmiutta uhrata henkensä kansakunnan nimessä. Eikä mitään moraalisesti kohtalokkaampana kuin halua auttaa ennen kaikkea muita. Eikä mitään filosofisesti järjettömämpänä kuin sokeaa luottamusta Jumalaan. Eikä mitään metafyysisesti höperömpänä kuin pyrkimystä ankkuroida toimintaa ohjaavat arvot tuonpuoleiseen transsendenssin valtakuntaan. Eikä mitään eksistentiaalisesti typerämpänä kuin henkilökohtaista askeesia maailman pelastamiseksi.

Juuri tämä asenne ja sitä ohjaava etiikka ovat todellinen vihollinen. Missä tahansa ne näyttäytyvätkin, ne on kukistettava ja niitä vastaan on taisteltava peräänantamattomasti. Tälle irrationaalisuudelle ei voi antaa periksi askeleenkaan vertaa. Ei myöskään eikä varsinkaan oman hengissä selviämisen kysymyksissä.

Kuten Rand oli tuskallisella tavalla oppinut kymmenen vapaana kirjoittajana vietetyn vuoden aikana, nämä olivat viime kädessä liiketaloudellisia kysymyksiä, etenkin Yhdysvalloissa. Siksi hän vaahtoaa 6. toukokuuta 1943 päivätyssä kirjeessä kustannustoimittajalleen Archibald Ogdenille kiivaammin kuin koskaan ennen heidän kirjeenvaihdossaan: ”*Usko... usko*, en edes tiedä mitä tämä sana tarkoittaa. Jos tarkoitat uskoa uskonnollisessa mielessä, toisin sanoen sokean hyväksymisen ja suostumisen mielessä, en todellakaan usko mihinkään tai kehenkään. En ole koskaan uskonut enkä tule koskaan uskomaankaan. Ainoat asiat, joista pidän kiinni, ovat älyni ja tosiasiat.” Näin Rand lyö pöytään oman maailmasuhteensa todelliset perusteet. Ja soveltaa niitä välittömästi Ogdeniin oman etunsa nimessä: ”Mitä objektiivista näyttöä toistaiseksi on

Bobbs-Merrillin kyvystä markkinoida kirjaani menestyksekkäästi? Keneen minulla tarkkaan ottaen pitäisi olla uskoa? Ja millä perusteilla?"[24]

Hän on työstänyt tätä romaania seitsemän vuotta. Hänen koko elämänenergiansa ja luovuutensa, mutta ennen kaikkea hänen f ,ofiansa, ovat mukana tässä teoksessa. Ja nyt romaani *The*] *ıntainhead* (Alkulähde) on saamassa aivan liian vähän mainon- t kustantajalta, ja sekin vähä kaupittelee kirjaa rakkaustarinana :kitehtuurin maailmasta. Markkinointiosasto ei ole toistaiseksi nistunut viestimään edes sitä, että kirjan kirjoittaja on nainen cä mies: "Tällaisiin yhteistyökumppaneihin voi luottaa vain heik-)mielinen. – – Onko tämä todella sellaista luottamusta, jota odo- ıt minulta?"[25]

Kysymys on retorinen, aivan avoimesti. Randia oli hänen elä- ıänsä aikana luultu milloin miksikin. Mutta ei koskaan heik- comieliseksi. Kaikille, jotka keskustelivat hänen kanssaan edes muutaman minuutin, kävi päinvastoin selväksi, että he olivat tekemisissä ainutlaatuisen selkeän älyn ja ennen kaikkea tinkimättömyyden kanssa. Perusongelma, joka hänen on ratkaistava tässä maailmassa, ei siis ole hänen oma olemassaolonsa, vaan kaikkien muiden olemassaolo hänelle. Randille ei ollut hämmentävää se, mitä hänen kanssaihmisensä ajattelivat ja tekivät, vaan se, *miksi* he tekivät sen: miksi he eivät voi vain ajatella ja ennen kaikkea toimia tiukan loogisesti? Mikä tarkalleen esti kaikkia ihmisiä noudattamasta omaa, puhtaasti tosiasioihin perustuvaa arvostelukykyään? Niinhän hän itsekin teki.

HÄIKÄILEMÄTÖNTÄ

Miksi hänen toimittajansa ei tajunnut sitä mikä oli ilmeistä, ainakin nyt, päivää ennen kirjan virallista julkaisupäivää? Kirjan osakseen saamat kaksi tai kolme mainosta olivat merkityksetön sivuseikka. Kustantaja pelkästään julkaisisi teoksen. Markkinointiosasto oli päättänyt, että jos *The Fountainhead* löytäisi ylipäätään tiensä kauppoihin tai jopa bestseller-listoille, se saisi tehdä sen omin voimin. Loppujen lopuksi kukaan, joka luki sitä sivunkaan verran, ei voinut välttyä vaikutelmalta, että tämä 700-sivuinen teos, jonka päähenkilönä oli yli-ihmismäinen arkkitehti Howard Roark, oli itse asiassa filosofinen manifesti romaanin muodossa. Massiivinen aatteiden monumentti täynnä sivujen mittaisia monologeja. Sen markkinoimisen teki vaikeaksi myös seikka, että se haastoi kaikki ne intuitiot, joihin yhdysvaltalaisen valtavirtakulttuurin moraaliset tuntemukset perustuivat.

Randin mielestä hänen teoksensa ainutlaatuinen lupaus oli juuri siinä. Sitä tulisi myös esitellä ja mainostaa täsmälleen samalla tavalla: *käänteentekevänä* lukukokemuksena, joka avaa lukijoilleen olennaisesti erilaisen maailmankuvan; johtaa heidät luolasta valoon, jotta he voivat ensi kertaa nähdä itsensä ja maailmansa selvästi! Kirjailija on siksi vakuuttanut lähimmälle ystäväpiirilleen, että teos tulee myymään vähintään 100 000 kappaletta,[26] minkä lisäksi siitä tehtäisiin Hollywoodissa elokuvasovitus, pääosassa hänen lempinäyttelijänsä Gary Cooper.

Mikä *puhtaan rationaalisesti* puhui sitä vastaan? Varmastikaan ei hänen teoksensa laatu. Aivan varmasti ei hänen sanomansa ajankohtaisuus! Eikö ollut selvää, miten asiat nyt olivat tässä maailmassa ja jopa Amerikassa? Eikö joka ainoa maan kansalainen kokenutkin, että jokin oli pohjimmiltaan epätasapainossa? Että oli kiireellisempää kuin koskaan pelastaa koko kulttuuripiiri itse aiheutetulta perikadolta? Antaa sille terapiaa vapaan sanan, argumenttien johdonmukaisuuden ja ennen kaikkea kertomusten maailmaa muuttavalla voimalla, jotta se pelastuisi syvästä sekaannuksesta, joka keväällä 1943 uhkasi upottaa sen maailmanlaajuiseen väkivallan orgiaan?

VALMIINA TAISTELUUN

Tavoite, jonka Rand oli asettanut romaanilleen, oli ennen kaikkea valaista "individualismin ja kollektivismin välistä taistelua, ei politiikassa vaan ihmisen sielussa".[27] *Tämä* oli hänen todellinen teemansa: taistelu autonomian ja ulkoamääräytymisen välillä, ajattelemisen ja tottelemisen välillä, rohkeuden ja nöyryyden välillä, luomisen ja kopioinnin välillä, lahjomattomuuden ja korruption välillä, edistyksen ja rappion välillä, minun ja kaikkien muiden välillä – vapauden ja sorron välillä.

Matkalla yksilön todelliseen vapautumiseen altruistisen orjamoraalin ikeestä Max Stirnerin ja Friedrich Nietzschen teokset olivat olleet vain tunnelmoivaa alkua. Vasta hänen, Ayn Randin, filosofian myötä valistuneelle egoismille annettaisiin objektiivisesti perusteltu pohja! Täsmälleen tässä hengessä kirjailija antoi sankarinsa Howard Roarkin – pelastajana kaikilta nykyhetken pahuuksilta – pitää romaanin lopussa puolustuspuheensa ratkaisevan tärkeän oikeudenkäynnin aikana. Vapautta rakastavan, puhtaan, luovan järjen uraa uurtavana ruumiillistumana. Roarkin uskontunnustus oli sama kuin Randin oma:

> Luova ihminen elää sen vuoksi, mitä hän luo. Hän ei tarvitse ketään muuta. Hänen ensisijainen päämääränsä on hän itse. – – Altruismi on oppi, joka vaatii elämään muiden puolesta ja asettamaan toiset itsensä yläpuolelle. – – Se, mikä sitä lähinnä vastaa todellisuudessa – – ihminen, joka elää palvellakseen muita – on orja. Jos fyysinen orjuus on vastenmielistä, kuinka paljon vastenmielisempi onkaan henkisen alistumisen käsite? Vangitulla orjalla on edelleen häivähdys kunniaa. Hän on tehnyt vastarintaa ja tuntee olotilansa häpeälliseksi. Mutta ihminen, joka vapaaehtoisesti orjuuttaa itsensä muiden puolesta rakkauden nimessä, on kaikista olennoista alhaisin. Hän polkee lokaan ihmisarvon ja rakkauden käsitteen. Mutta juuri sellainen on altruismin olemus.[28]

Rand tiesi mistä varoittaa sankariaan. Hän oli kokenut omakohtaisesti, miltä tuntui elää valtion tuottamien orjien yhteiskunnassa. Kuten niin monien varakkaiden juutalaisperheitten, myös Pietarissa asuneiden Rosenbaumien omaisuus otettiin pakolla haltuun Venäjän lokakuun vallankumouksessa. Isänsä johtaman apteekin ryöstämisen ja tuhoamisen (Lenin: "Ryöstäkää ryöstäjät!") jälkeen Ayn, jota vielä tuolloin kutsuttiin Alissaksi, pakeni vanhempiensa ja kahden sisarensa kanssa Krimille vuoden 1918 lopussa. Tuhansia kilometrejä, aluksi junalla, sitten jalkaisin. Vuonna 1921 perhe pystyi palaamaan Pietariin (Petrogradiin, vuodesta 1924 Leningrad). Entisenä "porvariston" edustajana nyt suurimmaksi osaksi rahaton isä ei saanut jatkaa liiketoimintaansa apteekkarina.[29]

Tuon vuoden syksyllä Rand kirjautui historian ja filosofian opiskelijaksi yliopistoon. Valmistuttuaan vuonna 1924 hän siirtyi taideteolliseen korkeakouluun opiskelemaan elokuvaa. Mutta hänen todellinen päämääränsä on siinä vaiheessa jo toinen: 19-vuotias menestyjä ei halua mitään muuta kuin päästä pois Neuvostoliitosta. Hän ei halua olla missään tekemisissä "uutta ihmistä" tavoittelevan kommunistisen utopian kanssa. Sen sijaan hän haluaa tulla omien maailmojensa luojaksi omien tekojensa ja oman ponnekkuutensa pohjalta. Hän haluaa vapauteen, suosikkifilmitähtiensä ja -ohjaajiensa maahan – Amerikkaan!

Vuoden 1926 alussa vanhemmat saavat hänet järjestetyksi lomaviisumilla Chicagoon sukulaisten luo. Kuusi seikkailuntäyteistä viikkoa myöhemmin (Riika, Berliini, Le Havre, New York) hän on bussissa matkalla Hollywoodiin kirjailijaksi ja käsikirjoittajaksi. Alissa Rosenbaum on tuolloin 21-vuotias, puhuu tuskin sanaakaan englantia ja haluaa tästä lähtien käyttää itsestään vain nimeä "Ayn Rand". Jos vanhaa maailmaa ei voitaisikaan pelastaa, Alissa voisi Uudessa maailmassa silti tulla uudeksi ihmiseksi. Hän vannoo haluavansa mieluummin kuolla kuin koskaan palata kotimaahansa.

Siitä lähtien hän on taistellut amerikkalaisen unelmansa puolesta joka päivä 17 vuoden ajan. Vaikka Rand uskoo *The Fountainheadin* julkaisemisen myötä olevansa lähempänä tavoitettaan kuin koskaan, hänen vanhempiaan ja kahta nuorempaa sisartaan uhkaa nälkäkuolema Leningradissa, jota Hitlerin joukot ovat piirittäneet yli kahden vuoden ajan. Jos he nyt ylipäänsä olivat enää elossa lainkaan. Randilla ei ole pienintäkään mahdollisuutta saada sitä selville. Ne harvat tiedot ja huhut, joita Atlantin yli on saapunut piiritettyjen raa'asta henkiinjäämiskamppailusta, ylittävät inhimillisyyden rajat. Noin miljoonan asukkaan sanotaan menehtyneen kaupungissa kevääseen 1943 mennessä. Kaikki koirat ja kissat on kauan sitten tapettu syötäväksi. Puhutaan jopa systemaattisesta ihmissyönnistä.[30] Ei, hänelle ei tarvinnut kertoa lisää. Hän oli itse jo siinä vaiheessa kokenut sen kaiken. Nälän. Lavantaudin. Kuolleet. Se avasi hänen silmänsä. Ja terävöitti samalla hänen filosofiaansa.

Randin mielestä sekä Hitlerin että Stalinin murhanhimo noudatti viime kädessä samaa logiikkaa: logiikkaa kaikkien ihmisyksilöiden väkivaltaisesta alistamisesta valtiolle ihanteiden nimissä jalustalle nostetun kollektiivin vuoksi. Sillä, kutsutaanko tätä ryhmää ”luokaksi” vai ”kansaksi”, ”kansakunnaksi” vai ”roduksi”, on merkitystä vain ensi silmäyksellä. Sillä näiden ”totalitarismien”[31] – kuten Rand on poliittisia uhkia nimittänyt 1940-luvun alusta lähtien – pyrkimykset, menetelmät ja ennen kaikkea epäinhimilliset vaikutukset ovat samat. Ensin totalitarismi oli voittanut Venäjällä, sitten Italiassa ja lopulta Saksassa. Missään maassa siltä ei oltu turvassa. Ei myöskään eikä varsinkaan Yhdysvalloissa. Totalitaaristen voimien menestyksen todellinen salaisuus oli järjestelmällisessä alistamisprosessissa, joka ei missään nimessä nojannut laajojen massojen nimenomaiseen tukeen vaan pelkästään heidän tylsään välinpitämättömyyteensä.

Kun Yhdysvallat lähti mukaan sotaan *New Deal* -presidentti Rooseveltin johdolla, Randin mukaan koko maailmaa uhkasi yksi ja sama väärä ajatus, perustavanlaatuinen filosofinen väärinkäsitys. Käsitys, että on jaloa uhrata itsensä muiden hyväksi, propagandistisesti pyhitetyn kollektiivin hyväksi. Juuri tämä altruistinen henkinen saarto oli murrettava. Tämä sota oli aatteiden sota!

> Kaikki nämä kauhut mahdollistivat *yksinomaan* ihmiset, jotka ovat menettäneet kaiken kunnioituksen yksilöä, yksittäistä ihmistä kohtaan. Ihmiset, jotka pitivät kiinni ajatuksesta, että luokat, rodut ja kansakunnat ovat tärkeitä, eivät yksilöt; että enemmistö on pyhä, vähemmistö on saastainen; että laumalla on väliä ja yksittäisellä ihmisellä ei. Mitä mieltä olette siitä? Tässä ei ole välittävää keskitietä.[32]

Rand oli pannut nämä rivit paperille poliittista manifestia varten jo vuonna 1941. Maailmanpoliittisen tilanteen valossa hän ajatteli nyt tämän tekstin laajentamista tietokirjaksi mahdollisimman nopeasti. Keväällä 1943 hän tunsi olevansa päättäväisempi kuin koskaan heittäytymään tähän aatteiden sotaan kaikella henkisellä voimallaan. Ja puhtaasti omaa etuaan ajaakseen. Hänen *oman* vaarassa olevan vapautensa ja tinkimättömyytensä puolesta. Kaiken sen puolesta, mikä *hänelle* on rakasta ja kallista tässä maailmassa eikä missään muussa. Minkä tai kenen muunkaan puolesta?

MUUKALAINEN

Vain kivenheiton päässä Ayn Randin asunnosta Manhattanilla Hannah Arendt näkee myös, että on perusteellisen uudelleenarvioinnin aika. Mutta paljon vähemmän taistelevassa hengessä. ”Hyvin harvoilla ihmisillä”, 36-vuotias filosofi kirjoitti tammikuussa

1943 laatimassaan artikkelissa, ”on voimaa säilyä tinkimättöminä, kun heidän sosiaalinen, poliittinen ja oikeudellinen asemansa on täysin sekava”.[33] Tasan kymmenen vuotta sen jälkeen, kun hänet on ajettu pakoon Hitlerin Saksasta, Arendt ei ole varma, löytääkö hän itselleen energian, jota tarvitsee. Hän ei ole koskaan ennen elämässään tuntenut itseään niin eristetyksi, tyhjäksi ja merkityksettömäksi kuin edellisinä viikkoina: ”Menetimme kotimme, ja sen myötä jokapäiväisen elämän tuttuuden. Menetimme ammattimme, ja sen myötä luottamuksen siihen, että meistä on tässä maailmassa jotakin hyötyä. Menetimme kielemme, ja sen myötä reaktioiden luonnollisuuden, eleiden yksinkertaisuuden, tunteiden pakottoman ilmaisemisen. Jätimme sukulaisemme Puolan ghettoihin, ja parhaita ystäviämme on tapettu keskitysleireillä, ja sen myötä yksityiselämämme on repeytynyt rikki. – – Jos me pelastumme, tunnemme itsemme nöyryytetyiksi, ja jos meitä autetaan, se on meistä alentavaa. Taistelemme kuin hullut sen puolesta, että saisimme itsellemme yksityisen olemassaolon ja yksityisen kohtalon, – –.”[34]

Itse asiassa Arendtin kuvaus mielialastaan on vaikuttava esimerkki sellaisista sielun kärsimyksistä, joita Simone Weil kuvailee välttämättömäksi seuraukseksi eksistentiaalisesta ”juurten irtirepeytymisestä”. Vain sillä erolla, että Arendt ei itse asunut tuolloin pysyvästi miehitetyssä maassa eikä ollut tullut joukkokarkotuksen uhriksi. Nämä otteet hänen esseestään ”We Refugees” (Me pakolaiset) kuvaavat sen sijaan kaikenkattavaa menetyksen tunnetta, josta saksanjuutalaiset pakolaiset Uudessa maailmassa kärsivät erityisen kovasti vuodenvaihteessa 1942–43. Viikkojen ajan hän ja hänen aviomiehensä viettävät päivänsä tuijottaen New Yorkin talvisen taivaan harmaaseen tyhjyyteen. Tupakoiden. Vaieten. Kuin olisivat olleet viimeiset ihmiset maan päällä.

ILMAN KAITEITA[A]

Kroonisesti iloluontoinen Arendt oli hyväksynyt tilanteensa viimeisten kymmenen vuoden ajan tavalla, joka oli yhtä sitkeä kuin kekseliäskin. Tiukan paikan tullen hän oli aina löytänyt itsestään tarpeeksi tulta tasoittamaan tiensä uudenlaiseen elämään. Berliinistä Pariisiin, Pariisista Marseilleen ja lopulta tänne New Yorkiin. Tavoite oli aina sama: "selvitä ilman kaikkia sopeutumisen ja assimiloitumisen eri temppuja".[35]

Ainoa, mitä hän näki yksityisen olemassaolonsa puitteista keväällä 1943, oli hänen "Monsieur'nsa" Heinrich, jonka kanssa hän jakoi kalustetun huoneen nuhjuisessa kerrostalossa 95. avenuella. Samassa kerroksessa asui myös hänen Uudessa maailmassa avuton ja sairas leskiäitinsä Martha Arendt-Beerwald. Varmasti se oli enemmän kuin monet muut pakolaiset pystyivät paetessaan pelastamaan. Mutta kohtaloksi, josta hän itse pystyi määräämään, sitä ei ollut nimittäminen.

Karl Jaspersin ja Martin Heideggerin entisenä mestarioppilaana hänellä oli erityinen vaisto jäädä väliinputoajaksi jopa maanpaossa. Itse asiassa ne ihmiset ympäri maailmaa, joiden hyväntahtoisuuteen hän voi todella luottaa, pystyi nyt laskemaan yhden käden sormin: Arendtin mentori Kurt Blumenfeld New Yorkissa ja juutalaisuuden tutkija Gershom Scholem Jerusalemissa. Hänen ex-miehensä Günther Stern Kaliforniassa, teologi Paul Tillich New Yorkissa. Oliko Jaspers vielä elossa ja jos niin missä – siitä ei ollut tietoa. Viimeisestä häneltä saadusta kirjeestä oli jo melkein kymmenen vuotta. Hän ei tiennyt, miksi kontakti oli katkennut niin aikaisin. Jaspers – jälkikäteiskatsannossa hän on ainoa todellinen opettaja, joka Arendtilla on koskaan ollut. Hänen kerran niin myrskyinen suhteensa Heideggeriin katkesi vuonna 1933 täysin erilai-

A Tekstissä eri yhteyksissä toistuva kielikuva kaiteista viittaa siihen, kuinka Arendt myöhäisfilosofiassaan sanoi ihanteenaan olevan *Denken ohne Geländer* ('ajatteleminen ilman kaiteita', 'ajatteleminen ottamatta tukea kaiteista'). – *Suom.*

sista syistä, kun tämä liittyi natsipuolueeseen ja julisti opiskelijoille Freiburgin yliopiston rehtorin ominaisuudessa muun muassa, että "Johtaja ja vain hän *on* Saksan nykyinen ja tuleva todellisuus ja laki".[36] Hän ei ollut vieläkään löytänyt rohkeutta lähestyä Ernst Cassireria, joka opetti nyt Yalen yliopistossa ja tiesi Arendtin yhteisten ystävien kautta.

REPEÄMÄ

Yhdysvaltain liityttyä sotaan on ollut vielä entistäkin vaikeampaa päästä perille Eurooppaan jääneiden ystävien ja sukulaisten kohtalosta – saati auttaa heitä pakenemaan. Joten Arendtille on erityisen raskas isku, kun saksankielisessä *Aufbau* (Jälleenrakennus) -maanpakolaislehdessä, jonka palveluksessa hän oli työskennellyt yli vuoden kolumnistina, ilmestyy 18. joulukuuta 1942 selostus karkotuksen päivästä Gursin internointileirillä Etelä-Ranskassa ja sen jälkeen pitkät listat karkotettujen nimistä.[37] Arendt oli ollut internoituna sinne vuonna 1940 – ja osa nimistä oli hänelle tuttuja.

Aufbau-lehden artikkeli on tänä talvena vain yksi monista julkaisuista, joissa kerrotaan uuden vaiheen alkamisesta niiden miljoonien Euroopan juutalaisten kohtelussa, joita natsit pitävät nyt keskitysleireillä. Hitlerin ja Goebbelsin julistaman "juutalaiskysymyksen lopullisen ratkaisun" hengessä he olivat ilmeisesti siirtyneet näiden ihmisten tehdasmaiseen murhaamiseen tätä tarkoitusta varten perustetuissa tuhoamisleireissä – kaasuttamalla heitä hengiltä. Arendtilla tai hänen miehellään ei ole koskaan ollut epäilyksiä natsien ehdottomasta vihamielisyydestä juutalaisia kohtaan – tai heidän häikäilemättömästä julmuudestaan, kun he ajoivat julkilausuttuja tavoitteitaan. Mutta jopa heidän on aluksi vaikea uskoa näitä selostuksia. Kuvattu menettely on liian hirvittävä, liian järjetön. Ei vähiten logistisesta ja strategisesta näkökulmasta. Varsinkin nyt, kun Hitlerin armeija koki yhden takaiskun toisensa jälkeen. Pelkästään Neuvostoliitossa se on tiettävästi menettänyt tänä talvena miljoona sotilasta.

Ja silti tiedot pitivät ilmeisesti paikkansa. Selostuksia on liian monta ja niitä tulee liian monesta lähteestä, jotta ne voisi uskoa perättömiksi. Maailman menetys, jonka Arendt koki seuraavina viikkoina, ylitti kaikki aiemmin tunnetut mittakaavat. Se ei koskenut mitään tiettyä ryhmää tai yhteisöä tai mitään tiettyä paikkaa tai ajanjaksoa, vaan hänen ihmisenä olemistaan ylipäänsä. Hän joutui vieraantumisen valtaan, joka oli luonteeltaan miltei metafyysistä. Aivan kuin keskelle tätä maailmaa, keskelle hänen minuuttaan, olisi avautunut kuilu, jonka yli kukaan tai mikään ei enää näyttänyt tarjoavan siltaa.

Tarkalleen mihin hän ei halunnut uskoa? Tarkalleen mitä hän piti mahdottomana? Se, että kokonainen kansa – vaikka se olikin hajallaan ympäri maailmaa – julistettiin periviholliseksi, ei ollut sinänsä vierasta. Eikä edes tämä sota eläimellisine taisteluineen. Historia tunsi sellaisia asioita, itse asiassa se koostui tuskin mistään muusta kuin niistä. Mutta *tämä*... Mikään ei antanut Arendtin kokea itseään voimattomaksi selvemmin kuin jatkuva kyvyttömyys kuvailla tapahtumia omin sanoin.[38]

NYKYAIKAISTA

Hän olisi halunnut mieluiten vain unohtaa vanhan itsensä. Teeskennellä olevansa täysin vapaa päättämään, kuka hän on ja miten hän halusi elää tässä maailmassa. Oli ihmisiä, jopa filosofeja, jotka julistivat jonkin tällaisen olevan mahdollista. Mutta hän ei ollut koskaan ollut tarpeeksi nuori tällaisiin kuvitelmiin. Hän tiesi, että todellisuudessa ”uuden persoonallisuuden luominen oli yhtä vaikeaa ja toivotonta kuin uuden maailman luominen”.[39] Kukaan ihminen ei koskaan aloittanut tyhjästä. Kukaan ei ollut niin vapaa tai holtiton. Vaikka sitä kuinka paljon toivoisi – suuruudenhulluudesta tai syvimmästä epätoivosta.

Jos sitä ajatteli oikein, tämä oli yksi tapa selventää sitä, miten koko helvetillinen näytelmä oli syntynyt. Lähtökohtana oli yksilöiden harhainen ajatus antaa koko maailmalle uusi muoto oman tahtonsa mukaan, halu luoda se kirjaimellisesti uudestaan: yhdestä ja yhtenäisestä muotista. Se oli harhanäky maailmasta, jonka siitä lähtien määrittäisivät vain yhdet kasvot. Toisin sanoen maailma, joka ei jatkuvaan luomiseensa enää tarvinnut muita ihmisiä tai fyysistä vastusta: poliittinen painajaisuni täydellisestä hallinnasta.

Mutta jopa näinä synkkinä aikoina oli totta, että jos jokin on painajainen, siitä on mahdollista myös herätä. Oli vain löydettävä rohkeutta avata silmänsä – ja pitää ne auki – ollakseen valppain mielin tietoinen syvyyksistä, joihin oma aikakausi saattoi sukeltaa. ”Sanoa totuus, vaikka se olisi loukkaavaa.”[40] Todistaakseen syvyyksistä, joista se on noussut maailmaan. Ajautumatta sen enempää menneisyyteen kuin tulevaisuuteenkaan. Seuraamatta koskaan sokeasti omaa tai muiden arviota. Löytäen rohkeutta käyttää omaa järkeä. Suuntautuen vapaaseen ajatteluun.

Juuri tällä hetkellä – Arendt keräsi uusia voimia – saattoi olla tärkeää ”olla läpeensä kiinni nykyhetkessä”.[41] Tai toisin sanoen filosofoida.

II

MAANPAKO

1933–34

Arendt menettää maansa, Weil puolueensa,
Beauvoir epäilynsä ja Rand käsikirjoituksensa

VERKOSSA

"Yleensä kun edessäni on joku, minun tarvitsee vain katsoa hänen tietonsa ja tiedän mitä tehdä. Mutta mitä minä teidän kanssanne teen?"[1] Hänen nimeään ei löytynyt mistään Gestapon kortistosta. Ja vaikka hän olisi halunnutkin auttaa nuorta komissaaria, Hannah Arendt ei myöskään kyennyt arvioimaan tarkalleen, miksi hänet toukokuisena aamuna raahattiin äiteineen autoon kesken aamiaisen kahvilasta Berliinin Alexanderplatzin läheltä ja vietiin kuulusteltavaksi.

Syitä oli ihan riittämiin. Hänen asuntonsa Opitzstrassella oli koko kevään ajan toiminut piilopaikkana poliittisesti vainotuille. Ja sitten oli hänen sukupolvea vanhemman ystävänsä Kurt Blumenfeldin pyyntö koota lähestyvälle Prahan sionistikongressille "kokoelma alhaisimman tason antisemitistisiä lausuntoja", jota hän päivittäin laati Preussin valtionkirjaston lehtiarkistossa. Tällaisten aineistojen kerääminen oli nyt myös laitonta.

Ihmisten pelottelemiseksi käytiin läpi nimilistoja, joissa he olivat mukana – ja tällaisiin listoihin perustuvia listoja. Kuten vaikkapa Bertolt Brechtin osoitekirja. Vain muutama päivä Hitlerin valtaannousun jälkeen Gestapo oli takavarikoinut sen hänen asunnostaan. Se oli varsinainen "Kuka kukin on" -kirja Berliinin kommunistihenkisestä sivistyneistöstä, johon Arendtin aviomies Günther Stern kuului.

Peläten joutumista äskettäin perustetun Preussin apupoliisin käsiin tämä pakeni Berliinistä Pariisiin jo helmikuun alussa. Ja todellakin, vain kaksi viikkoa myöhemmin, ikään kuin valtiopäivätalon palo olisi antanut pitkään sovittuna olleen aloitussignaalin yöllä 27.–28. helmikuuta 1933, alkoivat aallot: mielivaltaiset pidätykset; karkotukset ympäröivän alueen väliaikaisille keskitysleireille; jopa kunnallisista liikuntahalleista tuli kidutuskammioita. Pelkästään Berliinissä oli tänä kesänä yli 200 tällaista paikkaa. Natsiterrori oli ottanut jokapäiväisen elämän haltuunsa. Uhreja oli jo tuhansia.

On enemmän kuin todennäköistä, että Gestapon yksikkö penkoi hänen asuntoaan juuri sillä hetkellä. Mutta mitä ne torvelot löytävät sieltä – paitsi kymmeniä muistikirjoja, joihin on kirjoitettu kreikankielisiä lainauksia; Heinen ja Hölderlinin runoja; sekä lukuisia teoksia 1800-luvun alun berliiniläisestä hengenelämästä?

Mitä tulee julkisiin rekistereihin, hän oli viaton filosofian tohtori, jolla oli ollut edellisenä vuonna päättynyt Notgemeinschaft der Deutschen Wissenschaftin apuraha. Klassista berliiniläiselämää: oppinut ilman tuloja, kirjoittaja ilman julkaisijaa. Tietysti hän on joka päivä kirjastossa. Missä muuallakaan? Tutkimus ei koskaan lepää.

Kuten käy ilmi, Arendtin äidistäkään ei saada irti mitään hyödyllistä. Kun häneltä kysyttiin tyttärensä toiminnasta, leskirouva Martha Arendt-Beerwald antoi kuulustelussa mitä kauneimman osoituksen solidaarisuudesta: "Ei, en tiedä mitä hän tekee, mutta mitä hän sitten onkaan tehnyt, se oli oikein ja olisin itse tehnyt samoin."[2]

Molemmat vapautettiin jo samana päivänä kuin heidät oli pidätetty.[3] Heidän ei tarvinnut edes kutsua paikalle asianajajaa. Onni matkassa. Tällä kertaa. Siitä huolimatta myös Arendtin päätös on nyt tehty. Tässä maassa ei ollut enää tulevaisuutta. Ainakaan hänen kaltaisilleen ihmisille.

RAHELIN TAPAUS

Sitä, kuka tai mikä ihminen on, hän ei saa itse päättää. Todennäköisesti vain harvoilla on ollut selvempi tietoisuus tästä kuin Hannah Arendtilla ensimmäisenä kesänä Adolf Hitlerin valtaannousun jälkeen. Berliiniläistä Rahel Varnhagenia esimerkkinään käyttäen hän on viimeiset kolme vuotta tutkinut tämän saksanjuutalaisen sivistyneistönaisen identiteetin monimutkaista dynamiikkaa 1700–1800-luvun taitteessa. Tuloksena oli psyykkinen muotokuva naisesta, jonka olemassaolossa saksanjuutalaisen oppineiston jännittynyt historia tiivistyi esimerkillisesti – etenkin assimilaation suhteen. Kirja on suurimmaksi osaksi kollaasimainen sitaattikokoelma, jossa Arendt hahmottelee sellaisen naisen tietoisuuden prosesseja, jolle on juutalaisen alkuperänsä loukkaavan kieltämisen vuoksi ollut pitkään mahdotonta päästä vakaaseen suhteeseen itsensä ja maailman kanssa. Hänen aikansa ihmisenä, joka Arendtin tavoin joutuu kolminkertaisesti syrjäytetyksi – naisena, juutalaisena ja intellektuellina – Rahelin kieltäytyminen tunnustamasta itseään sosiaalisesti sellaiseksi, jollainen hän muiden silmissä väistämättä on ja jollaisena hän pysyy, johtaa tuskalliseen minättömyyden tilaan: "Rahelin taistelu tosiasioita vastaan, erityisesti juutalaiseksi syntymisen tosiasiaa vastaan, muuttuu nopeasti taisteluksi häntä itseään vastaan. Hänen on kieltäydyttävä suostumasta itseensä; kiellettävä, muutettava, kätkettävä valheisiin oma syrjitty itsensä, koska hän ei voi kieltää koko olemassaoloaan. – – Kun itselleen on sanonut ei, sen jälkeen ei ole enää muuta vaihtoehtoa. On vain yksi tavoite: olla aina kullakin hetkellä jotakin muuta kuin on; pidättäytyä johdonmukaisesti tuomasta itseään esille ja sen sijaan muuttua äärimmäisen mukautuvaisesti miksi tahansa, kunhan vain ei omaksi itsekseen."[4]

Arendtille Rahelin tapaus esimerkillistää myös koko aikakautta, koska hänen elämäntilanteessaan törmää kaksi tarvittavaa rohkeuden muotoa: valistuksen rohkeus käyttää omaa järkeään ja tässä mielessä päättää itsestään itsenäisesti rationaalisena olentona, sekä rohkeus tunnustaa, että tämän itsehahmotuksen vapaus riippuu aina historiallisista ja kulttuurisista olosuhteista, joista kukaan ei voi pysyä täysin irrallaan. Rahelin omana aikana tämä ilmenee jännitteessä valistuksen ja romanttisen itsensä kehittämisen ihanteen välillä; järjen ja historian, ylpeyden ja ennakkoluulojen, ajattelun ja tottelemisen välillä. Toisaalla unelma minän täydellisestä itsemääräämisoikeudesta, toisaalla joutuminen väistämättä muiden ulkoa ohjaamaksi.

Arendtin mukaan valistus ja järki voi "vapauttaa menneisyyden ennakkoluuloista ja ohjata tulevaisuutta. Valitettavasti näyttää kuitenkin siltä, että se voi vapauttaa vain erillisiä yksilöitä, ohjata vain Robinson Crusoeiden tulevaisuutta. Järjen vapauttama yksilö törmää aina maailmaan, yhteiskuntaan, jonka menneisyydellä on 'ennakkoluulojen' muodossa paljon valtaa; hänen on pakko oppia, että mennyt todellisuus on myös todellisuutta. Vaikka syntyminen juutalaiseksi saattaa Rahelista tuntua pelkästään viittaukselta johonkin kaukaiseen menneisyyteen, ja vaikka hän on saattanut hävittää koko seikan omasta ajattelustaan, se pysyy ennakkoluulon muodossa ikävästi läsnä muiden mielessä."[5]

Kukaan ei voi paeta joutumasta tähän jännitteeseen – eikä sitä ole järkeä edes toivoa. Jännitteestä vapautumisen hintana olisi kaiken sen menettäminen, mikä ansaitsee tulla kutsutuksi maailmaksi ja todellisuudeksi.

KIRKKAAMPAAN ELÄMÄÄN

Vaara menettää maailma aivan liian järkevänä esiintyvän itsemääräämisoikeuden nimissä. Tällä Rahelille antamallaan varoituksella Arendt seuraa tietoisesti kahden merkittävän akateemisen opettajansa jälkiä: Martin Heideggerin ja Karl Jaspersin. Jo opiskelijana Marburgissa Arendt herkistyi Heideggerin vaikutuksesta modernin maailmankuvan ja ihmiskuvan sokeille pisteille. Heillä oli vuodesta 1925 eteenpäin myös rakkaussuhde useiden vuosien ajan. Sillä ihminen, sellaisena kuin Heidegger kuvasi tätä eeppisessä teoksessaan *Oleminen ja aika*, ei ollut missään nimessä ensisijaisesti järkevä "subjekti" vaan pikemminkin maailmaan ilman syytä heitetty "täälläolo".[B] Ajattelevana ja ennen kaikkea toimivana olentona

B Täälläolo (*Dasein*) on Heideggerin filosofian keskeisimpiä käsitteitä ja viittaa hänen tulkintaansa ihmisenä olemisen erityisluonteesta. Saksan sana *Dasein* tarkoittaa 'olemassaoloa', mutta kirjaimellisesti 'täällä olemista' (*Da-Sein*). – *Suom.*

ihminen ei asunut mykässä "todellisuudessa", jolle hänen on ensin annettava merkitys, vaan "ympäristössä", joka on hänelle merkityksellinen jo valmiiksi. Aivan kuten ihmisen todellisella autonomialla ei Heideggerin mukaan ollut juuri mitään tekemistä puhtaasti rationaalisten päätösten, laskelmien tai edes pelkkien sääntöjen kanssa, vaan siinä oli kyse rohkeudesta saada ote itsestään eksistentiaalisissa raja- ja poikkeustilanteissa.

Kaikki nämä aihelmat olivat 1920-luvulla Heideggerin lähimmän luotetun Karl Jaspersin mielessä. Hän tuli vuonna 1926 Arendtin väitöskirjan ohjaajaksi. Toisin kuin Heidegger, Jaspersin "eksistenssifilosofia" korosti kuitenkin vähemmän pimeiden ja yksinäisten mielialojen, kuten pelon tai kuoleman läheisyyden, voimaa kuin ihmisen mahdollisuutta löytää polku kirkkaampaan, vapaampaan elämään juuri kommunikaation ja toisten puoleen kääntymisen kautta. Ihannetapauksessa tämä kääntyminen oli aina miellettävä vuoropuheluksi. Se korosti siten tarvetta todelliselle keskustelukumppanille, jonka rinnalla kasvoton ja nimetön "kuka tahansa",[C] "yleisö" tai "ihmiskunta" oli merkityksetön.

Näihin impulsseihin uppoutunut Arendt kehitti oman tulkintansa ihmisen tilanteesta 1920-luvun lopulta lähtien, ja sekä muodoltaan että sisällöltään se antoi hänelle mahdollisuuden lähestyä Rahel Varnhagenin tapausta erittäin omaehtoisesti: eikö Rahelin tilanne ollutkin ihanteellinen kuvittamaan niitä paineita, jotka todellisuudessa määrittävät kenen tahansa modernia olemassaoloa?

C Heideggerin käsite *das Man* tarkoittaa ihmistä silloin, kun tämä toimii arjessa epärefleksiivisesti miettimättä niitä perimmäisiä asioita, jotka ovat filosofian tutkimuskohteena. Käsite ei ole suoraan suomennettavissa, koska se juontuu saksan kielen passiivirakenteesta, jossa lauseen subjektina on *man*-sana. Käytän tässä teoksessa nykyään jo vakiintunutta käännösvastinetta "kuka tahansa". – *Suom.*

Tunnistaa itsensä ihmiseksi Rahelin kanssa – Arendtille filosofina tämä tarkoittaa kaikkien sellaisten järkeä koskevien käsitysten hylkäämistä, jotka ovat irrallaan maailmasta ja siten myös epähistoriallisia. Tämä tarkoittaa sen tunnustamista, että todellinen itsensä löytäminen voidaan saavuttaa vain muiden ihmisten merkeissä. Se tarkoittaa myös, että luovutaan puhumasta abstraktisti "ihmisestä sinänsä". Joten oli vain johdonmukaista, että Arendt halusi tehdä yksittäistapauksia koskevia tutkimuksia puhtaasti abstraktien analyysien ja tutkielmien asemesta: eksistenssifilosofiaa moniäänisenä raporttina olemassaolosta.

Heti Rahel-kirjansa ensimmäisissä virkkeissä Arendt tarjoaa vaikuttavan esimerkin tästä lähestymistavasta ja näkee itsensä vuonna 1933 – täsmälleen sata vuotta Rahelin kuoleman jälkeen – toisessa ratkaisevassa saksanjuutalaisten historian käännekohdassa.

Kuin Don Quijote, joka oli väärien kuvausten vankina koko elämänsä ajan ja vaelsi idealistisesti ympäri maailmaa etsimässä itseään, romantikko Rahel Varnhagen kokee myös todellisen tiedon ja itsensä löytämisen hetken kuolinvuoteellaan: "'Mikä tarina! – Pakolainen Egyptistä ja Palestiinasta, tässä minä olen ja löydän teistä apua, rakkautta, huolenpitoa! – – On kiehtovaa ja mieltä ylentävää ajatella tätä syntyperääni ja tätä koko kohtalonyhteyttä, jonka kautta ihmiskunnan vanhimmat muistot seisovat rinta rinnan uusimpien asiaintilojen kanssa ja mitä suurimmat etäisyydet ajassa ja tilassa ylittyvät. Asia, joka koko elämäni ajan tuntui minusta suurimmalta häpeältä, joka oli elämäni katkerin kurjuus ja epäonni – syntyminen juutalaiseksi – on jotakin, mistä en olisi mistään hinnasta luopunut'."[6]

Kun Arendt panee paperille nämä rivit, hänenkin elämässään on edessä syvä käännekohta. Aivan kuten suojattua elämää viettänyt porvarin tytär Rahel Varnhagen tajusi vasta Napoleonin tapahtuessa, että "hänen olemassaolonsa oli myös yleisten poliittisten ehtojen alainen",[7] Arendt todella herkistyi ajattelijana politiikan alueelle Hitlerin tapahtuessa. Kuten Varnhagen, joka viime kädessä löysi onneksi identiteettinsä juutalaisena, Arendt tulee yhä valppaammaksi ja tarkkaavaisemmaksi, mitä tulee erityisiin vaatimuksiin, vaaroihin ja jopa paariaksi muuttumisen mahdollisuuksiin, jotka syntyvät hänen pitkään tematisoimatta jääneestä juutalaisuudestaan.

Itse asiassa hänen politisoitumis- ja herkistymisprosessinsa tapahtuvat samaan aikaan, lähestyvän natsihallinnon painostuksen alla. Ei vähiten sitä kautta, että hän sionisti Kurt Blumenfeldin innoittamana tutkijana kerää esimerkkejä antisemitistisestä kiihotuksesta, josta on nyt tullut Saksassa jokapäiväistä.

Kuka hän todella oli ja halusi olla jatkossa, pysyi kuitenkin edelleen avoimena. Hänelle oli selvää vain se, että tämän päättäminen ei ollut yksin hänen käsissään, ja että häneen kohdistui joka puolelta yhä vahvempia vaatimuksia selkeälle vastaukselle. Ikään kuin poliisin vaatimus ehdottoman yksiselitteisestä lokeroitavuudesta olisi levinnyt koko yhteiskuntaan yhdessä yössä.

SAKSALAISUUDEN OLEMUS

Vuoden 1933 alussa kirjeenvaihto hänen väitöskirjansa ohjaajan Karl Jaspersin kanssa pyöri juuri näiden asioiden ympärillä. Kuten Arendt, tämäkin oli innostunut laatimaan ajan hengestä erityisen psyykkisen muotokuvan. Ja myös Jaspersille identiteetin kysymykset olivat etualalla. Loppujen lopuksi hän löysi "kansallismielisten nuorten hämmentyneen ja harhautuneen lörpöttelyn takaa niin paljon hyvää tahtoa ja aitoa pontta", että hän halusi selvittää, "mitä on olla saksalainen", käyttäen esimerkkinä Heidelbergin professorikollegaansa Max Weberiä, joka oli kuollut vuonna 1920.

Jaspers oli tarkoituksellisesti julkaissut teoksensa kansallismielisen kustantamon kautta "päästäkseen lukijoiden luo, jotka tarvitsevat tätä kasvatuksellista (!) impulssia ja kaipaavat sitä kohti".[8] Jo syksyllä 1932 hän oli lähettänyt kappaleen kirjaa Arendtille omistuskirjoituksella varustettuna. Sen otsikko kuului: *Max Weber – Deutsches Wesen im politischen Denken, im Forschen und Philosophieren* (Max Weber – saksalaisuuden olemus poliittisessa ajattelussa, tutkimuksessa ja filosofoimisessa).[9] Arendt pohti vastaustaan kuukausien ajan:

Berliini, 1. tammikuuta 1933

Suuresti kunnioitettu herra professori,
sydämellisimmät kiitokseni Max Weberistä, jonka otin suurella ilolla vastaan. Siihen, miksi kirjoitan teille vasta nyt kiittääkseni, on hyvä syy: otsikko ja johdanto tekivät minulle vaikeaksi ottaa kantaa koko kirjaan. Minua ei haittaa se, että esitätte Max Weberin suurena saksalaisena, vaan se, että löydätte hänestä "saksalaisuuden olemuksen" ja yhdistätte sen "järkevyyteen ja inhimillisyyteen, joka on lähtöisin intohimosta". – – Ymmärrättehän, että minä juutalaisena en voi sanoa kyllä enkä ei tälle ja että sen myöntäminen olisi yhtä sopimatonta kuin argumentoiminen sitä vastaan. – – Minulle Saksa merkitsee äidinkieltäni, filosofiaa ja runoutta. Voin seistä sen takana ja niin minun täytyykin. Mutta olen velvollinen ottamaan etäisyyttä, en voi olla sen enempää puolesta kuin vastaankaan, kun luen Max Weberin suurenmoisen toteamuksen, että Saksan saamiseksi taas jaloilleen hän liittoutuisi jopa paholaisen kanssa. Ja tässä toteamuksessa ilmenee se, mikä minusta vaikuttaa ratkaisevan tärkeältä. – – Kotiaskareista huolimatta työni sujuu hyvin. Rahel on suurimmaksi osaksi valmis.[10]

Sen lisäksi, että vuodenvaihteessa 1932–33 kävi yhä selvemmäksi, millä tavoin Saksa oli valmis liittoutumaan paholaisen kanssa päästäkseen "taas jaloilleen", Arendtin vastauksen varsinainen visionäärisyys on hänen kieltäytymisessään selvän kannan ottamisesta. Tunnustus huomioi tosiasioina äidinkielen sekä perinteen, josta Arendt on alun perinkin lähtöisin ajattelevana olentona. Mutta ei tiettyjen asenteiden, ihanteiden tai edes alueiden mielessä. Pikemminkin Arendtin kaltaiset ihmiset kantavat kotimaataan sydämessään (ja kirjojen muodossa myös matkalaukussaan) ympäri maailmaa.

Juuri siksi, että tällainen määrätty "Saksa" on avattava ja herätettävä eloon yhä uudestaan luku- ja tulkintaprosesseissa, sille ei voida määrittää mitään ikuisesti kiinteää "olemusta". Jos sen "pelastava saaminen taas jaloilleen" voi lainkaan tapahtua, se tapahtuu ymmärtämisen teoissa ja siten hyväntahtoisen omaksi ottamisen teoissa – ja siten jossakin, joka sulkee niin sanoaksemme olennaisesti pois kaiken liittoutumisen paholaisen kanssa.

Välittömässä vastauksessaan Jaspers varoittaa entistä oppilastaan, että kulttuuriolentona "ei voi elää yksinomaan kielteisyydestä, ongelmista ja epäselvyydestä".[11] Vuoden 1933 alussa Arendt ei kuitenkaan halua kuulla kuiskuttelua Saksan historiallis-poliittisesta tehtävästä tai saksankielisten juutalaisten yksipuolisesta mainittujen perinteisten tapahtumien omaksi ottamisesta. Jaspersille hän kirjoittaa 6. tammikuuta 1933:

> Olen tietenkin tästä huolimatta saksalainen siinä mielessä, josta puhuin aiemmin. Mutta en voi pelkästään lisätä tämän päälle historiallis-poliittista kohtaloa. Tiedän liiankin hyvin, miten myöhäistä ja epätäydellistä juutalaisten osallisuus tähän kohtaloon on ollut ja miten suuressa määrin sattumalta he tulivat mukaan tuolloin heille vieraaseen historiaan. – – Vanha kunniakas Saksa on teidän menneisyyttänne. Se, mitä minun Saksani on, ei ole lyhyesti ilmaistavissa, koska mikä tahansa yksinkertaistus – olipa se sitten sionistien, assimiloituneiden juutalaisten tai antisemiittien – vain peittää näkyvistä sen, mikä tilanteessa on todellisena ongelmana.[12]

Mutta miten, erityisesti saksalaisena juutalaisena tai juutalaisena saksalaisena, voitaisiin kuvitella elämä, joka ei lankea sellaiseen reaktiiviseen ansaan, jonka jälkeen eletään "yksinomaan kielteisyydestä"? Ja samalla välttää myös ajan hengen muotoilema vaatimus absoluuttisesta yksiselitteisyydestä? Miltä näyttäisi elämä, joka pakenisi Rahelin ansasta joutumatta silti ehdottomaan myöntämiseen ja siten myös poliittisesti anastetuksi? Elämä, joka pysyisi vakaana, vaikka ei nojaisikaan kaiteisiin? Mistä tahansa Arendt löytäisikin nämä vastaukset tai hahmottelisi ne, Saksassa se ei olisi enää mahdollista.

TAKAOVI

Yhdessä äitinsä kanssa Arendt valitsee klassisen reitin: Erzgebirgen vuoristoalueelta vihreän rajan yli Tšekkoslovakiaan. Poliittisesti vainotut asettuivat enimmäkseen Prahaan, mihin oli keväällä 1933 muodostunut vahva erityisesti sosiaalidemokraattisen vastarinnan verkosto. Sivistyneistö sen sijaan siirtyi yleensä Sveitsin kautta Ranskaan. Kesään 1933 mennessä sinne oli paennut jo noin 40 000 henkeä, joista 20 000 Pariisiin.

Kuin uutta "väliinputoajan" asemaa ilmentääkseen rajanylitys tapahtuu myötämielisen saksalaisen naisen talon kautta, "jonka etuovi oli Saksassa ja takaovi Tšekkoslovakiassa: hän otti vastaan 'vieraansa' päivällä, antoi heille syötävää ja päästi heidät takaovesta ulos yön pimeydessä".[13] Ulos Saksasta, sisään uuteen olemassaoloon.

RAIVOA

Myös lukion opettaja ja ay-aktivisti Simone Weil hyvästeli Saksan lopullisesti kesällä 1933. Vain vuotta aiemmin hän oli tehnyt nopean päätöksen matkustaa Pariisista muutamaksi viikoksi Berliiniin saadakseen oman kuvan tilanteesta. Johdannossa erääseen ay-liikkeen lehteen kirjoittamaansa kymmenosaiseen reportaasisarjaan hän oli kirjoittanut, että "kaikkien niiden, jotka ovat perustaneet toivonsa työväenluokan voittoon, on tällä hetkellä katsottava Saksaan".[14]

Se, mitä hän saa nähdä Berliinissä, on maahan lyöty kansa. "Saksassa näkee entisiä insinöörejä, jotka onnistuvat syömään yhden kylmän aterian päivässä vuokraamalla tuolin yleisistä puutarhoista; siellä näkee vanhoja miehiä tärkätyissä kauluksissa ja knallihattu päässä, jotka kerjäävät metron uloskäyntien luona tai laulavat kaduilla särkyneellä äänellä. Opiskelijat keskeyttävät koulunsa ja myyvät kadulla maapähkinöitä, tulitikkuja tai kengännauhoja; – – jokainen työntekijä odottaa ennen pitkää joutuvansa siihen pakolliseen toimettomuuteen, jossa melkein puolet Saksan työväenluokasta on; – –."[15]

Toisin sanoen tunnelma juuri siinä Euroopan maassa, jossa työväenliike on kaikkein järjestäytynein ja numeroilla mitattuna vahvin, on selvästi vallankumouksellinen. Vasemmisto on siellä kuitenkin toivottoman jakautunut ja halvaantunut. Sen sijaan, että Saksan kommunistinen puolue ja Stalinin ja Venäjän keskuskomitean valvoma kommunistinen internationaali vastustaisivat kansallissosialisteja yksimielisesti, käydään mieluummin "lahkolaista taistelua 'pääviholliseksi' nähtyä sosiaalidemokratiaa vastaan". Seuraukset ovat Weilin mukaan selvästi ennakoitavissa. "Saksassa", hän kirjoitti ay-toimitsijana työskentelevälle ystävälleen syksyllä 1932, "olen menettänyt viimeisenkin kunnioitukseni puoluetta kohtaan. – – Vähäisinkin suvaitsevaisuus sitä kohtaan on rikollista."[16]

Vain vuotta myöhemmin käy täsmälleen niin kuin Weil on artikkeleissaan ennustanut. Hitler on voittanut kautta linjan, puhdistusten aallot ovat täydessä käynnissä. Stalinin Neuvostoliitto ei edes anna turvapaikkaa pakeneville tovereille. Weilin mielestä ne, jotka vielä uskovat proletaariseen vallankumoukseen Moskovan armosta, ovat henkisesti kaiken avun tuolla puolen.

”Punaiselle Simonelle”, kuten häntä kutsuttiin jo filosofian opintojensa aikana, tämä on vain yksi syy lisää vahvistaa hänen poliittista sitoutumistaan: pakolaisten auttajana, ay-työssä, kirjoittajana.

Riitaannuttuaan lukiossaan Auxerressa – vain neljä hänen yhdestätoista opiskelijastaan läpäisi filosofian loppukokeen – Weil siirtyy syksyllä 1933 opettajaksi Roannen pikkukaupunkiin lähelle Lyonia. Ministeriö näkee aktivistin työskentelevän mieluummin hiljaisemmalla, porvarillisemmalla alueella. Pieni viiden opiskelijan ryhmä, jolle on opetusta kaksitoista tuntia viikossa, jättää tarpeeksi aikaa ja tilaa sille, mikä hänelle todella näyttää olevan tärkeää ja kiireellistä. Aina kun mahdollista, hän lähtee junalla Saint-Étienneen pitämään iltakursseja ja luentosarjoja siellä asuville kaivostyöläisille. Geometrian peruskurssi, johdatus Ranskan kirjallisuuteen, ”Tieteellisen sosialismin perusteet” – tulevaa yhteiskuntaa ajatellen kaikki ovat ehdottoman tarpeellisia. Tuskin 150 senttiä pitkänä, kädet aina syvällä tupakantäyteisissä takintaskuissa, hän kiiruhtaa rautatieasemalta ammattiliiton tiloihin. Hän ei tarvitse opetukseen muuta materiaalia kuin omia muistiinpanojaan.

Hänen ei ole harvinaista jatkaa tovereiden kanssa johonkin läheiseen asuntoon, jossa hän piiriin aseteltujen tuolien keskipisteessä jatkaa sitten vapaasti puhumista tuotannon lisääntymisen ja tuotantovälineiden mahdollisesti ratkaisevan tärkeästä yhteydestä, havainnollistaa kartesiolaisen demonin kiusauksia tai lausuu Homerosta ja Aiskhylosta ulkomuistista. Hän yhtyy aina silloin tällöin työväenlauluihin, joissa on mitä törkeimmän kuuloiset sanat. Vain tanssimisesta hän ei pidä. ”Siitä en tiedä mitään”,[17] hän sanoo itsekseen ja hiipii pian pois huoneesta.

Kun viikonloppu tulee, hän marssii punaiseen lippuun kääriytyneenä mielenosoitusten kärjessä ja laulaa ”Kansainvälistä” täyttä kurkkua. Ei, kenenkään ei ole niin helppoa vaientaa ”la Simonea”. Ei edes stalinistisen ryhmittymän häiriköiden, jotka ilmaantuvat heidän tapahtumiinsa yhä useammin huutamaan heitä pois lavalta.

Jopa Roannen tyttölyseossa taistelu jatkuu. Kun eräs hänen opettajakollegansa ilmoittaa järjestävänsä iltapäivisin lukupiirin, jossa tutkitaan katolisen nuorisojärjestön Action Catholiquen materiaaleja, Weil pyytää lähettämään Pariisista sopivaa aineistoa ja ilmoittaa: "Jos tällainen katsotaan täällä soveliaaksi, minä järjestän huomenna rationalismilukupiirin." Kiista viedään koulun johdon ratkaistavaksi. Neuvottelujen tulos ei ole tiedossa.[18]

HUOLIA

Mutta on myös aivan toisenlainen Simone. Eikä vain silloin, kun päänsärky taas palaa. Silmät kiinni, kädet ohimoilla hän istuu yksin huoneessaan koko yön, rajuista särkykohtauksista unettomana, tuskissaan. Kuten aiemmissakin opetustehtävissä Le Puyssä ja Auxerressa, vanhemmat seuraavat häntä ensimmäisinä päivinä Roannessa auttaen 24-vuotiasta lastaan löytämään uuden majapaikan, sisustamaan huoneensa ja huolehtimaan sen perusvarustuksesta. Äiti "Mime" ja isä "Biri" tuntevat paremmin kuin kukaan muu tyttärensä todellisen haurauden, suorastaan itsetuhoisen epäkäytännöllisyyden ja askeettisuuden.

Samat perushuolet esiintyvät yhä uudelleen lähes päivittäisissä kirjeissä: Onko asunnossa lämmin? Oletko syönyt mitään? Pitäisikö lähettää vaatteita? Kysymyksiä, joihin Simone vastaa parhaimmillaankin aggressiivisesti puolustautuen: "Rakas Mime, – – kiellän täten suoraan sinua ostamasta minulle mitään ilman erillistä lupaani – ellen ole ollut nauttimatta ravintoa viiteentoista päivään tai jotakin vastaavaa."[19] Vanhemmat tietävät lisäksi, mitä Simone on tehnyt omalle palkalleen jo vuosia: hän jättää itselleen täsmälleen sen summan, jonka verran työttömät tehdastyöläiset saavat työttömyyskorvausta. Lopusta hän luopuu ja lahjoittaa sen hädänalaisille tovereille tai pakolaisille.

Vuoden 1933 tapahtumien myötä Weilin äiti ryhtyy yhä enemmän Simonen yhden hengen pakolaisapujärjestön sihteeriksi. Perheasuntonsa lisäksi Weilit omistavat tyhjänä olevan huoneiston rue Auguste Comten talon seitsemännessä kerroksessa lähellä Luxembourgin puutarhaa. Se toimii nyt pakolaisten vastaanottokeskuksena.

Tänä syksynä Weil ilmoittaa äidilleen kirjeellä saksalaisten pakolaisten välittömästä saapumisesta viikko toisensa jälkeen. Heidät on tarkoitus hyväksyä ilman kysymyksiä ja heitä tuetaan taloudellisesti. Vanhemmat tekevät aina niin kuin käsketään. He ovat jo kauan sitten taipuneet Simonen tahtoon ja näkevät roolinsa – isä "Biri" on arvostettu lääkäri – ensisijaisesti antamassa mahdollisimman paljon tukea oudon tyttärensä oudolle elämälle ja seuraamassa sitä mahdollisimman tyynesti, kunnes seuraava ennalta arvattava fyysinen romahdus taas tapahtuu.

Erityisen tarkkanäköisesti – ja huolissaan – he ovat lukeneet tyttärensä esseen lopun, jonka kautta hän osuu meteorina ranskalaisen vasemmiston mielenmaisemaan syksyllä 1933. "Mikään maailmassa", siinä sanotaan, "ei voi kieltää meitä ajattelemasta selkeästi. Tämän teoreettisen selkeyttämistehtävän ja käytännön taistelutehtävien välillä ei ole minkäänlaista ristiriitaa. Niiden välillä on päinvastoin vuorovaikutus, koska ei voi toimia tietämättä mitä haluaa tai tuntematta niitä esteitä, jotka haluaa voittaa. Koska käytettävissä oleva aika on kuitenkin rajallinen, se on jaettava pohdinnan ja toiminnan kesken, tai vaatimattomammin sanottuna toimintaan valmistautumisen. – – Oli niin tai näin, suurin onnettomuus meille olisi tuhoutua kykenemättä sen enempää voittamaan kuin ymmärtämäänkään."[20]

KOLMAS TIE

On vaikea kuvitella massiivisempaa häväistystä kuin se, johon Weil syyllistyy otsikolla "Perspectives – allons-nous vers la révolution prolétarienne ?" (Näkökulmia – kuljemmeko kohti proletaarista vallankumousta?) erään ammattiliiton lehdessä[21] 25. elokuuta 1933 julkaisemassaan analyysissä. Itse asiassa hän panee nimenomaisesti merkille rakenteellisen samankaltaisuuden fasistiseksi muuttuneen Saksan ja Stalinin Neuvostoliiton välillä. Vain muutamassa kuukaudessa Hitler on pystyttänyt Saksaan

> – – poliittisen valtajärjestelmän, jonka rakenne on enemmän tai vähemmän sama kuin Venäjän järjestelmän sellaisena kuin Tomski sen määrittelee: "Yksi puolue vallassa ja kaikki muut vankilassa." Voimme lisätä, että kumpaakin tapausta luonnehtii sama puolueen mekaaninen alisteisuus johtajalle, ja kummassakin tapauksessa sen takeena on poliisi. Mutta poliittinen suvereniteetti ei ole mitään ilman taloudellista suvereniteettia; siksi fasismi osoittaa taipumusta tunkeutua Venäjän hallintoon myös talouden alueella, kun kaikki taloudellinen ja poliittinen valta keskitetään valtionpäämiehelle.[22]

Lisäksi koko totaalisen johtajavaltion valtiomuoto, joka on historiallisesti Weilin mukaan uusi ilmiö, perustuu uuteen, teknologisesti tuettuun sorron muotoon, joka johtuu uuden valvontaviranomaisten luokan vallan suuresta kasvusta. Nämä viranomaiset eivät käytä valtaansa "tehdäkseen alamaiset onnellisiksi, vaan lisätäkseen valtaansa entisestään".[23] Mutta tämä rikkoo ne puitteet, joissa marxilainen kuva luokkataistelusta on syntynyt.

Uudet totaaliset järjestelmät à la Hitler ja Stalin pyrkivät ulkoiselta taloudelliselta muodoltaan kohti valtiokapitalismia, mutta sisäisessä rakenteessaan kohti tukahduttavaa kontrollivaltiota, jota Weil kutsuu "byrokraattiseksi diktatuuriksi". Sitä luonnehtivat omaa etuaan ajavien viranomaisten luokka sekä yhä kehittyneempi valvontatekniikka, ja Stalinin Neuvostoliitto on siitä tähän mennessä vaikuttavin ja tuhoisin esimerkki.

Mikään ei voisi olla kauempana todellisesta työläisdemokratiasta. Loppujen lopuksi on täysin merkityksetöntä, kenelle tuotantovälineet nyt nimellisesti kuuluvat (työntekijöille, suurkapitalisteille, valtiolle), mikäli sorron todellisissa olosuhteissa ei muutu mikään. Jos jotakin, jokapäiväisen työn raaistuminen vain lisääntyi Stalinin aikana, ja siihen liittyi uusia katastrofaalisia pullonkauloja.

Syksyllä 1933 Weil saa osittaisen kuvan Stalinin imperiumin olosuhteista kirjeistä ja henkilökohtaisista keskusteluistaan venäläisten pakolaisten kanssa. Kirjeessä "Mime"-äidille hän tiivistää tietonsa seuraavasti: "Magnitogorskin kaltaisissa kaupungeissa – kaupungissa, jossa ei ole työttömyyttä – voi nähdä ihmisten kaivavan mätiä perunoita maasta paljain käsin ja syövän niitä raakana. Työläiset nukkuvat siellä lämmittämättömissä kasarmeissa 40 asteen pakkasessa, ja Ukrainassa kokonaiset kylät ovat niin nälkäkuoleman partaalla, että on teloituksen uhalla kiellettävä syömästä kuolleita ruumiita. – – Salaisen poliisin (GPU:n) terrorin pelossa kukaan ei enää luota kehenkään. On kerrottu ihmisten jonottavan peruna-annostaan aamukahdeksasta kahteen iltapäivällä 35 asteen pakkasessa."[24]

Weil on vain osittain selvillä vuosina 1932 ja 1933 tapahtuneen niin kutsutun Holodomorin eeppisistä kauhuista – tappamisesta nälällä. Todennäköisesti noin neljä miljoonaa ukrainalaista kärsi tuskallisen nälkäkuoleman, jonka Stalinin hallinto oli tarkoituksellisesti aiheuttanut.[25] Weilin kirjeet todistavat silti, että joka vuoden 1933 Ranskassa haluaa oikeasti tietää, mitä Neuvostoliitossa todella tapahtuu, saa sen kyllä selville. Weilin analyyseihin ja arvioihin vaikuttaa tämä hiljainen, kaamea tieto.

Hän päättää tekstinsä toteamalla, että tällä uudella hallintomuodolla "hirviömäisine koneistoineen" on tarve tehostaa väestön sortoa yhä enemmän. Kaikkein tehokkaimmin tämä tapahtuu oman kansansa nimissä, jonka on alistettava koko työpanoksensa periksiantamattomalle eloonjäämistaistelulle ulkoista vihollista vastaan. Vasta sitten yksilöiden sorto kulkee täyden ympyrän täysin nimettömän kollektiivin alaisena, jonka ainoat näkyvät kasvot ovat Johtajan kasvot.

Esseessään Weil ei näe, että tätä dynamiikkaa voitaisiin mitenkään enää pysäyttää. Kunnon sosialistina hän tyytyy lopulta palauttamaan mieleen, mikä on sosialismin todellinen tehtävä: "antaa korkein arvo yksilölle, ei kollektiiville. Haluamme tehdä ihmisistä kokonaisia hävittämällä erikoistumisen, joka rampauttaa meitä kaikkia. – – Yksilöltä on raa'asti riistetty hänen taistelu- ja työvälineensä; sota sen enempää kuin tuotantokaan ei enää ole mahdollista ilman yksilön totaalista alistamista kollektiiviselle koneistolle. – – Yhteiskunnan alistaminen yksilölle on todellisen demokratian määritelmä ja myös sosialismin määritelmä."[26]

PELASTUSARMEIJA

Yletön byrokratisoituminen, puoluekoneiston vieraantuminen ruohonjuuritasosta, sokea yksimielisyys... Venäjän vallankumouksen kulkua kritisoidessaan Simone Weil ei ollut tuolloin yksin vasemmistolaisten leirissä. Itse asiassa nämä olivat täsmälleen samoja näkökohtia, joita Lev Trotski oli esittänyt entistä taistelutoveriaan Iosif Stalinia vastaan 1920-luvun lopulta lähtien. Pian Trotski julistettiin Neuvostoliitossa "juutalaiseksi petturiksi" ja "fasismin lakeijaksi". Hänet karkotettiin aluksi Kazakstaniin, ja vuonna 1929 hän joutui pakenemaan Turkkiin. Lopulta heinäkuussa 1933 hän päätyi vaimonsa Natalia Sedovan ja vanhimman poikansa Lev Sedovin kanssa maanpakoon Barbizonin pikkukaupunkiin Pariisin eteläpuolelle. Jatkuvassa rahapulassa ja kansalaisuutensa menettäneenä hän elää vapaana kirjoittajana peläten koko ajan Neuvostoliiton salaista palvelua. Ja jatkaa salaa neljännen internationaalin rakentamista, jonka julkilausuttuna tavoitteena on yhä kommunistinen maailmanvallankumous.

Daladier'n hallitus kieltää häneltä sekaantumisen Ranskan sisäisiin asioihin yhtä tiukasti kuin kaikilta muiltakin Pariisissa oleskelevilta ulkomaalaisilta. Joten asia oli riskaabeli ja vaati laajaa suunnittelua ja tiukkaa salassapitoa. Myös "Biri" protestoi pitkään, mutta myöntyy odotetusti Simonen toistuvien vaatimusten jälkeen.

Vuodenvaihteessa aika on vihdoin kypsä. Uudessa kampauksessa, parta ajeltuna ja kaulus ylös käännettynä Lev Trotski – kahden henkivartijan sekä poikansa ja vaimonsa kanssa – muuttaa rue Auguste Comten talon seitsemänteen kerrokseen. Lyhyen tarkastuksen jälkeen on selvää: Weilien asunto kelpaa. Ainoa, mitä tarvitaan, on ylimääräinen tuoli vartijoille, jotka revolveriaan varmistamatta vahtivat Trotskin pariskunnan makuuhuonetta vuorotellen.

Simonen rooli pakolaisten auttajana ja hänen varhainen kontaktinsa Trotskin pojan Lev Sedovin kanssa (jota kaikki nimittävät vain "kruununprinssiksi") johtavat lähestyvän maailmanvallankumouksen uuden johtoryhmän ensimmäiseen kokoukseen Weilien kotitalossa. Weil ja Lev ovat olleet kirjeenvaihdossa heinäkuusta lähtien, mutta tämä ei estä jälkimmäisen isää (jota Weilin piireissä kutsutaan nimellä "Papa") vastaamasta henkilökohtaisesti Weilin julkaisemiin teeseihin niin kutsutusta "proletaarisesta vallankumouksesta". Hän julkaisee 13. lokakuuta 1933 *La Vérité* -lehdessä artikkelin "La Quatrième Internationale et l'U.R.S.S." (Neljäs internationaali ja Neuvostoliitto), jossa hän torjuu jyrkästi ja päättäväisesti Simone Weilin esittämät analyysit ja johtopäätökset. "Epätoivoisena proletariaatin diktatuurin 'onnettomista' kokemuksista", hän kirjoittaa, "Simone Weil on löytänyt lohdun uudesta tehtävästä: oman persoonallisuutensa puolustamisesta yhteiskuntaa vastaan. Vanhan liberalismin kaava, jota virkistää halpahintainen anarkistinen hurmos. Pankaa myös merkille, miten majesteetillisesti Simone Weil puhuu 'meidän illuusioistamme'. Häneltä ja hänen kaltaisiltaan veisi monia vuosia vapautua taantumuksellisimmista pikkuporvarillisista ennakkoluuloistaan."[27]

"Papa" on kaikkea muuta kuin tyytyväinen. Siksi ei ole vaikea kuvitella sitä sisäistä haluttomuutta, jolla hän on hyväksynyt asuntotarjouksen. Mutta myös Weilissa jokin kiehuu pahasti. Vaikka tämä rohkea mies kerran komensikin vallankumouksellista miljoona-armeijaa, siitä ei missään tapauksessa ole korvikkeeksi hyvälle argumentille!

Trotskin ääni kuuluu alempiin kerroksiin.[28] Ja aina niin innokkaana, että Natalia Sedova, joka sillä välin istuu teellä "Mimen" ja "Birin" kanssa, voi vain pudistaa päätään: "Tämä lapsi uskaltaa panna vastaan Trotskille..."

Simone Weilin muistiinpanot, jotka hän kirjoitti ylös heti keskusteltuaan Trotskin kanssa 31. joulukuuta 1933, keskittyvät itse asiassa kiistakysymyksiin, jotka tulevat muovaamaan vasemmiston sisäistä keskustelua vuosien ja vuosikymmenten ajan: Mitkä keinot ovat sallittuja – tai jopa pakollisia – vallankumouksellisen päämäärän saavuttamiseksi? Erityisesti koskien kysymystä jokaisen yksittäisen ihmiselämän ehdottomasta arvosta: kuinka monta munaa oli sallittua rikkoa tai pakko rikkoa vallankumouksellisen munakkaan valmistamiseksi? Vai oliko tabu rikottu jo ratkaisevasti käyttämällä tällaista epäinhimillistävää puhetapaa? Avasiko se portit miljoonien terrorisoimiseen?

Simone Weil oli syvästi vakuuttunut, että avasi. Trotski osoitti olevansa tässä suhteessa melko joustava. Weil otti heti aluksi puheeksi vuonna 1921 tapahtuneen Kronstadtin laivastotukikohdan kapinan – jonka seurauksena Trotski oli henkilökohtaisesti antanut määräyksen teloittaa välittömästi 1500 "vastavallankumouksellista". "No, jos olette sitä mieltä, niin miksi annatte minulle suojaa täällä ylipäänsä ollenkaan? Oletteko kenties Pelastusarmeijasta?"[29]

Jälkikäteen ajatellen se oli suorastaan profeetallinen kysymys. Mutta se oli vain alkusoittoa selkkaukselle, jossa Trotski joutui yhä paradoksaalisempaan rooliin – puolustamaan vallankumouksen nimissä niitä samoja ihmisiä, jotka nyt uhkasivat hänen henkeään: "Minulla ei ole mitään syytä syyttää Stalinia mistään (paitsi virheistä hänen oman politiikkansa puitteissa). – – Paljon on saatu aikaan: työläisten (naisten, lasten) hyväksi. – – [V]enäläinen työläinen kontrolloi hallitustaan siinä määrin kuin sietää sitä, sillä hän tukee mieluummin hallitusta kuin kapitalistien paluuta. Tämä sinetöi hänen herruutensa!"

No, Weil kysyy, pitäisikö tästä päätellä myös, että työntekijät myös muualla hallitsevat omaa hallitustaan suvaitsemalla, esimerkiksi Ranskassa tai Saksassa... "Te olette idealisti ja kutsutte hallitsevaa luokkaa orjuutetuksi luokaksi. – – Miksi teidän oikein täytyy epäillä kaikkea?"

Joka tapauksessa Trotski on tämän keskustelun lopussa jälleen kuolemanvakava: "Paitsi että uskon uuden vasemmisto-opposition voivan saavuttaa vallankumouksen, olen siitä varma!" Ja juuri tämän viestin hän antaa Weilin vanhemmille lähtiessään tapaamisestaan kaikkialta Euroopasta saapuneiden salaliittolaisten kanssa: "Neljäs internationaali on saanut alkunsa teidän asunnossanne!"[30]

TESTAMENTTI

Vuoden 1934 alussa Simone Weil on löytänyt myös uuden varmuuden itsestään. Sen painopiste on kuitenkin selvästi erilainen. Pariisissa on 6. helmikuuta 1934 vakavia mellakoita ja katutaisteluita, jotka vaativat lukuisia kuolonuhreja. Loukkaantuneita on useita tuhansia. Keskellä syvintä talouskriisiä on paljastunut laaja petosvyyhti pankkimaailmassa ja osakemarkkinoilla. Eräs Alexandre Stavisky on kavaltanut pyramidihuijauksessa useita satoja miljoonia frangeja julkisia varoja, ja vasemmistolaiset paikallisen ja kansallisen tason poliitikot ovat myös ilmeisesti suojelleet häntä. Varsinainen herkkupala oikeistolaiselle taistelulehdistölle, joka korostaa sekä petostehtailijan juutalais-ukrainalaista syntyperää että hänen ystäviensä sosialistisuutta. Mellakoiden jälkeisenä päivänä radikaalia sosialistipuoluetta edustava pääministeri Édouard Daladier eroaa niin sanotun "murhaajien hallituksen" johdosta oltuaan virassa vain kuusi päivää. Se hädin tuskin vakauttaa poliittisen tilanteen.

Muutamaa päivää myöhemmin Weil kirjoittaa Pariisista hyvälle ystävälleen (ja myöhemmälle elämäkerturilleen) Simone Pétrementille Sveitsiin: ”Täällä ei mitään uutta, paitsi että maa on matkalla suoraan fasismiin tai vähintäänkin hyvin taantumukselliseen diktatuuriin; mutta senhän toki jo tiedätkin. Kaikki uutiset Venäjältä herättävät hirvittävää epätoivoa. Ja mitä Saksaan tulee, parempi olla sanomatta siitä mitään. – – Olen päättänyt vetäytyä kokonaan kaikesta poliittisesta toiminnasta, teoreettista tutkimustyötä lukuun ottamatta. Tämä ei sulje kokonaan pois mahdollista osallistumista suureen spontaaniin massaliikkeeseen (rivisotilaana), mutta en halua mitään vastuuta, edes vähäistä tai epäsuoraa, koska olen varma, että kaikki se veri, joka tullaan vuodattamaan, vuodatetaan turhaan ja että taistelu on hävitty jo ennalta.”[31]

Tulevina kuukausina Weil aikoo omistaa kaiken henkisen energiansa esseelle, jota hän kuvailee ystävilleen ”henkiseksi testamentikseen”. Weil on tuolloin 25-vuotias. Esseen nimi toimii samalla profeetallisena otsikkona koko tulevalle vuosikymmenelle: ”Réflexions sur les causes de la liberté et de l'oppression sociale” (Pohdintoja vapauden ja sosiaalisen sorron syistä).[32]

UHATTUNA

Kun Simone de Beauvoir'n koulu 12. helmikuuta 1934 seuraa miljoonien ranskalaisten tavoin ammattiliittojen kehotusta yleislakkoon, hänelle itselleen ”aktiivinen politikointi oli niin vierasta etten edes harkinnut osallistumista”.[33] Loppujen lopuksi lakko tarkoittaa solidaarisuutta muiden työssä käyvien ihmisten etujen kanssa. Mutta juuri siihen Beauvoir'lta puuttuu sisäinen impulssi kokonaan. Hän ei ole valmis ”mukautumaan opettajan osaansa”,[34] eikä hän pysty tässä elämänsä vaiheessa ymmärtämään, mitä hyvää muiden ihmisten olemassaolossa on. ”[T]oisten olemassaolo oli minulle edelleen uhka”, hän kirjoittaa muistelmissaan; ”olin yhä puolustuskannalla. Sartren suhteen olin päässyt pälkähästä julistamalla, että me olimme yhtä. Me muodostimme yhdessä maailman keskipisteen; meidän ympärillämme kiersivät rataansa iljettävät, naurettavat tai miellyttävät ihmiset, joilla ei ollut silmiä nähdä minua: minä olin ainoa katse. Minä en välittänyt yleisestä mielipiteestä, – –."[35]

Hän ja Jean-Paul Sartre ovat jo melkein viisi vuotta muodostaneet hyvin erikoisen parin: he ovat henkisesti täysin omistautuneet toisilleen, mutta samalla myös avoimia muille kokemuksille ja seikkailuille. Vuonna 1929 he olivat olleet kärkisijoilla filosofian opettajien valtakunnallisessa *agrégation*-loppukokeessa,[36] ja sen jälkeen he saivat järjestelmän sääntöjen mukaisesti komennuksen Pariisista provinsseihin ensimmäisten työvuosien ajaksi.

Ainakin tässä suhteessa Beauvoir'n siirtyminen Marseillesta Roueniin vuonna 1932 tarkoitti paluuta hänen oman olemassaolonsa keskipisteeseen. Sillä Sartre opetti tuolloin pohjoisessa Le Havren satamakaupungissa, vain tunnin junamatkan päässä. Pariisiin oli myös paljon helpompi päästä viikonloppuisin.

Mutta edes uusi läheisyys ei kyennyt ylittämään kuilua, joka muovasi hänen elämäänsä. Varsinkin kun kirjallisuuden kirjoittaminen ei oikein sujunut. Hän luonnostelee romaaneja Rouenin kahviloissa yhä uudestaan, mutta hylkää alun muutaman viikon kuluttua. Hänen olisi tarkoitus kuvata sosiaalisia paineita, joita naisille syntyi heidän ympäristössään heti kun he pyrkivät todella vapaaseen olemassaoloon.

TOISET IHMISET

Tämän 26-vuotiaan, älyllisesti erittäin lahjakkaan filosofianopettajan elämäntilannetta voidaan ensi kädessä kuvata paljon proosallisemmin. Huolimatta syvästä ja ainutlaatuisesta suhteestaan Jean-Paul Sartreen, joka on kaksi vuotta vanhempi, hän ei ole vielä löytänyt omaa ääntään, paikkaa ja jalansijaa elämässä. Ei ammatillisesti eikä kirjallisesti. Ei poliittisesti eikä filosofisesti. Ei edes eroottisesti.

On kuin hänessä olisi käymistilassa ennenkuulumaton, täysin erilainen minä. Hän kärsii, varsinkin koska hänen ympäristössään on samanikäisiä naisia, jotka ovat päässeet jo paljon pidemmälle. Esimerkiksi Colette Audry, joka on vahvasti mukana kommunistiryhmissä; ainoa paikallinen kollega, jonka kanssa Beauvoir'lla on jotakin ystävyyden kaltaista. Ja tietysti Audryn lähin toveri:

> Colette – – jutteli joskus Simone Weilista, jonka erikoinen elämäntapa teki minuun pakostakin vaikutuksen, vaikka en tuntenutkaan erityistä sympatiaa häntä kohtaan. Hän opetti Le Puyssa ja asui kuulemma kuorma-autokuskien majatalossa; kuukauden ensimmäisenä päivänä hän pisti palkkansa pöydälle, ja jokainen sai ottaa mitä tarvitsi. – – Ihailin hänen älykkyyttään, askeettisuuttaan, fanaattisuuttaan, rohkeuttaan ja tiesin, ettei hän olisi suinkaan ihaillut minun elämäntapaani. En pystynyt liittämään häntä oman maailmani osaksi ja koin hänet hiukan uhkaavaksi.[37]

Jo 19-vuotiaana, kun Beauvoir alkoi opiskella filosofiaa Sorbonnessa, hän kuvasi "minän ja muiden" välistä vastakkainasettelua kysymykseksi, joka häntä todella ajoi eteenpäin.[38] Ja kun Sartresta, joka lepää syvästi omassa luovuudessaan, tulee miellyttävä "suuri samanarvoinen" opintojen aikana, hänen opiskelijakollegansa Simone Weilin olemassaolo nousee nyt "suuren toisen" asemaan.

Kuin kaksi magneettia he torjuivat päättäväisesti toisiaan ensimmäisessä tapaamisessaan: "Kiinassa oli juuri raivonnut suuri nälänhätä, ja minulle oli kerrottu, että [Weil] sen uutisen kuullessaan oli nyyhkyttänyt: ne kyyneleet herättivät minussa kunnioitusta vielä enemmän kuin hänen filosofinen lahjakkuutensa. Kadehdin sydäntä, joka pystyi lyömään koko maailmalle. Eräänä päivänä onnistuin puhuttelemaan häntä. En muista enää, miten keskustelu alkoi; hän ilmoitti purevasti, että maailmassa oli sillä hetkellä vain yksi tärkeä asia: vallankumous, joka järjestäisi ruokaa kaikille ihmisille. Minä vastasin enemmän tai vähemmän nokkavasti, ettei ongelmana ollut onnen järjestäminen ihmisille vaan mielekkyyden löytäminen heidän elämäänsä. Simone Weil katsoi minua halveksivasti: 'Näkee kyllä, ettei teillä ole ollut koskaan nälkä', hän sanoi. Siihen meidän yhteydenpitomme loppuikin."[39]

Weilin tahto samaistua absoluuttisesti kaikkien muiden, etenkin kaikkein kaukaisimpien kärsimyksiin kohtaa Beauvoir'n pyrkimyksen saada oma minä samaistumaan absoluuttisesti itseensä ja lähimpiin ihmisiin – kaikkia muita vastaan. Beauvoir'lle "mielekkyyden löytäminen ihmisten elämään" on itse asiassa kaksinkertainen ongelma. Ensiksikin: Mihin perustuu sellainen olemassaolo, joka kokee itsensä merkitykselliseksi? Ja toiseksi: Mikä rooli muiden ihmisten olemassaololla on tai pitäisi olla tässä? Toisin sanoen: Mikä merkitys, jos sellaista ylipäänsä on, syntyy omalle olemassaololle heidän ilmeisestä olemassaolostaan?

Mitä häneen ja hänen oman elämänsä mielekkyyteen tässä maailmassa tulee, Sartren olemassaolo on täysin riittävä. Muut ihmiset voi kohdata välinpitämättömällä ironialla. Ja jos ei voinut, heistä oli silloin ennen kaikkea valtavasti vaivaa.

KAPSELOITUNEENA

Beauvoir'n haluttomuus kokea myötätuntoa muita ihmisiä kohtaan tai edes tunnustaa heidän olemassaoloaan, joka on tähän asti muokannut hänen elämäänsä, on paljon muutakin kuin pelkkä psykologinen erikoisuus. Loppujen lopuksi koko modernia filosofiaa – René Descartesista alkaen – rasitti epäily siitä, kuinka ja minkä nojalla omaan ajatteluunsa täysin koteloitunut subjekti voisi edes tietää, että myös muita ajattelevia subjekteja on olemassa. Muiden ihmisten tietoisesta elämästä oli mahdollista tehdä vain omiin kokemuksiin perustuvia päätelmiä. Siihen oli mahdotonta päästä sisään. ”Jos olisin hänen paikallaan, kokisin, ajattelisin, tuntisin nyt seuraavaa...” Kuten Descartes kuitenkin näytti aukottomasti osoittaneen *Mietiskelyissään*,[40] nämä johtopäätökset voivat olla vääriä – ja ääritapauksissa niiltä voi jopa puuttua perusteltavissa oleva pohja kokonaan. Kun filosofisen epäilyn taitoa oli harjoitettu riittävästi, muiden ihmisten käyttäytymisestä ei voinut mitenkään varmasti päätellä, että kaikki muutkin olivat ajattelevia ja tuntevia olentoja. Viime kädessä he saattoivat olla myös pelkkiä automaatteja tai robotteja ilman todellista sisäistä elämää. Descartesin 1600-luvulla kirjoittamin sanoin:

> Mutta nyt vilkaisen sattumalta ulos ikkunasta ja näen ihmisiä kulkemassa kadulla, ja kielenkäytön mukaan sanon näkeväni heidät itsensä – –. Mitä muuta kuitenkaan näen kuin hattuja ja viittoja, joiden alla voisi piillä automaatteja?[41]

Sanatarkka kuvaus asenteesta, jolla Beauvoir ja Sartre liikkuivat Rouenin, Le Havren ja Pariisin kahviloissa. Muut eivät varsinaisesti ole heille olemassa ihmisinä. He kaksi ovat ainoat todella tuntevat olennot. Muu ihmiskunta toimii vain kulissina heidän ajatusleikeilleen. Asenne, joka on yhtä houkutteleva kuin se on lopulta köyhdyttävä – minkä Sartre ja Beauvoir voivat aistia tarkalleen. Kuvitellun ainutlaatuisuuden antama absoluuttinen suoja maksetaan välttämättä sillä, että välittömyys ja mahdollisen todellisuuden runsaus katoavat.[42]

Filosofoiva pariskunta ihmettelee tässä vaiheessa, aikakaudelleen tyypillisesti, miten tämä todellisuuden häipyminen voitaisiin estää ilman että heidän tarvitsee puuttua oman tietoisuutensa loukkaamattomaan suvereniteettiin. Kuinka voisi paeta kapseloitumista omaan aivo-onteloonsa alistumatta suoraan muiden ihmisten maailman saneluun? Kuinka suhtautua maailmaan ja sen väitteisiin kirjaimellisesti päästämättä kaikkea erkanemaan ironisen etäisyyden päähän?

TAIKAJUOMA

Vuodenvaihteessa 1932–33 Sartre ja Beauvoir menevät entisen opiskelijakollegansa Raymond Aronin kanssa drinkille. Lukuvuoden Berliinissä apurahatutkijana viettävä Aron on juuri käymässä nopeasti Pariisissa. He tapaavat Le Bec de Gaz -baarissa rue du Montparnassella. Sartre ja Beauvoir saavat kuulla molemmille täysin uudesta saksalaisen filosofian virtauksesta, jota kutsutaan fenomenologiaksi. Beauvoir muistelee myöhemmin: ”– – tilasimme talon erikoisuuden: aprikoosikoktailin. Aron näytti lasiaan: 'Jos olisit fenomenologi, voisit puhua tästä aprikoosikoktailista, ja se olisi filosofiaa!' Sartre melkein kalpeni tunteen voimasta; hänhän oli vuosikausia toivonut että voisi puhua esineistä sellaisina kuin hän ne näki ja koki ja että se olisi filosofiaa. Aron vakuutti, että fenomenologia oli juuri sitä mitä Sartre tarvitsi pyrkiessään kumoamaan idealismin ja realismin ja osoittamaan, että tärkeintä olivat tietoisuus ja maailman läsnäolo sellaisena kuin se antautuu tarkasteltavaksemme.”[43]

Aivan yhtäkkiä näkyviin tuli kauan etsitty mahdollisuus: uusi, kolmas ajattelutapa, joka antoi vapauden arkikokemukselle. Tässä ajattelutavassa omien mietteiden elohopeamaisesta vikkelyydestä ei tarvinnut luopua, jotta saisi pysyttyä kiinni niin sanotussa todellisuudessa. Mutta mikä tämä uusi tie tarkalleen oli? Mitkä sen tunnusomaiset periaatteet olivat?

Matemaatikko ja filosofi Edmund Husserl oli perustanut tämän uudenlaisen filosofisen tutkimuksen tavan Göttingenissä ja Freiburgissa ennen ensimmäistä maailmansotaa – kuten Sartre ja Beauvoir nopeasti saivat tietää lukiessaan intensiivisesti alkukielellä Husserlin vaikeaselkoisia tekstejä. Iskulauseen ”Takaisin asioihin itseensä” alla Husserl pyysi seuraajiaan kuvaamaan mahdollisimman tarkasti, muuntelematta ja ennen kaikkea ennakkoluulottomasti sitä, mikä heidän tajunnalleen näyttäytyi annettuna. Millaisina asiat todella näkyivät tietoisuudelle?

Meditaatiota muistuttava keskittyminen puhtaasti annettuun – välttäen lisäämästä siihen mitään tai jättämästä siitä mitään pois – oli Husserlin filosofiaa olennaisesti määrittävä menetelmä. Hän nimitti sitä ”reduktioksi”. Ja yksi hänen ensimmäisistä tärkeimmistä oivalluksistaan oli, että tietoisuus, miten tahansa se konkreettisesti hahmottuukin tai mihin tahansa se suuntautuukin, on aina tietoisuutta jostakin! Nautimme liköörin makeude*sta*, häiriinnymme ohi kulkevan auton äänе*stä*, meillä on muistikuvia Espanjan-loma*sta* ja toiveita kauniista sää*stä*. Joten jos tietoisuutta voidaan lainkaan ymmärtää, se voidaan ymmärtää tietoisuudeksi jostakin. Tätä tietoisuuden olemuksena olevaa suuntautumista johonkin Husserl nimittää ”intentionaalisuudeksi”. Tämän totuuden selkeäksi tekemiseen riitti pelkkä aprikoosicocktail keskellä Pariisia.

Tähän läheisesti liittyen Husserl tunnisti toisen tietoisuudelle leimallisen piirteen: suuntautuneena (intentionaalisena) tietoisuus koskee aina asioita (likööriä, autoa, maisemaa, säätä), joiden suhdetta tietoisuuteen luonnehtii ulkoisuus ja toiseus. Voidakseen olla lainkaan itsensä tietoisuus on siksi aina työntyneenä ulospäin ja kohti muita. Toisin sanoen sillä on luonnollinen halu ylittää oma itsensä – tai Husserlin sanoin ”transsendoida” itsensä.

Aron oli selittänyt sen Sartrelle ja Beauvoir'lle aivan oikein, tarttuen tiukasti tämän lähestymistavan filosofiseen räjähdysvoimaan: fenomenologia avasi tavan ymmärtää radikaalisti uudelleen oma olemassaolo. Sillä tietoisuus ei Husserlin maailmassa ole läpeensä passiivisesti suuntautunut asioihin (realismi), eikä tietoisuus ole myöskään kompassi, johon päin asiat ovat suuntautuneita (idealismi). Pikemminkin realismi ja idealismi liittyvät kiinteästi toisiinsa ilman että ne voisivat koskaan todella sulautua yhteen. Maailma ei katoa tietoisuuteen kokonaan, eikä tietoisuus katoa maailmaan kokonaan. Kuin jonkinlaisessa kauniissa tanssissa molemmat ovat täysin itsensä, mutta toinen ei ole mitään ilman toista.[44]

Sartressa heränneestä innostuksesta kertoo paljon, että vain puoli vuotta myöhemmin, kesällä 1933, hän aloittaa vuoden mittaisen opintovierailun Berliinin Maison de Franceen tutustuakseen uuteen oppiin sen kotimaassa sen alkukielellä. Uuden ajatusmyrskyn silmään, kohti uutta todellisuutta. Myös Beauvoir, joka on edelleen Rouenissa, syventää filosofisia tutkimuksiaan tänä syksynä: hän ottaa saksan kielen oppitunteja eräältä pakolaiselta, lukee Husserlia alkukielellä ja käy intensiivistä kirjeenvaihtoa lukemastaan Sartren kanssa. Kirjallisuuden alueella hän kulkee samaan aikaan Virginia Woolfin jalanjäljissä ja kokeilee fenomenologian metodia lähelle tulevia uusia kertomisen tekniikoita, kuten tajunnanvirtaa.

Joten jotakin on liikkeellä, etenkin heidän keskinäisten suhteidensa kannalta. Absoluuttisen ykseyden ja vuoropuhelullisen intiimiyden aika on ohi. Erityisesti Sartren näkökulmasta he tuntevat nyt toisensa riittävän hyvin. Uusien filosofisten suuntaviivojen mukaisesti nyt oli aika eriytyä toisistaan myös fyysisesti. Sartre aloittaa ja selostaa talvella Beauvoir'lle yksityiskohtaisesti suhdettaan erään berliiniläisen kollegansa vaimoon, kuten vuoden 1929 luottamussopimus nimenomaisesti vaatii. Vaikka Beauvoir väittää, ettei hän missään tapauksessa tuntenut mitään sellaista kuin kateus, tapahtuma on kuitenkin riittävä syy saada pariisilaiselta psykiatrilta kaksi viikkoa sairaslomaa helmikuun 1934 lopussa (syy: henkinen uupumus) ja lähteä seuraavalla pikajunalla kylmään ja talviseen Berliiniin. Ei tilanne niin kovin paha ole. Sartren "kuunainen", kuten molemmat nimittävät tätä, ei ole vakava uhka. Ja Berliini ja Saksa on ehdottomasti matkan arvoinen. Jopa tai varsinkin vuonna 1934.

Beauvoir'n kuvaukset Saksassa viettämästään ajasta ovat yhä vieläkin vaikuttavia esimerkkejä siitä, kuinka huomattava filosofinen valppaus voi kulkea käsi kädessä melkein täydellisen sokeuden kanssa, mitä tulee poliittiseen todellisuuteen – varsinkin jos näitä merkintöjä verrataan raportteihin, jotka Simone Weil kirjoitti samasta Berliinistä vain puolitoista vuotta aiemmin.

Joka tapauksessa vallan siirtyminen Hitlerille ja sen seuraukset elämismaailmalle jäävät Beauvoir'n muistiinpanoissa lähes maininnoitta. Yhdessä Sartren kanssa he vierailevat Leibnizin talossa Hannoverissa ("se näytti vauraalta, suurelta ja kauniilta pullonpohjaikkunoineen"), Dresdenin vanhassakaupungissa ("minusta vielä rumempi kuin Berliini") ja Hampurin Reeperbahnilla (missä "maalatut, permanentatut naiset istuivat näytteillä hyvin pestyjen ikkunaruutujen takana").[45] Merkinnät keskittyvät vaikutelmiin arkkitehtuurista ja kulinaarisista nautinnoista sekä erityisesti yöelämästä, kuten seuraavassa: "Cantin käytti meitä Alexanderplatzin irstaissa luolissa. Minua huvitti suuresti seinäkirjoitus, jossa sanottiin *Das Animieren der Damen ist verboten* [Naisia kielletty häiritsemästä]. – – Join olutta valtavissa kapakoissa; yhdessä oli monta peräkkäistä salia, joissa soitti samaan aikaan kolme orkesteria. Kaikki pöydät olivat täynnä yhdeltätoista aamulla, ihmiset ottivat toisiaan käsikoukusta ja lauloivat edestakaisin keinuen. 'Se on sitä *stimmungia*', Sartre selitti."[46]

Roueniin paluun jälkeen Beauvoir'n kesäinen mieliala taas on laskemassa matalammaksi kuin koskaan. Sen sijaan, että hän kokisi vapautuneensa, Rouenissa "katse osui aina seinään".[47] Suuren "meidän" aika on ohi, samoin kuin huolettomista nuoruusvuosista nauttiminen. Poliitiikasta enimmäkseen kiinnostumattomana, ammatillisesti tylsistyneenä, yksityiselämässään kriisiytyneenä ja kirjallisesti lamaantuneena ainoa tunne, jonka hän voi aidosti tuntea sosiaalisessa ympäristössään, on epämääräinen viha "porvarillista järjestystä" kohtaan. Samaan aikaan hänen oman yliminänsä katse peilissä synnyttää vain negatiivisia ajatuksia. "Ei aviomiestä, ei lapsia, ei kotia, ei sosiaalista pintasilausta, ja kaksikymmentäkuusi vuotta: tuossa iässähän haluaa tuntea olevansa jotain."[48]

Vaikka Sartre pystyi Berliinissä avaamaan hänelle uuden maailman joka päivä, arjen yksitoikkoisuudessa itsestä ja maailmasta uhkasi kadota kaikki merkityksellisyys. Beauvoir ei pelkästään ollut yksin. Hän koki olevansa yksinäinen. Ikään kuin maailmankaikkeus olisi halunnut pilkata häntä: hän asui hotellissa nimeltä La Rochefoucauld ja opetti Jeanne d'Arcin mukaan nimetyssä koulussa. Ja kaikki tämä kaupungissa, jonka nurkkakuntainen ahdashenkisyys oli aikoinaan tehnyt siitä Gustave Flaubert'lle täydellisen näyttämön hänen rouva Bovarynsa itsemurhalle. Tämä oli kaikkea muuta kuin sellainen tarina ja ennen kaikkea todellisuus, josta hän kerran oli haaveillut. Kaikkea muuta kuin toivottu filosofian pelastus.

KIRJOITUSKONE

Keväällä 1934 suuri lama saavuttaa lopulta Randin pariskunnan. Kuten Loiren laakson linnoja jäljittelevä talon julkisivu, kaikki näyttää ulkoa päin hyvältä, mutta todellisuudessa nuorten taiteilijoiden – mies elokuvanäyttelijä, vaimo käsikirjoittaja – taloudelliset resurssit ovat suurelta osin lopussa. Frank O'Connorin Hollywood-ura on jo vuosien ajan ollut jumittuneena alhaiselle tasolle. Ohiolaisen terästyöläisen 37-vuotias poika – pitkä, tumma, elegantin hoikka – on saavuttanut toistaiseksi suurimman menestyksensä *King Kong II* -elokuvan apuroolissa.[49] Myös Ayn Randin uraa luonnehtii edelleen valtava kuilu kunnianhimoisten yksityisten tavoitteiden ja julkisesti saadun tunnustuksen välillä.

Hänen tapauksessaan tämä ei todellakaan johdu tahdon puutteesta. ”Tästä eteenpäin et anna itsesi enää ajatella itseäsi vaan pelkästään työtäsi. Sinua ei ole olemassa. Et ole muuta kuin pelkkä kirjoituskone. Elämän salaisuus on olla puhdasta tahtoa. Tietää mitä haluaa – ja sitten tehdä se! – – Vain tahtoa ja hallintaa. Kaikki muut voivat painua helvettiin”,[50] hän oli vannonut päiväkirjassaan vuonna 1929. Viikkoakaan ei ollut kulunut vailla edistystä. Novelleista ja sovituksista hän tunnusteli askel askeleelta tietään suuriin kirjallisuusmuotoihin – draamaan, käsikirjoituksiin, romaaneihin – kielellä, joka oli hänelle edelleen vieras.

Kirjoittajana tärkein kysymys on hänelle edelleen se, miten fiktiiviset teokset pystyisivät käsittelemään filosofisesti vaativia kysymyksiä menettämättä laajemman yleisön kiinnostusta. Varmuuden siitä, että tämä on ainakin periaatteessa mahdollista, hän on käytännössä imenyt äidinmaidossaan Venäjällä. Mitä muutakaan Dostojevskin ja Tolstoin romaanit loppujen lopuksi olivat kuin metafyysisiä jymymenestyksiä, joiden jännittävä syvyys elähdytti kokonaista kulttuuripiiriä? Tai Tšehovin draamat? Nyt tehtävänä oli toteuttaa tämä sama ihme myös 1900-luvulla, uuden tulevaisuuden viestintämuodon eli elokuvan puitteissa.

Seitsemän Hollywoodissa vietetyn vuoden jälkeen resepti on hänelle selvä: juonen oli oltava kerroksittainen. "Tämä on tehtävä siten", hän kirjoittaa ohjaaja-tuottaja Kenneth MacGowanille 18. toukokuuta 1934, "että yksi ja sama tarina toimii sellaisena tarinana, jossa ei ole lainkaan syvyyttä, niin että ne joita syvempi älyllinen tai taiteellinen lähestymistapa ei kiinnosta eivät koe sitä taakaksi, ja samalla ne jotka odottavat juuri sitä löytävät samasta materiaalista sen syvemmät näkökohdat".[51]

Esimerkiksi romanttisen kolmiodraaman muodossa, jossa naisen on annettava itsensä toiselle miehelle pelastaakseen tai voittaakseen sen miehen, jota hän todella rakastaa. Tällaiset asiat ovat jo tarpeeksi jännittäviä pelkän toiminnan etenemisen tasolla – yleisö haluaa tietää, mitä tapahtuu ja miten se loppuu. Toisella tasolla sama juoni antaa kuitenkin myös syvällisemmän käsityksen kuvattujen ihmisten tunne-elämästä ja erityisistä haasteista. Ja kolmannella, filosofisella tasolla tällainen juoni tasapainoilee eksistentiaalisessa perusjännitteessä "velvollisuuden" ja "taipumuksen", "uhrauksen" ja "onnen" tai "keinon" ja "päämäärän" välillä.

Rand myöntää mainitussa kirjeessä, että se kuulostaa varmasti aluksi oudolta: "kokeilla filosofisia aiheita elokuvassa. Mutta jos filosofia tulee esiin vain niille, jotka haluavat sitä, eikä se samaan aikaan häiritse ketään muuta... no, miksi ei?"[52] Joka tapauksessa Rand on selvästi tietoinen työnsä taiteellisesta tavoitteesta: filosofiaa kaikille, korkeimmalla tasolla – toteutettuna elokuvakäsikirjoitusten ja romaanien muodossa, joissa on ehdotonta bestseller-potentiaalia! Tämä oli se mitä hän halusi. Eikä hän lepäisi ennen kuin näkisi sen onnistuneesti toteutuneen.

ILMATIIVIS

Hänen taistelunsa tämän ihanteen puolesta saavuttaa jo heti aluksi jonkinasteista menestystä. Vuonna 1932 useat studiot osoittavat kiinnostusta hänen ensimmäiseen uudelleen muokattuun käsikirjoitukseensa. Otsikolla "Red Pawn" (Punainen pelinappula) hän kehittää tarinan kauniista ja rohkeasta amerikkalaisnaisesta, joka lähtee syrjäiselle vankileirisaarelle vapauttamaan sinne vangittua aviomiestään – venäläistä insinööriä, jota Neuvostoliiton järjestelmä vihaa hänen erityisen lahjakkuutensa ja liiallisen aloitekykynsä vuoksi. Sankarittaren suunnitelmana on solmia suhde leirin johtajan kanssa, voittaa tämän sydän ja lopulta avata tämän silmät jokaisen ihmisen ehdottomalle arvolle – etenkin tietysti hänen vangitun puolisonsa.

Kaikki Randin reseptin mukaan: klassinen romanttinen kolmiodraama, neuvostojärjestelmän epäinhimillisyyden filosofis-ideologinen korostaminen sekä usko "onnen tavoittelun" unelman vapauttavaan voimaan – jo nyt läpeensä amerikkalaiseen tapaan. Kun Randin käsikirjoitus valmistuu vuonna 1932, hän työskentelee edelleen kokopäiväisesti RKO-elokuvastudion rekvisiittaosastolla; 14 tuntia tyhmää logistiikkatyötä päivittäin. Hän kirjoittaa iltaisin ja sunnuntaisin.[53]

Loppujen lopuksi "Red Pawn" -hahmotelma menee Universalille 700 dollarilla, joka lisäksi maksaa 800 dollaria kirjailijan viimeistelemästä versiosta. Rand olisi mieluummin halunnut nähdä työnsä Metro-Goldwyn-Mayerin käsissä. Marlene Dietrich, joka on siellä kiinnitettynä, on innostunut materiaalista, mutta hänen mentorinsa ja ohjaajansa Josef von Sternberg kieltäytyy päättäväisesti. Vain joitakin kuukausia aiemmin eräs toinen venäläisaihe oli ollut paha floppi.[54]

Samalla viikolla, kun sopimus allekirjoitetaan, Rand jättää syvästi vihaamansa leipätyön ja uskaltaa talouskriisin hetkellisessä huippukohdassa harpata vapaan kirjoittajan uralle. Nyt tai ei koskaan!

Mutta vielä kaksi vuotta myöhemmin "Red Pawn" odottaa edelleen toteutumistaan. Eikä Randin ensimmäinen suuri romaani, johon hän on sittemmin käyttänyt melkein kaiken luovan energiansa, löydä kiinnostuneita ottajia. "Airtight" (Ilmatiivis) on tämän keväällä 1934 puolivalmiin kirjan työnimi. Jälleen kerran se käsittelee voimakastahtoisten yksilöiden pyrkimyksiä itsensä toteuttamiseen, rakkauteen ja onnellisuuteen. Tällä kertaa pysyvän vapaudenmenetyksen paikkana eivät ole Siperian vankileirit vaan koko nuori Neuvostoliitto. Jo pelkkä kirjan otsikko ilmaisee osuvasti talouspulan, jokapäiväisen välinpitämättömyyden, kaikkialla esiintyvän pelon ja institutionalisoidun vallan väärinkäytön ilmapiirin, joka sitä määrittelee.

Rand esittelee "Airtightin" ensimmäiseksi teokseksi sellaisen kirjoittajan kynästä, joka on kokenut olosuhteet nuoren neuvostovaltion alueella omakohtaisesti, mutta näiden olosuhteiden kuvauksen näkökulma ja asenne on selkeän yhdysvaltalainen. Siihen on mukauduttava! Vielä sitäkin enemmän, koska kuten Rand kirjoittaa kirjallisuusagentilleen Jean Wickille New Yorkiin, yhdysvaltalaisilla lukijoilla ei ole Leningradin elinoloista "minkäänlaista käsitystä. Muuten kaikenlaisia piilobolševikkeja ja neuvostojärjestelmän idealistisia sympatisoijia ei olisi niin paljon; nämä vasemmistoliberaalit päästäisivät kauhunhuutoja, jos he vain tietäisivät totuuden elämästä Neuvostoliitossa. Kirja on kirjoitettu juuri sellaisille ihmisille."[55]

Pohjimmiltaan romaanin aiheena on jokin paljon suurempi ja syvempi kuin vain Venäjän olosuhteet tai sankarittaren rakkaus- ja vapaustaistelu: "'Airtight' *ei millään muotoa* ole Kira Argounovan tarina. Se on tarina Kira Argounovasta *ja* massoista. – – Yksilö vastaan massat: tämä on kirjan todellinen ja ainoa teema. Sillä se on vuosisatamme suurin ongelma – ainakin niille, jotka haluavat käsittää sen."[56]

New Yorkin johtavien kustantamojen kustannustoimittajat eivät ilmeisesti kuulu heihin. Tai jos kuuluvat, niin vuonna 1934 he ovat tässä avainkysymyksessä todennäköisemmin massojen kuin yksilön puolella.

Talouskriisin aikana amerikkalainen unelma on muuttunut myös vapauden maassa ankeaksi. Kun demokraatti Franklin Delano Roosevelt voittaa vuoden 1932 presidentinvaaleissa konservatiivi Herbert Hooverin, maan työttömyysaste on 25 prosenttia. Roosevelt toteuttaa nopeasti vaalilupauksensa, *New Deal* -ohjelman. Siihen kuuluvat rahoitusmarkkinoiden tiukka sääntely, valtion työllisyysohjelmat, varallisuuden uusjako veronkorotusten kautta ja kullan yksityisomistuksen kieltäminen dollarin vakauttamiseksi.

Kenenkään ei tarvitse selittää Ayn Randille, kuinka läheisesti hänen oma elämänsä on aina ollut sidoksissa poliittisiin ja taloudellisiin olosuhteisiin. Niiden traumojen valossa, joita hän ja hänen perheensä olivat kärsineet Pietarissa vallankumouksen alkaessa, presidentin uusi toimenpidepaketti ja siihen liittyvä retoriikka tuntuivat hänestä epäilyttävän tutuilta. Hän pelkäsi jo pian pahinta. Se, että myös hänen käsikirjoituksensa on hylätty, on toinen selvä merkki siitä, kuinka syvälle erityisesti itärannikon luovaan eliittiin kommunistit olivat tunkeutuneet.

Eikö kukaan edes täällä halunnut ymmärtää ja taistella sitä vastaan, mikä nyt oli konkreettisesti hänen silmiensä edessä maailmanlaajuisena skenaariona: yksilön alistuminen kapinoivien massojen, suoranaisen roskajoukon, saneluun? Tämä ei ollut enää lainkaan fiktiota, tarvitsi vain avata sanomalehti: oltiinpa sitten Moskovassa, Berliinissä, Pariisissa tai nyt Washingtonissa, pian kollektivismi voitti jonkin uuden taistelun joka päivä! Syvemmin kuin koskaan Yhdysvaltoihin saapumisensa jälkeen hän koki syvimmän kaipuunsa ja toiveidensa kokeneen pettymyksen. Sankaritar Kiran dramaattisin sanoin: ”Minä vastassani 150 miljoonaa, siitä on kyse.”[57]

IHANTEITA

Takaiskuja tällä tavoin kärsinyt Rand aloittaa kriisikeväänä 1934 ”filosofisen ajattelupäiväkirjan”.[58] Sen pitäisi pureutua hyvin selkeästi niihin kysymyksiin, jotka merkitsevät jokaisen ihmiselämän perustaa tai syvyyttä: tahdonvapauden ongelmaan, tunteen ja järjen suhteeseen, kielen olemukseen, absoluuttisten arvojen olemassaoloon, eettiseen jännitteeseen itsekkyyden ja altruismin välillä. Kaksi ensimmäistä merkintää 9. huhtikuuta 1934 todistavat jo siitä poikkeuksellisesta itseluottamuksesta, jolla hän aikoo lähestyä näitä ihmisyyden kysymyksiä:

> Nämä ovat amatöörifilosofin epämääräisiä alkuja. Suorittaa uudelleentarkastelu niiden oivallusten perusteella, jotka olen saanut otettuani filosofian haltuuni – arvioida sitten kuinka paljon on jo sanottu aiemmin, onko minulla jotakin uutta sanottavaa vai jotakin vanhaa sanottavaa vain entistä paremmin.
>
> Ihmislajilla on vain kaksi rajatonta kykyä: kärsiä ja valehdella. Taistelen uskontoa vastaan, koska se on kaiken ihmisten valehtelun juuri ja ainoa tekosyy kärsimyksille.
> Olen vakuuttunut – ja haluan kerätä sen tueksi kaikki käytettä-

vissä olevat tosiasiat –, että ihmiskunnan suurin kirous on sen kyky ymmärtää ihanteet puhtaasti abstrakteiksi ja siten sellaisiksi, joilla ei ole mitään tekemistä jokapäiväisen elämän kanssa. Toisin sanoen kyky *elää* täysin eri tavalla kuin *luulee* elävänsä, ja siten poistaa ajattelu kokonaan konkreettisesta elämästä. Tämä ei koske yksinomaan päämäärätietoisesti ja suunnitelmallisesti tekopyhiä, vaan myös niitä paljon vaarallisempia ja toivottomampia tapauksia, jotka omiin oloihinsa jätettyinä katkaisevat täysin yhteyden syvimpien vakaumustensa ja todellisen olemassaolonsa välillä – ja uskovat silti, että heillä on vakaumuksia. Nämä ihmiset pitävät arvottomana joko ihanteitaan tai elämäänsä – mutta yleensä molempia.[59]

NIETZSCHE JA MINÄ

Avoin viha uskontoa kohtaan, hillitön elitismi, kaiken kärsimistarpeen hylkääminen; kehotus kytkeä myönteiset kehitysihanteet saumattomasti oman elämän toteuttamiseen... Randin ensimmäiset systemaattiset filosofiayritelmät liittyvät selvästi Friedrich Nietzschen vaikutukseen. Tämä on itse asiassa ainoa filosofinen kirjoittaja, jonka teoksiin hän on syvemmin paneutunut.

Nietzschen *Näin puhui Zarathustra*, ensimmäinen hänen Yhdysvalloissa ostamansa englanninkielinen kirja, on vuosien varrella tullut hänelle eräänlaiseksi raamatuksi. Varsinkin synkkinä hetkinään hän palaa jatkuvasti siihen saadakseen rohkeutta ja varmistuakseen omasta lähetystehtävästään. Jo kauan ennen kuin hän todella aloittaa "filosofisen päiväkirjan", hänen henkilökohtaisissa muistiinpanoissaan esiintyy sellaisia lauseita kuin "Minun ja Nietzschen mielestä..." tai "Kuten jo Nietzsche sanoo...".[60] Itse asiassa Randin ensimmäinen läheinen kontakti Nietzschen kirjoituksiin on ollut jo hänen nuoruutensa Pietarissa, missä saksalaisen yli-ihmisajattelijan kirjoitukset nauttivat suurta suosiota paikallisissa liikemies- ja avantgardepiireissä. Ei vähiten suurkaupungin edistyksellisessä juutalaisessa ympäristössä.

Kuten miljoonien muiden nuorten kohdalla, jotka löytävät tien filosofointiin tämän yli-ihmisajattelijan kautta, myös Randin tapauksessa psykologinen tekijä on saattanut olla ratkaiseva Nietzschen kapinallisen sisällön ja tyylillisen kirkkauden lisäksi. Itsen kehittämisen kriittisessä vaiheessa Nietzschen kirjoitukset antavat älyllisesti erityisen valppaille, mutta ikäryhmässään suurelta osin yksinäisille nuorille eksistentiaalisen perustelun heidän sosiaaliselle ulkopuolisuudelleen: eräänlaisen ymmärrysmatriisin heidän omalle toiseudelleen, joka myös viettelevästi antaa heidän mieltää itsensä todelliseksi eliitiksi.

Impulssi ei ole vaaraton, koska sen jälkimaku on aina narsistinen. Kuten hänen ajattelupäiväkirjansa todistaa, myös nyt 29-vuotias Ayn on hyvin tietoinen tästä elitismiin kallistuvasta vaikutelmasta.

> 15.5.1934
>
> Jonakin päivänä saan selville, olenko epätavallinen ihmislajin edustaja, koska minun tapauksessani vaisto ja järki ovat erottamattomia, niin että järki ohjaa vaistoja. Olenko epätavallinen vai pikemminkin normaali ja terve? Yritänkö tyrkyttää omia erityispiirteitäni muille filosofisena järjestelmänä? Olenko epätavallisen älykäs vai pelkästään epätavallisen rehellinen? Luullakseni jälkimmäistä. Ellei sitten – rehellisyys ole itsessään ylivertaisen älykkyyden muoto.[61]

Yllättyneitä kysymyksiä itselle, jotka perusimpulssinsa mukaan voisivat tulla myös Simone Weililta, Hannah Arendtilta tai Simone de Beauvoir'lta. Heitä kaikkia on varhaisesta nuoruudesta saakka vaivannut sama kysymys: mikä viime kädessä voi tehdä minusta niin erilaisen kuin muista? Mikä on se, jota toisin kuin kaikki muut en ilmeisesti pysty ymmärtämään ja elämään sen mukaisesti? Ajanko oikeastaan väärään suuntaan elämän moottoritiellä – vai ajaako väärään suuntaan pikemminkin se joukko villisti tuuttaavia ihmisiä, joka tulee minua vastaan valojaan vilkuttaen? Tämä epäily on jokaisen filosofisesti eletyn elämän pohjalla.

SOKRAATTINEN JÄNNITE

Filosofoiva ihminen näyttää olennaisesti poikkeavien oivallusten paarialta ja oikeanlaisen elämän profeetalta – elämän, jonka jälkiä voidaan löytää ja avata esille syvimmästäkin epätotuudesta. Joka tapauksessa tämä on eräs tapa määritellä se rooli, jonka Ayn Rand ja hänen aikalaisensa Weil, Arendt ja Beauvoir omaksuivat yhä itsevarmemmin 1930-luvun alusta lähtien. Ei siksi, että he olisivat nimenomaisesti valinneet sen itselleen. He yksinkertaisesti kokevat olevansa pohjimmiltaan erilaisia maailmassa. Ja syvällä sisimmässään he pysyvät varmoina siitä, kuka tai mikä on todellinen hoitoa vaativa ongelma: eivät he itse vaan muut ihmiset. Ehkä jopa: kaikki muut ihmiset.

Jos seurataan tätä näkemystä, kaiken filosofoimisen alkuun paneva todellinen hämmästyksen impulssi ei ole ihmetyksessä siitä, että ”on ylipäänsä olemassa jotakin sen sijaan ettei olisi mitään”, vaan paljon enemmän yhden tai toisen yksilön rehellisessä hämmästyksessä siitä, että kaikki muut elävät sillä tavalla kuin elävät. Toisin sanoen alkuperäinen irtautuminen filosofoimaan ei olisi ontologista tai epistemologista vaan sosiaalista. Ne eivät koske minän suhdetta mykkään maailmaan vaan puhuviin toisiin miniin.

Vuoden 1934 historiallisena hetkenä, jolloin Roosevelt ajaa *New Dealinsa* lopullisesti läpi, voimme kuvitella, miten vieraantunut Ayn Rand on maanmiehensä toimista. Yhtä syvästi ovat omalla tavallaan vieraantuneita myös Hannah Arendt varuillaan Berliinissä, Simone Weil keskustelemassa kommunistipiirissään tai Simone de Beauvoir Rouenin Jeanne d’Arc -lukion kunnioitettuna opettajana.

Ilmeisesti jokin oli perustavanlaatuisesti vialla tässä maailmassa – ja sen ihmisissä. Ja oli ehkä aina ollut. Mutta mikä tarkkaan ottaen? Ja kuinka 1930-luvun alussa olisi mahdollista pukea parantavalla tavalla sanoiksi tämä ilmeisesti yhä painostavampi epämukavuus?

III
KOKEILUJA

1934–35

Rand tuntee vetoa Broadwaylle, Beauvoir Olgaan,
Weil tehtaaseen ja Arendt Palestiinaan

SYYTETTYJEN PENKILLÄ

He kaikki olivat saapuvilla: ohjaaja Frank Capra sekä Pola Negri, Gloria Swanson ja Marlene Dietrich – yhdessä, eturivissä, Los Angelesin venäläisten maanpakolaisten aatelin kanssa, entisen keisarillisen armeijan kenraalin Ivan Lebedeffin johdolla. Tietenkään hän ei ohittanut tilaisuutta tukea uutta ihmelasta tänä tärkeänä päivänä. Randin kunniaksi Lebedeff oli kutsunut myöhemmin illalla juhlan koolle Valkoinen kotka -kahvilaan – venäläisten kantapaikkaan.[1]

Mutta ensin oli valamiehistön vuoro. Vapauttaisiko se sankarittaren ja todistaisi siten, että maassa oli edelleen todellista tajua vapaudelle? Pelastava hyvän tahdon jäänne, mitä tulee ihmisiin joilla on oma ydin, kunnianhimo, romanttista rohkeutta ja laaja itsenäisyys? Vai pääsisikö tuomiossa voitolle enemmistön, "aivan liian monien", tavanomainen moraali – sen pikkumaiset säännöt ja pelot, tyhjä formalismi ja opeteltu siveys, salavihkainen vastenmielisyys kaikkea sitä kohtaan, mikä on todella suurta ja rohkeaa?

Jännitys salissa oli kouriintuntuvaa. Vain Ayn Rand, tapahtuman todellinen päähenkilö, vaikutti oudon poissaolevalta. Ikään kuin mikään siitä ei koskisi häntä. Hän oli taidokkaasti jakanut johtolangat siten, että valamiehistön olisi mahdotonta perustaa tuomiotaan pelkästään tosiseikkoihin. Tosiasiat, mitä ne lopulta sanovat? Eikö todella ratkaiseva kysymys elämässä ole ennen kaikkea se, miten suhtautua käsillä oleviin tosiasioihin?

Randin mukaan ihmisen kyky ottaa kantaa riippuu olennaisesti jostakin, jota hän kutsuu "elämäntajuksi" (*sense of life*), ja jolla hän tarkoittaa jotakin spontaanisti koettua eikä argumentoinnin tulosta. Elämäntaju on tajua sille, mikä on todella tärkeää jokaiselle: omalle paikalle maailmassa ja siksi aina myös omille tavoitteille ja ihanteille. Millaisessa jamassa tämä *sense of life* oli? Kuinka se todella jakautui hänen uudessa kotimaassaan, "vapauden maassa"? Ja miten se oli mahdollista tehokkaasti haastaa? Nämä olivat hänen kysymyksensä, hänen todellinen kokeensa.

Jo vuonna 1933 hän suunnitteli näytelmän lähes täydelliseksi rikokseksi. Kolminäytöksisen oikeussalidraaman *Woman on Trial* ensi-ilta oli tänä iltana lokakuun lopulla 1934 Los Angelesin Hollywood Playhouse -teatterissa. Se on ensimmäinen Randin näyttämölle päätynyt teos. Hänen ensimmäinen Yhdysvalloissa julkaistu teoksensa ylipäätään!

ENNEN TUOMIOTA

Hän oli saapunut tähän kaupunkiin alle kahdeksan vuotta sitten kielitaidottomana ja vailla edes matkalaukkua kädessään. Nyt hänen nimensä loistaa suurin valaistuin kirjaimin Hollywoodin bulevardeilla! Aivan kuten hän oli ennustanut tai suorastaan luvannut itselleen ja perheelleen kotona Leningradissa. Kuka tahansa muu olisi varmasti haljennut ylpeydestä tällaisen saavutuksen jälkeen. Mutta Randia, joka pelkää tulevaa ensi-iltajuhlaa jopa enemmän kuin itse esitystä, hallitsee tuona iltana omalaatuinen sekoitus rehellistä uupumusta ja inhoa. Pääosan esittäjä, entinen mykkäelokuvatähti nimeltä Barbara Bedford, on sentään vakuuttava syytetyn sihteeri Karen Andren roolissa. Ja vaikka tiukalla budjetilla toteutettu esitys jättää paljon toivomisen varaa lavasteiden ja toteutuksen suhteen, sen ohjaaja ja tuottaja Edward E. Clive on ainakin tiukasti pitäytynyt Randin tekstissä. Ennen kaikkea valamiehistöön liittyvä erikoiskikka näyttää toimivan: ennen näytelmän alkua yleisön joukosta valitaan kaksitoista vapaaehtoista, jotka osana esitystä antavat tuomionsa kansan nimessä näyttämöllä vähän ennen näytelmän loppua. Sellaista ei ole koskaan ennen tapahtunut. Se oli jotakin todella uutta. Ja se on Randin idea.

Sisällöllinen virike näytelmälle *Woman on Trial* (alkuperäiseltä nimeltään ”Penthouse Legend”), jonka Rand on kirjoittanut vain muutamassa viikossa, tulee tosielämästä, ruotsalaisen tulitikkutehtailijan ja keinottelijan Ivar Kreugerin tuohon aikaan paljon keskustellusta tapauksesta. Erittäin riskialttiiden liiketoimien ja luotonoton pohjalta Kreuger oli rakentanut maailmanlaajuisesti verkottuneen yritysryppään, johon kuului yli sata yhtiötä, ja kerännyt väitetysti itselleen fantastiset rikkaudet. Keväällä 1932 Kreuger joutui kohtaamaan oman maksukyvyttömyytensä ja tulossa todennäköisesti olevan tuomion petoksista ja ampui itsensä pariisilaisessa luksushotellissa. Kreugerin ekstrovertin playboy-elämän vuoksi hänen tapaustaan seurasi intensiivisesti myös sensaatiolehdistö.

Randin hieman fiktionalisoituna versiona Kreugerista tulee röyhkeä liikemies Björn Faulkner. Draaman ratkaiseva kysymys on, onko Faulknerin pitkäaikainen sihteeri, yhteistyökumppani ja ennen kaikkea intohimoinen rakastajatar Karen Andre vastuussa hänen kuolemaan johtaneesta putoamisestaan ylellisen kattohuoneiston parvekkeelta. Faulknerin nuori leski ja pankkiiri-isä, jotka olivat syvästi mukana hänen liiketoiminnassaan, väittävät Andren kylmästi murhanneen hänet. Syytetty puolestaan kiistää kiihkeästi sen, vaikka hän epäilemättä myötävaikuttikin Faulknerin putoamiseen, kuten todistajat vahvistavat. Vaikuttavan itsevarmasti hän kiistää myös, että hän olisi ollut millään tavalla pettynyt tai jopa mustasukkainen syvästi rakastamaansa ja ihailemaansa miestä kohtaan, jonka rikollista liiketoimintaa ja tekopyhää avioliittoa hän auttoi peittelemään ja mahdollistamaan vuosien ajan.

Kyseessä on siis klassinen aihetodisteisiin nojaava oikeudenkäynti, jossa on ristiriitaisia lausuntoja ja ristiriitaisia tosiasioita. Näytelmä on rakennettu Randin suosiman juonireseptin mukaan – klassinen kolmiodraama, pintatasolla jännittävä kysymys ”Kuka on murhaaja?” Syvemmällä tasolla on kuitenkin peruskonflikti ”vahvan persoonallisuuden” ja ”normeille uskollisen keskivertoihmisen” välillä sekä ”itsenäisyyden” ja ”mukautuvuuden” välillä, jota kunkin katsojan on arvioitava itse.[2] Valamiehistön on päätettävä, kumpaa puolta uskoa ja kumpi puoli ansaitsee enemmän sympatiaa. Selkeiden tosiseikkojen puuttuessa kaikki riippuu valamiehistön jäsenten ”elämäntajusta”. Kuten jokainen tosi tuomio, tämäkin tuomitsisi ennen kaikkea itse tuomarit.

Mitä hänen omaan mielialaansa tuli, Rand ei kokenut epäröintiä. Jo varhaisessa iässä sisäistämänsä nietzscheläisyyden innoittamana hän on erityisen kiinnostunut tinkimättömistä toiminnan ihmisistä, olivatpa he sitten tosielämässä avoimen rikollisia talouspelureita tai jopa viettiensä ajamia himomurhaajia. Jos todelliseksi viholliseksi mielletään kateellisten massojen kaavoihin kangistunut moraali, jokaisesta, joka vastustaa uhmakkaasti sen normeja, tulee liittolainen. Tämän yli-inhimillisen elämäntajun lähtökohta on alun perin yksinkertaisesti: Mitä tahansa, kunhan ei keskinkertaisuutta! Mitä tahansa, kunhan ei vaatimattomuutta!

Juhlien jälkeisenä aamuna pettymys on vastaavasti suuri. Näytelmää ylistetään laajalti, ja ennen kaikkea korostetaan tekijän merkittävää lahjakkuutta. Kriitikot ovat ennen kaikkea innoissaan elävästä valamiehistöstä. Sanaakaan ei kuitenkaan sanota siitä, minkä Rand näkee teoksen todelliseksi teemaksi. Ei sanaakaan siitä maailmanlaajuisesta taistelusta, joka hänen mielestään raivoaa ”sankarillisten yksilöiden” ja ”aivan liian monien” välillä.[3] Mitä väliä laajojen massojen hyväksynnällä oli, jos ne antoivat hyväksyntänsä vääristä syistä? Tämän kaltainen menestys voi tyydyttää ainoastaan sellaisia ihmisiä, jotka eivät todella anna arvoa itselleen. Ja Rand ei kerta kaikkiaan ollut yksi heistä. Rand uskoo, että ilmeinen kyvyttömyys arvostaa taideteoksia oikeista syistä läpäisee nyt koko kulttuurin. Tuhoisin seurauksin – ei vähiten itse taiteilijoiden luovan itseluottamuksen kannalta.

Vain joitakin kuukausia aiemmin, José Ortega y Gassetin *Massojen kapina* -teosta[4] intensiivisesti luettuaan, Rand on kirjoittanut filosofiseen päiväkirjaansa:

> Nykyään niin sanottu ”itsekäs” ihminen käyttää ”aatteita” vain keinona *omien* tavoitteidensa saavuttamiseen. Mutta mikä tuo tavoite on? Mitä silloin saavutetaan, jos menestys ja näky-

> vyys saadaan seuraamalla massojen tarpeita? Siinä tapauksessa voittoisa ei ole *hän* tai hänen ideansa ja mittapuunsa, vaan pelkästään hänen fyysinen kuorensa. Todellisuudessa tällainen ihminen on massojen orja. Tätä tarkoitan myös sanoessani, että tämän päivän "itsekäs" kunnianhimoinen ihminen on olennaisesti epäitsekäs (*unselfish*) tai vailla minää (*selfless*). Itsekkyyden todellinen muoto puolestaan on se, joka vaatii oikeutta *omiin* korkeampiin ihanteisiinsa ja arvoihinsa. "Korkeimmalle egoismille" on siis ominaista vaatia asioita itselleen olennaisen eikä toissijaisen arvon perusteella.
>
> Se omasta kokemuksestani peräisin oleva esimerkki, joka vaikuttaa minuun tällä hetkellä eniten, on se, että vain harvoilla ihmisillä on kykyä *tai edes halua* arvioida kirjallisia teoksia niiden *olennaisen* arvon mukaan. Useimmille ihmisille teos saa arvoa vasta sen jälkeen, kun joku muu on jo antanut sille arvoa. Heillä ei ole omaa arvioinnin mittapuuta (eivätkä he kaipaa sellaista).[5]

Ainoastaan sellainen ihminen, jolla on itsenäinen ja vakaa minä, voi olla hyvä egoisti. Massojen viekkaan manipuloijan vulgaari egoismi, joka on valmis tekemään ja sanomaan mitä tahansa potentiaalisen menestyksen, näkyvyyden tai vallan saavuttamiseksi, on sen sijaan aivan liian onttoa ja sisäänpäin suuntautumatonta, jotta sillä olisi oikeus korkeimman egoismin nimeen.

Ja ennen kaikkea yhteiskunnat, jotka idealisoivat varauksetta tällaisia tyhjiä sankareita, kadottavat kaikki omaa arvoaan tukevat kriteerit ja osoittavat siten, että niiden olemassaolo on ilmeisen uhattuna. Ennen kaikkea ne ovat demokraattisesti näennäislegitimoituja tunnustuksenkaipuun diktatuureja, joiden johdossa on joku erityisen lahjakas massaihminen. Tämä on Randin varsinainen painajaisnäky hänen "vapauden maastaan".

Mutta mitä sen takana oli, että haluttiin antaa luovutusvoitto ”aivan liian monille”? Mitkä mekanismit olivat ratkaisevia psykologisesti ja sosiaalisesti? Randille herättävää kokemusta merkitsee tässä suhteessa eräs arkinen keskustelu hänen naapurinsa kanssa. Rand oli jo kauan sitten huomannut, että tämä nuori nainen, joka hänen tapaansa työskentelee elokuvateollisuudessa ja on menestynyt tuottaja David O. Selznickin avustajana, oli poikkeuksellisen kunnianhimoinen ja urasuuntautunut. Eräänä päivänä Rand kysyy aivan suoraan, mikä hänen perimmäinen päämääränsä elämässä oli. Nainen, nimeltään Marcella Bannett, ei joudu miettimään sitä pitkäänkään: Jos kenelläkään ei olisi autoa, hänkään ei haluaisi sellaista. Jos joillakin on auto ja toisilla ei, hän haluaa myös omistaa auton. Jos joillakin on kaksi autoa ja toisilla vain yksi, hän haluaa kaksi. Hänelle on myös erittäin tärkeää antaa muiden tietää, että hänellä on enemmän kuin heillä.[6]

Rand pystyi tuskin uskomaan, mitä hän kuuli: ilmeisesti tämä nainen suuntasi henkilökohtaiset aikomuksensa yksinomaan sellaisiin tavoitteisiin, joihin muut ihmiset pyrkivät hänen ympäristössään, pyrkien ylittämään ja ohittamaan nämä ihmiset kaikilla alueilla niin pitkälle kuin mahdollista. Kaikki, mikä tuntui hänestä toivottavalta, riippui muiden ihmisten halusta ja siten heidän tavoitteenasettelustaan, ja oli siten todellakin toissijaista.

Mutta entä jos niitä ihmisiä, joiden mukaisesti tämän sihteerin halu oli suuntautunut, ei myöskään ohjaa mikään muu kuin halu, jonka he puolestaan kokivat muissa ihmisissä... Rand näki sielunsa silmin hirvittävän kuvan väitetysti vapaasta yhteiskunnasta, jonka kunnianhimoa ja individualismia ei todellakaan tukenut muu kuin harhaanjohdettu itsemääräämisoikeus ja vääristynyt tarve saada tunnustusta. Niin hän ei haluaisi elää eikä pystyisi elämään. Kenenkään ihmisen ei pitäisi elää niin.

Loppujen lopuksi hän oli jo saavuttanut niin kutsuttua menestystä. Näytelmän elokuvaoikeudet myydään myös pian, ja Samuel Grosvenor (Sam) Wood, eräs aikakauden menestyneimmistä ohjaajista, tekee hänelle tarjouksen sen viemisestä myös New Yorkin Broadwaylle. Edellyttäen, että hänen sallitaan tarvittaessa muokata tekstiä itse. Ja edellyttäen, että Rand työskentelee hänen kanssaan paikan päällä materiaalin tuomiseksi todella suurelle näyttämölle.

Mikä häntä pidättelee Hollywoodissa? Ei ainakaan Kalifornian ilmasto. Eikä hänen miehensä Frank O'Connorin ilmeisen olematon ura. Tuskin viikkoa allekirjoituksen jälkeen vanha elämä Hollywoodissa on ohi, ja pariskunta on matkalla itärannikolle vanhalla avolava-autolla. Tällä matkalla Rand näkee ensi kertaa toisenlaisen Amerikan: kurjistuneiden pikkukaupunkien, hädänalaisten maatyömiesten, mustien mitä syvimmän köyhyyden ja ennen kaikkea rappeutuneen infrastruktuurin Amerikan.

Kun Frankin on väistettävä ohittavaa kuorma-autoa Virginiassa, hänen autonsa kaatuu ja suistuu ojaan. Greyhound-bussi vie heidät vahingoittumattomina, mutta täysin loppuun palaneina New Yorkiin, missä asiat kehittyvät heti pahimpaan mahdolliseen suuntaan. Rahoitus, jota *Woman on Trial* -näytelmän Broadway-sovitukselle *The Night of January 16th* oli ollut luvassa, peruuntuu yhtäkkiä ja tuomitsee Randin vuoden 1935 alussa avuttoman odotuksen tilaan. Menoissa säästämiseksi pari jakaa nyt asunnon Frankin veljen Nickin kanssa, joka elää myös kädestä suuhun New Yorkissa. He kolme istuvat ahtaassa keittokomerossa ja odottavat parempia aikoja. Jos Rand oli rehellinen, hänen elinolosuhteensa poikkesivat vain hieman hänen perheensä tilanteesta Leningradissa. Kuten heidän kirjeistään voidaan nähdä, kerran niin ylpeä isä, joka edelleen on ilman työtä tai tuloja, vaeltaa kaupungin kaduilla päiväkausia saadakseen jostakin hehkulampun. Jos talossa on kilo omenoita, sitä pidetään jo juhlapäivänä. Äidin ja sisarten, kielitaitoisten ja hyvin koulutettujen, on varottava olemasta poissa mistään kommunistipuolueen iltakokouksesta, jotta he eivät vaarantaisi työtään matkaoppaina.

Rosenbaumin perheen halu elää perustuu lähinnä heidän pois muuttaneen Alissansa upeaan menestykseen. Jotta isä voi myös nauttia hänen teoksistaan, äiti on kääntänyt *The Night of January 16th* -näytelmän omakätisesti venäjäksi. Isä Zinovi ei säästele kiitoksiaan, vaan asettaa draaman kielensä ja rakenteensa puolesta samalle tasolle kuin Shakespearen. Sisar Nora liittää mukaan piirustuksia jättimäisistä neonkylteistä, joissa loistaa nimi Ayn. Ja äiti Anna ilmaisee lopuksi tyytyväisyytensä siihen, että edes Hollywoodissa, jota hallitsee pinnallisuus, ei ole viime kädessä mahdollista kiistää käsitystä, ”että valkoinen on valkoista”.[7] He kaikki olivat aina tienneet: missä vapaus vallitsee, siellä suurin lahjakkuus pääsee aina lopulta murtautumaan läpi. Vaikka joskus tie siihen on mutkainen. Tai erittäin mutkainen.

Paitsi että tuottajien tyhjät lupaukset toistuvat viikosta viikkoon, ”Airtight”-romaanin tällä välin valmistunut käsikirjoitus tulee tässä vaiheessa nimittäin hylätyksi useita kertoja. Jotta hän ei tältä osin vaipuisi täysin passiiviseksi, Rand antaa kirjallisuusagentilleen potkut. Oltuaan kuukausien ajan ilman omia tuloja – myös Frank etsii turhaan palkkatyötä lamasta kärsivässä New Yorkissa – Randin on oltava onnellinen päästessään alkukesästä elokuvakäsikirjoitusten lukijaksi entiselle työnantajalleen RKO:lle nälkäpalkalla. Kaikki on siis palannut alkupisteeseen. Melkein kuin elokuvissa.

MAALAISTAPOJA

Myös Pohjois-Ranskan Rouenissa käynnistyy syksyllä 1934 erityisen latautunut draama. Joka viikonloppu se esitetään yhä uudestaan tämän maakuntakaupungin kahviloissa, kapakoissa ja myös tuntihotelleissa. Keskeisissä rooleissa ovat skandaalien rasittama

26-vuotias filosofian opettaja paikallisessa tyttöjen sisäoppilaitoksessa sekä hänen kaksi vuotta vanhempi, vain muutama viikko sitten Berliinistä palannut pitkäaikainen rakastajansa, joka hänkin on filosofian opettaja tunnin junamatkan päässä Le Havren satamakaupungissa. Sitten on ihastuttava 18-vuotias entinen sisäoppilaitoksen oppilas Olga Kosakiewicz, jonka juuret ovat Venäjän aatelistossa ja joka liikkuu kaupungin yöelämässä yhä useampien ukrainalaisten ja puolalaisten pakolaisten kanssa.

Koska sekä paikallinen opettaja että hänen huomiotaherättävän lyhytvartinen elämänkumppaninsa pyrkivät vaihtelevalla menestyksellä ja taidolla ryhmän nuorimman suosioon ennen kaikkea seksuaalisesti, kyseessä on ensi kädessä klassinen romanttinen kolmiodraama. Toisella tasolla tähän kuvioon tiivistyy kuitenkin jännitteitä, joiden voima vaikuttaa jokaiseen tajuissaan olevaan elämään: vapaus vastaan välttämättömyys; hetki vastaan tulevaisuus; subjekti vastaan objekti; aitous tai epäaitous.

Ne kaikki esiintyvät juonen elementteinä, erityisesti alun perin Pariisista lähtöisin olevan filosofiparin puheissa. Sen lähtötilanne tänä syksynä voidaan kuvata seuraavasti: Jean-Paul Sartren ja Simone de Beauvoir'n on lopullisen aikuistumisensa kynnyksellä myönnettävä, että he ovat jääneet kauas omista toiveistaan ja odotuksistaan. He saivat kerran vuosikurssinsa parhaat arvosanat maan arvostetuimmasta yliopistosta, mutta nyt he ovat vain kaksi monesta tuhannesta filosofian opettajasta Ranskan maakunnissa. Varsinkin se pettymys, jonka Jean-Paul on tuottanut itselleen, vetää häntä jatkuvaan masennukseen, joka on sitäkin pahempaa, koska päihdyttävä Berliinin stipendiaattivuosi oli avannut hänelle uusia näköaloja sekä henkisesti että aistillisesti.

Hänen ajatuksensa ja puheensa eivät näinä kuukausina pyöri juuri muun ympärillä kuin hänen olemassaolonsa ennakoitavissa olevan yksitoikkoisuuden: elämän, joka on kiinteästi ankkuroituna Simonen elämään; harvojen todellisten ystävyyssuhteiden; ammattiuran, jonka tulevat suuntaviivat ovat selkeinä näkyvissä. ”Olimme tuskin kolmeakymmentäkään, mutta mitään uutta ei ollut odotettavissa."[8]

Jopa Sartren hiukset alkavat silmin nähden ohentua. Kuten hänen lapsuudessaan, kun viisivuotiaan kultaiset kiharat leikattiin parturissa pois. Kun hän yhtäkkiä katsoo itseään peilistä ja huomaa uuden, täysin epämiellyttävän ulkonäkönsä, hän kokee traumaattisen menetyksen. Tämä on sitäkin tärkeämpää, koska se ennakoi hänen viimeistä ja ylitsepääsemätöntä sairauttaan: sen olemassaolo ennustaa kuolemaa.

Simone löytää voimaa, kiistää kiivaasti Sartren rappiodiagnoosin, ylistää yhä uudestaan ja uudestaan tämän filosofista omaperäisyyttä ja julistaa vakuuttuneensa tämän ainutlaatuisesta lahjakkuudesta, kärsivällisyydestä, sinnikkyydestä ja todellisuudentajusta. Hänellä ei ole mitään havaittavaa menestystä, varsinkin kun myös hän miettii yhä useammin kyyneleet poskillaan epätoivoista, umpeen kuromatonta kuilua hetkellisen onnen ja kaikkien pyrkimysten väistämättömän tyhjyyden välillä. Varsinkin jos hän on taas kerran ryypännyt liikaa.[9]

Syrjäseudun jaettu arki on alkanut maistua väljähtyneeltä. Ja jos he ovat rehellisiä toisilleen, sama koskee myös nykyään yhä harvinaisempaa seksiä heidän välillään. Ennen kaikkea Jean-Paul osoittaa tuskin mitään aloitekykyä. Niin avoimia kuin he ovatkin toisilleen, hän jättää Simonen pysyvästi vajaakäytölle. Onko kyse yksinkertaisesti siitä, että he ovat henkisesti liian lähellä toisiaan? Vai onko heidän ajattelunsa yhtenäisyys, jota he jatkuvasti toistelevat keskusteluissaan, vain yksi illuusio lisää? Eikö siitä olekaan heidän maailmasuhteensa perustaksi?

Joka tapauksessa edellisvuoden halkeamat uhkaavat tänä talvena 1934–35 revetä täydeksi kuiluksi. Beauvoir'lla on pöytälaatikossa useita kesken jääneitä romaaniprojekteja. Hän ei ole yli vuoteen saanut paperille sivuakaan, kun taas Sartre on ollut loppumattoman tuottelias – sellaisella intensiivisyydellä ja vauhdilla, jonka etsiskelevässä suuntautumattomuudessa on jotakin pakonomaista. Pelkästään viime kuukausina hän on laatinut monipuolisen käsikirjoituksen ihmisen psyykestä. Lisäksi hän on yhä, tai jälleen kerran, perusteellisesti hiomassa romaanifragmenttia, jota on jo muokattu monin tavoin ja jolla on tässä vaiheessa työnimi "Melancholia".[10]

Molemmat projektit liittyvät läheisesti toisiinsa, sillä Sartren mukaan ennen kaikkea oman kuvittelukyvyn sudenkuopat vievät ihmiset pysyvään lohduttomuuden tilaan. Varsinkin kun käsitykset, jotka yksilöllä on itsestään, ovat avoimessa ristiriidassa hänen tosiasiallisen olemassaolonsa kanssa. Tavat, joilla ihmiseltä voi jäädä olennaisesti hahmottamatta hänen oma identiteettinsä, ovat yhtä rikkaita ja monipuolisia kuin inhimillisen mielikuvituksen voima itse. Tämän havainnollistamiseksi pariskunnan on vain katseltava kahvilan ikkunasta Rouenin tai Le Havren kelpo kansalaisia, kun nämä kulkevat ohi enemmän tai vähemmän hiljaisessa epätoivossa. Ei edes vaatinut huonoa onnea, ja jo muutamassa vuodessa he olisivat muuttuneet itse samanlaisiksi.

Loppujen lopuksi heillä oli vielä toistaiseksi tavoitteita, jotka menivät paljon pidemmälle kuin pelkkä arjesta selviytyminen. Mutta oliko se oikeastaan hyväksi? Vai oliko todellinen ongelma pikemminkin juuri siinä?

OLGA-PERIAATE

Kuinka erilainen Olga olikaan. Vasta viimeisen lukuvuoden loppupuolella Beauvoir kiinnitti häneen huomiota hänen kirjoitettuaan loistavan esseen Kantista. Tämä ajatusten räjähdys ilmeisen tyhjästä vaikutti olevan esimerkki hänen maailmaan suhtautumisen tapansa epävakaasta omaperäisyydestä, joka ailahteli vaikeasti ymmärrettävällä tavalla ennakkoluulottoman selkeyden ja syvän hämmennyksen välillä. Yhdellä silmäyksellä hän näytti ymmärtävän mitä monimutkaisimmat asioiden väliset suhteet, mutta ennen kaikkea toisten ihmisten sisäisen elämän. Samaan aikaan hän kuitenkin osoitti olevansa sokea omille tavoitteilleen ja kiihokkeilleen.

Beauvoir selitti tämän erityisellä jännitteellä, joka johtui Olgan lapsuudenkodista ja kasvatuksesta. Olgan ranskalainen äiti oli aikoinaan mennyt Venäjälle lastenhoitajaksi ja rakastunut siellä insinööriin, joka oli mitä parhaimmasta suvusta (Valko-Venäjän aatelistosta). Lokakuun vallankumouksen myötä nuoren perheen täytyi paeta Ranskaan. Siellä he, kuten niin monet muutkin venäläiset maanpakolaiset, viettivät enimmäkseen omaa erillistä elämäänsä, jota paikkakunnan syrjäisyys vielä vahvisti. Kantaväestöön ei kuuluttu eikä edes haluttu kuulua.

Vaikka aristokraattinen etiketti ja elitistinen itseymmärrys olivat hallitsevina omien neljän seinän sisällä, jokapäiväisessä elämässä kohdattiin syvää alempiarvoisuutta ja syrjäytymistä. Kotikasvatuksessa noudatettiin sellaisten ihmisten vapaata sivistysihannetta, joiden ei koskaan tarvitsisi työskennellä rahan takia, kun taas todellisuudessa perheen köyhtyminen johti lapset suuntaamaan kaiken kunnianhimonsa toimeentulon hankkimiseen. Tämä pätee myös Olgaan, jonka vanhemmat toivoisivat opiskelevan lääketiedettä. Ensimmäisenä vuonna koulusta päästyään hän ei löydä itsestään mitään, minkä hän voisi yhdistää tähän tavoitteeseen, eikä toisaalta mitään, mikä olisi nimenomaisesti ristiriidassa sen kanssa. ”Hän oli lapsesta saakka kokenut ympärillään olevan yhteiskunnan vieraaksi eikä odottanut sen tarjoavan tulevaisuutta; hänelle oli tuskin olemassa huomista, seuraavasta vuodesta puhumattakaan; – –.”[11]

Kuten niin monille saman ikäluokan opiskelijoille, sopeutumattomasta filosofian opettaja Beauvoir'sta oli tullut myös Olgalle ihailtu roolimalli, kun taas Beauvoir mielsi Olgan ilmeisen hukassa olemisen ja ajattelun syvyyden koulutukselliseksi haasteeksi. Aluksi he joivat kahvia yhdessä, kävivät kävelyllä, tutustuivat toisiinsa ja puhuivat pian yhä avoimemmin. Beauvoir havaitsi, kuinka kaikki Olgalle ulkoa esitetyt vaatimukset ja odotukset sinkosivat hänestä takaisin aiheuttamatta mitään painetta, häpeää tai edes katumusta.

Se tuntui Beauvoir'sta yhä kiehtovammalta. Siinä missä 26-vuotias Beauvoir kamppaili edelleen tietoisesti vapautuakseen lapsuudenkotinsa vaatimuksista ja odotuksista, vain 18-vuotias Olga näytti saavuttaneen tämän tavoitteen jo kauan sitten kuin unissaan kävellen. Olga vain yksinkertaisesti heittäytyi elämään ilman valmista mallia. Hän ei itse ollut itselleen toisenlainen ihminen, eikä hän näyttänyt, että muut voisivat hallita hänen minäänsä: "Tulin hyvin toimeen Olgan kanssa, mutta olimme erilaisia ihmisiä. Minä elin suunnitelmista; hänelle tulevaisuutta ei ollut; ponnistelu oli hänestä halveksittavaa, varovaisuus pikkumaisuutta, sinnikkyys itsepetosta; hän antoi arvoa vain tunteille: järjellä käsitettävä ei kiinnostanut häntä. – – Olgalle riitti nykyhetki, ja määrittelevät, rajoittavat, lupaavat sekä etenkin odottavat sanat vaikuttivat täysin tarpeettomilta."[12]

Jos asialle haluaa antaa älyllisen latauksen – ja juuri tästä seuraelämänsä psyykkis-filosofisesta latauksesta Sartre ja Beauvoir olivat vuosia halunneet saada otteen –, Olgassa ruumiillistui esimerkillisellä tavalla elämänfilosofisen välittömyyden utopia, puhtaan ja hetkellisen vitaalisuuden periaate.

TAIKURI

Jo ensimmäisen yhteisen tapaamisen jälkeen Sartre oli pannut merkille, kuinka tavattoman virkistävää kanssakäyminen "pikku venakon" kanssa oli; kuinka täydellisesti tämä sopi pinnaksi, johon hän pystyi heijastamaan kaikenlaisia asenteitaan ja toiveitaan. Se avasi hänelle tien pois olemassaolonsa pitkäveteisyydestä, joka oli tekemässä hänet hulluksi. Sillä kevään 1935 aikana Sartre ei vain ollut edelleen masentunut, vaan myös yhä vakuuttuneempi siitä, että hän oli suoralla tiellä hulluuteen. Ei vähiten niiden ihmisen kokoisten äyriäisten ja hyönteisten takia, jotka seurasivat häntä joukoittain joka askeleella. Hänen akateeminen kiinnostuksensa mielikuvituksen olemukseen oli saanut hänet osallistumaan erään pariisilaisen psykiatriystävänsä meskaliinikokeisiin. Tämä oli vakuuttanut, että aineen aiheuttamat aistiharhat kestäisivät korkeintaan puolitoista vuorokautta, mutta Sartren tapauksessa ne palasivat ajoittain vielä viikkoja ja kuukausia myöhemmin, ja yhtä voimakkaina kuin ennenkin. Paitsi että hän näytti vanhenevan, jonakin päivänä hän kuolisi kuten kaikki muutkin. Ei, nyt hulluus oli saamassa hänestä otteen.

Tänä keväänä hän vannottaa yhä uudelleen Beauvoiria, ettei tämä saa jättää häntä yksin ilmeisen peruuttamattomalle tielle kohti sekoamista. Lääkärit puhuvat ylirasituksesta ja määräävät lepo- ja kirjoitustaukoja. Beauvoir, joka on vuosien varrella oppinut hyvin tuntemaan Sartren luulosairauden, päätyy erilaiseen diagnoosiin: se, mitä Sartre tarvitsee tässä kriisissä, on uusi haluamisen kohde. Ja mieluiten sellainen, joka on riittävän monimutkainen ja itsepäinen pitämään hänet kiireisenä sekä fyysisesti että henkisesti. Vaihtelu selviytymisstrategiana: ”– – minusta oli parempi että Sartre vahti Olgan tunteita kuin että hänen psykoottiset hallusinaationsa olisivat vahvistuneet”.[13]

Joten vuoden 1935 aikana käy niin, että ”jokeri” Olga laajentaa hänen elämänsä yhden, yhtenäisen ja ainoan välttämättömän suhteen virallisesti kolmikoksi. Nuori nainen löysi tukea ja tunnustusta ajattelijapariskunnalta, jota hän ihaili rajattomasti, ja otti puolestaan vastuulleen erityisesti Sartren tarvitseman elinvoiman lisäämisen. Tai sama asia kaunopuheisemmin kuvattuna: ”– – vaihtamistamme katseista syntyi taika, joka sai jokaisen tuntemaan itsensä lumoojaksi ja lumotuksi.”[14]

ROOLIYMMÄRRYS

Koska kuvio ei toimi täysin suunnittelematta, Beauvoir’n johdolla kehitetään kahden hengen tapaamisten ja yleiskokoontumisten järjestelmä, jonka pitäisi antaa jokaiselle mahdollisuus saada se mihin hän on oikeutettu. Varsinkin kokeilun alussa Beauvoir tuntee vapautuneensa jatkuvasta tuhoisasta paineesta, jonka Sartren sielunkriisi oli kuukausien ajan kohdistanut häneen. Todellisuudessa heidän käsityksensä maailmasta ja itsestään ovat tässä vaiheessa melko erilaiset.

Sartrelle, joka oli kotonaan aina rakastettu ja taloudellisesti turvattu, opettajan elämä vaikuttaa pakostakin kelvottomalta umpikujalta, jossa hän "näkee vapautensa liettyvän". Beauvoir'lle sama ammatti taas viitoittaa polun aitoon itsemääräämisoikeuteen, huolimatta kaikista kohtuuttomista vaatimuksista – varsinkin kun naisilla ei Ranskassa ole vielä edes äänioikeutta. Sartre tunsi syrjäseuduilla olevansa joku, joka oli heitetty rooliin, josta muut määräsivät. Beauvoir sen sijaan koki täysin ylpeästi valinneensa oman kohtalonsa ja taistelleensa sen puolesta.[15] Beauvoir'lle hänen "rakkaan pikku olentonsa"[16] hyvinvointi oli silti hänen olemassaolonsa mielekkyyden keskiössä. Vaikka Sartren ihmissuhdeneroudelle olikin ominaista se, että hän pysyi viime kädessä täysin keskittyneenä itseensä ja omien ajatustensa ja kirjoitustensa kehittämiseen. Ainakin tässä mielessä Beauvoir pysyi klassisen suhdedynamiikan vankina: mies tuli ennen muuta!

Mutta Sartresta tuntui todella hyvältä vain, kun Beauvoir'ssa oli henkistä poreilua. Tämän edellisvuotisen kirjoitusvireen kuihtuminen oli siksi hänelle myös vakava huolenaihe. Sartre kysyy yhä uudestaan Beauvoir'n kirjoittamisyritysten etenemisestä; joskus huolestuneena, sitten vaativana, joskus myös kiusoitellen: "Mutta ennen vanhaan, Majava,[D] teidän mieleenne tuli kaikenlaisia pikku asioita."[17]

Mutta juuri tässä, heidän olemassaolonsa oletetussa keskipisteessä eli kirjoittamisessa, paljastui toinen kategorinen ero, joka liittyi vähemmän älykkyyteen, kykyyn tai ymmärrykseen kuin ajatusliikkeen todelliseen tavoitteeseen. Beauvoir kuvaa sitä seuraavasti:

D Beauvoir oli opiskeluaikoinaan saanut lisänimen "Majava" (ransk. Castor), johtuen Beauvoir-nimen ja englannin sanan *beaver* (majava) samankaltaisuudesta. – *Suom.*

> – – vakuuttava teoria ei jäänyt minulle ulkokohtaiseksi; se muutti suhdettani maailmaan, se väritti kokemuksiani. Minulla oli toisin sanoen hyvä omaksumiskyky ja koin filosofian eläväksi todellisuudeksi. Sain siitä aina yhtä syvää tyydytystä. Filosofina en kuitenkaan itseäni pitänyt; tiesin hyvin että minun oli helppo päästä sisälle tekstiin juuri siksi, ettei minusta ollut uusien ajatusten kehittäjäksi. Niin harva pystyy luomaan todella uutta filosofian alalla, että tuntuu turhalta miettiä, miksi en yrittänyt sitä itse: pitäisi ennemminkin selittää, miksi jotkut pystyvät viemään päätökseen sen keskittyneen hurmostilan, jota oppijärjestelmä merkitsee, mistä he saavat sinnikkyyden, joka tekee heidän huomioistaan universaaleja selityksiä? Naisen luonteeseen sellainen itsepintaisuus ei kuulu, kuten olen jo sanonut.[18]

Tämän joka suhteessa merkittävän muiston Beauvoir pani paperille 1950-luvun lopulla, kun hänen teoksensa *Toinen sukupuoli* (1949), joka loi perustaa myöhemmälle feministiselle liikkeelle, oli jo kymmenen vuotta vanha. Tämä kohta on esimerkki Beauvoir'n elinikäisestä vakaumuksesta, että miesten ja naisten henkiset taipumukset ovat yleensä erilaiset. Tavalla, jota Beauvoir tulkitsee vastakkainasettelujen "muovautuvuus vastaan jäykkyys" ja "todellisuuteen suuntautuminen vastaan sekavuus" kautta. Jos tätä luokittelua katsoo tarkkaan, se ei suinkaan suosi miesten oletettua systemaattisuutta. Jopa *suunnitelmallinen* sekavuus on viime kädessä mitä on: sekavuutta – ja siten eräs todellisuuden kadottamisen keskeinen muoto.

Beauvoir'n filosofointitapa taas suuntautui muovautumiskykyisesti jokapäiväiseen elämään, jotta juuri ne asiat, jotka kaikki jo tietävät ja uskovat tietävänsä, voitaisiin kuvata uudella tavalla ja nähdä siten valossa, joka tekee niistä selkeämpiä, elävämpiä ja viime kädessä vapaampia. Tämän uudelleenkuvauksen taidon lähtökohtana ovat ensisijaisesti henkilökohtaiset kokemukset ja tapahtumat, jotka käydään läpi kertomalla niistä. Filosofia puolittain elämäkerrallisena fiktiona.

Lukuisien yritysten ja varaslähtöjen jälkeen Beauvoir uskaltaa koettaa taas kirjoittamista keväällä 1935. Ei tällä kertaa uuden romaanin muodossa, vaan erilaisina löyhästi toisiinsa liittyvinä novelleina, joiden tavoitteena on näyttää uskonnon aiheuttamat ja peittämät "hengellisten silmänkääntötemppujen taakse kätkeytyvät lukemattomat rikokset, niin suuret kuin pienetkin".[19]

Syvällekäyvässä vastenmielisyydessään, jopa inhossaan sitä Ranskan ylemmän keskiluokan porvarillis-katolilaista ympäristöä kohtaan, josta hän on lähtöisin, Beauvoir'n kertomuksilla on seuraava tavoite: hän haluaa tehdä uskonnolliset ihanteet – ja niihin liittyvät uskontoon perustuvat arjen normit – näkyviksi pääsyyllisinä siihen itsensä laiminlyömiseen, joka pakottaa erityisesti nuoret naiset jatkuvaan epäaitouteen, epävapauteen ja ennen kaikkea seksuaaliseen turhautumiseen. "[R]ajoittuisin tuttuihin asioihin ja ihmisiin; yrittäisin pukea ymmärrettävään muotoon itse kokemani totuuden; se olisi yhteinen nimittäjä kirjalle, jonka teemaan viittasi Maritainilta ironisesti lainattu nimi: *Primauté du spirituel* (Henkisen ensisijaisuus)."[20]

HENKISYYDEN KUKAT

Nyt on helppo aavistaa, mistä näkökulmista Olgan – tahtona ja mielteenä – täytyi muodostaa erityisen inspiroiva tutkimuskohde tässä myös filosofisesti erittäin dynaamisessa sekoituksessa. Yhtäältä ihanan suunnitelmaton Olga näytti ilmentävän haluttua suoruutta, ja siten myös täysin esteettömän maailmaan pääsyn elinvoimaa puhtaimmillaan. Varsinkin Sartren silmissä, joka Olgan kanssa ja kautta koki "alastoman ja välittömän tietoisuuden huimaavan hetken, joka vain vaikutti tuntuvan, rajuna ja puhtaana. Kohotin hänet niin korkealle, että ensi kertaa elämässäni koin nyt itseni nöyräksi ja aseettomaksi jonkun edessä ja tunsin haluavani oppia."[21]

Myös Beauvoir myöntää taipumuksen muuttaa "myytiksi" Olga ja hänen "kapinointinsa, vapautensa, tinkimättömyytensä"[22] – myytiksi nimenomaan puhtaasta, täysin peittämättömänä kukoistavasta hetken tajusta. Toisaalta hän on pian vakavasti huolissaan Olgan erittäin vahvasta vaikutuksesta Sartren maailmaan: "Olgan valloittaminen oli Sartrelle niin tärkeää, että hän nousi arvoon arvaamattomaan; en äkkiä enää saanutkaan suhtautua kevyesti hänen mielipiteisiinsä, mieltymyksiinsä, inhonaiheisiinsa; – –."[23] Beauvoir'n kasvavalla etäisyydellä voi olla jotakin tekemistä sen kanssa, miten terävä tuntu hänellä on ammatillisesti ja kirjallisesti siitä, kuinka helposti etenkin nuorten naisten tapauksessa tämä ihanan suora peittelemättömyys ei todellisuudessa ollut muuta kuin syvää hämmennystä ja epävakautta, joka tuli lähelle jatkuvaa epätoivoa. Se oli hukassa olemista, joka oli niin syvää ja täydellistä, että pinnalta katsoen sitä ei käytännössä voinut erottaa suorasta aitoudesta. Pian Olga näytti hänestä kuin vaihdantakuviolta, joka paljasti häilyvästä olemuksestaan yhden tai toisen piirteen riippuen siitä, kummalla kolmisuhteen kahdesta navasta hän leikki (tai koki joutuvansa leikkimään). Sartre ei kuitenkaan ollut vielä tarpeeksi vakaa ratkaisevaan vastarintaan: "Minä vaalin triomme hyvinvointia hartaasti niin sanoin kuin teoinkin. Siitä huolimatta olin tyytymätön itseeni ja muihin ja pelkäsin tulevaisuutta."[24]

Ainakin kirjallisesti tapahtuu kehitystä. Jo keväällä 1935 Beauvoir saa valmiiksi ensimmäisen kertomuksensa otsikolla "Lisa". Se kertoo filosofiasta kiinnostuneesta opiskelijasta tyttöjen sisäoppilaitoksessa. Tämä on laihtunut ja kalpea, eikä saatu opetus ole saanut henkeä heräämään vaan päinvastoin "jähmettänyt sen hedelmättömäksi".[25]

Pienen valheen avulla Lisa saa luvan mennä Pariisin kansalliskirjastoon ainoana tarkoituksenaan tavata ihastuksensa. Aivan kuin sattumalta tämä on hänen parhaan ja ainoan ystävänsä veli, joka tosin ei osoita häntä kohtaan kiinnostuksen merkkejä. Sen sijaan eräs vanhempi nainen bussipysäkillä syyttää häntä miehensä rakastajattareksi. Ei ilman avaavaa vaikutusta hänen minäkuvaansa: ”Tavallisesti hän vihaa teräviä kasvojaan ja laihaa vartaloaan – hänhän on oikea heinäsirkka – mutta nyt hänestä tuntuu äkkiä että hänen lihastaan on tullut pehmeää, taipuisaa ja anteliasta. Voidaanko minua jo todellakin luulla kypsän miehen rakastajattareksi?”[26] Hammaslääkärivierailun aikana hoitava lääkäri tekee epämääräisiä eroottisia vihjeitä, kunnes Lisan päivä päättyy siihen, että hän tyydyttää itseään Saint-Angen sisäoppilaitoksen huoneessaan. Hänen kirjastoihastuksensa ja arkkienkeli ovat hänen ajatuksissaan sulautuneet yhdeksi ihmiseksi.

Henkisyyden kukat. Pahan kukat. Olkoon muu maailma edelleen vapaassa pudotuksessa. Beauvoir tuntee yhä selvemmin, että kirjailijana hän seuraa polkua, joka johtaa tavoitteeseen.

POHJALLA

Onko masennus johtanut viikon mittaisiin migreenikohtauksiin vai johtaako päänsärky toistuvaan masennukseen – sitä oli tänä vuonna melkein mahdotonta selvittää. Lääkkeillä ei ole enää pitkään aikaan ollut mitään lievittävää vaikutusta. Hän pystyy tuskin päättämään lukuvuoden hyvässä järjestyksessä. Kesällä 1934 Simone Weil hankkii itselleen vapautuksen opetustyöstä vuodeksi, jotta voisi panna paperille sen, mitä hän nimittää ”filosofiseksi testamentikseen”. Hän on 25-vuotias.

Tässä vaiheessa hänellä ei enää ole epäilyksiä toisen maailmansodan väistämättömyydestä tai siitä, että Ranskan, Espanjan ja Yhdysvaltojen kaltaiset kansakunnat joutuisivat totalitaarisen yhteiskunnallisen logiikan kurimukseen:

> – – ihmiskunta kallistuu tätä nykyä melko lailla kaikkialla kohti totalitaarista yhteiskunnallisen järjestymisen muotoa – käyttääksemme kansallissosialistien muodikkaaksi tekemää ilmaisua

> –, toisin sanoen kohti järjestelmää, jossa valtiovalta on suvereeni kaikilla alueilla, jopa ja ennen kaikkea ajattelussa. Venäjä tarjoaa, oman kansansa suureksi epäonneksi, lähes täydellisen esimerkin tällaisesta järjestelmästä. – – [M]utta näyttää väistämättömältä, että [muutkin maat] enemmän tai vähemmän lähestyvät sitä tulevina vuosina.[27]

Syys-marraskuussa 1934 alun perin artikkeliksi aiottu teksti paisuu kirjan mittaiseksi. Jean-Jacques Rousseauta muistuttavan otsikon "Pohdintoja vapauden ja sosiaalisen sorron syistä" alla hän pyrkii luomaan itsemääräytyvien yksilöiden todella vapaan työyhteisön. Teksti on "testamentti" siinä mielessä, että se on avoimesti osoitettu katastrofin *jälkeiselle* sukupolvelle. Aikakauden rappio näyttää Weilista niin syvältä, ettei hän kuvittele uhkaavaa maailmanpaloa voitavan estää.

Joten vaikka mitään ei voidakaan pelastaa varsinaisessa poliittisessa mielessä, on silti mahdollisuus sisällyttää saadut oivallukset osaksi elämää ja testata ja tarkentaa niitä konkreettisissa käytännöissä. On vain loogista, että joulukuussa 1934 – pian "testamenttinsa" valmistumisen jälkeen – Weil toteuttaa opiskeluajoista lähtien vaalimansa unelman ja aloittaa työt ammattitaidottomana avustajana Alsthom-yhtiön omistamassa pariisilaisessa metallitehtaassa.

Hän haluaa kokea omassa kehossaan sen sorron, jonka hän pyrkii poistamaan ajattelijana. Pois teorian korkeasta tornista, keskelle työtätekevien jokapäiväistä kärsimystä! Sen enempää Marx, Engels, Lenin, Trotski kuin Stalinkaan eivät olleet koskaan kokeneet tehdasta todella sisältä päin. Mikä Weilin kritiikin mukaan näkyi selvästi heidän analyyseissään ja toimenpiteissään.

Eikö se ollutkin ennen kaikkea konkreettisen kokemuksen puute, joka porvariston ilmatiiviissä kaikukammioissa ja proletaarien leirissä johti tietämättömyyteen toisen osapuolen olemassaolon muodosta ja tuotti todellisia hirviömaailmoja väärine tulkintoineen ja salamyhkäisine vihjailuineen? Proletaarien fantasioissa porvarillisen yrittäjän valtakuntaa hallitsivat sellaiset demoniset voimat kuin ”rahoitus”, ”teollisuus”, ”pörssit” tai ”pankit” (ja tietysti myös Ranskassa yhä useammin ”juutalaiset”). Ja hallitseva luokka uskoi, että proletaaristen aktivistien joukko koostui pelkästään ”provokaattoreista”, ”palkatuista rauhanhäiritsijöistä” tai yksinkertaisesti ”rosvoista”.[28]

LIUKUHIHNALLA

Talvella 1934 Weil uskaltaa palata selkeästi maan pinnalle. Tehdaspäiväkirjassaan hän sanoo jopa päässeensä tavoitteeseen saavuttaa ”suora kontakti todellisuuteen”.[29] Vaikka tarkemmassa tarkastelussa ei välttämättä ole niin helppoa sanoa, miksi metallilevyjä kymmenen tuntia päivässä yhdellä käden liikkeellä lävistävän, minimipalkallaan hädin tuskin toimeen tulevan ihmisen jokapäiväinen elämä on millään tavalla ”todellisempaa” kuin elämä filosofian opettajana Ranskan maakunnissa tai venäläisenä emigranttina, joka New Yorkissa työskentelee elokuvateollisuudessa.

Joka tapauksessa Weilin halu tehtaalle kuuluu kunnianarvoisaan filosofisten pakokokeiden perinteeseen, jonka julkilausuttu tavoite on kääntää selkä väitetysti vieraantuneelle maailmalle ja löytää suurempi älyllinen selkeys siirtymällä väitetysti realistisempaan elämäntapaan tai ympäristöön. Aivan kuten Buddha paetessaan palatsista, Diogenes eläessään tynnyrissä tai tietenkin Henry David Thoreau rakentaessaan mökin Walden Pondin rannalle.

Todistaakseen kokemuksensa aidoksi Weil siirtyy vanhempiensa asunnosta Jardin du Luxembourgista vuokrahuoneeseen lähelle esikaupungissa sijaitsevaa tehdasta, mutta Mimen ja Birin turvasatama on lähellä ja aina käytettävissä. Mielellään myös illallisen aikana. Tarjous, jonka Simone hyväksyy vain sillä ehdolla, että hän saa aterian jälkeen panna ruokapöydälle saman verran rahaa kuin se olisi maksanut ravintolassa. Tähän teeskentelyyn Weilin äiti osaa vastata omalla tavallaan. Harvinaisilla vierailuillaan Simonen kroonisesti epäsiistiin työläisasuntoon hän piilottaa pieniä määriä rahaa vaatteisiin ja laatikoihin, jotta tytär voi joitakin päiviä myöhemmin kokea löytämisen iloa.[30]

Hanke on myös ajallisesti selvästi rajoitettu (itse asiassa Weil työskentelee vain alle puoli vuotta), ja hän pääsee töihin vain erään vanhan ay-kollegansa välityksellä. Tämä tuntee henkilökohtaisesti Alsthomin tehtaan asiaankuuluvan esimiehen ja ilmoittaa hänelle etukäteen Weilin tutkimushankkeesta ja tosiasiallisesta kyvyttömyydestä osallistua työprosessiin millään tuottavalla tavalla. Lisäksi hän saa lupauksen, että jaloa mutta tumpeloa oppilasta pidettäisiin koko ajan silmällä sen lyhyen ajan, jonka tämä oletettavasti pystyisi olemaan tehtaalla.

Kun Weil maanantaina 17. joulukuuta 1934 – vain kaksi viikkoa työn aloittamisen jälkeen – saapuu öljyinen pusero päällään vanhempiensa päivälliselle rue Auguste Comtelle, hänen tilansa on kuitenkin huolestuttava. Simone puhuu vieläkin vähemmän kuin syö. Se on hänen kohdallaan viimeinen hälytysmerkki. Hän löytää hädin tuskin voimaa pysyä pystyssä tuolilla. Sitä hän ei ollut odottanut: tätä syvää väsymystä, joka tunkeutuu kaikkiin raajoihin eikä jätä edes tarpeeksi energiaa kirjata ja pohtia päivittäin kokemuksia tehtaalta hänen päiväkirjassaan, kuten hän alun perin oli suunnitellut. Joulukuun 17. päivän merkintä – sen on oltava pantu paperille metrossa – kuuluu seuraavasti:

> Iltapäivä – puristin: osat hyvin vaikeita asemoida, 0,56 % (600 välillä 14:30–17:15); ½ t. koneen nollaamiseen, joka lakkasi toimimasta koska unohdin osan sen sisään). Väsynyt ja kyllästynyt. Tunne, että on ollut vapaa 24 tuntia (sunnuntaina) ja joutunut mukautumaan takaisin orjuuteen. Inho siitä, että minua pakotetaan rasittamaan ja uuvuttamaan itseäni näiden 56 centimen takia, varmana siitä että minulle rähistään joko hitauteni tai möh-

läysteni vuoksi. – – Orjuuden tunne. – Vauhtisokeus. (Varsinkin kun siihen heittäytyäkseen on pakko voittaa väsymys, päänsärky ja inho.)[31]

Läpeensä tyypillinen päivä tehdastyöläinen Simone Weilin elämässä. Hän ei pysty saavuttamaan määritettyä vähimmäiskappalemäärää kertaakaan näiden kuuden kuukauden aikana. Sen sijaan hän tuottaa hylkykappaleita surkean säännöllisesti; koneet eivät tottele hänen tahtoaan; osat yksinkertaisesti hajoavat tai epäonnistuvat; hän sekoittaa tärkeät työkappaleet, asettaa ne väärin tai yksinkertaisesti unohtaa ne koneeseen niiden valmistuttua.

Yhä uudestaan tehtävän yksitoikkoisuus saa hänen mielensä harhailemaan ja johtaa virheisiin, joista hän ei pääse eroon jatkuvan yliväsymyksen takia. Tämä on eräänlainen sisäinen kuolema, joka leviää koko hänen olemassaoloonsa jo muutaman päivän sisällä. Epäonnistumisten pelko hiipii levottomiin uniin, itkukohtaukset ovat viimeinen helpotus. Nekään eivät päästä häntä hirvittävistä päänsäryistä, jotka varjostavat kaikkea.

TIETO JA INTRESSIT

Se, ettei Weilia ole tehty tällaista olemassaolon muotoa varten, ei ehkä edes tule yllätyksenä tai oivalluksena. Mutta kenet sitten olisikaan tehty? Oliko lainkaan olemassa ajattelemaan kykeneviä olentoja, jotka voisivat pysyvästi säilyttää itsekunnioituksensa ja ihmisarvonsa tällaisissa olosuhteissa?

Juuri näitä kysymyksiä Weil käsitteli nyt valmiiksi tulleessa filosofisessa ”testamentissaan”. Mukana olivat muun ohella etenkin Karl Marxin analyysien keskeiset kysymykset. Kuten Weil kuvailee pohdinnoissaan, niiden perusta oli viime kädessä myyttinen – millä oli kohtalokkaita seurauksia kaikkien maiden proletaareille, jotka oli vapautettava vallankumouksessa.

Marxilaisuus pyrki olemaan selvänäköistä ja tieteellistä, mutta Weilin mukaan sitä rasitti lähestulkoon puoliuskonnollinen historianfilosofia. Keskeinen virhe oli Marxilta perustelematta tai kyseenalaistamatta jääneessä oletuksessa, että jokainen uusi tuotantovoimien edistysaskel antaisi ihmiskunnan edetä vapautumisen tiellä. Marx rekonstruoi etenemisen kohti todellisen yksilönvapauden kommunistista yhteiskuntaa tuotantovoimien teknologis-koneellisen lisääntymisen historiana. Vaikka proletaarisen kärsimyksen kaari on pitkä ja täynnä puutetta, se kaartuu lopulta väistämättä kohti vapautumista. "Tuotantovoimien lisääntymisen" ansiosta ihmiskunnan historiaa piti liikkeessä sisäinen tarkoitus, jota ei mitenkään ollut ohittaminen.

Simone Weilin kritiikkiä tätä opinkappaletta kohtaan kannattaa lainata pidemmältikin. Varsinkin siksi, että tämä tuotantovoimien kasvun marxilainen fetisisointi paljastaa kapitalistisen ja kommunistisen historiakuvan piilevästi yhteiset juuret. Nämä molemmat ideologiat haaveilivat Weilin mukaan historian lopusta ja tekivät sen äärettömän kasvun myytin suojissa. Molemmat uskoivat oman järjestelmänsä maailmanlaajuiseen voittoon viime kädessä taloudellisin perustein. Sekä ihmisten vapauttamiseen ei vain työn ikeestä, vaan ylipäänsä todellisuuden ikeestä siinä määrin kuin se esti jotakin heidän toivettaan toteutumasta. Toisin sanoen: osoittautui, että molempia rasittivat räikeästi epätieteelliset, jopa ilmeisen järjettömät lähtöoletukset, joita vain uskoteltiin tieteellisiksi.

> Bolševikit – – ovat vakuuttuneita – –, että kaikki tuotantovoimien edistyminen vie ihmiskuntaa eteenpäin tiellä vapautumiseen, vaikka hintana onkin väliaikainen sorto. Ei ole yllättävää, että kun heidän takanaan on tällainen moraalinen varmuus, he ovat hämmästyttäneet maailmaa vahvuudellaan.
> Mutta rauhoittavat uskonkappaleet ovat vain harvoin rationaalisia. Ennen kuin edes tutkitaan marxilaista käsitystä tuotantovoimista, täytyy hämmästyä sen mytologisesta luonteesta kaik-

kialla sosialistisessa kirjallisuudessa, – –. Marx ei koskaan selitä, miksi tuotantovoimien on kasvettava; – –. Suurteollisuuden nousu muutti tuotantovoimat eräänlaisen uskonnon jumaluudeksi – –. Tämä tuotantovoimien uskonto, jonka nimessä teollisuuden työnantajat ovat sukupolvien ajan painaneet työväen massoja alas ilman pienintäkään tunnontuskaa, on myös tekijä, joka aiheuttaa sortoa sosialistisen liikkeen sisällä. Kaikki uskonnot tekevät ihmisestä pelkän kaitselmuksen välikappaleen, ja myös sosialismi asettaa ihmiset historiallisen edistyksen, toisin sanoen tuotannon edistymisen, palvelukseen. Miten verinen loukkaus Marxin muistoa kohtaan sitten onkaan palvonta, jolla sortajat meidän aikamme Venäjällä suhtautuvat häneen, se ei ole täysin ansaitsematon.[32]

KASVUN RAJAT

Weilin kritiikki marxilaisuuden myyteistä muuttuu suoraan modernin kasvu-uskon kritiikiksi. Tämä puolestaan kulkee välttämättä käsi kädessä opinkappaleen kanssa, joka julistaa tuotantovoimien kasvun voivan ratkaista kaiken. Sekä kapitalistien että sosialistien lupaus vaikutti perustuvan oletukseen, että edellisten 300 vuoden aikana koettu tuotantovoimien uskomaton kasvu voisi jatkua tulevaisuudessa samalla tavalla ja samalla voimakkuudella, ja sitä voitaisiin jopa kiihdyttää.[33] Jos tämä odotus otetaan vakavasti, se johtaa suoraan kysymykseen tarvittavasta energiasta ja siten energialähteistä rajallisessa maailmassa.

Koska vaikka oli vaikea ennustaa, millaisia energialähteitä jonakin päivänä olisi käytettävissä, olisi silti tosiasia, että ”luonto ei anna meille tätä energiaa, riippumatta siitä, missä muodossa se on – eläinvoimana, hiilenä tai öljynä; meidän on riistettävä se luonnolta ja mukautettava se omalla työllämme omiin tarkoituksiimme”. Tämän seurauksena Weil kiinnittää vuonna 1934 huomionsa paradoksiin, jonka muodostaa usko äärettömään kasvuun rajallisten resurssien maailmassa. Sen kuviteltu pakopiste muistutti ikiliikkujaa, jotakin jota ei ole eikä voi olla olemassa.

Marxin maalailema kehitys kohti lopullista kommunistista idylliä, jossa tulevaisuuden ihminen on suurelta osin itseohjautuva ja hänellä on mahdollisuus "tehdä tänään tätä, huomenna tuota, aamupäivällä metsästää, iltapäivällä kalastaa, illalla hoidella karjaa ja syönnin jälkeen kritisoida, aivan kuten mieleni tekee, ilman että olisin aina metsästäjä, kalastaja, paimen tai kriitikko",[34] on siten pelkkää kuvitelmaa. Tilanne, jossa luonnonvarojen kehittäminen ja käyttö lisääntyneen niukkuuden ja geologisen vaikeasti saavutettavuuden vuoksi "vaatii enemmän ponnistelua kuin se ihmistyö, joka näiden luonnonvarojen tarkoituksena on korvata", on muodostumassa yhä uskottavammaksi.[35] Tästä näkökulmasta työntekijöiden sorto pikemminkin pahenisi tulevaisuudessa entisestään.

Weilin mukaan sellaisen (proletaarisen) vallankumouksen nimissä, joka ansaitsee tämän nimen, voidaan esittää vain yksi relevantti kysymys:

> onko kuviteltavissa sellainen tuotannon järjestämisen tapa, joka ei kykene poistamaan luonnollisia tarpeita ja niistä johtuvaa sosiaalista pakottamista, mutta joka antaisi silti mahdollisuuden tulla toimeen ilman mielen ja kehon tuhoavaa tukahduttamista?[36]

Mutta tätä kysymystä ei voida tutkia eikä siihen voida vastata nojatuolista käsin. Se vaatii kokemusta itse tuotantoprosessista. Se on ymmärrettävä ja käsitettävä sisältä päin. Vaikka Weilin seikkailua tehtaassa motivoikin eettinen sysäys aktiiviseen solidaarisuuteen työläisiä kohtaan, johtava tiedonintressi on edelleen teoreettinen: hän haluaa kerätä paikan päällä havaintoaineistoa ratkaistakseen ainoan kysymyksen, joka vaikuttaa merkitykselliseltä työtä tekevien ihmisten asteittaisen vapauttamisen kannalta.

Kun tuotantoa halutaan jatkuvasti lisätä, työprosessiin sovelletaan konekeskeisen ja siten ajattelemattoman "järkeistämisen" logiikkaa: Älä ajattele itse, toimi ajattelematta. Älä kyseenalaista, vaan tottele ennakoivasti. Älä ole luova, vaan työskentele yksitoikkoisesti. Ja tämä kaikki ei itsen vuoksi – mikä olisi turhaa ottaen huomioon toimeentuloon tuskin riittävät alhaiset palkat –, vaan suuren kollektiivin (kansan, kansakunnan, luokan jne.) hyväksi, joka kokee olevansa jatkuvasti ulkoisten vihollisten uhkaamana kilpailussa selviytymisen puolesta. Tämän miljoonan hengen kollektiivin näkökulmasta ihminen muuttuu niin äärettömän pieneksi ja merkityksettömäksi, että hän menettää käsityksen oman ajattelunsa potentiaalisesta äärettömyydestä – samoin kuin tajun tekojensa konkreettisista seurauksista ja merkityksestä. Sen sijaan että se ilmaisisi todellista vapauttamispyrkimystä, kollektiivin ja kollektivisoimisen retoriikka on Weilille selvin ilmaisu ideologisesti naamioidusta pyrkimyksestä sortoon:

> Yksilö ei koskaan ole joutunut niin täydellisesti sokean kollektiivisuuden alaiseksi, eivätkä ihmiset ole koskaan olleet vähemmän kykeneviä alistamaan toimintansa ajatuksilleen tai edes ylipäänsä ajattelemaan. – – Elämme maailmassa, jossa minkään mittakaava ei ole inhimillinen.[37]

Weilin hahmotelma oman aikansa yhteiskuntaelämästä huipentuu diagnoosiin hajoavasta maailmasta, joka on täysin ylösalaisin niiden tavoitteiden suhteen, jotka aiemmin olivat johtavassa asemassa. Sen vuoksi maailman on pyöritettävä yhä nopeammin ja tuhoisammin omasta tarkoituksettomaksi muuttuneesta vallanhimostaan: "Tutkija ei käytä tiedettä saadakseen selvemmän käsityksen omasta ajattelustaan, vaan pyrkii löytämään tuloksia jotka paisuttaisivat tieteellisen tiedon määrää nykyisestä. Koneet eivät käy, jotta ihmiset voisivat elää, vaan meidän on ruokittava ihmisiä, jotta he voivat palvella koneita. Raha ei ole kätevä tapa vaihtaa hyödykkeitä, vaan hyödykkeiden myynti on keino pitää raha liikkeessä. Ja viimeiseksi, organisaatiot eivät ole keino harjoittaa kollektiivista toimintaa, vaan ryhmän toiminta, mitä se sitten onkaan, on keino vahvistaa organisaatiota. – – Yksilön riistäminen kollektiivisuuden nimessä ei toki ole täydellistä eikä koskaan voikaan olla; mutta on vaikea kuvitella, miten se voisi mennä paljon pidemmälle kuin tällä hetkellä."[38]

MODERN TIMES

Ihmisen todellinen vapautuminen tästä planetaarisesta painajaisesta vaatisi kulttuurin perustavanlaatuista kääntymistä uuteen. Tuotantovoimien organisointiin liittyen tarvitaan tapoja ajatella työn järkeistämistä ei kollektivisoitumisena vaan yksilöllistymisen prosessina. Weilin mukaan tämän pitäisi kulkea yhdessä pienemmän yrityskoon sekä koko tuotantoprosessin suunnittelun ja valvonnan "asteittaisen hajauttamisen"[39] kanssa. Inhimillisen ulottuvuuden voisivat saada takaisin paikalliset yritykset, jotka ovat järjestäytyneet yhteistyötä tekeviksi osuuskunniksi, joiden koko ei välttämättä ole liian suuri yksittäisen ihmisen arvostelukyvylle.[40] Ideaalityyppinen tällaisen yrityksen työntekijä olisi joku, jolla on kokemuksensa perusteella kattava yleiskuva yrityksen kaikista asiaankuuluvista prosesseista ja joka kokee oman etunsa olevan niin läheisessä yhteydessä yhteisöönsä, että "kaikki kilpailu katoaa, – – koska jokainen pystyy hallitsemaan kollektiivisen elämän kokonaisuutta ja se vastaa näin yhä enemmän yleistä tahtoa".[41]

Weil on liiankin tietoinen siitä, että kuvaamalla uudeksi tavoitteekseen tällaisen henkisesti, teknisesti ja empaattisesti erityisen lahjakkaiden ammattilaisten verkoston, joka koostuu keskisuurista osuuskunnista, hän esittää ihanteen joka on kaukana toteuttamiskelpoisesta. Silti "on pyrittävä selkeästi hahmottamaan täydellinen vapaus, ei toivomalla sen saavuttamista, vaan saavuttaaksemme vähemmän epätäydellisen vapauden kuin se, joka meillä on nykyisissä olosuhteissa".

Kokemukset hänen vierailustaan tehtaalla vahvistavat tämän vakaumuksen. Toiminnan vaatiman ilmeisen ajattelemattomuuden ja yksitoikkoisuuden lisäksi on hierarkian tukema pakon ja pelolla hallitsemisen järjestelmä – jossa mikään subjektiivinen saavutus ei todella vastaa siihen uhrattua vaivaa. Mikään, mikä todella kannattelee elämää, ei ole siellä mahdollista: huomaavaisuus, suhteellisuudentaju, itsenäinen ajattelu, avoin kiintymys. *Modern Times* on todeksi tullut painajainen.

POISPYYHKIYTYMINEN

Joka päivä Weil tuntee olevansa tehtaalla "nöyryytetty olemuksensa ytimeen asti". "Alsthomilla kapinoin vain sunnuntaisin", hän päättää tehdaspäiväkirjansa. Silti hän sai tästä kokeesta irti jotakin ratkaisevaa: omakohtaisen kokemuksen absoluuttisesta sorrosta, tunteen täydellisestä oikeudettomuudesta ja altistuneisuudesta. Häntä kauhistuttaa se, miten riippuvainen hän ajattelevana olentona on ulkoisista olosuhteista: "jos vain olosuhteiden pakosta joutuisin joskus työskentelemään ilman viikottaista lepoa – joka sentään on aina mahdollista – niin minusta tulisi kuormajuhta, tottelevainen ja alistunut (ainakin omissa silmissäni)".[42]

Se, minkä kanssa Weil oikeastaan joutui suoraan kosketuksiin ensi kertaa "tehdasvuotensa" aikana, oli vähemmän "todellisuus" kuin konkreettinen mahdollisuus hänen omalle olemassaololleen ja jokaisen olemassaololle: kokemus pyyhkiytymisestä pysyvästi pois ajattelevana olentona elävässä kehossa, jota säesti tunne siitä, ettei "oikeutta ole, mitä se sitten onkaan ja mihin se sitten liittyykään".

Todella ratkaiseva asia on kuitenkin sen havaitseminen omassa kehossa, että tätä täydellistä oikeudettomuutta ei voi pelkästään sietää ja kestää, vaan sen voi myös ymmärtää eräänlaiseksi paradoksaaliseksi korkeamman tason vapauttavaksi voimaksi. Weil näkee sen portiksi toisenlaiseen itseymmärrykseen. Askeleeksi alueelle, joka olennaisella tavalla ylittää puhtaasti inhimillisen tahdon ja päättäväisyyden.

Kun Weil puhuu siitä, kuinka "yksilön haltuunotto" ei voi olla täydellistä, syynä tähän on vuosien 1934–35 tehdaskokemusten lisäksi kokemus lähteestä, joka on puhtaasti sosiaalisen tuolla puolen ja jonka myönteiset vaikutukset paljastuvat ja vapauttavat ihmisen vain hänen oman arvonsa mielletyssä nollapisteessä. Omin sanoin: "Ihmisarvon tunne, sellaisena kuin yhteiskunta on synnyttänyt sen, on *murtunut*. On luotava toinen tunne, vaikka uupumus tuhoaa kyvyn ajatella. Minun on yritettävä pitää kiinni tästä toisesta tunteesta."[43]

Juuri tämä kokemus tuosta "toisesta tunteesta", arvosta kaiken tunnustetun arvon takana, oli Weilille syvästi muuttava kokemus, joka siitä lähtien muovasi ja seurasi häntä ajattelijana. Fyysisesti kriittisessä uupumustilassa hän päättää "tehdasvuotensa" kesällä 1935 myös henkisesti rikkinäisenä naisena. Mutta hän ei ollut koskaan tuntenut itseään vapaammaksi tai varmemmaksi itsestään ja tehtävästään.

LAIN EDESSÄ

Suurimmaksi osaksi ilman omaa ansiotaan Hannah Arendt saa myös vuosina 1934–35 rikastuttavan kokemuksen olemassaolosta, joka ylittää vallitsevat käsitykset laista ja ihmisarvosta. Sillä kuten useimmat saksalais-juutalaiset pakolaiset, hän joutuu maanpaossa Pariisissa pian kohtaamaan tilanteen, jota ei ollut ennakoitu voimassa olevassa kansallisessa lainsäädännössä. Hitlerin Saksan vuodesta 1933 alkaen voimakkaasti kiristyneiden rotulakien ja kesällä 1933 "Saksan kansalaisuuden menettämisestä" annetun lain perusteella juutalaispakolaisilta ja hallinnon arvostelijoilta voitiin riistää Saksan kansalaisuus ilman valitusoikeutta, mitä itse asiassa tapahtuikin yhä enemmän. Ranskassa Arendt ja hänen perheensä olivat vaarassa tulla kansalaisuudettomiksi pakolaisiksi ja siten ihmisiksi, jotka putosivat kaikkien juridisten verkkojen läpi tässä erikoisessa väliinputoajan asemassa. Jopa välitön ratkaisu, jonka tarjosi ranskalaisen henkilöllisyystodistuksen hankkiminen – viimeisenä valtion tunnustamana henkilöpaperina – oli pakolaisten määrän kasvaessa yhä monimutkaisempaa. Tämä oli sitäkin vakavampaa, koska henkilöllisyystodistuksesta tuli pian virallisesti välttämätön edellytys työsuhteen solmimiselle (ja sen saaminen riippui yleensä olemassa olevasta työsuhteesta).

Suuri osa saksalaisista ja erityisesti saksanjuutalaisista pakolaisista eli ikään kuin surullisena etujoukkona miljoonien ihmisten virralle, jatkuvasti kiihtyvässä suvaitsemisen pyörteessä jonka suunta ja dynamiikka saattoivat muuttua viikottain. Monet olivat usein melkein surkuhupaisalla tavalla epätietoisia siitä, oliko heillä vielä jokin kansalaisuus ja jos niin mikä; siitä, olivatko he Ranskassa laillisesti vai laittomasti; ja jopa siitä, olivatko he yhä naimisissa ja jos niin kenen kanssa.

Kuten vanhassa lastenlaulussa kolmikolkkahatusta, tuhannet saksankieliset pakolaiset vaelsivat suuren kansakunnan pääkaupungin läpi etsien papereita, työtä ja majoitusta. Piirit, joissa Arendt liikkui, panivat merkille – ei vailla synkkää huvittuneisuutta – että kaikkien aikojen ensimmäiset ranskannokset Franz Kafkan teoksista tulivat kirjakauppoihin samana vuonna.

Montparnassen ja Latinalaiskorttelin välissä sijaitsevista kahviloista tulee todellinen olohuone saksalaiselle ajatushautomolle, joka ei synny eksistentialistisesta elämäntavasta vaan pikemminkin eksistentiaalisesta uhasta. Mukana on kaikki se kauneus ja jännitteisyys, joka voidaan kuvitella, kun aikoinaan hyvin toimeen tulleet ja arvostetut kirjoittajat ja ajattelijat – joille Berliinin kahvilat eivät välttämättä olleet tuntemattomia – kokevat päivittäin yhteiskuntaluokkansa menetyksen ja sanattomuuden tunteita. Kielimuuri oli näille sanankäyttäjille itse asiassa ratkaiseva este, ja se vaikutti myös heidän pääsyynsä ranskalaisiin sivistyneistöpiireihin. Jopa sujuvaa ranskaa puhuneet, kuten Walter Benjamin, pysyivät parhaimmillaankin ulkopuolisina Pariisissa. Heitä kutsuttiin sinne ja tänne iltamiin ja vastaanotoille enemmän säälistä kuin aidosta kiinnostuksesta. Jos saksalaisen tohtorintutkinnon olisi voinut vaihtaa suoraan frangeiksi, millaista juhlaa se olisikaan ollut! Mutta se, mitä puuttui, kaiken muun ohella, oli ennen kaikkea raha kaikkein hädänalaisimmille.

Kaikki arvoasemien väliset erot eivät tietenkään häivyttyneet edes maanpaossa Ranskassa. Thomas Mannin tai Lion Feuchtwangerin, jonka kansalaisuus oli jo peruutettu yhdessä Heinrich Mannin kanssa elokuussa 1933, kaltaiset arvokkaat ja vakavaraiset hahmot muuttivat huviloihin Rivieralle. Erityisesti Sanary-sur-Merin pikkukaupunki vakiintui maanpaossa olevan saksalaisen kirjallisuusmaailman keskukseksi. Kesällä 1933 Mannit ja heidän palvelijansa muuttavat La Tranquille -nimiseen huvilaan, jossa on kuusi makuuhuonetta. Sieltä Thomas Mann meni joka iltapäivä naapurinsa Lion Feuchtwangerin luo ”suruteelle”.[44] Heitä silmäili kriittisesti Sanaryssa myös asuva Aldous Huxley, joka kuvailee ylimielisiä uusia tulokkaita ”melko surulliseksi seurakunnaksi”, jossa ”jo näkyvät maanpaon kohtalokkaat vaikutukset”.[45] Joten jopa maanpaossa Ranskassa tasa-arvoisia ollaan vain lain edessä. Pakolainen oli ei-kukaan juridisessa ei-kenenkään maassa.

KOTIPAIKKOJA

Paras tilanne oli niillä, jotka löysivät yhteyden olemassa oleviin verkostoihin ja yhteyshenkilöihin jo heti saavuttuaan. Juuri Pariisiin saapuneena, päätettyään olla ”enää koskematta aatehistoriaan”,[46] 26-vuotias Hannah Arendt luopuu päättäväisesti asemastaan tiedeyhteisössä ja heittäytyy käytännön työhön, mikä hänelle voi tässä tilanteessa olla vain "juutalaistyötä".[47]

Hänen ensimmäinen työpaikkansa, yhä ilman henkilöllisyystodistusta,[48], on senaattori Justin Godartin johtaman Agriculture et Artisanat -nimisen sionistisen järjestön sihteerinä, jonka tehtävänä on "kouluttaa nuoria maataloudessa ja käsityössä ja siten valmistaa heitä tulevaisuuteen uudisasukkaina Palestiinassa".[49]

Juutalaisten pakolaisten saapuminen Saksasta ja Itä-Euroopasta aiheuttaa huomattavia jännitteitä, etenkin juutalaisyhteisössä, joka oli jo pitkään ankkuroitunut Pariisiin. Tulokkaat, jotka ovat usein avoimen vasemmistolaisia, aiheuttavat pelkoa poliittisesta soluttautumisesta. Lisäksi ollaan huolissaan siitä, että saksankieliset juutalaiset voivat edelleen lisätä ja pahentaa antisemitismiä Ranskassa. He ovat täydellinen vihollinen Ranskan fasisteille, jotka ovat myös Hitlerin ja Mussolinin menestyksen vuoksi voimansa tunnossa. Walter Benjamin tiivistää mielialan tältä osin: "Emigrantteja vihataan jopa enemmän kuin saksalaisia."[50]

Tämä ei tarkoita millään muotoa, että uusien tulokkaiden keskuudessa vallitsisi mikään jalo yksimielisyys. Saksalaiset emigrantit – joista suuri osa on entistä koulutettua eliittiä – suhtautuvat maalaisiin, vähemmän vapaamielisiin Itä-Euroopan juutalaisiin usein yhtä halveksuen kuin Ranskan juutalaiset saksalaisiin. Eikä siinä kaikki. Kuten Arendt myöhemmin muistelisi, Ranskan juutalaiset "olivat järkähtämättä sitä mieltä, että kaikki Reinin toiselta puolelta tulevat juutalaiset olivat niin kutsuttuja polakkeja – joita saksanjuutalaiset kutsuivat 'itäjuutalaisiksi'. Mutta ne juutalaiset, jotka todella olivat lähtöisin Itä-Euroopasta, olivat eri mieltä ranskalaisten veljiensä kanssa ja käyttivät meistä haukkumasanaa *jekke*."[51] He olivat aivan tavallisia ihmisiä. Omine, paikallisesti ankkuroituine identiteetteineen, erityispiirteineen, mieltymyksineen ja ennen kaikkea ennakkoluuloineen.

Näiden pakolaisten kohdalla kysymys siitä, miten tämänhetkisessä tilanteessa pystyisi selviytymään, oli paljon kiireellisempi kuin kysymys "mistä sitä oikein ollaan kotoisin". Juuri tämä oli sionistisen liikkeen todellinen syntykysymys. Jo vuoden 1897 sionistisessa maailmankongressissa, johon osallistui 204 edustajaa kaikkialta maailmasta, hyväksyttiin seuraava peruskirja wieniläisen lehtimiehen Theodor Herzlin johdolla:

> Sionismi pyrkii luomaan juutalaisille lain turvaaman asuinpaikan Palestiinaan. Tämän tavoitteen saavuttamiseksi kongressi pitää hyödyllisinä seuraavia keinoja:
> – Juutalaisten maanviljelijöiden, käsityöläisten ja kauppiaiden asutus Israelin maahan.
> – Juutalaisten järjestäytyminen paikallisiin tai yleisiin ryhmiin eri maiden lakien mukaisesti.
> – Juutalaisen kansallistunteen ja tietoisuuden vahvistaminen.
> – Valmistavat askelet niiden hallituksilta saatavien myönnytysten saavuttamiseksi, jotka ovat välttämättömiä sionistisen päämäärän toteutumiseksi.[52]

Jos oli Arendtin tavoin 1930-luvun alussa sanonut "kyllä" itselleen juutalaisena, ja Arendtin tavoin tunnustanut assimilaatiostrategian olevan vain näennäinen ratkaisu "juutalaiskysymykseen" ja siten myös antisemitismiin, sionismin oli varsinkin viimeaikaisen kehityksen taustaa vasten näytettävä ainoalta kelvolliselta vaihtoehdolta. Saksanjuutalaisten pakolaisten ainoa "rikos" sen maan lakien mukaan, jossa he olivat syntyneet ja kasvaneet, oli se, että he olivat ylipäänsä juutalaisia. Heillä ei ollut rajaavaa tunnusmerkkiä, joka olisi viitannut mahdollisuuteen saada uusi kansalaisuus. Tämä sai heidät tuijottamaan syvemmällä ja julmemmalla tavalla kansalaisuudettomuuden kuiluun kuin ketkään muut, kuten venäläiset tai ukrainalaiset pakolaiset. Arendt ymmärsi, että ongelma oli ensisijaisesti poliittinen. Ja sellaisena se voitaisiin ratkaista vain käytännössä.

Arendtin näihin aikoihin syntynyt tunnuslause kuuluu: "'Kuta vastaan hyökätään juutalaisena, hänen on vastattava hyökkäykseen juutalaisena'. Ei saksalaisena tai maailmankansalaisena tai vetoamalla ihmisoikeuksiin."[53] Toteamuksen todellinen räjähdysvoima on sanoissa "ei saksalaisena tai maailmankansalaisena tai vetoamalla ihmisoikeuksiin". Arendtin ensimmäisten Pariisin-vuosien kokemushan koostui viime kädessä putoamisesta saksanjuutalaisena kaikkien niiden suojaverkkojen läpi, jotka lupasivat turvata hänelle hänen ihmisoikeutensa.

Vasta yli kymmenen vuotta myöhemmin hän antaisi täysin selkeän muotoilun sille, minkä tajusi omakohtaisesti Pariisissa 1930-luvun alkupuolella: Ranskan vallankumouksesta kumpuavassa ihmisoikeuksien käsitteessä oli alusta lähtien ratkaiseva valuvika. Tämä ilmeni siitä, että

> – – heti kun ihmisillä ei ollut omaa hallitusta ja he joutuivat turvautumaan vähimmäisoikeuksiinsa, niitä suojelemassa ei ollut enää yhtään auktoriteettia eikä yksikään instituutio halunnut niitä taata. Toisaalta esimerkiksi vähemmistöjen tapauksessa, kun jokin kansainvälinen elin yritti korvata puuttuvaa valtionturvaa, sen epäonnistuminen oli jo etukäteen selvä.[54]

Se, miten ristiriitainen oli tämä ehdoton oikeus suojeluun, joka oli suunniteltu juuri niitä tapauksia varten, joissa sitä *ei* tosiasiallisesti voida taata, ei nyt ollut missään selvempää kuin Ranskassa. Vuoden 1789 Ranskan vallankumouksen (kuten myös hieman aiemman Amerikan vallankumouksen) seurauksena annettiin ensimmäiset sitovat yleisten ihmisoikeuksien julistukset perustuslain muodossa – toisin sanoen oikeudet koskivat kaikkia ihmisiä riippumatta heidän syntyperästään ja ominaispiirteistään.[55]

Ihminen sinänsä oli sekä niiden lähde että niiden todellinen kohde.[56] Arendtin mukaan tämän lähestymistavan kauan piilossa pysynyt paradoksi oli siinä,

> että se koski "teoreettista ihmistä", jota ei tuntunut olevan missään, sillä jopa villi-ihmiset elivät jonkinlaisessa ihmisyhteisössä. – – Niinpä koko ihmisoikeuskysymys sekoittui nopeasti ja hämärästi kysymykseen kansallisesta vapautumisesta. Vain kansan, oman kansan, täysivaltainen vapaus näytti pystyvän takaamaan ihmisoikeudet. Ihmiskunta oli Ranskan vallankumouksesta lähtien kuviteltu kansakuntien perheeksi. Niinpä vähitellen kävi selväksi, että ihmisen kuva oli kansa eikä yksilö.[57]

Arendtin mukaan näiden luonnollisten "synnynnäisten oikeuksien" ensimmäinen ristiriita on siinä, että niiden yhteydessä puheena on samaan aikaan sekä "ihminen itsessään" että ihmisen luonne yhteisöllisenä olentona, joka on sidoksissa paikkaan ja historiaan ja joka on olemassa vain monikossa ("ihmiset"!). Tämän ristiriidan puolestaan pystyi peittämään vain se seikka, että ihmistä, jota nämä oikeudet *ehdoitta* suojasivat, pidettiin "kansan" – ja 1800-luvun myötä myös omista laeistaan päättävän "kansakunnan" – jäsenenä, sanomatta tätä ääneen. Se, missä määrin tämä oli väistämättä ristiriitaista, kävi 1930-luvun alkupuolella ilmi ennen kaikkea "kansalaisuudettomien" joukkoilmiön myötä, joka ulottui myös Ranskaan.

HAHMOKSI TULLEITA KYSYMYKSIÄ

Jo vuosina 1934–35 Arendt oli pääsemättömissä tosiasiasta, että natsi-Saksasta karkotetun juutalaisen hahmo ruumiillisti edustavana esimerkkinä kaikkia niitä implisiittisiä ristiriitoja, jotka rasittavat käsitystä ihmisoikeuksista sinänsä. Tällainen juutalainen oli syntyperäinen osa *kansaa*, jolla ei enää tuhansiin vuosiin ollut ollut omaa *kansallisvaltiota*, mutta joka vaati vainottuna *yksilönä* suojelua, koska kuului tähän kansaan.

Arendtin oma tapaus terävöitti tilannetta entisestään, koska hän oli juutalainen, joka sanoi nimenomaisesti "kyllä" omalle juutalaisuudelleen vain siksi, että hänet oli syrjäytetty siitä yhteisöstä, johon hän halusi ennen kaikkea samaistua kulttuurisesti: "saksankielisen kirjoittamisen ja ajattelun perinteestä". Kun Arendt oli vuonna 1930 kirjoittanut väitöskirjansa ohjaajalle Karl Jaspersille Varnhagen-projektistaan, hänestä oli näyttänyt siltä, että "tietyt ihmiset ovat niin altistuneita omassa elämässään, että heistä tulee eräänlaisia risteyskohtia ja 'elämän' konkreettisia esineellistymiä".[58] Nyt hänestä itsestään oli tullut tällainen "konkreettinen esineellistymä": hahmoksi tullut kysymys siitä, mihin ihmisoikeudet oikeastaan perustuivat.

Tämä kysymys vaivaisi Arendtia koko hänen loppuelämänsä ajan. Hänestä tuli joku, joka "ei tiedä, mitä ihmisoikeudet todella ovat", ja tietää myös, "että kukaan muukaan ei vaikuta tietävän sitä".[59]

Uskollisena tehtävälle, jonka Sokrates aikoinaan sai Delfoin oraakkelilta – Tunne itsesi! –, Arendtin ajattelutapa voidaan tulkita pyrkimykseksi tunnistaa itsensä ihmiseksi, joka edustaa kaikkia muita; ihmiseksi, jonka yksinkertainen pakolaiselämä räjäytti hänen aikansa ja kulttuuripiirinsä poliittisen teorian kappaleiksi ja kyseenalaisti sen pohjiaan myöten. Miten kaikista oikeuksista perustavanlaatuisin, eli oikeus vedota oikeuksiin, voidaan mieltää käsitteellisessä kehyksessä, jossa luovutaan abstraktista "ihmisestä itsestään" ja vastustetaan samalla tavoin myös yksilön pakottamista osaksi kollektiivia (kansaa, kansakuntaa, luokkaa...)? Voisiko olla, että jopa tämän kysymyksen pelkkä olemassaolo oli mennyt koko filosofian perinteeltä toistaiseksi ohi?

Pariisin-vuosinaan Arendt imee sienen tavoin itseensä niitä alkuperäisiä ristiriitaisuuksia, joita klassisista käsityksistä on tullut näkyviin. Tämä koskee myös ja ennen kaikkea hänen käytännön kokemustaan sionistiliikkeessä ja avustusjärjestöissä. Vuonna 1934 hän siirtyy juutalaisten lastenkotien hyväksi toimivaan järjestöön, jota johtaa ja rahoittaa paronitar Germaine de Rothschild. Se on klassista humanitaarista hyväntekeväisyyttä, jota harjoittaa Pariisin juutalaisten vahvimman uskonnollisen yhdistyksen Consistoire de Paris'n vaikutusvaltainen jäsen. Paronittaren henkilökohtaisena avustajana Arendtin tehtävä on ensisijaisesti koordinoida ja seurata lahjoituksia eri kodeille ja avustusjärjestöille.[60]

Varmasti erittäin arvokasta ja konkreettisesti hyödyllistä työtä "juutalaisten asian" hyväksi, mutta puhtaasti yksityisessä hyväntahtoisuudessaan se ei kuitenkaan todennäköisesti saa lopulta Arendtin sisäistä hyväksyntää. Juutalaisten asian ja suojelun antaminen voimakkaiden hyväntekijöiden käsiin, niin hyväntahtoisia ja huolellisia kuin he ovatkin, on lopulta toivoton ja ehkä jopa itseään vastaan kääntyvä strategia. Poliittisille ongelmille on loppujen lopuksi luonteenomaista, ettei niihin ole yksityisiä ratkaisuja.

Oikeassa paikassa Arendt tuntee olevansa työskennellessään sionistisen nuorisojärjestön Aliyah de la Jeunessen toimistossa, josta hän saa paikan vuoden 1935 alussa. Saksalaisen runoilijan ja rabbin vaimon Recha Freierin perustaman järjestön ohjelma kävi ilmi jo sen nimestä. Alija (Aliyah) tarkoittaa kirjaimellisesti "nousemista" hepreaksi, mutta Raamatun mukaan se kuvaa myös juutalaisten paluuta Babylonin maanpaosta Eretz Israeliin. Tavoitteena oli antaa juutalaisille pakolaisnuorille uudisasukaselämään Palestiinassa tarvittavat tiedot ja myös toteuttaa logistisesti heidän muuttonsa luvattuun maahan. Tämän vasta kaksi vuotta aikaisemmin perustetun avustusjärjestön pääsihteerinä Arendtilla on kesällä 1935 mahdollisuus matkustaa saattajana Palestiinaan, joka on tuolloin vielä Ison-Britannian protektoraatin alaisuudessa, ja saada näin käsitys siitä, miten sionistinen projekti etenee paikan päällä.

ULOSSULKEMISIA

Sinne oli vuoden 1933 jälkeen saapunut kymmenentuhatta muuttajaa Saksasta – huomattava haaste juutalaisyhteisölle, joka oli tuolloin vielä kehittymässä. Eikä tulijoiden virralle näkynyt loppua. Tässä tilanteessa berliiniläisestä uskontotieteilijästä ja juutalaisuuden tutkijasta Gershom Scholemista, joka oli muuttanut Jerusalemiin vuonna 1923, tuli Luvattuun maahan pelastautuneen saksalais-juutalaisen älyllisen eliitin kronikoitsija.

Kuin muuttolinnut, joiden verkostot ulottuvat koko maailmaan, myös nämä pienet piirit pysyivät eri mantereille hajottuaankin tiiviisti yhteydessä toisiinsa sukulaisuuden, huhujen ja ennen kaikkea vanhojen tapojen kautta. Kirjeessä Walter Benjaminille 25. elokuuta 1935 Scholem tiedottaa Berliinin-aikojen parhaalle ystävälleen, joka nyt oleskelee Pariisissa: ”Joku viikko sitten näin serkkusi vaimoa Hannah Sterniä, joka nykyään valmistelee Pariisissa lapsia Palestiinaan. Mutta en saanut vaikutelmaa, että hän olisi ollut tiiviisti yhteydessä kanssasi, koska silloin hän olisi varmaan kertonut sinulta terveisiä. Joten en siksi kysellyt sinusta mitään. Hän oli aikoinaan Heideggerin tähtioppilas.”[61]

Itse asiassa Günther Stern (eli Günther Anders) oli Benjaminin enon William Sternin poika, joka oli opettanut kehityspsykologiaa Hampurissa. Koska Arendt ystävystyi läheisesti Benjaminin kanssa Pariisissa jo vuonna 1934, todellinen syy siihen, että hän oli suu supussa Scholemin suuntaan, saattoi olla hauraaksi tullut avioliitto Güntherin kanssa. Syynä oli mahdollisesti myös ennalta arvattava näkemysero niiden sionististen asutushankkeiden etenemisestä, jotka Arendt pystyi nyt näkemään omin silmin työkylien ja ennen kaikkea kibbutsien muodossa.

Erityisesti kibbutsit edustivat sosiaalista kokeilua, jossa Simone Weilin ja Hannah Arendtin analyysit näyttivät kohtaavan toisensa, mitä tuli juutalaisten maailmassa kokemaan sortoon ja epävapauteen. Sillä ne olivat keskikokoisia, suurelta osin hierarkioista vapaita maatalousosuuskuntia, joissa jokainen työntekijä voisi ihannetapauksessa hoitaa minkä tahansa tehtävän. Toisin sanoen nämä yhteisöt ovat jo harjoittaneet pienessä mittakaavassa niitä järjestäytymisen ja yhteistyön muotoja, joissa voi Weilin mukaan olla vähintään mahdollisuus globaalis-paikalliseen sosialistiseen työhön ilman sortoa. Sionistisen valtion perustamisprojektin osana näiden kibbutsien jatkuvasti laajeneva verkosto on kuitenkin olennainen osa juutalaisen vähemmistön asutus- ja haltuunottopolitiikkaa arabiväestön suhteen, joka Palestiinassa on yhä ylivoimaisena enemmistönä.

Arendtin myöhemmät vaikutelmat ensivierailustaan voi ymmärtää myös tällä tavalla, kun hän kirjoittaa: ”Muistan yhä oikein hyvin ensireaktioni kibbutseihin. Ajattelin: uusi aristokratia. Tiesin jo silloin – –, ettei siellä voisi elää. ’Hallitse naapureitasi’, sitähän se lopulta on. Mutta jos tasa-arvoon uskoo kunnialla, Israel on vaikuttava.”[62]

Millaiset kollektivisoimisen muodot vastustavat tasaamista ja samankaltaistamista? Ja millainen muoto, jos mikään, olisi sosiaalisesti toteutettavissa konstruoimatta ryhmää toisia, jotka uhkaavat konkreettisesti oman yhteisön selviytymistä?

Näitä kysymyksiä miettien hän palasi Palestiinasta Pariisiin syksyllä 1935, sekä innoissaan että osittain tyytymättömänä. Kun hän saapuu sinne syyskuussa, Saksassa hyväksytään Nürnbergin lait. ”Verensuojelulain” lisäksi, joka kieltää tästä lähtien kaikki avioliitot ja sukupuolisuhteet ”juutalaisten” ja ”ei-juutalaisten” välillä, uudella lailla erotetaan toisistaan myös ”Valtakunnan kansalaiset” ja pelkät ”valtion alamaiset”. Tämä tarkoittaa, että Saksan alueella olevat juutalaiset alennetaan nyt virallisesti toisen luokan kansalaisiksi. Taas yksi askel kohti epäinhimillistämistä, myös Arendtin olemassaolon. Mutta ei läheskään viimeinen.

IV

LÄHIMMÄISIÄ

1936–37

Rand rakastaa yli-ihmistä, Arendt paariaa, Weil tasavaltaa ja Beauvoir uutta perhettään

”Ainoa veruke pitkälle hiljaisuudelleni on se, että kiipesin äskettäin pois helvetistä. Kulunut vuosi jatkuvine pettymyksineen, loputtomine odotuksineen ja jatkuvine kamppailuineen oli niin kauhea, etten halunnut antaa kuulla itsestäni, sillä kaikki mitä olisin voinut kertoa olisi ollut pelkkiä valituksia.”[1]

Simone Weil, Simone de Beauvoir tai Hannah Arendt olisivat voineet Pariisissa panna yhtä perustellusti paperille samat lauseet, joilla Ayn Rand aloittaa New Yorkissa kirjeen kalifornialaiselle käsikirjoittajakollegalleen Gouverneur Morrisille 29. marraskuuta 1935. Kuluneen vuoden aikana he kaikki ovat, hieman alle 30-vuotiaina, joutuneet sekä ammatillisesti että yksityiselämässään enemmän kärsimään kuin tekemään luovaa työtä. Puhumattakaan maailmanpolitiikan kurimusmaisesta dynamiikasta, joka todella uhkaa vetää aikakauden jokaisen olemassaolon yhä tuntuvammin ja syvemmälle itseensä.

”Vasta nyt alan – enemmän tai vähemmän – nostamaan päätäni”, jatkaa Rand, ”ei näytelmäni takia – vaikka se meneekin melko hyvin – vaan kirjani takia. Sen saaminen lopulta myydyksi oli elämäni tähän mennessä suurin onnistuminen. Se on nyt tehty. Menestyypä kirja tai ei, ainakin se julkaistaan.”[2]

Kustantaja on hyväksynyt ”Airtight”-käsikirjoituksen vain viikkoa aiemmin. Teoksesta maksetaan ennakkona 250 dollaria. Tunnettu newyorkilainen Macmillan-kustantamo toisi sen markkinoille jo keväällä, otsikolla *We the Living*. Samaan aikaan *The Night of January 16th* on ollut elokuisen ensi-iltansa jälkeen merkittävä menestys Broadwaylla. Pelkästään Randille se tuottaa loppusyksystä 1935 tekijänoikeustuloja jopa 1 200 dollaria viikossa. Summa vastaa yhdysvaltalaisten keskimääräistä vuosituloa tuohon aikaan.[3] Tämä ei vähennä millään tavalla Randin kaunaa siitä, miten ohjaaja oli muuttanut hänen työnsä ”kauheaksi burleskiksi”, mutta ainakaan taloudellisesti hänellä ei olisi toistaiseksi enää valittamista.

Jo joulukuussa hän istuu uudessa, tilavammassa asunnossa saksanpähkinäpuisen pöydän ääressä; se on ainoa huonekalu, joka hänellä on jäljellä Los Angelesista. Hän luonnostelee seuraavaa projektiaan: romaania, jonka laajuutensa ja monimutkaisuutensa, mutta ennen kaikkea filosofisen vaikutuksensa puolesta pitäisi ylittää kaikki aiemmat. Vapaudenpatsaan ja hiljattain rakennetun Empire State Buildingin varjossa Rand ottaa kirjan työnimeksi "Second-Hand Lives". Sen todellisena tarkoituksena on olla "*egoismin puolustus tämän sanan varsinaisessa merkityksessä*".[4]

MINÄN TAKAISINVALTAUS

Rand on erityisen kiinnostunut selvittämään, mitkä sekä kristinuskon että kommunismin taustalla olevat yhteiset lähtökohdat ovat johtaneet modernin kulutuskapitalismin itsensä hylkäävään kyynisyyteen. Ei ole epäilystäkään siitä, että kriisin todellinen syy tänä nykyaikana – tässä Rand oli yhtä mieltä ensisijaisten filosofisten lähteidensä Nietzschen, Spenglerin ja Ortegan kanssa – ei ollut aineellinen vaan henkinen:

> Niin, teknistä kehitystä on kyllä tapahtunut, mutta henkisesti olemme edelleen renessanssin Italiaa jäljessä. Todellisuudessa tällä hetkellä ei ole *lainkaan* sellaista hengenelämää, joka yhä ansaitsisi tämän suuren nimen. Ovatko koneet siihen syyllisiä? – – *Vai* – onko lopulta kyse vain siitä, että pieni sana "minä" on kristinuskon kaksituhatta vuotta kestäneestä vaikutuksesta pyyhitty pois, ja sen myötä kaikki, mikä *oli* ihmisen tietoisuutta?[5]

Koska se keskittyy perusteettomasti haluamaan vain sitä mitä muilla jo on, mihin he pystyvät tai mitä he arvostavat suuresti, nykyajan kapitalististen yhteiskuntien väitetty individualismi on yhtä syvästi turmeltunutta moraalisesti kuin kollektivistiset lähestymistavat yhteiskuntaan. Kummassakaan järjestelmässä ei ole aavistustakaan siitä, mikä ihmisyksilön todella erottaa yksilöksi ja mikä voi ohjata hänen päätöksiään. Aikana, jolloin ihmiset ovat suurelta osin muiden ihmisten ohjaamia arvoarvostelmissaan ja elämänsä lähtökohdissa, pyhä sana "minä" on menettänyt kaikki tehtävänsä: esteettisen, moraalisen, poliittisen. Tämän vuoksi luolasta on vain yksi tie ulos: "minä" on vallattava takaisin kiistämällä radikaalisti muiden, kaikkien muiden ihmisten merkitys!

Mutta miten sellaisen yksilön olemassaolo voitaisiin hahmottaa, joka kulkee johdonmukaisesti tätä tietä sanomalla ehdottomasti kyllä omalle arvostelukyvylleen ja luovuudelleen? Voisiko tällainen ihminen selviytyä tai jopa menestyä nykyisissä olosuhteissa? Vai epäonnistuisiko hän välttämättä, joutuen "aivan liian monien" kaunan uhriksi?

Avoimia kysymyksiä, joita tässä varhaisessa suunnitteluvaiheessa on enemmän kuin tarpeeksi. Se, mitä Randilla on kuitenkin jo talvella 1935–36 silmiensä edessä räikeän selkeänä, on hänen romaaninsa päähenkilö. Tämän ainutlaatuinen luova voima pyrkii toteutumaan juuri siinä taidemuodossa, joka 1900-luvulla mielletään sosiaalisesti määräytyneeksi ja tulevaisuuteen suuntautuvaksi: arkkitehtuurissa. Jo 9. helmikuuta 1936 Rand on hahmotellut uuden yli-ihmisensä profiilin viimeistä yksityiskohtaa myöten.

HOWARD ROARK

"Elämänasenne: – – kaksi asiaa määrää hänen yleisen suhtautumisensa elämään: oma paremmuus ja maailman täydellinen arvottomuus. Hän tietää mitä haluaa ja tietää mitä ajattelee. Hän ei tarvitse muita syitä, mittapuita tai näkökohtia. Hänen täydellinen itsekkyytensä on hänelle yhtä luonnollista kuin hengittäminen. Hän ei ole hankkinut sitä, eikä se ole hänelle loogisen päättelyn tulos. Se on synnynnäistä. Hän ei koskaan kyseenalaista sitä, koska hän ei edes ajattele mahdollisuutta kyseenalaistaa sitä."[6]

Randin sankari Roark ei ole hankkinut eikä kehittänyt häntä muovanneita taipumuksia, vaan pelkästään pelastanut ne joutumasta muiden saastuttamiksi. Itse asiassa hänet esitellään myöhemmin romaanissa orpona, jolla ei ole tunnistettavissa olevaa menneisyyttä. Aiheeseen liittyvä ongelma on edelleen olemassa: ihmisolennoille polku tähän todelliseen autonomiaan, joka Randin mielessä kangastaa yleisesti pätevänä olemassaolon ihanteena Roark esimerkkinään, on väistämättä sosiaalisesti määräytynyt. Enimmäkseen vaistottomina ja alun perin täysin avuttomina me – jokainen meistä – opimme tuntemaan maailman ja itsemme ensin muiden ihmisten sylissä ja taluttamina. Toisten äänet ovat ensimmäiset, jotka kutsuvat meitä ylipäänsä elämään ajattelevina olentoina. Tässä suhteessa Randin mielessä oleva ihanne voidaan kuvitella vain sellaisten tikkaiden kiipeämiseksi, jotka oman autonomian huipulle päästyä on heitettävä kirkkain mielin syrjään. Alussa Rand sijoittaa sankarinsa näihin yksinäisiin korkeuksiin:

> Välinpitämättömyys ja ääretön, rauhallinen halveksunta ovat kaikki mitä hän tuntee maailmaa kohtaan ja niitä ihmisiä kohtaan, jotka eivät ole hänen kaltaisiaan. Hän ymmärtää ihmisiä täysin. Ja koska hän ymmärtää heitä, hän työntää koko aiheen syrjään. Koska hän on täysin kotona itsessään, hän ei kaipaa muita samanlaisia ihmisiä, yhdessäoloa heidän kanssaan tai heidän ymmärrystään.[7]

Roark ei siis millään tavoin kiistä muiden ihmisten olemassaoloa, vaan pelkästään heidän *merkityksensä* hänen oman elämänsä suunnan ja hahmotuksen kannalta. Juuri siksi, että hän ymmärtää kuinka (äärimmäisen puutteellisesti!) useimmat muut ajattelevat ja elävät, hän työntää heidät syrjään omasta korkeammasta näkökulmastaan. On vain loogista kuvitella tämä uusi, täysin epäsosiaalinen pelastajahahmo läpeensä iloiseksi ja aktiiviseksi ihmiseksi. Sen sijaan, että antaisi anteeksi muiden synnit, ihanneihminen Roark elää aktiivisessa henkisessä nykyhetkessä, jossa ainoa mahdollinen synti on loukata hänen omia luovia tavoitteitaan. Kristillinen vapahtaja Jeesus Kristus (ammatiltaan puuseppä) on hänen selvä vastakohtansa. Arkkitehti Roark ei yritä lunastaa kaikkia muita vapaiksi kärsimyksistään, vaan lunastaa pelkästään oman itsensä omien tekojensa kautta:

> Hän ei kärsi, koska ei usko kärsimykseen. Hänelle vastoinkäymiset ja pettymykset ovat vain osa taistelua. – – Hänen tunnetilansa on jatkuva elämänilo, joka kumpuaa siitä, että hän tuntee omat kykynsä; ilo, josta hän ei edes ole tietoinen, koska se on niin jatkuvaa, muuttumatonta ja luonnollista. – – Maailma on hänelle toimimisen paikka, ei tuntemisen. – – Hänen tunteensa ovat täysin hänen logiikkansa hallinnassa. Tai pikemminkin nämä kaksi ovat erottamattomasti yhtä siten, että tunteet seuraavat logiikkaa.[8]

Roarkin kyky vastustaa turhautumista on siis suora seuraus kyvystä alistaa koko tunne-elämä ajattelun hallittavaksi. Aivan kuten Roark ei koe kehoaan mahdolliseksi itsepäisyyden ja vastustuksen lähteeksi, hänen tunne-elämänsäkään ei ole esteenä. Koko hänen olemassaolonsa läpäisevä johdonmukainen toiseuden poissulkeminen ei kohdistu pelkästään muiden ihmisten olemassaoloon, vaan jo oman kehonkin tosiasioihin, mielialoihin ja vietteihin.

AISTILLISTA ITSEKESKEISYYTTÄ

Randin ihanneihmisen olemassaoloa luonnehtivaa jatkuvaa tyyneyttä ja iloa ruokkii varmuus siitä, että tämä maailma on täysin käytettävissä omien toiveiden ja tavoitteiden toteuttamiseen –

ajattelun ja logiikan keinoin (Rand puhuu pian "hyväntahtoisen maailmankaikkeuden" ajatuksesta). Juuri tämä ilo tai seesteisyys luonnehtii sankari Roarkia kaikessa: elämä jatkuvasti onnistuvana ongelmanratkaisuna itse asetettujen tavoitteiden toteuttamiseksi.

Koko luonto näyttäytyy tässä vain keinona saavuttaa päämäärä. Arkkitehtina Roarkia kiinnostaa kivi vain materiaalina, vuorenrinne rakennuspaikkana, aurinko valon ja varjon lähteenä. Toisin sanoen luonnolla ei ole itsessään arvoa – sillä on arvo vain hänelle ja hänen projekteilleen. Ainoat esteet, jotka ovat tällä tavoin kuvatun "onnen tavoittelun" tiellä, ovat muut ihmiset. Roark on käsittänyt sen. Ja tekee siitä vain loogisia johtopäätöksiä.

> Hänen kiinnostuksensa politiikkaan koostuu olemisesta kiinnostumatta politiikasta. Yhteiskuntaa sellaisenaan ei ole hänelle olemassa. Muut ihmiset eivät kiinnosta häntä. – – Hänen lähestymistapansa johtava periaate on täydellinen ja tinkimätön kieltäytyminen alistumasta muiden ajatuksiin tai toiveisiin. – – Menestyksen tavanomaisilla palkinnoilla – rahalla, maineella ja muilla etuoikeuksilla – ei ole hänelle merkitystä; hänen elämänsä pitäisi olla todellista, hänen elämänsä on hänen työnsä, hän tekee sen haluamallaan tavalla, se on ainoa tapa jolla hän voi nauttia siitä – tai epäonnistua ja kaatua sen sijaan taistelussa.[9]

Jopa Roarkin kaltainen ihminen voi epäonnistua. Mutta jos hän käsittää asian oikein, ei itsessään eikä asioiden maailmassa, minkä vuoksi hän ei voi koskaan kokea, että hän kadottaisi arvokkuutensa tai arvonsa tämän epäonnistumisen vuoksi. Ja tämä ihmisarvo – murtumaton tunne omasta arvosta ja asemasta maailmassa – on hänelle tärkeämpi kuin mikään muu, tärkeämpi kuin luovien suunnitelmien todellinen toteuttaminen. Loppujen lopuksi tämä itsetunto on se todellinen perusta tai pikemminkin lähde, joka tekee mahdolliseksi ylipäänsä lausua sanan "minä" itsevarmasti.

Siksi on välttämätöntä pitää tämä lähde kirkkaana ja puhtaana muiden saasteista. Tämä tuomio koskee jopa niitä aivan liian inhimillisiä korkeimman ekstaasin ja ilon tiloja, joita Roark lihaa ja verta olevana, täysin tämänpuoleisena ihmisenä ei halua kiertää:

> *Seksi*: aistillista terveen eläimen tavalla. Ei omaa kuitenkaan suurta kiinnostusta siihen. Ei voi koskaan antautua täysin rakkaudelle. Hänen asenteensa ei ole: "Rakastan sinua, olen kokonaan sinun." Vaan: "Rakastan sinua, sinä kuulut minulle." Määrittävä lähestymistapa on tunne jonkun haluamisesta huolehtimatta siitä, että tulee itse halutuksi.[10]

Roarkin kaltainen ihminen ei yleisen käsityksen mukaan tiedä tai koe, mitä rakkaus on. Esteenä on hänen ainoa ehdoton rakkautensa: rakkaus häntä itseään kohtaan. Jos hän voi kokea ja solmia vakaita suhteita, sitovan voiman täytyy siis tulla ihmisiltä, jotka ovat valmiita ehdottomasti antautumaan hänelle – mikä Randin mukaan on mahdollista vain pysyvän ihailun ja ennen kaikkea seksuaalisen alistumisen kautta. Tähän himokkaan alistumisen hetkeen sopii aina sadomasokistinen sävy. Romaanissa tämän tekee selväksi Roarkin suhde Dominiqueen (kuten Randin teoksissa aina, nimi on merkitsevä). Romaanin ensimmäinen seksiakti Roarkin ja Dominiquen välillä ei itse asiassa eroa mitenkään (paradoksaalisesti vapaaehtoiseksi kehystetystä) raiskauksesta. Tämä on toistuva aihe Randin tuotannossa, ja sen skandaalipotentiaali on läpeensä laskelmoitua.

Ihanneihminen Roark oli siis perusominaisuuksiltaan nyt valmis. Itse romaani sen sijaan oli kaukana valmiista. Ennen kaikkea juoni ja rakenne ovat keväällä 1936 vielä hämärän peitossa. Vain klassinen kasvuromaanin kaava oli suljettu alusta alkaen pois. Pikemminkin oli ennakoitavissa, että juonen olisi saatava jännitteensä niistä esteistä, joita muut ihmiset, sekundaihmiset (*second-handers*), asettavat Roarkin tielle. Koska sankari hylkää johdonmukaisesti kaikenlaisen "saappaiden nuolemisen" (*bootlicking*), Rand päättää ensimmäisen yksityiskohtaisen luonnoksensa toteamukseen, että hänen on "tehtävä mitä alhaisimpia töitä vuosien ajan" ja koettava "kaikki ne taloudelliset nöyryytykset, joita yhteiskunta voi keneenkään kohdistaa".[11]

AVIOELÄMÄÄ CONNECTICUTISSA

Randille Roark oli – ja hänen tuli olla – ihanne hänen omalle olemassaololleen. Se ei ollut täysin mutkatonta. Ei hänelle – eikä hänen miehelleen. Varsinkaan yhteisessä arjessa. Viimeistään vuoteen 1936 mennessä Rand on nimittäin omaksunut avioliitossaan klassisen miehen aseman. Hän on *male breadwinner*, tuo rahaa taloon, saa ulkoista tunnustusta, luo, päättää ja arvioi. Vaikka *We the Livingin* ilmestyminen huhtikuussa 1936 on katkera pettymys kaupallisesta näkökulmasta (saman kevään yllätysmenestys on Margaret Mitchellin *Tuulen viemää*), kirja saa osakseen kiittäviä arvosteluja. Viimeisenä mutta ei vähäisimpänä, hänen keskittymisensä Neuvostoliittoon tekee Randista kysytyn poliittisen kommentaattorin – jollaisena hän toimii yhä suvereenimmin lukuisissa radiohaastatteluissa ja esitelmissä. Hänen aviomiehensä Frank auttaa häntä parhaan kykynsä mukaan – varsinkin huolellisena kodinhoitajana ja emotionaalisena tukena. New Yorkiin muuton myötä Frank on lopultakin luopunut tavoittelemasta suurta elokuvauraa. Sen sijaan, että hän jatkaisi kohtaamasta nöyryytyksiä yhä uusien kieltäytymisten muodossa, hän ei enää edes pyri rooleihin. Rand ymmärtää tämän päätöksen täysin, etenkin niiden kokemusten pohjalta, joita hänellä on ollut isänsä kanssa. Loppujen lopuksi on tilanteita ja aikoja, jolloin ihmisen ainoa vaihtoehto ihmisarvon säilyttämiseksi ei ole taistelu vallitsevia olosuhteita vastaan vaan niiden aktiivinen boikotoiminen. Parhaimmillaan Frankilla on jotakin annettavaa asioihin, jotka ovat Randin mielessä – kärsivällisen kuuntelijan roolissa ja silloin tällöin purevana kommentaattorina, jonka kuiva huumori löytää tiensä Randin muutoin suurelta osin nokkeluuksista vapaaseen tuotantoon.

Seitsemän vuoden avioliiton jälkeen kahdella uudella tulokkaalla New Yorkiin on yhtä vähän mainitsemisen arvoista sosiaalista elämää kuin heillä on säännöllisiä ystäviä tai edes tuttavia. Tämä johtuu ennen kaikkea Randista, jota ei vaivaa mikään sosiaalisten tilanteiden kaipuu ja joka ei tunne missään sopivansa huonommin ympäristöönsä kuin yhdysvaltalaisissa *small talk* -juhlissa. Ainoastaan Frankin veli Nick, joka on yhtä elämäniloinen kuin kekseliäskin, tuo silloin tällöin helpotusta parille, jonka aistillisuus ja eroottisuus on tylsymässä yhä enemmän.

Vuosien ajan Frankin ainoa kiinnitys, pikemminkin harrastuksena kuin työpaikkana, on miespuolisten roolien esittäminen Randin *The Night of January 16th* -näytelmän kesäteatteriesityksissä. Kun hän lähtee Connecticutiin tällaiseen teatteriin kesällä 1936, hän ja Rand ovat ensi kertaa moniin vuosiin erossa toisistaan pidempään kuin muutaman tunnin ajan. Kun Frankin juna on lähtenyt asemalta, Rand istuu heti kirjoituspöytänsä ääreen:

19. elokuuta 1936

Cubby, Sweet!

No, tässä se on, ensimmäinen rakkauskirje, joka minulla on ollut tilaisuus kirjoittaa. Minulla ei ole oikeastaan mitään sanottavaa, paitsi että kaipaan sinua kauheasti. Itse asiassa en kaipaa sinua todella, se on hauskin tunne kaikista: toisaalta voisin heti paikalla itkeä, että kaipaan sinua niin paljon, mutta toisaalta tunnen olevani erittäin ylpeä ja hyveellinen, koska todella tein sen: päästin sinut menemään ja pysyin täällä tekemässä ”velvollisuuteni”. Pahinta oli palata kotiin rautatieasemalta. Se oli kamalaa ja samalla jotakin, josta nautin, koska se oli täysin uusi tunne, jota en ollut koskaan ennen kokenut: koko kaupunki näytti tyhjältä, eikä tämä suinkaan ole niin kliseistä kuin miltä se kuulostaa, sillä minulla oli varmuus siitä, ettei kukaan missään eikä millään kadulla merkitse minulle mitään. Tunsin itseni vapaaksi ja katkeraksi ja teki mieli itkeä. En edes kääntynyt katsomaan junaasi. Miltä sinusta tuntui?

Mutta yksi asia tässä on ehdottomasti hyvää: "inspiraationi" puute inspiroi minua enemmän kuin mikään muu. Olen työskennellyt todella hyvin ja tekee mieli työskennellä.

– –

Täytyykö minun todella kertoa sinulle, että rakastan sinua?

Hyvää yötä, Tweet!

XXXXXXX

Oma Fluffisi[12]

Voidaan varmuudella sanoa, ettei Howard Roark koskaan olisi pannut paperille mitään tällaista. Eikä tarvita mitään pariterapian erikoiskoulutusta, jotta voi tunnistaa näiden rivien välistä huomattavaa jännityspotentiaalia. Roolipeli on edelleen ehjä, mutta todelliset roolinaamiot ovat jo kauan sitten alkaneet pudota.

Mikä osa muilla ihmisillä – Frankin lisäksi – on Randin maailmassa, pysyy jännitteisenä kysymyksenä sekä hänen elämässään että hänen ajattelussaan. Rand on joka tapauksessa vakuuttunut, että ihminen voi ajatella vain yksin. Ja sama koskee korkeinta ajattelun muotoa: sellaisten maailmojen luovaa luomista ja hahmottelua, jotka ovat elämisen, jopa rakastamisen arvoisia.

RINTAMALINJOILLA

Hannah Arendt joutuu myös kamppailemaan itsensä kanssa elokuussa 1936 saadakseen lauseen "Rakastan sinua" paperille ilman varaumia. Genevestä, missä hän osallistuu tarkkailijana juutalaisen maailmankongressin perustamiskokoukseen, hän kirjoittaa 24.

elokuuta 1936 uudelle miehelle elämässään: "Että minä rakastan sinua – tiesit sen jo Pariisissa, kuten minäkin tiesin. Jos en sanonutkaan sitä, tämä johtui siitä, että pelkäsin seurauksia. Ja se, mitä voin sanoa siitä tänään, on vain: Haluamme kokeilla sitä – rakkautemme vuoksi. En tiedä, voiko minusta tulla sinulle vaimoa. Epäilykseni eivät ole hälvenneet. Eikä sekään, että olen naimisissa."[13]

Pelko, josta Arendt puhuu, on itsenäisyyden menettämisen pelko, joka hänellä kulkee välttämättä yhdessä rakkauden kokemuksen kanssa. Nuorena opiskelijana Marburgissa Arendt oli jo kokenut tämän voimalla, joka melkein karkotti hänet asemastaan maailmassa. Noiden vuosien varjot seuraavat häntä yhä. Heinrich Blücher ei vielä tiedä mitään Hannahin rakkaussuhteesta silloisen filosofian professorinsa Martin Heideggerin, *Oleminen ja aika* -teoksen kirjoittajan kanssa, joka liittyi natsipuolueeseen keväällä 1933. Aivan kuten Hannah Stern – jonka tämänhetkinen aviomies Günther oli muuttanut Yhdysvaltoihin keväällä 1936 – ei tiedä mitään Blücherin nykyisestä avioliitosta venäläisen Nataša Jefroikynin kanssa, joka asuu myös Pariisissa. Loppujen lopuksi he ovat tunteneet toisensa vasta muutaman kuukauden. Eikä pieni salaisuus ole koskaan ollut rakkaudelle vahingoksi. Varsinkaan tuoreelle sellaiselle. Joten huolenaiheita on edelleen ilmassa. Varsinkin kun poliittinen kehitys ympäri maailmaa on muuttumassa yhä synkemmäksi.

Aivan kuin jonkinlaista salaista signaalia seuraten jännitteet lisääntyvät maailmanlaajuisesti vuoden 1936 aikana, mikä johtaa väkivaltaisten rintamien ja aseellisten konfliktien muodostumiseen. Näin kirjoittaa Gershom Scholem 26. elokuuta 1936 Palestiinasta vanhalle filosofiystävälleen Walter Benjaminille Pariisiin: "Olemme Jerusalemissa eläneet nyt kolme kuukautta piiritystilassa; joka ilta kuuluu enemmän tai vähemmän villiä ammuskelua. – – Se johtaa tiettyyn fatalismiin, koska kukaan ei tiedä, heitetäänkö häntä pommilla seuraavassa kadunkulmassa. Toisaalta nämä pommit vain harvoin edes räjähtävät, saati että ne tekisivät vahinkoa, joten lopulta juuri mikään ei enää hätkäytä. – – Täällä käydään todellisia taisteluja, osittain armeijan ja arabipartisaaniryhmien välillä, osittain näiden ryhmien ja juutalaissiirtokuntien välillä, joita vastaan ne jatkuvasti hyökkäävät."[14] Vaikka Britannian protektoraattina olevassa Palestiinassa puhkeaa ensimmäinen arabien suuri vastarintaliike, ei "Euroopan tilanne ole sen varmemmalla pohjalla kuin Palestiinankaan",[15] kuten Benjamin kuivasti toteaa jo kauan sitten kaikista illuusioista vapautuneena. Eikä asia ole näin pelkästään Pariisiin muuttaneen saksanjuutalaisen näkökulmasta.

SYNKKIÄ PROSESSEJA

Vuonna 1936 Hitler määräsi Saksan teollisuuden sotavalmistelujen palvelukseen. Talouden ja armeijan oletetaan olevan neljän vuoden sisällä jälleen valmiina sotaan. Iskulauseena on "aseistautumisen vapaus". Käynnistyy massiivinen varustelu, jonka ensimmäinen ilmeinen merkki on saksalaisten joukkojen marssi demilitarisoituun Reininmaahan maaliskuussa 1936: Locarnon ja Versailles'n sopimusten räikeä rikkomus, johon ensimmäisen maailmansodan voittajavallat eivät kuitenkaan puutu. Saksan näkökulmasta, joka on nyt täysin natsien vallassa, voittajavaltojen ohjaavana periaatteena on "mitä vain kunhan ei enää sotaa". Saksan vasemmistolainen oppositio on puolestaan niin heikentynyt ja murskattu, että keskitysleireillä vangittuna olevien poliittisten vankien määrä on saavuttanut alimman tasonsa, alle 3 000 vankia.[16] Natsihallinnon logiikka vaatii löytämään uusia sisäisiä ja ulkoisia vihollisia. Juutalaiset ovat nyt natsien vihapropagandan keskiössä entistä voimakkaammin.

Kuuden kuukauden puolustussodan ja yli neljännesmiljoonan kaatuneen jälkeen Etiopia antautuu Mussolinin joukoille Addis Abebassa toukokuussa 1936. "Il Duce" julistaa sen jälkeen Italian "imperiumin" palanneeksi.[17] Moskovassa Stalin tehostaa jälleen taistelua korkean tason puolueensisäisiä vastustajia vastaan, joista monet ovat Trotskin entisiä luottomiehiä. Ensimmäisiä suuria näytösoikeudenkäyntejä suunnitellaan kesäksi 1936. Kaikki syytetyt – ja yleensä myös heidän lähisukulaisensa – teloitetaan. Vankileireille internoitujen poliittisten vankien määrä on tuolloin noussut 180 000:een.[18] Oikeudenkäynnit, jotka on suunniteltu johdannoksi laajoille "puhdistuksille" kautta neuvostomaan, saavat Keski-Euroopan vasemmistolaisen sivistyneistön ottamaan ensi kertaa etäisyyttä Stalinin imperiumiin ja sen ihanteisiin.

Vuosi 1936 on ennen kaikkea niin sanotuiksi "kansanrintamiksi" yhdistyneen eurooppalaisen vasemmiston ylösnousemuksen vuosi. Moskovassa vuonna 1934 tapahtuneen strategian muutoksen seurauksena[19] kommunistinen internationaali ei enää syrji sosiaalidemokraatteja "sosiaalifasisteina" sellaisissa maissa kuin Ranskassa ja Espanjassa. Sen sijaan Stalin kannustaa siellä toimivia kommunistisia puolueita yhdistymään sosiaalidemokraattien kanssa päästäkseen valtaan demokraattisella tavalla.

Uusi strategia onnistuu aluksi Espanjassa, missä "tasavaltalaisten" (enimmäkseen porvarillisen keskiluokan), kommunistien, separatistien ja ay-ryhmien muodostama "kansanrintama" voittaa helmikuun 1936 vaaleissa niukasti oikeistolais-katolisen hallituskoalition. Vaaleissa annetaan yli yhdeksän miljoonaa ääntä, mutta vasemmistolaisen "kansanrintaman" etumatka oikeistoon on vain 150 000 ääntä.[20]

Kolme kuukautta myöhemmin vasemmiston "kansanrintama" saa vaalivoiton myös Ranskassa. Tosiasiallinen poliittinen jakolinja on vähemmän kansallismielisyyden ja kansainvälisyyden välillä kuin kansallisesti muotoutuneen katolilaisuuden ja kansankommunismin välillä. Näissä vaalikampanjoissa ei ole enää tilaa poliittisesti vapaamieliselle keskustalle – eikä koko ajatukselle demokraattisesta oppositiosta yleisen vihanpidon sijaan. Aivan kuten Simone Weil ennusti, jäljelle jäävät eurooppalaiset demokratiat – Isoa-Britanniaa lukuun ottamatta – joutuvat sovittamattomasti vastakkaisten vakaumusryhmien imuun.

Uuden pääministerin Léon Blumin, Ranskan hallituksen johdossa ensimmäisen sosialistin ja myös ensimmäisen juutalaisen, johdolla kaavaillaan kattavaa uudistuspakettia, johon kuuluvat vanhuuseläkkeet, viikottaisen työajan lyhentäminen sekä työttömyysvakuutus (mutta ei, toisin kuin oli luvattu, naisten äänioikeutta, palkallista lomaa tai työntekijöiden myötämääräämisoikeutta).

Heti toimenpiteiden hyväksymisen jälkeen Ranskaan iskee kesä- ja heinäkuussa maan historian suurin lakkoaalto.[21] Tuhansien spontaanien, johdonmukaisesti rauhallisten toimien ansiosta julkinen elämä pysähtyy käytännössä. Ne ulottuvat hidastuslakoista aina istumalakkoihin ja tehtaiden valtauksiin. Vallankumous on ilmassa: uhkaava tausta, jota Blum käyttää esittääkseen uusia vaatimuksia pelästyneelle yksityiselle sektorille. Parempi antaa periksi nyt kuin joutua myöhemmin pakkolunastetuksi. Taloudellisesti Ranskassa on tietenkin edelleen syvä kriisi, jonka selvimmät merkit ovat kahden miljoonan työttömän armeija ja frangi, jota valtion väliintulo tukee voimakkaasti. Niin suosituilta kuin toimenpiteet näyttävätkin, taloudellisesta näkökulmasta ne ovat tuskin perusteltavissa, kuten käy ilmi.

Kun hurmioituneet massat marssivat 14. heinäkuuta, Ranskan kansallispäivänä, Pariisin läpi juhlimaan, Espanjassa ollaan jo sisällissodan partaalla. Vain kolme päivää myöhemmin, 17. heinäkuuta 1936, alkaa kenraali Francisco Francon johdolla sotilaallinen kapina uuden hallituksen kaatamiseksi. Molemmista rintamista tulee siten sisällissodan osapuolia. Yhteiskunnan ideologisesta repeämästä tulee etulinja, joka kulkee jokaisen kaupungin ja kylän läpi. Muutamassa päivässä jännitteet paisuvat keskinäiseksi tappamiseksi, ryöstelyksi, tuhopoltoiksi, raiskauksiksi ja teloituksiksi, mikä jo tässä alkuvaiheessa maksaa kymmenien tuhansien espanjalaisten hengen.

Kun Italian ja Saksan joukkueet kunnioittavat Adolf Hitleriä fasistitervehdyksellä kansakuntien saapuessa 1. elokuuta 1936 vastavalmistuneelle Berliinin olympiastadionille, Mussolinin ja Hitlerin asevoimat tukevat jo logistisesti Francon joukkoja. Espanjan sisällissodasta uhkaa tulla sijaissota kahden suuren totalitaarisen blokin välillä.

Vasemmiston hätä on valtava kaikkialla Euroopassa. Mutta Blumin nuori hallitus ja Iso-Britannia eivät ole kiinnostuneita puuttumaan suoraan tähän konfliktiin, eikä ole Stalinkaan. Varsinkin Pariisissa tämä tuomitaan sosialistien "veljespetturuudeksi". Elokuun lopusta 1936 lähtien kymmenet tuhannet vapaaehtoiset tukevat Espanjan tasavaltaa taistelussa Francon falangia vastaan kansainvälisen prikaatin muodossa. Sisällissota muuttuu siten olennaiselta osin sivistyneistön ja kirjailijoiden sodaksi.

HEIMO JA HEINRICH

Espanjan tilanteesta keskustellaan intensiivisesti Arendtin ystäväpiirissä Pariisissa. Voidaan kuitenkaan tuskin olettaa, että sen jäsenet leikittelisivät vakavasti ajatuksella liittyä kansainväliseen prikaatiin taistelemaan paikan päällä. Koska se, mikä yhdistää näitä taustaltaan ja ammateiltaan mitä erilaisimpia ihmisiä, jotka vuodesta 1935 lähtien yhä useammin kokoontuvat yhteisiin keskusteluiltoihin, on Pariisiin päätymisen lisäksi ennen kaikkea heidän epäilynsä minkä tahansa poliittisen ideologian harkitsematonta omaksumista kohtaan – olkoon se sitten kommunismi, anarkismi tai sionismi. Ratkaisevaa tämän pariisilaisen "heimon" asenteelle, kuten se pian alkaa ironisesti nimittää itseään, on pikemminkin tahto säilyttää viimeinen ja arvokkain vapaus, joka heillä oli jäljellä uudessa olemassaolossaan paarioina: halu ajatella itse!

Tämä piti paikkansa Berliinistä paenneesta filosofista ja kriitikosta Walter Benjaminista sekä frankfurtilaisesta lakimiehestä Erich Cohn-Benditistä, puolalaisesta runoilijasta Chanan Klenbortista, Käthe Hirschistä, Lotte Sempellistä, maalari Karl Heidenreichista. Mutta erityisesti Heinrich Blücheristä, joka syntyi Berliinissä vuonna 1899 – ja oleskeli tuolloin Pariisissa niin laittomasti, ettei "tiennyt missä asui".[22]

Blücher oli nuorena miehenä toiminut työväenliikkeessä ja 1920-luvun alussa aktiivisesti myös kommunistisessa puolueessa. Hänen temppunsa Pariisissa selviytymiseksi oli naamioituminen päivisin turistiksi kävelykepillä sekä hienoilla vaatteilla ja tavoilla. Illalla hän löysi nukkumapaikan joko hotelleista tai jonkun suojelijansa luota. Kun häneltä kysytään ammattiaan, hän vastaa yksinkertaisesti: "Takapiru." Se oli aikoinaan ollut myös hänen koodinimensä puolueessa, jonka ideologisesta ohjauksesta hän on yhä enemmän irrottautunut 1930-luvun mittaan.[23]

Isättömänä Berliinin Weddingin kaupunginosassa varttunut Blücher on itseoppinut. Synnyinympäristönsä viriilien tapojen ja aksentin lisäksi hän on vuosien varrella säilyttänyt myös berliiniläisen nenäkkään skeptisyytensä liian suurta älyllisyyttä kohtaan. Klassinen *self-made man*, joka seisoo tukevasti omilla jaloillaan ilman suojaverkkoa tai kaiteita ja jonka älyllisen itsenäisyyden ylittää vain käytettävissä olevien keinojen puute. Toisin sanoen paaria *par excellence*, ja siten täysin Arendtin elämässä jalostuneen maun mukainen mies.

Aina tyylikkään ulkonäön ja kohtuullisen ranskan taidon vuoksi Arendt kutsuu häntä ironisesti "Monsieur'ksi". Erityisen intiimeissä yhteyksissä käytössä on myös hellittelynimi Stups ('Nykerö'). Jos he molemmat ovatkin myrskyisästi valloittaneet toisensa, Arendt – kuten hänen elokuussa 1936 kirjoittamansa kirje todistaa – ei ole lainkaan taipuvainen antamaan tämän täysin "puhaltaa häntä pois kurssilta". Hänen varautuneisuuttaan ruokkii erityisesti epäily siitä, voiko hän yhdistää rakkauden kokemuksen oman identiteettinsä ja lahjomattomuutensa säilyttämiseen, ja jos, niin miten. Tämän huolenaiheen hän ottaa sitäkin vakavammin, koska sama kysymys oli keskeinen hänen väitöskirjassaan *Der Liebesbegriff bei Augustin*[24] (Rakkauden käsite Augustinuksella), joka valmistui Karl Jaspersin ohjaamana Heidelbergissä vuonna 1928 – elämänvaiheessa, jossa hän yhä tapasi salaa Martin Heideggeria.

TOTAALINEN LÄHIMMÄISENRAKKAUS

Käyttäen esimerkkinään kirkkoisä Augustinuksen (354–430 jaa.) rakkauden käsitettä Arendt tutkii ensimmäisessä itsenäisessä työssään kysymystä "toisen merkityksestä" ihmisen omalle suhteelle maailmaan ja itseensä. Mutta missään tätä kysymystä ei esitetä kiireellisemmin – eikä siihen oletettavasti vastata selkeämmin – kuin rakkaudessa. Heideggerin vuonna 1925 Arendtille kirjoittaman kirjeen mukaan rakkaus on tapahtuma, "jossa toisen läsnäolo murtautuu elämäämme".[25] Se, joka rakastaa, ei ole maailmassa yksin. Eikä myöskään enää koe tämän maailman ja itsensä merkitystä eristyksissä muusta.

Siksi on sitäkin yllättävämpää, että Augustinuksen rakkauskäsitteessä sillä, millaisena toinen ihminen ilmenee – yksilöllisyytensä korvaamattomana vastineena – ei ole mitään tärkeää roolia. Syynä tähän on se, että Augustinuksen vahvasti kristillisessä filosofiassa rakkaus on peräisin Jumalasta – kuten se myös löytää todellisen kohteensa Jumalasta. Ja sama pätee kaikkiin elämän merkitystä kannatteleviin muotoihin ja kaikkeen turvallisuuteen tässä maailmassa.

Augustinuksen mukaan se, mitä todella rakastetaan ja mitä tulisi rakastaa konkreettisen toisen muodossa lähimmäisenä, on vain hänen alkuperänsä Jumalassa ja kuulumisensa kaikkien perisynnistä kärsivien ja siten kuolevaisten olentojen yhteisöön. Jumala on rakkauden todellinen lähde ja päämäärä, ja Jumalan edessä kaikki ovat tasa-arvoisia. Siksi hänen rakkautensa ei koske ihmisten yksilöllisyyttä vaan heidän perustavanlaatuista tasa-arvoaan.

Tämän tasa-arvon varmistaa Augustinuksen mukaan Aatamin ja Eevan lankeemus, joka on äärellisyytemme ja peruuttamattoman turmeltuneisuutemme maallinen alkuperä. Arendt toteaa vuoden 1928 väitöskirjansa viimeisessä luvussa, jonka otsikkona on kuvaavasti "Vita socialis" (Yhteisöelämä):

> Tämän tasa-arvon ilmaus sisältyy käskyyn rakastaa lähimmäistään. Koska toinen on pohjimmiltaan sama kuin sinä, eli toisella on sama syntinen menneisyys kuin sinulla, sinun tulisi siksi rakastaa häntä.[26]

> Lähimmäistä ei koskaan rakasteta omasta tahdosta vaan *gratia Dei* [Jumalan armosta]. Tämä epäsuoruus – – poistaa vielä radikaalimmassa mielessä yhteenkuuluvuudelta sen luonnollisuuden. Se tekee suhteestani lähimmäiseeni pelkän väylän, joka vie minut suoraan suhteeseen itse Jumalaan. Toinen ei voi pelastaa minua itsenään vaan pelkästään siksi, että Jumalan armo toimii hänessä.[27]

Kysymys siitä, voidaanko oma yksilöllisyys säilyttää tai jopa voittaa rakkaudella, ja jos, niin miten, ei esiinny Augustinuksen filosofian taustalla, eikä sitä voida edes esittää. Arendt korosti jo vuonna 1928 tämän olevan länsimaisen ajattelun todellinen skandaali, koska rakkauden kysymys on vain eksistentiaalinen terävöitymä kysymyksestä, onko olemassa *muita* ihmisiä ja missä määrin heitä (eikä vain lajityypillisesti samanlaisia ihmisiä) on lainkaan. Ja ennen kaikkea, millainen vaikutus heidän toiseudellaan voisi olla omaan olemassaoloon. Vanhan testamentin alkuperäfiktion mukaan edes naisen ei ole naisena tarkoitus olla todella erilainen vaan pelkästään riittämätön versio alkuperäisestä miehestä. Näin ollen hän tarinan mukaan muodostuu kehon osasta, jota ihmiset eivät todellakaan tarvitse pelkkään hengissä selviämiseen – kylkiluusta.

Mitä tulee puhtaasti maallisiin olosuhteisiin, Augustinuksen filosofiassa (ja siten myös hänen rakkauskäsityksessään) ihmisten tasa-arvon turvaa sukulaisuuden kautta yhteinen alkuperä, ”yhteinen polveutuminen Aatamista”, jota kukaan ei pääse pakoon:

> Tämä sukulaisuus luo – – *tilanteiden* tasa-arvon. Kaikilla on sama kohtalo. Yksilö ei ole yksin tässä maailmassa, vaan hä-

nellä on kumppaneita, jotka ovat kohtalotovereita (*consortes*) – ei pelkästään tässä tilanteessa, vaan koko elämän ajan. Hänen koko elämäänsä pidetään tiettynä kohtalokkaana tilanteena, kuolevaisuutena. Siinä on kaikkien ihmisten sukulaisuus ja samalla heidän toveruutensa (*societas*).[28]

Heideggerin ja Jaspersin oppilaan Hannah Arendtin tulkinnan mukaan yksittäinen ihminen osana alun perin tasa-arvoista ihmiskuntaa, kuolevaisten tai kuolemaan tuomittujen kohtalonyhteydessä, on kirkkoisä Augustinuksen rakkauskäsityksen ja etenkin politiikkakäsityksen todellinen ja ehdottomasti kritiikkiä ansaitseva nollapiste. Tämä ei ole millään muotoa sattumaa, kun kyse on *Jumalan valtio* -teoksen kirjoittajasta.

ARENDTIN KÄÄNNE

Se teoksen *Elemente und Ursprünge totaler Herrschaft* (Totaalisen hallinnan elementtejä ja alkulähteitä) myöhemmän kirjoittajan tulkinnasta. Hänen olisi pitänyt nähdä erittäin selkeästi jo vuonna 1936, missä määrin Augustinuksen ajattelun kauan unohduksissa olleet teemat – melkein aavemaista jatkuvuutta osoittaen, ja ikään kuin maailmanpoliittisten toimijoiden selän takana – toistivat totalisoivan ja tasoittavan vaikutuksensa omien kollektiiviensa nimissä.

Poliittista nykyhetkeä tulkitessaan Arendt joutui itse asiassa vain siirtymään kaikkivaltiaan Jumalan maailmattomuudesta kaikkivaltiaan Johtajan maailmallisuuteen. Periaate arvon riistämisestä yksilöltä, joka ”tuli maailmaan puhtaasti sattumalta ja eristyksissä”,[29] oli suhteessa tähän Johtajaan hyvin selvä. Yksilöllä yksilönä ei ollut oleellista merkitystä tälle totalitaariselle maailmankatsomukselle. Hän voi olla olemassa tai olla olematta. Hänen uhrinsa ei tarkoittanut maailmanloppua.

Mitä tulee alkuperämyyttiin, jonka mukaan ihmisten välinen toveruus syntyi heidän asemastaan paratiisista karkotettujen yhteisönä, Arendtin poliittisessa nykyhetkessä tämä korvautui – esimerkiksi Hitlerin kohdalla – väitetysti historiallisilla yksittäisten kansojen ja tarvittaessa kansakuntien syntytarinoilla. Ja tässäkin saatiin aikaan haluttu täydellinen tasa-arvo kunkin etnisen ryhmän kollektiivisen jäsenyyden merkityksessä: rakasta maanmiestäsi kuin itseäsi! Ja tarvittaessa uhraa henkesi hänen puolestaan tämän kansakuntayhteisön nimissä. On vain loogista, että tällaisessa järjestelyssä rakkaus kansakuntaruumiin edustajaa kohtaan on samassa suhteessa Johtajan rakastamiseen kuin rakkaus lähimmäiseen on Augustinuksen mukaan Jumalan rakastamiseen.

Kysymykseen "toisen merkityksellisyydestä" ainoana ihmisenä, joka takaa maailman ja jota on siksi ehdottomasti varjeltava, ei ole enää uskottavaa vastausta edes näissä puitteissa. Vieläkin äärimmäisemmin: sitä ei voida edes tehdä ymmärrettäväksi kysymyksenä. Parhaimmillaankin se oli uskottava vain niin kutsuttujen puhtaiden ihmissuhteiden yhteydessä yksityisen alueella ja siten suhteissa, joita totaaliseksi tulleen valtion ihanteen mukaan ei enää pitäisi olla. Rakastajien yksityinen yhteenkuuluvuus ensimmäisenä ja viimeisenä vastarintapesäkkeenä yhteiskuntaa vastaan, jota uhkaa täydellinen julkinen tasaistaminen... Kuten Arendt oli niin kauniisti kirjoittanut Heinrichille Genevestä: "Haluamme kokeilla sitä – rakkautemme vuoksi." Eikä minkään muun rakkauden vuoksi. Ei edes Jumalan rakkauden vuoksi. Tai toisin sanoen: puhtaasti itsemme vuoksi, oman onnemme ja meillä tässä maailmassa olevan aseman vuoksi, ja ennen kaikkea sen vuoksi, miten rakkaus tyypillisesti vapauttaa meidät pelkäämästä omaa rajallisuuttamme.

Puhtaasti filosofisesta näkökulmasta kysymys siitä, kuinka sellaisen rakkauden tulisi olla mahdollista, joka sallii toisen toisena tunkeutua omaan olemassaoloon täydellä voimalla tämän olemassaolon silti joutumatta tyhjentyneeksi ja pysyvästi piiritetyksi, ei

Arendtille ollut missään nimessä ratkaistu. Mutta ainakin rakastavasti jaetun jokapäiväisen elämän kokemuksessa näkyy pian konkreettisia vihjeitä siitä, miten Hannah avautui "Stupsilleen" jälleen vain vuotta myöhemmin Genevestä ilman mitään varaumia. Hän heittäytyy jopa hieman berliiniläiseksi:

18.9.37

Rakkain eniten rakastamani, ainoani, rakkaani –

Olen hyvin ylpeä ja hyvin onnellinen oltuani yöllä (unessa) luonasi. Katsohan, rakkain, olen aina tiennyt – jo lapsesta saakka – että voin todella olla olemassa vain rakkaudessa. Ja siksi pelkäsin niin sitä, että saattaisin yksinkertaisesti eksyä. Ja tein siten itseni riippumattomaksi. Ja niiden toisten rakkaudesta, jotka pitivät minua kylmänä, ajattelin aina: jospa vain tietäisitte miten vaarallista rakkaus olisi minulle.
Ja kun tapasin sinut, en äkkiä enää pelännytkään – sen ensimmäisen pelon jälkeen, joka oli vain lapsellista pelkoa, joka teeskenteli aikuista. Minusta tuntuu vieläkin uskomattomalta, että onnistuin saamaan molemmat, "suuren rakkauden" ja ykseyden oman itseni kanssa. Ja kuitenkin sain niistä yhden vasta saamalla toisen. Mutta nyt tiedän lopultakin, mitä onni oikein on. – – Tänään sain avioeropäätökseni. Nyt on kaikenlaista juostavaa ympäriinsä. Mutta olen tietyssä määrin iloinen – naura vain, olen lapsellinen – siitä, että saan vanhan nimeni takaisin. –[30]

Avioeron tunnustamisen myötä Arendt peruutti myös Saksan kansalaisuutensa. Vaikka maailma on kaikkien silmissä menossa päin helvettiä, "Monsieur" vierellään valtioton Hannah tuntee olonsa ensi kertaa taas turvalliseksi – kuin laivanhylky. Heinrich kokee asian samoin. He muuttavat yhteen jo syksyllä 1936 – mikä konkreettisesti tarkoittaa, että he jakavat rue Servandonilla hotellihuoneen, jonka tärkeimmät varusteet ovat kaksi spriikeitintä ja gramofoni levyineen. Todellinen kuva maallisesta ja siten rajallisesta onnesta pimeinä aikoina.

PARIS IS FOR LOVERS

Kaksi ihmistä nuhjuisessa pariisilaisessa hotellihuoneessa, jossa kirjahylly ja levysoitin ovat ainoat henkilökohtaiset kalusteet. Se sopii kuvaukseksi myös Simone de Beauvoir'n elämäntilanteesta syksyllä 1936. Ikään kuin vastauksena ajan henkeä määrittävään kysymykseen siitä, oliko maailmassa "enää ainuttakaan kolkkaa, johon olisi voinut asettaa toivonsa",[31] Beauvoir ja Sartre pitävät kiinni ennen kaikkea toisistaan. Kumpikaan heistä ei kuitenkaan ole paennut Berliinistä Pariisiin vaan palannut kotikaupunkiinsa Pohjois-Ranskan ikävältä syrjäseudulta. Heidän elämäntapansa hotellissa ei suinkaan johdu taloudellisista rajoituksista tai epävarmasta juridisesta asemasta, vaan pikemminkin kahden virassa olevan lukion opettajan vapaasti valitsemasta epäsovinnaisuudesta. Sama koskee sitä, että he ovat valinneet varsinaisiksi olo- ja työhuoneikseen Montparnassen ja Latinalaisen korttelin kahvilat. Se, mitä Beauvoir erityisesti arvostaa viereisessä pöydässä istuvien pakolaisten monikielisessä jupinassa, ei ole sen uutisarvo tai selviytymisarvo vaan kerronnallinen pelitila, jonka hänelle antaa näiden ihmisten läsnäolo, jotka "lähellä ja kuitenkin kovin kaukana haparoivat elämässään eteen päin".[32]

Tämä pätee vielä selvemmässä määrin niihin prostituoituihin, yliopistopudokkaisiin, huumekuriireihin ja joka ilta itseltään tajun kankaalle juoviin yhdysvaltalaisiin, jotka täydentävät savuisten kahviloiden yöllistä hahmogalleriaa. Frangin arvo dollariin nähden on jälleen laskenut voimakkaasti, seurauksena Blumin "kansanrintamahallituksen" uudistuksista, jotka rasittavat kohtuuttomasti valtion budjettia. Tämä antaa lisätukea turisteja houkuttelevalle myytille Pariisista Euroopan juhlimispääkaupunkina, joka jo

1920-luvulla eli vahvana sellaisten aikakauden tunnushahmojen kuin F. Scott Fitzgeraldin, Ernest Hemingwayn ja Gertrude Steinin tuella.

Kun Beauvoir avaa ministeriön vuotuisen virkamääräyskirjeen elokuussa 1936, hän tuskin uskoo onneaan: uusi työpaikka on Lycée Molièressa 16. kaupunginosassa. Sinne pääsee keskustasta kätevästi metrolla. Sartren siirtyminen vain 150 kilometrin päässä sijaitsevaan Laoniin antaa hänelle mahdollisuuden viettää huomattavasti enemmän aikaa Pariisissa. "Kahdesti viikossa menin Sartrea vastaan Pohjoiselle asemalle. – – Sitten jatkoimme matkaa Montparnasselle. Olimme ottaneet Le Dômen päämajaksemme. Minä kävin siellä aamiaisella silloin kun en mennyt lyseoon. En työskennellyt koskaan huoneessani vaan jossain loosissa kahvilan perällä. Ympärilläni lukivat saksalaiset pakolaiset lehtiä tai pelasivat šakkia; – –."[33]

Jo marraskuussa Olga lähtee pariskunnan perään ilman vanhempiensa lupaa ja asuu nyt vain yhtä kerrosta alempana Beauvoiria. Mistään opiskelusta ei nyt enää edes puhuta. Päivällä hän työskentelee epäsäännöllisesti eräässä teehuoneessa, illalla huvittelee mahdollisuuksien mukaan joko kaksin tai kolmistaan. Se, mikä on muuttunut Rouenin jälkeen, ei ole Beauvoir'lle hänen yksityisen helvetinpyöränsä muoto vaan korkeintaan sen säde.

Sartre on 31-vuotias, Beauvoir 28. Lähes kaikki hänen ystävänsä ja entiset opiskelutoverinsa, kuten Maurice Merleau-Ponty, Paul Nizan tai Raymond Aron, ovat nyt tiukasti parisuhteessa tai naimisissa ja tietävät olevansa vakiintuneita porvarillisessa mielessä. He panevat merkille, ei vailla ärsyyntymistä, Sartren ja Beauvoir'n avoimen tahdon tehdä omasta olemassaolostaan kaaosta. Elämänmuutos aiheuttaa häiriötä myös vanhempien kodissa. Kuin jonkinlaista tartuntaa peläten äiti kieltäytyy astumasta jalallaankaan Simonen hotellihuoneeseen. Isä taas ei yhä harvinaisemmiksi käyvillä sunnuntaiaterioilla peittele sitä, mitä ajattelee vanhimmasta tyttärestään ja odottaa tältä: "Olet liian vanha pystyäksesi ajattelemaan, saati kirjoittamaan kunnollisen kirjan. Sinusta ei koskaan tule muuta kuin huora tälle yhdelle madolle."[34] Eikä isän raivo jää tähän. Sillä jopa Simonen nuorempi sisar Hélène, joka yrittää tulla taidemaalariksi, on yhä enemmän kiinnittymässä sisarensa roolimalliin.

SOPIMUS EPÄILYTTÄÄ

Enemmän kuin mikään muu Beauvoir'n elämäntuntoja synkistää se pysyvä haaste hänen siteelleen Sartreen, jonka ruumiillistuma Olga on. Kyse ei ole ensisijaisesti eroottisesta ylivallasta tai kehollisesta mustasukkaisuudesta. Sartre ja Beauvoir ovat sopimuksensa seitsemäntenä vuotena jo kauan sitten ohittaneet vaiheen, jossa yhteisellä seksillä on olennainen tehtävä. Varsinkin kun Sartre on Pariisiin paluunsa alkuvaiheessa vasta alkamassa kehittää – ja tyydyttää – todella jättimäistä seksuaalista haluaan sen täydessä laajuudessa. Milloin mitkäkin kohtaamiset syövät hänen aikabudjettiaan Pariisissa yhä enemmän ja enemmän. Hän tuskin löytää aikaa käydäkseen kahvilla Beauvoir'n kanssa Le Dômessa, tai tavatakseen tämän edes rautatieasemalla antaakseen hänelle uudet käsikirjoitussivut syntymässä olevasta romaanistaan "Melancholia".

Beauvoir'n maailmassa Olga Kosakiewicz edustaa, enemmän merkkinä kuin todellisena ihmisenä, kysymystä siitä, millainen hänen sidoksensa Sartreen todella on luonteeltaan ja mikä heidän sopimuksensa varsinainen olemus on. Missä määrin se oikeastaan oli, etenkin Sartren näkökulmasta, ainoa "välttämätön suhde" heidän elämässään? Ja mikä tälle välttämättömyydelle antoi tukea ja vakautta?

Ihmisten välisen pysyvän sidoksen kantava ydin on Beauvoir'n näkökulmasta jaetun tulevaisuuden suunnittelu, jonka muoto ja tavoitteet perustuvat myönnetyksi tulleeseen menneisyyteen.[35] Kun Olga ilmestyi kolmanneksi pyöräksi, syntyi kuitenkin totaalisen välittömyyden periaate, joka heikensi odotusta sitoutumisesta: "Olga tunsi raivokasta halveksuntaa kaikkia voluntaristisia rakennelmia kohtaan; se ei olisi riittänyt yksistään huolestuttamaan minua, mutta kun oli kyse Olgasta, Sartrekin lakkasi kontrolloimasta tunteitaan; hän koki pelon, vihan, ilon aivan toisella tavalla kuin koskaan minun kanssani. Se synnytti minussa ahdistusta, joka oli enemmän kuin mustasukkaisuutta: mietin joskus lepäsikö koko onneni valtavan valheen varassa."[36]

Beauvoir'n epäily, että hän elää välttämättömän siteen sijasta nyt hirvittävässä valheessa (tai on koko ajan elänytkin), ruokkii kysymystä siitä, millainen on se käsitys vapaudesta, jonka kautta Sartre näkee heidän suhteensa. Kokiko hän Beauvoir'n antaman pysyvyyden ja vakauden vapautta antavaksi vai vapautta rajoittavaksi?

Jos "Olga-periaate" saisi Sartresta yliotteen, Beauvoir olisi viime kädessä ollut vain yksi monista – hänen etuoikeutettu asemansa osoittautuisi puhtaasti näennäiseksi. Näennäisyydeksi, joka pysyi yllä vain sitä kautta, että Beauvoir'n toiminta perustui edelleen toisenlaiseen vapauskäsitykseen. Olgan ja hänen välisessä köydenvedossa ei ollut millään muotoa kyse siitä, että kaksi naista olisi taistellut eroottisesta ensisijaisuudesta saman miehen elämässä. Tämä oli totta jo siksikin, että Olga, jota Sartre piti henkisesti virkistävänä mutta fyysisesti inhottavana, ei vetänyt tai halunnut vetää toisesta päästä. Kyse oli lähtemisestä avoimin sydämin selvittämään, mitä Sartren ja Beauvoir'n rakkauskäsitys käytännössä merkitsi. Kyse oli rakkaussuhteen ehdoista vastavuoroisesti annetun vapauden, myös seksuaalisen sellaisen, merkeissä.

VAPAATA RAKKAUTTA

Hannah Arendtiin verrattuna Beauvoir'n filosofiset lemmenhuolet ovat melkein päinvastaisia. Sillä jos Arendtille todellinen ratkaisua vaativa paradoksi on se, miten voi onnistua "saamaan molemmat, 'suuren rakkauden' ja ykseyden oman itsen kanssa", kuten hän kirjoitti Blücherille, tunsi Beauvoir taas, että Sartren rakkauden ihana salaisuus oli alusta alkaen siinä, että yhdessäolossaan he saavuttivat yhtenäisen ja säröttömän "me"-identiteetin. Siinä missä todellinen haaste on Arendtille pääsy rakastavan parin osapuoleksi luopumatta omasta identiteetistään, vuoden 1936 Beauvoir'lle se tarkoittaa, että tunnistetaan ilmeiset katkokset hänen yhden, yhtenäisen ja ainoan välttämättömän rakkaussuhteensa sisällä ilman että vaarannetaan tai jopa kadotetaan oma identiteetti, joka on ollut olennaisesti sidoksissa tämän parin olemassaoloon. Jos häneltä olisi kysytty, kuka hän oli ihmisenä ilman Sartrea, hän olisi joka tapauksessa ollut kykenemätön antamaan kunnollista vastausta. Ja hänellä oli luja tahto pysyä siihen kykenemättömänä myös jatkossa. Loppujen lopuksi hän rakasti Sartrea. Talvella 1936–37 Beauvoir tekee seuraavan yhteenvedon tilanteestaan:

> Kaikkein eniten minua vaivasi, että jouduin joskus ristiriitaan Sartren kanssa; hän varoi tarkoin sanomasta tai tekemästä mitään mikä muuttaisi suhdettamme; keskustelumme olivat yhtä vilkkaita kuin ennenkin eikä niissä huomannut merkkiäkään kaunasta. Jouduin silti tarkistamaan olettamuksia, joista olin kuvitellut meidän olevan samaa mieltä; myönsin että oli väärin sulauttaa toinen ihminen ja itseni epämääräisen vaikkakin kätevän me-sanan piiriin. Oli kokemuksia jotka kumpikin kävi läpi yksin; olin aina väittänyt, etteivät sanat pysty välittämään todellisuuden olemusta: nyt oli kannettava seuraukset. Minä huijasin sanoessani: "Me olemme yksi ihminen." Kahden ihmisen sopusointu ei ole koskaan itsestään selvää, sen hyväksi täytyy lakkaamatta ponnistella. Sen olin valmis myöntämään.[37]

Vastentahtoisesti Beauvoir'n on myönnettävä oman kokemuksensa palautumattomuus muuhun. Mikään maailmassa – mikään sana, mikään valan vannominen, mikään hellä yhdessäolokaan – ei voi täydellisesti tehdä tyhjäksi sitä, miten yksi olemassaolo on erossa toisesta. Välissä on aina aukko, ellei jopa kuilu. Oivallus on niin perustavanlaatuinen ja hämmentävä, että edellä lainatuissa pohdinnoissaan Beauvoir jopa asettaa sen samalle tasolle sen kanssa, miten hän nuoruudessaan menetti uskonsa Jumalaan. Kuten Jumalan olemassaolo oli Kantille käytännöllisen järjen *postulaatti* ja uskolla tähän olemassaoloon oli moraalia tukeva tehtävä tässä maailmassa, Beauvoir'lle tukena ja turvana oli ollut usko rakastavan sanan "me" voimaan, joka tekisi hänet yhdeksi Sartren kanssa. "Olga"-kokemuksen seurauksena hän oli menettänyt tämän uskonsa.

Joten mitä toistensa rakastaminen vapaasti voisi todella tarkoittaa? Pitäisikö jopa syvin kuviteltavissa oleva sidos mieltää jatkuvasti avoimeksi projektiksi, jonka täytyy uusiutua ja todistaa itsensä yhä uudelleen, jaetussa yhteisessä olemassaolossa? Ja jos pitäisi, olisiko se tarkkaan ottaen niin kovin valitettavaa?

VAALIHEIMOLAISUUKSIA

Sen lisäksi, että he hälvensivät vapauttavasti niitä väärinkäsityksiä, joihin heidän oma olemassaolonsa saattoi perustua, Beauvoir ja Sartre löysivät talven 1936–37 kriisissä jälleen uusia tapoja suhteensa vakauttamiseksi. Mikä lopulta puhui sitä vastaan, että Olgan lisäksi mukaan tulisi muitakin ihmisiä? Entä terävä ja itsevarma Jacques-Laurent Bost, Sartren entinen oppilas, joka oli jo seurannut häntä Le Havresta Roueniin edellisenä vuonna? Tai Olgan sisar Wanda Kosakiewicz, joka oli tätä vain kaksi vuotta nuorempi ja myös kaipasi pois syrjäseudun tylsyydestä, eikä ennakkoluulottomassa uusien kokemusten nälässään ollut siskoaan lainkaan huonompi? Bost, pariisilaisen kirjailijan Jean Bostin nuorempi veli, on syksyllä aloittanut opinnot Sorbonnen yliopistossa. Myös Wanda on seurannut siskoaan Pariisiin. Lempinimet antaa itsestäänselvästi Sartre: Bost on yksinkertaisesti "pikku Bost", ja koska Olga on jo nimetty "pikku venakoksi", Wandasta tulee "pikkuruinen venakko".

Ikään kuin vitsinä Sartre ja Beauvoir puhuvat jo pian "perheestä" ja luovat jokapäiväiseen jaettuun tuttuuteen perustuvan elämäntavan, joka on täysin sopusoinnussa heidän yhä konkreettisemmaksi kehittyvän filosofiansa kanssa. Viime kädessä se, mikä sitoo tämän "perheen" toisiinsa, on luontaisten ominaisuuksien ja pitkän jaetun menneisyyden ulkopuolella. "Perheenjäsenten" vastuu toisistaan juontuu sen sijaan juuri siitä teosta, joka Beauvoir'n ja Sartren mukaan muodostaa jokaisen ihmisen olemassaolon todellisen ytimen. Se on radikaalisti vapaa valinta jonkin puolesta tai jotakin vastaan – tietyn arvon, projektin, olemassa olevan normin, elämänpolun tai yhteisön jäsenyyden puolesta tai sitä vastaan! Etenkin perheen nuorempien jäsenten kohdalla päätös tämän valinnanvapauden puolesta – ikään kuin päätös haluta ylipäänsä päättää itse – on vallitsevassa tilanteessa sama kuin päätös irrottautua niistä elämänmalleista, jotka heidän omat perheensä näkivät heille käytännössä ennalta määrätyiksi.

Kuten Olga myöhemmin muistelisi, Beauvoir'n ja Sartren pelkkä läsnäolo "vaikutti nuorempiin kuin käärmeenlumooja käärmeeseen" ja he "tekivät mitä tahtoivat, koska heidän ystävyytensä sai meidät tuntemaan itsemme niin etuoikeutetuiksi".[38] Tällä tavoin saatu liikkumavara oli silti mittaamattomasti suurempi kuin mikään, mitä heidän alkuperäisessä ympäristössään oli pystynyt edes kuvittelemaan. Tästedes Sartren ja Beauvoir'n "perhe" kehittyy filosofiaan pohjaavana vapauskokeiluna, jossa teoria ja käytäntö stimuloivat ja dynamisoivat toisiaan päivittäin, aivan kuten ajattelijapari on halunnutkin. Se juuri on olemassaolon kokeilemista avoimesti.

MELANCHOLIA

Riippumatta siitä, miten tätä rakennelmaa arvioitiin moraalisesti, se oli ehdottomasti erittäin uuvuttava. Tämä koski erityisesti sitä ihmistä, jossa kaikki eri säikeet yhtyivät ja joka kaipasi hyväntahtoisia sitoumuksia: Simone de Beauvoiria. "Valvoin myöhään Olgan kanssa, Sartren kanssa, molempien kanssa; Sartre lepäsi Laonissa, Olga päivällä, minä en koskaan. – – Odottaessani Sartrea Pohjoisen aseman lähellä sijaitsevassa kahvilassa saattoi käydä niin, että menin hetkeksi tiedottomaksi, jos suljin silmäni."[39]

Alkukeväästä 1937 erityisesti Sartre tarvitsee jälleen intensiivistä huomiota, eikä vain siksi, että hän on tuskallisesti menettänyt Olgan osittain nuorelle Bostille. Hänen kirjailijana itsensä vakiinnuttaneen opiskelutoverinsa Paul Nizanin antamasta tuesta huolimatta Gallimard-kustantamo hylkää hänen romaaninsa "Melancholia" (myöhemmin *Inho*), jonka parissa hän on intensiivisesti työskennellyt yli neljä vuotta. Sitä on vaikea sulattaa Beauvoir'nkaan, joka oli kirjan ensimmäisenä lukijana ja ateljeekriitikkona mukana luovassa prosessissa alusta alkaen.

Pariskuntana he ovat käyttäneet suuren osan luovasta ja filosofisesta energiastaan tähän projektiin. Molemmat katsovat teoksen onnistuneeksi kirjalliseksi ilmaisuksi omille tutkimuksilleen ja ajatuksilleen ihmisen olemassaolosta. Nyt he joutuvat takaisin lähtöruutuun. Gallimard mainitsee, että hylkäyksen syynä on vähemmän teoksen konkreettinen toteutus kuin sen jäsennys avoimen metafyysisenä romaanina.

Beauvoir'n syvä huoli "Poupettensa" psyykkisestä tasapainosta – ihmisen kokoiset äyriäiset ovat sentään toistaiseksi kadonneet Sartren havaintomaailmasta – liittyy suurelta osin nyt hylätyksi tulleen teoksen sisältöön. Romaanin varsinainen juoni koostuu päiväkirjamaisista muistiinpanoista, jotka jäljittävät punahiuksisen, aina hieman sekavasti maailman läpi kulkevan sankarin Antoine Roquentinin elämää sekä mielekkyyden ja minuuden täydellistä katoamista siitä.

Roquentin on kuin Ayn Randin punapäisen yli-ihmisen Howard Roarkin erimunainen kaksonen – joka on siinnyt oletettavasti paljon vähemmän iloisesta munasta. Kaikki kysymykset ja epäilyt, joille Randin sankari Roark on herttaisen sokea, painavat Roquentinia joka käänteessä. Mikään ei ole hänelle itsestäänselvää, kaikkein vähiten hänen olemassaolonsa. Mikään ei tunnu hänestä tuskallisemmalta kuin se, että häneen kohdistuu jonkun toisen katse. Sen sijaan, että Roquentin riuskana pystyttäisi uraauurtavia pilvenpiirtäjiä, kuten Roark New Yorkissa, hän viettää päivänsä Ranskan syrjäseudulla kirjoittaen elämäkertaa ranskalaisesta edellisen vuosisadan diplomaatista, joka ei ollut edes erityisen vaikutusvaltainen. Se on projekti, jonka hän pian tunnustaa täysin turhaksi ja lopettaa. Prosessin aikana hänestä myös katoaa kaikki suunnitelmallisuus ja tavoitteenasettelu. Hänen elämänsä hukkuu ulkonaisesti passiiviseen epäilyn pyörteeseen. Mikään ei pysy kasassa. Kaikki liukenee pohjattomaan, muodottomaan ei-mihinkään – myös ja varsinkin hänen niin kutsuttu ”minänsä”.

Jopa väitetysti tiedottomien kivien tai kasvien olemassaolo tulee lopulta vedetyksi Roquentinin kokemaan mielettömyyden pyörteeseen:

> Olin siis kaupunginpuutarhassa äsken. Siinä aivan penkkini alla oli maahan työntyneenä kastanjan juuri. En muistanut vastaavaa sanaa ”juuri”. Sanat olivat haihtuneet tyhjiin ja niiden mukana olioitten merkitys ja käyttöarvo, ne hauraat merkit, joita ihmiset ovat niiden pintaan piirrelleet. – –
> Tavallisesti olemassaoloa ei havaita. – – Jos minulta olisi tiedusteltu, mitä olemassaolo on, olisin kerta kaikkiaan vastannut, ettei se ole mitään tai että se on vain tarpeeton lisä, joka ei lainkaan muuta olioitten luonnetta. Ja sitten se yht'äkkiä selvisi minulle kirkkaaksi kuin päivä. Olemassaoloa peittävä verho repesi. Olemassaolo ei enää ollut hauras abstraktinen käsite, vaan olioiden ydin. Olemassaolo täytti kastanjan juuren jokaisen solun. Tahi paremmin sanoen juuri, puutarhan portti, penkki, harva nurmikko olivat lakanneet olemasta erillisinä olioina. Niiden yksilöllisyys oli pelkkää pintailmiötä. Ja kun pinta suli, jäi jäljelle sekasortoista, muodotonta, löysää massaa – alastonta, hirvittävän ja julkean alastonta.[40]

Tässä kuvatun kaltainen läpimurto asioiden todelliseen olemukseen perustuu kokemukseen, jonka Sartre oli itse käynyt läpi masennusvaiheensa huipulla Le Havressa vuodenvaihteessa 1934–35 ja tallentanut ajattelupäiväkirjaansa: mikään siitä, mikä oli olemassa, ei ollut itsessään mitään eikä se ollut välttämätöntä. Ja ainakin yksi mahdollinen johtopäätös tästä kaikesta on, että mikään ei lopulta ole mitään. Tämä on se kuilu, joka avautuu valaistumisen tavoin Sartren/Roquentinin puistokokemuksessa, vain syöstäkseen hänet väsyneestä melankoliasta maailmaan kohdistuvaan syvään inhoon olemisen "löysän massan" edessä. Inhoon, jonka Roquentin kokee sitäkin syvempänä ja epätoivoisempana, koska hänen tajuntansa – yksinkertaisesti siksi, että se on ihmisen tajunta – ei edes vastoin parempaa tietoaan voi lakata kuormittamasta häntä näennäiskokemuksilla minän vakaudesta, maailman eri olioista tai niin kutsutusta mielekkyydestä.

Perustavanlaatuisesti päättämättömänä Roquentin ailahtelee romaanin loppuosassa tajunnanvirtansa näennäissilmukoissa suorastaan euforisen ehdottoman vapautumisen tunteen ja toivottoman vangittuna olemisen tunteen välillä.

> Seinät, katu... Kuulas, liikkumaton, autio tajunta. Se elää yhä, mutta kukaan ei sitä enää asu. Äsken vielä joku sanoi "minä", "minun tajuntani". Kuka sanoi? Sen ulkopuolella oli katuja, joilla kullakin oli oma tuttu ilmeensä, värinsä ja hajunsa. Jäljellä on vain nimettömiä seiniä, nimetön tajunta.[41]

> Olen vapaa. Minulla ei ole enää minkäänlaista aihetta elää. Kaikki, mitä olen yrittänyt, on luistanut käsistäni, enkä osaa tarttua enää mihinkään. Olen nuori vielä, ja minulla on kylliksi voimia alkaakseni alusta. Mutta mitä minun on aloitettava?[42]

Tämä romaani oli siis hylätty täsmälleen siksi, että se oli ja halusi olla mitä oli: kokeilu uusien metafyysisten totuuksien ja tunteiden ilmaisemiseksi kirjallisessa muodossa. Pettymyksen todellinen syy on jälleen perusteellinen vieraantuminen. Beauvoir'n sanoin: "– – miten meidän ja muiden mielipiteet saattoivat erota niin paljon toisistaan?"[43]

Viimeistään kevääseen 1937 mennessä tämä häiriö voidaan yhdistää saumattomasti poliittisen kehityksen etenemiseen. Blumin "kansanrintamahallitus" on sisäisen romahduksen partaalla. Ja niin toiveikas ja riemukas kuin Espanjan sisällissodan alku olikin ollut, Málagan valtauksen myötä sekin näyttää viimein kääntyvän Francon voitoksi. Kaikki voisi olla toisin, mutta he eivät kyenneet muuttamaan mitään.

Sartre ei totta puhuen ollut edes äänestänyt. Kuinka paljon järjettömämmältä täytyykään vaikuttaa ajatuksen, että hänen pitäisi seurata monien viiteryhmänsä ihmisten esimerkkiä ja mennä Espanjaan taistelemaan toisen tasavallan vapauden puolesta viimeiseen saakka. "Espanjaan lähteminen ei tullut kysymykseen; siihen meillä ei ollut pienimpiäkään edellytyksiä", Beauvoir muistelee myöhemmin. "Ilman selvästi määriteltäviä teknisiä tai poliittisia taitoja oli sitä paitsi vaarassa olla vain tiellä. Simone Weil oli ylittänyt rajan liittyäkseen taistelijoihin; hän vaati kivääriä käteensä; hänet määrättiin keittiöön ja hän kaatoi vadillisen kiehuvaa öljyä jaloilleen."[44] Tämä joka tapauksessa oli se tarina, jota Simone Weilista vuonna 1937 kerrottiin "perheen" piirissä. Itse asiassa se oli melkein totta.

PÄÄ PUHKI

Myös Simone Weilille onni löytyy näinä päivinä ennen kaikkea gramofonista. Kun hän oleskelee sveitsiläisessä parantolassa keväällä 1937, ainoaksi tehokkaaksi hoidoksi osoittautuu erään siellä opintojaan suorittavan lääketieteen opiskelijan levykokoelma. Hänen kärsimyksensä on pahentunut tavalla, joka aaltomaisesti etenevien kohtausten huipulla saa hänet miettimään jopa, onko kuolema jo käsillä. Vain musiikki voi hetkellisesti lievittää kipua. Erityisesti Bachin *Brandenburgilaisten konserttojen* levytykset.[45]

Todistuksessa, jonka isä antaa 15. joulukuuta 1936 opetusvelvollisuudesta vapautuksen jatkamiseksi, mainitaan "vakavan päänsäryn" ja anemian lisäksi, että Simonen "vasen jalka, joka on saanut pahoja palovammoja – – on edelleen erittäin kipeä".[46]

Vahinko juontuu hänen palveluksestaan Espanjan sisällissodassa. Ei kuitenkaan keittiössä sattuneesta onnettomuudesta, kuten Pariisin kahviloissa ivallisesti supsutetaan. Todellisuudessa se tapahtui suoraan rintamalla, kun Simone leiriytyi noin 20 miehen joukkueensa kanssa aragonialaiseen metsään ja astui myöhemmin illalla astiaan kiehuvan kuumaa öljyä, jonka hänen toverinsa olivat savun välttämiseksi asettaneet kuoppaan ja peittäneet lehdillä.[47] Palanut iho hiutuu irti palasina ja johtaa tulehdukseen, mikä saa jopa amputaation näyttämään tarpeelliselta sen jälkeen, kun hänet on kuljetettu takaisin. Hänen taistelutoverinsa ovat kaikesta huolimatta varsin helpottuneita. Jo ennen lähtöä Ebro-joelle he kaikki äänestivät Barcelonassa sitä vastaan, että toveri Weilille annettaisiin kivääri, saati sitten ladattu sellainen. Äärimmäisen likinäköisenä hän ei saa osutuksi edes lähimpään puuhun. Weil vaatii silti aseen itselleen. Hän on ainoa, joka ei joudu käyttämään sitä.

Alle kuukauden kuluttua hänen onnettomuudestaan vihollisjoukot hajottavat hänen joukkueensa ja suurin osa sen jäsenistä teloitetaan Perdigueran kylässä. Siinä vaiheessa Weil on palannut jo takaisin Pariisiin. Ikään kuin epäilyään seuraten hänen vanhempansa matkustivat hänen perässään Barcelonaan ja löysivät loukkaantuneen taistelijan sotilassairaalasta. Simonen koko Espanjan-seikkailu kesti vain kuusi viikkoa – rajan ylityksestä Portboussa 8. elokuuta 1936 Ranskaan paluuseen 25. syyskuuta.

Toimittajaksi naamioituneena hän matkusti Espanjaan, ilmoittautui suoraan POUM:n[48] joukkueeseen Barcelonassa ja pyysi lupaa suorittaa erikoistehtäviä yksin. Hän haluaa yksin etsiä tämän ryhmän perustajan (ranskalaisen ay-kollegansa Boris Souvarinen veljen), joka on kadonnut jäljettömiin salaisissa tehtävissä, ja tarvittaessa vapauttaa hänet. Itsemurhatehtävä ilman minkäänlaisia mahdollisuuksia menestyä tai edes selviytyä, kuten joukkueen komentajan on tehtävä hänelle selväksi tunteja kestävässä väittelyssä.

Weil ei peru näkemystään vaan hakeutuu erään anarkistisesti suuntautuneen ay-ryhmän niin kutsutun "miliisin" palvelukseen. Sillä välin hän lähettää huolesta melkein suunniltaan oleville vanhemmilleen postikortteja, jotka satuilevat äärimmäisen rennosta tilanteesta, taisteluiden puutteesta ja mitä hienoimmasta säästä. Ei sanaakaan lentokoneista, joihin mikään prikaatin aseista ei pysty ja jotka pudottavat pommeja suoraan sen päälle. Ei äännähdystäkään kuolemanpelosta, jota hän kokee aina, kun vallattavaksi tulee uusi kukkula. Jokainen talo on mahdollinen vihollisten pesä, jokaisessa liiterissä voi piillä kohtalokas väijytys. Kiinni jääminen tarkoittaa teloitusta. Tämä koskee yhtäläisesti sodan molempia osapuolia.

Pian saavuttuaan Kataloniaan Weil todisti, kuinka hänen toverinsa yrittivät viedä erään katolisen papin teloitettavaksi. Sotapäiväkirjassaan hän kuvaa näinä minuutteina käymäänsä sielunkamppailua. Onko hän valmis puuttumaan peliin ratkaisevalla hetkellä, työntymään hengenmiehen eteen tämän suojaksi ja siten joutumaan itse teloitetuksi? Annetaanko hänelle riittävästi rohkeutta siihen? Teloitus keskeytyi epäselväksi jääneestä syystä. Mutta entä seuraava päivä? Onko rikokseen silloin yhtään vähemmän syyllinen, jos ei ole läsnä? Weilin sotakokemukset vaivaavat ja rasittavat häntä yhä pahemmin talvella 1936–37, mutta se ei estä häntä kulkemasta ylpeänä prikaatin univormussaan Pariisin bulevardeilla. Ei, ei hän mitään kadu. Hän puhuu jopa paluusta rintamalle mahdollisimman pian.

Hän hämmentää monia, myös parhaita ystäviään ja tuttaviaan, vetoamalla voimakkaasti artikkeleissaan ja esseissään sitä *vastaan*, että Ranskan hallitus antaisi sotilaallista tukea tasavaltalaisille voimille. Vakaumuksellinen pasifisti kansainvälisten prikaatien vapaaehtoisen univormussa – mistä oikein on kyse?

Myöhemmässä kirjeessään katolilais-konservatiiviselle kirjailijalle Georges Bernanosille, vaikutusvaltaisen sodanvastaisen kirjan *Les grands cimetières sous la lune* (Suuret hautausmaat kuun alla) tekijälle,[49] Weil perustelee kantaansa seuraavasti: "En pidä sodasta, mutta se, mikä sodassa aina on kauhistuttanut minua eniten, on niiden tilanne jotka ovat rintamalinjojen takana. Kun ymmärsin, että ponnisteluistani huolimatta en voinut moraalisesti estää itseäni osallistumasta tähän sotaan, toisin sanoen toivomaan joka päivä ja joka tunti yksille voittoa ja toisille tappiota, sanoin itselleni, että Pariisi oli rintamalinjojen takana – –."[50]

Joten ainakin hänelle oli olemassa kulkukelpoinen tie ulos tilanteesta! Varsinkin kun kansainväliset prikaatit toimivat aivan eri pohjalta kuin mikään kansallinen armeija. Jälkimmäinen perustuu erityisesti sodan aikana valtion pakkomobilisointiin. Edellinen oli vapaaehtoisten armeija!

Weil on vakuuttunut, että kriteerit sille, milloin kansakunnan on oikeutettua lähteä sotaan, ovat erilaiset ja tiukemmat kuin vapaasti päättävien yksilöiden kohdalla. Ranskalaisena Weil vastustaa siksi voimakkaasti sodan julistamista ja vielä enemmän armeijan lähettämistä Espanjaan. Sinä moraalisena olentona, joka hän on, hänellä ei ole muuta vaihtoehtoa kuin mennä mukaan taistelemaan. Aivan kuten on ihmisiä, jotka kieltäytyvät palvelemasta sodassa omantunnon tai vakaumuksen vuoksi ja ovat valmiita hyväksymään kaikki seuraamukset ja kaikki uhrit, on Simone Weilille kesällä 1936 moraalisesti välttämätöntä taistella sotilaana Espanjan tasavallan puolesta ja hyväksyä jokainen uhri.

Tätä perustelemisen mallia on valaisevaa verrata Simone de Beauvoir'n samanaikaisiin pohdintoihin. Beauvoir kirjoittaa Espanjan tilanteesta talvella 1936–37:

> "Puolueettomuus"-farssi tuntui meistä päivä päivältä rikollisemmalta. Espanjan kohtalo oli niin lähellä sydäntämme, että pelkkä suuttumus ei ensimmäisen kerran elämässämme tuntunut riittävän tunteiden venttiiliksi; poliittinen voimattomuus ei kelvannutkaan enää tekosyyksi vaan masensi. Voimattomuutemme oli täydellinen. Olimme eristyksissä, meitä ei ollut: olisimmepa puhuneet ja kirjoittaneet Espanjan auttamisen puolesta miten paljon hyvänsä, eivät asiat olisi muuttuneet miksikään.[51]

Molemmat kokevat siis hyvin selvästi, ettei tässä tilanteessa ole enää moraalisia verukkeita vaan pikemminkin erilaisia tapoja hahmottaa oma voimattomuutensa. Ja myös Weil on varmasti liiankin tietoinen Beauvoir'n yksilönä kuvailemasta voimattomuudesta, kuten epäilemättä myös omasta kelvottomuudestaan taistelijana. Hänen päätöksensä mennä Espanjaan ei kuitenkaan ole puhtaan impulsiivinen. Se tapahtuu varsin huolellisen harkinnan jälkeen. Sillä ei ole mitään tekemistä minkään sellaisen kuvitelman kanssa, että omalla läsnäololla olisi juurikaan väliä sodan kannalta. Simone Weil on yksinkertaisesti sitä mieltä, että kun hän joutuu kohtaamaan kysymyksen siitä, millaista reaktiota oman voimattomuuden ja eristyneisyyden tunteeseen etiikka tässä tilanteessa vaatii, hänen on reagoitava perustavanlaatuisesti eri tavalla.

Beauvoir'n näkökulmasta ainoa asianmukainen reaktio on vaatia kansalaisena oman valtion väliintuloa. Weilille se taas on solidaarista osallistumista sotaan vapaaehtoisena. Hänen kokemansa voimattomuus ja eristyksissä olemisen tunne on jotakin, jonka hänen täytyy olettaa myös espanjalaisten jakavan ja kokevan. Ja ennen kaikkea niiden, jotka ovat keskellä tätä konfliktia ilman omaa syytään. Juuri näitä ihmisiä Weil haluaa aktiivisesti tukea uhriin täydelleen samaistumisen nimissä. Hänen itsekunnioituksensa on niin läheisesti sidoksissa hänen halukkuuteensa työskennellä ehdoitta muiden kärsivien hyväksi. Weilille ainoa toinen vaihtoehto on uppoutua siihen voimattomaan kyynisyyteen, jonka Beauvoir tässä tilanteessa kokee sisäiseksi uhkaksi itselleen.

Ennen kaikkea Simone Weilin itseymmärrys noudattaa selvästi kristillistä käsitystä rakkaudesta, joka näkee kärsivässä toisessa lähimmäisen ja kehottaa rakastamaan tätä kuin itseään. Rakkaus haluna kärsiä viattomien nöyryytettyjen puolesta. Kuvaan sopii saumattomasti Weilin koko olemassaolo tiettävästi ilman minkäänlaista romanttista rakkautta tai edes fyysistä läheisyyttä. Pohjimmiltaanhan romanttinen rakkaus on ennen kaikkea selvästi epäoikeudenmukaista ja moraalisesti täysin mielivaltaista. Se nostaa kaikkien muiden yläpuolelle yhden yksilön, joka on "kaikki kaikessa" – eikä edes tietoisesti valikoiden. Tämä ei ole toteuttamiskelpoinen vaihtoehto Weilin syvästi moraaliselle identiteetille.

Näissä kahdessa elämässä, jotka liittyvät toisiinsa näkymättömillä säikeillä, on varmasti vain sattumanvarainen yksityiskohta, että sekä Weil että Beauvoir kokevat olevansa "poissa pelistä" terveydellisistä syistä huhtikuussa 1937. Weilin oli vienyt kestokyvyn tuolle puolen hänen ehdoton altruisminsa, Beauvoir'n taas hänen uusia kokemuksia janoava hedonisminsa. Maaliskuussa 1937 hän romahtaa hotellihuoneessaan Pariisissa ja joutuu hengenvaarallisessa tilassa sairaalaan. Toinen keuhko on jo lakannut toimimasta, toinen on tulehtunut. Tarvitaan ehdotonta lepoa ja, kuten Weilinkin kohdalla, pitkiä kuukausia hoitoa.

EPÄINHIMILLISTYMISEN SPIRAALI

Viimeistään kevääseen 1937 mennessä sisällissodan ja sijaissodan välinen raja hämärtyy Espanjassa lopullisesti. Jokainen, joka nyt aktiivisesti osallistuu sotaan – kuten Weil ei väsy korostamaan – edistää sillä tavoitteita, joilla ei ole juurikaan tekemistä sodan alkuperäisten syiden kanssa. Tarkemmin sanottuna hän tulee osalliseksi merkityksestä tyhjentyneeseen murhaamiseen. Weilia, kuten muitakin Espanjan tapahtumien tarkkailijoita, häiritsee yhä syvemmin niiden hillitön raakuus ja välinpitämättömyys, joka loukkaa alkeellisimpiakin suojanormeja. Mikä oli siihen syynä ja mikä sen laukaisi? Oliko todellakin vain oman kuoleman pelko ajanut molemmat osapuolet niin sokeaan ja kaikenkattavaan julmuuteen?

Weil ei usko niin. Hänen näkemyksensä mukaan tämän mittakaavan teurastukselle oli välttämättömänä edellytyksenä propagandan aiheuttama inhimillisen mielikuvituksen tukkeutuminen. Tarkemmin sanottuna sen kysymyksen tukkeutuminen, kuka yhä ylipäänsä kuuluu ihmisten joukkoon:

> Tunsin omakohtaisesti, että ihmiselle mikään ei ole luonnollisempaa kuin tappaa, kun maallinen ja hengellinen valta ovat sulkeneet tietyn ihmisryhmän niiden ulkopuolelle, joiden elämällä on arvoa. Kun tietää voivansa tappaa vailla pelkoa rangaistuksesta tai moitteesta, silloin tappaa tai vähintäänkin hymyilee rohkaisevasti niille jotka tappavat. – – Tällaisessa ilmapiirissä sodan itsensä tavoite katoaa nopeasti. Sillä tavoite voidaan muotoilla vain, jos se liittyy yhteishyvään, ihmisten hyvään – eikä ihmisillä ole arvoa.[52]

Sisällissodat ovat jopa alttiimpia tälle epäinhimillistymisen ja siten väkivallan kierteelle kuin klassiset kansakuntien väliset konfliktit. Loppujen lopuksi sodassa toistensa kanssa ovat ihmiset, jotka vielä muutama viikko sitten asuivat toistensa naapureina – mikä tarkoittaa, että suoritettavan torjunnan on oltava erityisen suurta ja tinkimätöntä. Varsinkin kun otetaan huomioon kysymys siitä, miten sodan mahdollisen lopun jälkeen on tarkoitus jatkaa elämistä. Tätä taustaa vasten tukahduttamisen halu sammuttaa helposti halun sovintoon, jonka oletetaan olevan mahdotonta.

Lisäksi Espanjan rintama palveli Saksan ja Italian asevoimia yhä enemmän uusien tekniikoiden ja taktiikoiden testauskenttänä. Maana, jolla ei ollut suurta strategista merkitystä muiden syttymässä olevien sotien kannalta, Espanja tarjosi tuloillaan olevan julmuuden laboratorion. Myös sodankäynnissä sen rajoja, mikä on tehtävissä, voidaan koetella vain ylittämällä ne.

Tästä katkerasta, ei vähiten hänen omia ponnistelujaan koskevasta välitilinpäätöksestä Weilin huomio kääntyi vuoden 1937 mittaan yhä enemmän siihen aseelliseen konfliktiin, joka Saksan ja Ranskan välille oli kehkeytymässä. Interventiokysymyksen, avunannon tai vapaaehtoistyön sijaan kysymys sodan mahdollisesta legitiimiydestä oman maan puolustamiseksi on nyt tullut ratkaisevaksi Alainin oppilaalle – Alainin, joka on yhä Ranskan vaikutusvaltaisin pasifistinen kirjoittaja. Oliko olemassa oikeudenmukaista sotaa, ja siten myös oikeudenmukaisia sodan päämääriä?

TYHJIÄ MAHTISANOJA

Huhtikuussa 1937 Weil kirjoittaa esseen, jossa hän keskittyy niihin iskusanoihin ja käsitteisiin, joita sodan legitimoimiseen käytetään yleiseurooppalaisessa kontekstissa. Hän ottaa perustaksi teesin, jonka mukaan historian julmimmille konflikteille on tunnusomaista se, että ne eivät ole pyrkineet mihinkään tarkasti määriteltävään päämäärään (ja että juuri julkisen tavoitteenmäärittelyn tosiasiallinen tyhjyys on ruokkinut niiden julmuutta yhä enemmän). Kielen filosofista kritiikkiä konkreettisesti rauhan palveluksessa. Sillä:

> Niin oudolta kuin saattaakin vaikuttaa, ajattelun selventäminen, alkujaankin tyhjien sanojen saattaminen huonoon valoon, muiden sanojen käytön määrittäminen tarkan tutkimuksen avulla, on työtä joka saattaa pelastaa ihmishenkiä.[53]

Weil valitsee Troijan sodan länsimaiseksi malliesimerkiksi äärimmäisen verisestä ja paljon uhreja vaatineesta sodasta, joka käytiin puhtaan fantasman vuoksi. Tekstin otsikkona on täten ”Ne recommençons pas la guerre de Troie" (Älkäämme aloittako Troijan sotaa uudelleen):[54]

> Kreikkalaiset ja troijalaiset teurastivat toisiaan kymmenen vuoden ajan Helenan takia. Kukaan heistä, amatöörisoturi Parista lukuun ottamatta, ei välittänyt hänestä vähääkään. – – Selvänäköisille mikään oire tästä totuudesta ei ole ahdistavampi kuin niiden konfliktien epätodellinen luonne, joita tänä päivänä käydään. Ne ovat vielä vähemmän todellisia kuin kreikkalaisten ja troijalaisten välinen konflikti. Troijan sodan keskipisteessä oli sentään nainen, ja vieläpä erinomaisen kaunis nainen. Meidän aikanamme Helenan roolissa ovat isoilla alkukirjaimilla kirjoitetut sanat. Jos tartumme johonkin näistä sanoista, jotka ovat verestä ja kyynelistä pöhöttyneitä, ja puristamme sitä, huomaamme sen tyhjäksi. – – Esimerkkeinä voivat toimia kaikki poliittisen ja yhteiskunnallisen sanastomme sanat: kansakunta, turvallisuus, kapitalismi, kommunismi, fasismi, – –.[55]

Weilin analyysin mukaan se absolutisoiva tapa, jolla näitä käsitteitä käytetään poliittisessa puheessa, riistää niiltä kaikki nimettävissä olevat viittauskohteet. Niiden merkityspotentiaalista tulee näin rajaton tavalla, joka tekee niistä käyttökelvottomia: "Kukin näistä sanoista vaikuttaa meistä edustavan jotakin absoluuttista todellisuutta, joka on olosuhteista riippumaton, tai absoluuttista päämäärää, joka on keinoista riippumaton, tai absoluuttista pahuutta; ja samaan aikaan panemme kaikki nämä sanat, peräkkäin tai samaan aikaan, olemaan tarkoittamatta mitään."[56] Sanat ja ihmiset kasvattavat (ja vääristävät) toisiaan. Weilin mielestä Espanjan sisällissodalle ominaisen, täysin rajoittamattoman väkivallan todellisena ennakkoehtona ovat siis rajattoman puhumisen muodot, joissa toimintaa ohjaavat sanat ensin poistetaan vanhoista käyttökonteksteistaan ja sitten absolutisoidaan tavalla, joka rappeuttaa ne puhtaaksi fantasmaksi. Kun kieli lähtee tällaisissa sotaisissa merkeissä lomailemaan, sen propagandistisesti vääristyneiden käsitteiden ei enää odoteta vertautuvan siihen samaan todellisuuteen, jonka erittelemisen välineiksi ne olivat aikoinaan syntyneet. Toisin sanoen nykyisten ja menneiden väkivaltaorgioiden takana oleva salaisuus on sellaisen puheen salaisuus, joka on päässyt eroon kaikista soveltuvuuskriteereistä ja josta on siten tullut totaalinen puhumisen muoto. Juuri tämän puhumisen muodon uusiksi, pirullisiksi mestareiksi Adolf Hitler ja hänen seuraajansa nousivat 1930-luvulla. Se on myös sama puheen muoto, jota käyttäen Neuvostoliiton edustaja ranskalaisten ammattiliittojen kongressissa vuoden 1937 alussa puolusteli Stalinin näytösoikeudenkäyntejä ja valtakunnallisesti alkaneita suuria puhdistuksia välttämättöminä iskuina "fasismin etujoukkoa" vastaan. Ja sama puheen muoto, jonka mukaan Simone Weil -niminen ay-anarkisti – joka taisteli tasavallan puolella Aragoniassa – ei häntä Barcelonassa hoitavan sotilaslääkärin silmissä – joka kuuluu kommunistiseen puolueeseen – ole muuta kuin yksi "fasisti" lisää. Ja sama puheen muoto, jossa "kapitalismin" kukistamisesta tai puolustamisesta tulee synonyymi koko ihmiskunnan pelastamiselle. Kuten Weil selittää tekstissään tämän esimerkin yhteydessä, todellisuudessa kukaan ei pysty sanomaan, mistä tämä pelastus voisi koostua, eikä sitä, mitä voitaisiin tarkoittaa "kapitalismilla", jolla on tällainen pelastustehtävä tai jonka "järjestelmän" julistetaan tällä tavoin olevan kaiken pahan alku ja juuri:

> Vaikuttaa olevan helpompaa tappaa ja jopa kuolla kuin kysyä itseltämme muutamia sellaisia yksinkertaisia kysymyksiä kuin: Voidaanko talouselämäämme tätä nykyä hallitsevien lakien ja konventioiden sanoa muodostavan järjestelmän?[57]

Sillä tämä huhtikuussa 1937 tehty analyysi, joka on yhtä syvästi sarkastinen kuin vetoavakin, ei koske vain puheen ja sodankäynnin välistä suhdetta. Ainakin yhtä raskauttava on se seikka, että tällaisen rajoittamattoman puheen olosuhteissa syntyvät konfliktit ja sodat voivat todellisuudessa olla vain näennäisten vaihtoehtojen välisiä näennäiskonflikteja.

"Toinen hyvä esimerkki verisestä absurdiudesta on fasismin ja kommunismin vastakkainasettelu. Seikka, että tämä vastakkainasettelu tänä päivänä muodostaa sisällissodan ja maailmansodan kaksoisuhkan, on kenties vakavin kaikista älyllisen surkastumisemme oireista. Sillä on vain tarkasteltava näiden kahden sanan nykymerkitystä löytääkseen kaksi lähes identtistä politiikka- ja yhteiskuntakäsitystä. Kummassakin valtio ottaa hallintaansa lähes kaikki yksilön ja yhteiskunnan elämänalueet. Kumpaakin luonnehtii sama vauhkoontunut militarisoituminen ja sama pakolla aikaan saatu, keinotekoinen yksimielisyys yhden puolueen puolesta, joka samaistuu valtioon ja saa luonteensa tästä valheellisesta samaistumisesta. Kummassakin työtä tekeviä massoja painaa sama orjuus tavallisen palkkatyöjärjestelmän sijaan. Mitkään kaksi valtiota eivät ole rakenteeltaan samankaltaisempia kuin Saksa ja Venäjä. Kumpikin uhkaa toista kansainvälisellä ristiretkellä ja teeskentelee pitävänsä toista Ilmestyskirjan petona. – – Näistä olosuhteista seuraa tietenkin myös, että antifasismi ja antikommunismi ovat molemmat yhtä paljon vailla mieltä."[58]

NÄENNÄISOPPOSITIOITA

Weilin ay-ympäristöstä saamat poliittiset vaikutteet ovat kenties syynä siihen, että hänen analyysinsä Neuvostoliitosta näyttävät olevan paljon tarkempia kuin Saksaa koskeva näkemys. On joka tapauksessa huomionarvoista, että tässä tekstissä ei edes mainita sanoja "Hitler" tai "kansallissosialismi". Kuinka paljon erottelukykyä voi olla analyysissä, jossa ei haluta tehdä eroa Mussolinin Italian ja Hitlerin Saksan välille? Analyysissä on tyhjä kohta, joka sopii liiankin hyvin yhteen sen kanssa, että se ei lainkaan käsittele Hitlerin järjestelmässä keskeistä pakotettua antisemitismiä. Käsitteen "juutalainen" käyttöalan jatkuva laajentaminen – tiukentamalla samanaikaisesti tätä ryhmää koskevia lakeja – olisi ollut toinen erinomainen esimerkki siitä sanan ja kielen rajojen pirullisesta poistamisesta väkivallan nimissä, joka oli Weilin diagnoosin kohteena. Uskoteltu jaottelu ensimmäisen, toisen ja kolmannen asteen juutalaisiin peitti vain näkyvistä, miten merkityksestä tyhjä oli natsien tapa käyttää sanaa; sitä ei vastannut mikään tieteellinen teoria tai arkinen tosiasia. Jäljelle jäi termi, jota käytettiin yhä enemmän kaikkien niiden synonyyminä, jotka vastustivat saksalaisten ja heidän Johtajansa "historiallista tehtävää" tai jotka olivat "pettureita". Tämä julkisen puhumisen kehityskulku ilmeni myös Neuvostoliitossa suurten "puhdistusvuosien" 1937 ja 1938 aikana Moskovan näytösoikeudenkäynneissä, jotka olivat täynnä antisemitistisiä stereotypioita.

Joka tapauksessa kaikkien 1930-luvun aseellisten konfliktien väitetty perusta oli Weilin näkemyksen mukaan puhtaasti näennäisessä oppositiossa, jonka rinnalla – hänen mielestään – jopa Troijan sota näytti "malliesimerkiltä terveestä järjestä".[59] Juuri siksi, että sodan väitetty päämäärä osoittautuu tarkemmin tarkasteltaessa tyhjäksi ja merkityksettömäksi, viholliseksi julistetun ryhmän täydellinen tuhoaminen on ainoa päämäärä, joka voi tulla sen tilalle. Yletön väkivalta tulee näkyviin niiden käsitteiden funktiona, jotka soveltuvat parhaiten sotaan yllyttämiseen, koska niistä on kadonnut kaikki merkitys. Tämä johtaa pisteeseen, jossa molemmat sotivat osapuolet sopeuttavat toimintatapansa ja elämäntapansa sodan dynamiikkaan niin, ettei niitä enää voi erottaa toisistaan. Tässä viimeisessä vaiheessa konfliktista tulee pelkkä näennäiskonflikti.

Sodan tavoitteena voi silloin olla vain itse murhaaminen aina täydelliseen tuhoamiseen saakka. Ainoa asia, joka tässä vaiheessa voi pysäyttää väkivallan orgian, on se, että puuttuu murhaamiseen tarvittavia resursseja, raaka-aineita, tehtaita, rakenteita – tai viime kädessä itse ihmisiä, joista on tullut murhan raaka-ainetta.

Tämän synkemmäksi aikalaisdiagnoosi ei enää voi tulla. Kirjeessään erään ammattiliiton lehden päätoimittajalle Weil muotoilee analyysinsä ennusteeksi tai pikemminkin profetiaksi välittömästä katastrofista:

> Sanokaa minun sanoneen: alkamassa on vaihe, jossa kaikissa maissa tullaan tekemään aivan uskomattoman tyhmiä asioita – ja ne näyttävät aivan luonnollisilta. Niin sanottua siviilikäyttäytymistä ja -elämää tulee olemaan yhä vähemmän. Sotilaalliset toimintatavat hallitsevat yhä enemmän olemassaolon jokaista yksityiskohtaa. Kapitalismi tuhoutuu, mutta ei työväenluokan toimesta. Sen sijaan sen tuhoaa kansallisen puolustuksen kehittäminen jokaisessa maassa – sen tilalle tulee totalitaarinen valtio. Tämä on se, mikä meitä tosiasiassa odottaa vallankumouksena.[60]

Tällaisena maailmanpoliittinen tilanne näyttäytyi Simone Weilille keväällä 1937. Ei voi olla epäilystäkään siitä, kenen puolesta ja millä puolella hän on tässä taistelussa: sorretuista sorretuimpien puolella. Eli niiden, jotka ovat aina kärsineet sodista eniten. He ovat hänen lähimmäisiään, joita hän haluaa rakastaa kuin itseään – oman ja muiden arvokkuuden nimissä. Se on hänen *intohimonsa*. Kaikkien analyysien ja teesien lisäksi Weililla on jo tänä keväänä syvempi syy uskoa, että hän on tällä intohimoisella polulla vasta alussa.

V

TAPAHTUMIA

1938–39

Weil löytää Jumalan, Rand ratkaisun,
Arendt heimonsa ja Beauvoir äänensä

UMPIKUJASSA

Ainoa asia, joka Simone Weilin päänsärystä lähes kymmenen vuoden jälkeen voitiin sanoa varmuudella, oli se, että hänen oireensa heijastelivat melkein aavemaisella tavalla saman ajanjakson poliittista kehitystä. Loppusyksystä 1938 hänen terveydentilansa on sukeltanut syvemmälle kuin koskaan ennen. Opettajan työtä ei enää voi ajatellakaan. Kun hän marraskuussa vierailee vanhempiensa kanssa kasvainkirurgin luona, hän sanoo odotushuoneessa: "Jos suositellaan leikkausta, haluan sen tapahtuvan niin pian kuin mahdollista."[1] Äiti neuvoo miettimään niin merkittävää ratkaisua rauhassa. Mutta Simonen kärsivällisyys on vihdoin lopussa: "Onko se sitten parempi, että saan kohtauksen toisensa jälkeen!" Itse asiassa Weil pelkää nyt jatkuvien kipujen vievän häneltä järjen. Tämä näkökulma saa hänet tässä vaiheessa harkitsemaan konkreettisesti jopa itsemurhaa.

Eräässä harvoista artikkeliluonnoksista, joiden laatimiseen hänellä on voimia, hän tekee seuraavan yhteenvedon poliittisesta kokonaistilanteesta otsikolla "Désarroi de notre temps" (Aikamme sekaannus):[2] "– – turvallisuuden täydellinen puuttuminen, ennen kaikkea silloin kun pelätyt katastrofit ovat niin suhteettomia verrattuna älyn, aktiivisuuden ja rohkeuden tarjoamiin voimavaroihin, on varmasti haitallista sielun terveydelle."[3]

Mitään ulospääsyä ei ole näkyvissä; sotaan johtava umpikuja pikemminkin kapenee kuukausi kuukaudelta vuoden 1938 mittaan. Maaliskuussa tapahtuu Itävallan niin sanottu "Anschluss", liittäminen natsi-Saksaan. Sitä seuraa Léon Blumin johtaman "kansanrintaman" lopullinen epäonnistuminen Ranskassa. Toukokuussa Édouard Daladier'n johtama uusi hallitus tiukentaa ulkomaalaislakeja. Syyskuussa Espanjan kansainväliset prikaatit ilmoittavat hajaantumisestaan melkein vain muodollisuutena. Noin puolet niiden kaikkiaan 40 000 taistelijasta on menettänyt henkensä. Kesällä Ebron taistelu vie Francon vihdoin kohti voittoa. Sillä välin Hitler omii itselleen Tšekkoslovakian sudeettialueet ja ottaa riskin uudesta sodasta Euroopan suurvaltojen muodostamien liittoutumien välillä. Viime hetkellä Saksan, Ranskan, Britannian ja Italian välinen Münchenin sopimus estää sen puhkeamisen syyskuun lopussa.

Marraskuun 9. ja 10. päivän välisenä yönä koko Saksan alueella on valtion tukemia vainoja juutalaisväestöä vastaan ("kristalliyö"). Vain viisi päivää myöhemmin Ranskaan paenneiden saksalaisten oikeudellinen tilanne kiristyy jälleen. Samaan aikaan Hitlerin joukot valmistautuvat marssimaan Prahaan saakka, vastoin viimeaikaisia sopimuksia, ja asettamaan ulkovallat siten jälleen tapahtuneen tosiasian eteen.[4]

Konferenssien aika on vihdoin ohi, kuten myös Weil toteaa hahmotelmassaan. Ainoa jäljellä oleva kysymys on, millä tavalla ja miten intensiivisesti sotaa tullaan käymään. "Suuren katastrofin odotus", hän kirjoittaa, "muodostaa yhä enemmän tunteen, joka jokaisella yksilöllä on tulevaisuudesta. Päivittäinen työ, sen eri muodoissa, jaksaa tuskin kiinnostaa."[5]

ARMON SÄVELIÄ

Weilin perustavanlaatuisen resignoitumisen ja älyllisen mietiskelyn tunnelma näkyy tässä vaiheessa hänen muutaman esseensä otsikoissa. Vitsikkäiden alluusioiden tai assosiaatioista rikkaiden käskyjen sijaan tekstit esiintyvät nyt "pohdintoina" tai jopa "meditaatioina".[6] Mutta henkistä työtä ei enää voi ajatella. Fyysistä syytä kärsimykseen ei löydy myöskään tohtori Clovis Vincentin vastaanotolla. Kasvain se joka tapauksessa ei ole. Ja kun on kyse rauhoittavasta hoidosta, Weil on pitkään kulkenut omaa polkuaan.

Simone Weil saa sairauden takia vapautuksen opetusvelvollisuudesta ja tekee kesinä 1937 ja 1938 kaksi laajaa matkaa Italiaan, missä painopiste on ennen kaikkea hengellisen musiikin kokemisessa. Matkoillaan Firenzeen, Bolognaan ja Roomaan hän kokee jopa kolme messua tai konserttia päivässä. Aina, kun hän kirkossa kuulee liturgista laulua tai urkujen soittoa, kipu hämärtyy taustalle. Syvä antaumus musiikille saa hänet tuntemaan jopa, että hän on tässä ja nyt päässyt vapaaksi fyysisten rajoitteiden maailmasta. Aivan kuin häntä tämän absoluuttisen tuskan maailman takana odottaisi toinen, parantava maailma.

Tämän kokemuksen kaipuu vie Weilin huhtikuussa 1938 Loireen, gregoriaanisesta laulustaan tunnettuun Solesmesin benediktiiniläisluostariin. Hän haluaa äitinsä kanssa osallistua siellä pääsiäismessuun. Simone ei kymmenen päivän oleskelun aikana jätä väliin yhtäkään lukuisista jumalanpalveluksista. Vuonna 1942 hän muistelee, että se, mitä hänelle tapahtui eräässä näistä juhlallisuuksista, oli ratkaiseva käännekohta hänen olemassaololleen: "Kärsin hirvittävistä päänsäryistä; jokainen ääni satutti minua kuin isku; äärimmilleen keskittyen pystyin nousemaan tämän kurjan lihan yläpuolelle, jättämään sen kärsimään itsekseen vankina omassa nurkassaan, ja löytämään puhtaan ja täydellisen ilon laulujen ja niiden tekstien käsittämättömästä kauneudesta. Tämän kokemuksen avulla sain analogian kautta paremman käsityksen mahdollisuudesta oppia rakastamaan jumalallista rakkautta ahdistuksen keskellä. On sanomattakin selvää, että näiden jumalanpalvelusten aikana ajatus Kristuksen kärsimyksestä läpäisi minut lopullisesti."[7]

JUMALAN VALTAKUNTA

Jo syyskuussa 1935, "tehdasvuoden" kokemusten heikentämänä, hän oli samalla tavoin "tullut uskon koskettamaksi" lomalla vanhempiensa kanssa. Eräänä iltana kävellessään portugalilaisen Viana do Castelon kalastajakylän kujilla hän törmäsi kulkueeseen. Täysikuun aikaan kalastajien vaimot kantoivat lahden veneisiin madonnankuvan. "Varmasti ikivanhojen laulujen" vaikutuksen alaisena Weil ymmärsi ensimmäistä kertaa selkeästi, että "kristinusko on erinomainen uskonto orjille, että orjat eivät voi muuta kuin kuulua siihen – ja minä yhtenä heistä".[8]

Paljon voimakkaampi on kokemus, jonka Weil tallensi kesällä 1937 Santa Maria degli Angelin kirkossa Assisin lähellä; juuri samassa 1100-luvun kirkossa, johon jo pyhä Franciscus oli vetäytynyt rukoilemaan. Ainoana tämän "vertaansa vailla olevan puhtauden ihmeen" kokijana hän kohtasi siellä "jotakin, joka oli minua vahvempaa ja joka pakotti minut polvistumaan ensimmäistä kertaa elämässäni".[9]

Tapaukselle oli siis ollut edeltäjiä. Silti, mitä Jumalan olemassaoloon tulee, hän ei ollut ennen marraskuuta 1938 koskaan harkinnut mahdollisuutta "todelliseen kontaktiin – – ihmisolennon ja Jumalan välillä täällä maan päällä. Minulla on voinut olla epämääräinen käsitys sellaisista asioista, mutta en koskaan ollut uskonut niihin."[10]

Sen lisäksi, että Weil on uppoutunut musiikkiin, hän on vuosien varrella omaksunut toisen, rauhoittavan keskittymistekniikan. Se koostuu runojen lausumisesta mantran kaltaisesti suurimman tuskan aikana ("Runo opettaa olemaan muuttamatta ajatuksia ja sen sijaan katsomaan niitä").[11] Solesmesissa englantilainen noviisi, jolle hän myöhemmin antoi nimen "Angel Boy", tutustutti hänet englantilaisen runoilijan George Herbertin (1593–1633) teoksiin. Weilia puhutteli taianomaisella tavalla erityisesti tämän uskonnollis-metafyysisesti latautunut runo "Rakkaus". Se päättyy säkeisiin: "Istu alas, käski Rakkaus, ja maista lihaani: / Niin istuuduin, söin haluuni."[12]

Kun tuskien rääkkäämä Weil istuu jälleen kerran alas marraskuussa 1938, vain joitakin päiviä lääkärikäynnin jälkeen, ja lausuu tämän runon, hän kokee jotakin mitä hän ei ole koskaan ennen tuntenut. Hän kokee, että jumalallinen rakkaus läpäisee hänet täydellisesti Jeesuksen Kristuksen hahmossa. Välittömän läsnäolon muodossa, jossa hänen sanojensa mukaan "mielikuvituksella ja aisteilla ei ollut merkitystä; vain kärsimyksen kautta olen tuntenut rakkauden läsnäolon, jota voi verrata hymyyn rakkaan ihmisen kasvoilla".[13]

Näyttää siltä, että hänen silmänsä avautuivat – tai sulkeutuivat – ensimmäistä kertaa. Joka tapauksessa kyseessä on hänen näkökulmastaan kokemus, joka ei jätä tilaa epäilyille. Hänen tulkintansa mukaan hänet läpäisi marraskuussa 1938 jumalallisen rakkauden läsnäolo ja siten läsnäolon muoto, joka oli "todellisempi kuin todellisen ihmisen läsnäolo".[14] "Kasvokkaisen" varmuuden takana oli tämän kokemuksen mukaan toinen taso – Jumalan valtakunta ja rajaton rakkaus. Immanenssin valtakunnan takana transsendenssin valtakunta. Ihmisten kielen takana toisenlainen tapa puhutella. Inhimillisen tiedon täydellisyyden takana toisenlainen totuus. Weil kokee itsensä muuttuneeksi, "Jumalan koskettamaksi".

SYYNTAKEETON

Ei ole koskaan ollut eikä tule koskaan olemaankaan helppoa löytää kieltä, joka voisi kuvata tällaista ehdotonta kokemusta. Viime kädessä sen ytimessä on seikka, että se rikkoo inhimillisen järjen rajat ja vaatii tunnustamaan, että olemassaololle mielekkyyden antava alkuperä on jossakin syiden ja perusteiden, kommunikaation ja menetelmien, ajan ja avaruuden ulkopuolella. Simone Weil, toisin kuin monet muut, ei käynyt välittömästi kaupittelemaan eeppistä läpimurtoelämystään euforian vallassa muille tai julistamaan jumalakokemustaan lähetyssaarnaajamaisesti koko maailmalle. Tämä saattoi johtua sekä hänen heikosta fyysisestä kunnostaan että varsinkin hänen aiemmista elämänkäytännöistään. Mikään ei muuttunut hänen konkreettisissa toimissaan, eikä minkään täytynytkään muuttua. Vasemmistolaisena ay-aktivistina hän oli pikemminkin jo elänyt Jumalan valtakunnan vaatimusten mukaisesti kaikki nämä vuodet.

Koettu muutos ei hänen tapauksessaan koskenut hänen omia tekojaan vaan pelkästään niiden perustaa ja niiden arvon lähdettä. Se, mikä oli muuttunut, oli paikka, kuuma kohta hänen tietoisuudessaan; hänen lähetystyönsä itseymmärrys. Tästedes se ei ollut enää puhtaasti ihmisten välistä ja immanenttia vaan jumalallista ja transsendenttia. Sen ravintona eivät enää olleet vain konstruoidut argumentit, vaan ensisijaisesti armon suomat kokemukset. Sitä eivät enää seuranneet yleiset laskelmat ja huomiot vaan ehdottomat tunnustukset.

Omien sanojensa ja pelkojensa mukaan Simone Weil oli sekä ihmisenä että filosofina tullut "syyntakeettomaksi" marraskuussa 1938. Sillä Laulujen laululle uskollisesti hänen järjellään ei enää ollut väliä tässä ja nyt; se rakasti jonkin korkeamman ja tuonpuoleisen nimissä.

SOKEA VALO

Mutta mitä *todellisuudessa* oikein oli tapahtunut? Eikö Weilin tapauksessa ole mielekästä kuvata tätä kokemusta psykologisena tai psykiatrisena ilmiönä? Hallusinaatio kivun aiheuttaman tajuttomuuden partaalla, alitajunnan rauhoittava temppu, voimakkaan lääkityksen aiheuttamat harhatilat... On monia tapoja sijoittaa Weilin kokemus paljon arkisempiin yhteyksiin. Mikään ei ole sen uskottavampaa. Kuka loppujen lopuksi uskoo haamuihin? Tai vielä äärimmäisemmin: Jumalan Pojan rakastavaan, todelliseen läsnäoloon kidutetun ruumiin kautta?

Tapaus voidaan epäilemättä kehystää toisinkin. Mainittujen kokemusten luonteeseen kuuluu, etteivät tällaiset järkeilyt rajoita sitä tietoisuutta, jonka kokemuksia ne ovat, tai tunnu siitä edes uskottavilta. Mikään tässä maailmassa ei loppujen lopuksi ole todempaa kuin konkreettinen kokemus. Ja kokevalle tietoisuudelle mikään ei puolestaan ole selkeämpi ja sisällöltään varmempi kuin kuvatun kaltainen kokemus.

Jokaista yritystä koetella ja kyseenalaistaa tällaisia mystisiä muutos- tai läpimurtokokemuksia puhtaan tieteellisesti, etenkin tietoteoreettisesta näkökulmasta, rajoittaa toisin sanoen se, että kokijoilleen ne muodostavat väistämättömän mittapuun sille, mitä todisteet, selkeys, varmuus ja jopa järki voivat tästedes ylipäänsä tarkoittaa. "Valaistuneiden" näkökulmasta halu saada kokemusten sisällölle tieteellinen vahvistus vaikuttaa yhtä järkevältä (tai pikemminkin turhalta) kuin esimerkiksi halu käyttää uusimpia menetelmiä sen varmistamiseen, että Pariisissa säilytettävä standardimetri on todella metrin mittainen. Kukaan, joka on "nähnyt valon" kuten Weil marraskuussa 1938, ei tarvitse fyysikkoa vahvistamaan, että se on todellista ja että sillä on lämmittävä voima. Pikemminkin tällaiset yksilöt elävät nyt, kuten sanonta kuuluu, "omissa maailmoissaan", joita he väittävät todellisiksi ja käänteentekeviksi muita ihmisiä tyystin ärsyttävällä tavalla.

Kristinuskossa yleinen käsite tälle olemassaolon tavalle on pyhyys. Mutta tietysti filosofinen perinne sanan kapeammassa merkityksessä osaa myös selostaa näiden todellisuutta avaavien kokemusten voimaa. Esimerkkejä tästä ovat Platonin luolan suulla näkyvä kirkas valo, René Descartesin salamaniskumaiset oivallukset *Mietiskelyissään* sekä Ludwig Wittgensteinin *Tractatus Logico-Philosophicus* -teoksen metaforisesti rajattu, tikkaiden kaltainen nousu tietoisuuteen. Viimeiseltä askelmalta täytyy hypätä – ilman suojaverkkoa tai argumentatiivista pohjaa –, jotta voi todella "nähdä maailman oikein". Eikö Sartrella tai Roquentinilla, suuresti ambivalentissa minän hajoamisen tilassa, ollut myös väistämätön käsitys siitä, että hän oli tosiasiallisesti päässyt asioiden ytimeen vain kontingentissa "löysässä massassa"?

Jos Simone Pétrement Weilin läheisenä ystävänä ja myöhempänä elämäkerturina toteaa, että tällaisen mystisen todistekokemuksen ainoa mahdollinen ulkoinen vahvistus on sitä seuranneessa elämässä,[15] ainakaan Simone Weilin tapauksessa ei ole nimettävissä syitä, jotka kyseenalaistaisivat hänen jumalakokemuksensa todenmukaisuuden.

Ei siksi, että hänen käyttäytymisensä olisi sittemmin millään tavoin muuttunut. Siitä huolimatta se saa nyt toisenlaisen värityksen ja ymmärtää itsensä nyt täysin kärsimään valmiin kristillisen rakkauden ja intohimon merkeissä: Weil hyväksyy päänsärkynsä ja ylistää sitä mahdollisena porttina transsendenssiin. Samoin poliittisen tilanteen täydellistä synkkyyttä. Weil kirjoittaa ajatuspäiväkirjassaan: ”Ei olisi voinut toivoa syntyneensä parempana aikana kuin tänä aikana, jolloin kaikki on menetetty.”[16] Näin voi kirjoittaa vain ihminen, joka on uudella tavalla vakuuttunut, että on olemassa jotakin, mitä ei saa menettää. Ja tästä lähtien hän lähtee pelastamaan sitä omalla tavallaan.

TAKAISIN LÄHTEILLE

Missään tapauksessa marraskuussa 1938 ei käy kieltäminen, että ”ihmiskunta on käymässä läpi syvän ja vakavan kriisin tässä pienessä Euroopan kolkassa, joka on niin kauan hallinnut maailmaa. Kolmen edellisen vuosisadan suuret toiveet, etenkin viimeisen; toivo valistuksen ihanteiden leviämisestä; toivo hyvästä ja siedettävästä elämästä kaikille; toivo demokratiasta; toivo rauhasta – ne kaikki ovat silmiemme edessä haihtuneet ilmaan.”[17]

Filosofina ja kirjoittajana Weil näkee vain yhden todella kulttuurisesti parantavan pakotien tästä laajimmasta mahdollisesta sivilisaation kriisistä: sen sijaan, että menisi ”asioihin itseensä”, hän on vakuuttunut siitä, että on tärkeää palata ”itse lähteille”. Toisin sanoen lukea ja uudelleenlukea ihmiskunnan suuria alkuperäistekstejä. Paljastaa arkeologin tavoin kerros kerrokselta juuri ne arvot ja alkuimpulssit, jotka Euroopan kulttuuri on väistämättä haudannut ja tukahduttanut.

Oman transsendenssikokemuksensa pohjalta Simone Weil katsoo, että epätasaväkistä taistelua hänen oman aikansa poliittista todellisuutta vastaan on mahdollista käydä vain palaamalla jumalallisesti innoittuneeseen arvopohjaan, joka löytyy antiikin sivilisaatioiden vanhimmista todistuksista ja eepoksista. Näitä ovat erityisesti Platonin ja Homeroksen teokset, upanisadit ja *Bhagavad Gītā* sekä stoalaisten ja evankelistojen tekstit. Weilin käsityksen mukaan ne kaikki ovat viime kädessä saaneet innoituksensa samasta valosta, joka aikakaudesta ja kulttuurin luonteesta riippuen vain hajosi ja heijastui eri tavalla eri tietoisuuksissa. Kuten Martin Heidegger, jonka hän johdonmukaisesti sivuuttaa, tai Walter Benjamin, joka on hänelle täysin tuntematon, Weil tulkitsee koko länsimaisen kulttuuriperinteen pitkäksi, jatkuvaksi hämärtymisen ja olemuksen katoamisen prosessiksi.

Hänen mukaansa ihmiset saavat todellisen arvokkuutensa ja loukkaamattomuutensa avoimuudesta itse rakkauden valolle: ja siten lähteestä, joka ei viime kädessä ole peräisin vain ihmisestä eikä varjeltavissa vain ihmisten toimesta. Olemisen tajumme todelliset lähteet ovat hänelle transsendenttisia – ja sellaisina ulottumattomissa pelkiltä ihmisiltä. Ja erityisesti yleiseltä ihmisymmärrykseltä tai puhtaalta järjeltä (tai siltä, mikä tiettynä aikakautena voidaan selittää poliittisesti).

Siksi lähimmäisenrakkaus korvaa täysin lopullisesti solidaarisuuden, vihollisten rakastaminen korvaa luokkataistelun ja ”orjan” täysin alistettu olemassaolon muoto korvaa ”proletaarin”. Kuten Weil oli kirjoittanut jo tehdaspäiväkirjansa lopussa, kyse oli lopulta ”niiden luokasta, joilla *ei* ole väliä – missään tilanteessa – toisten silmissä, ja joilla ei koskaan tulee olemaan väliä, vaikka tapahtuisi mitä (’Kansainvälisen’ ensimmäisen säkeistön viimeisestä rivistä huolimatta).[18] – – Ihminen tarvitsee aina itselleen *ulkoisia* merkkejä siitä, että hän on arvokas.”[19]

Mutta entä jos nämä ulkoiset merkit jäävät suurimman pimeyden aikaan kokonaan puuttumaan? Kuka sitten pelastaa, mikä turvaa ihmisoikeudet? Oma arvokkuus? Muut ihmiset, todellakinko? Voisiko heihin luottaa? Ja jos, niin minkä perusteella ja millä tavoin? Juuri nämä kysymykset ajavat toisaalla Ayn Randin hulluksi vuosina 1937 ja 1938.

”Lupaa ei myönnetty.”[20] Toukokuussa 1937 Ayn Rand kuulee sähkeitse, että hänen yrityksensä tuoda vanhempansa Leningradista New Yorkiin on epäonnistunut. Vaikka kaikki asiakirjat ovat saatavilla ja Rand jopa maksaa laivamatkan etukäteen, viranomaiset kieltävät heitä matkustamasta eivätkä ilmoita mitään syytä. Tämä ei sinänsä ole mikään yllätys. Ei varsinkaan aikana, jolloin Stalinin hallinnon mielivalta on matkalla kohti uutta huipentumaa. Edellisen vuoden näytösoikeudenkäyntien jälkeen puoluetta ja väestöä puhdistetaan ”vihamielisistä elementeistä” keväästä 1937 lähtien. Tämä tarkoittaa erityisesti sitä, että salainen poliisi vie viikoittain tuhansia ihmisiä kodeistaan varhain aamulla. Heidät raahataan NKVD:n kellariin, kuulustellaan siellä ja tarvittaessa kidutetaan. Heidät pakotetaan tunnustamaan tai ilmiantamaan muita, ja sitten joko teloitetaan tai tuomitaan vuosiksi pakkotyöhön vankileirien saaristoon. Vuonna 1937 annetun erityisasetuksen mukaan myös ”kansanvihollisen aviovaimo” ja ”vallankumouksen vihollisen perheenjäsenet” voidaan tuomita.[21] Kaksikymmentä vuotta vallankumouksen jälkeen se syö kirjaimellisesti omia lapsiaan.

Nykyään Venäjän vuodet 1937–38 muistetaan ”suuren terrorin” aikakautena, jolloin arkielämää määritti ilmapiiri, jossa erään aikalaistodistajan mukaan ”kukaan ei tiennyt mitä seuraava päivä toisi tullessaan. Ihmiset pelkäsivät puhua keskenään tai tavata toisiaan; etenkin perheet, joissa isä tai äiti oli jo ollut ’eristettynä’.”[22] Tämä pätee erityisen hyvin perheestä, jonka Yhdysvaltoihin muuttanut tytär vastustaa yhä voimakkaammin ”venäläistä kokeilua” kirjailijana ja kommentaattorina. Jo Aynin pelkkä olemassaolo – hän ymmärtää sen liiankin hyvin – muodostaa konkreettisen riskin hänen perheensä selviämiselle hengissä. Luonteenomaisen tinkimättömästi hän lopettaa viestin saavuttua kaiken yhteydenpidon. Hän ei edes vahvista vastaanottaneensa sähkettä.

Perhekriisi kulkee käsi kädessä luovuuden kriisin kanssa. Rand kokee ensi kertaa elämässään luovuuskriisin.[23] Kuukausien ajan hänen päivänsä kirjoituspöydän ääressä kostuvat vain tyhjiöön johtavista ajatuspyörteistä, keskeytyneistä yrityksistä ja hylätyistä luonnoksista. Uuden romaanin teema, päähenkilöt ja keskeiset kehityslinjat on tosin jo hahmoteltu selkeästi. Mutta niin kauan kuin Rand ei tiedä, mikä tapahtuma lopulta yhdistää dramaattisesti eri säikeet kirjan lopussa, hän ei voi jatkaa työskentelyä tai edes aloittaa sitä. Hän on omien sanojensa mukaan "menettämässä järkensä".[24]

Ongelman muodostaa vailla epäilystä hän itse, hänen oman luovuutensa lähteet ja voimat. Kaikki riippuu sytyttävän idean saamisesta. Mutta pelkällä ehdottomalla tahdolla, kuten Rand olisi itse ensimmäisenä ollut todistamassa, ei tällä alalla voi tehdä mitään. Päinvastoin.

HYMNI

Kesällä 1937 aviomies Frank on jälleen gangsteri Guts Reganin roolissa *The Night of January 16th* -näytelmän esityksissä Connecticutissa. He vuokraavat yhdessä talon Atlantin rannalta. Samalla kun Frank harjoittelee ja näyttelee, Rand haluaa lopultakin saada muita ajatuksia ja ennen kaikkea ideoita Long Islandin rannalla.

Päästäkseen toisiin ajatuksiin ja saadakseen mielikuvituksen laukkaamaan hän aktivoi suunnitelman, joka on perua hänen varhaisilta opiskeluajoiltaan. Ilmapatjalla meren äärellä hän kokeilee dystooppista tieteisromaania.[25] Lähtökohtana on yhteiskunta, joka on lopullisesti täydellisen kollektivisoimisen tilassa. Ihmisille ei siellä sallita edes tunnetta heidän omasta ainutlaatuisuudestaan. Varhaisesta lapsuudesta lähtien rukousten tavoin indoktrinoituina ("Me emme ole mitään. Ihmiskunta on kaikki. Olemme olemassa yksinomaan veljiemme armosta. Olemme olemassa veljiemme, valtion, kanssa, heidän puolestaan ja heidän kauttaan. Aamen"[26]) kaikki puhuvat ja ajattelevat aina monikon ensimmäisessä persoonassa: "me". Jopa omien tunteiden, toiveiden ja pelkojen suhteen. Sillä "kaikki ihmiset ovat yhtä, eikä ole muuta tahtoa kuin kaikkien ihmisten tahto"[27] – niin ainakin julistaa "suuri neuvosto", joka puhuu kaikkien puolesta ja on siten välttämättä oikeassa.

Randin luonnos perustuu viimeisiä yksityiskohtia myöten hänen maanmiehensä Jevgeni Zamjatinin vuonna 1920 julkaisemaan tieteisromaaniin *Me*, joka kiersi salaa kädestä käteen hänen opiskeluaikoinaan Leningradissa. Nimien asemesta myös Randin ihmisillä on robottimainen numero, valtiollinen kollektiivi on kaikkivaltias ja jumalallinen, jokaisesta yksilöllisestä poikkeamasta rangaistaan ankarasti.

On kuin venttiili olisi avautunut. Alle kolmessa viikossa Rand kirjoittaa satasivuisen pienoisromaanin Long Islandin rannalla. Randin sankari Equality 7-2521 löytää vahingossa tunnelin kaukaiselta ajalta ennen "suurta vallankumousta" ja alkaa kirjata siellä ajatuksiaan varastetulle pergamentille ("Tämän kirjoittaminen on syntiä").[28] Pian hän tekee myös tieteellisiä kokeita sammakoilla ja muilla eläimillä, mikä johtaa hänet löytämään uudelleen sähkön ihmeen ja jopa keksimään hehkulampun.

Päivätyössä kadunlakaisijana hänen katseensa kohtaa toistuvasti peltotyöläisen Liberty 5300:n katseen. Vapauttavan tiedon valon rinnalle tulee pian rakkauden valo ("Katsoimme toisiamme silmiin ja tiesimme, että ihmeen henkäys oli koskettanut meitä").[29] Molemmat onnistuvat pakenemaan esi-isiensä kiellettyyn metsään. Siellä he ovat jälleen yhdessä ja aloittavat uuden elämän paratiisimaisessa korvessa. Polku jaettuun vapauteen huipentuu löytämällä uudelleen ihmisten kielen ensimmäiset, tärkeimmät ja aidon vapauden takaavat sanat: "Käteni... Henkeni... Taivaani... Metsäni... Tämä maa on minun... Minulle on annettu monia sanoja, joista jotkut ovat viisaita ja toiset vääriä, mutta nämä kolme yksin ovat pyhiä: Minä haluan tätä."[30]

Itse itsestään määräävän järki-ihmisen vallankumouksellinen uudestisyntyminen täydellisen kollektivismin olosuhteissa päättyy, kuten itse pienoisromaanikin, "sanaan, joka ei voi koskaan kuolla täällä maan päällä, koska se on sen todellinen sydän ja sen kunnian merkitys. Pyhään sanaan EGO."[31]

TYÖTÄ MYYTIN PARISSA

Minän perusteella tapahtuvasta ihmisen voimaantumisesta tulee todellinen pelastustapahtuma, pääsy maanpäälliseen paratiisiin... Randin koko tarinan läpäisevät sekä Vanhan testamentin että kreikkalaisen mytologian aihelmat: kulku toisen maailman valoon on mahdollista luolatunnelin kautta; jumalallisen tulen rienaava ryöstö tapahtuu sähkön löytämisen muodossa; Equality 7-2521 näkee vapauttavasti omat kasvonsa ensimmäistä kertaa tyynessä lammessa. Oli vain loogista, että pelastetut nimettiin lopulta Prometheukseksi ja Gaiaksi.

Uskollisena ehdottoman itsekorostuksen johtomotiiville Rand kutoo tarinaan mukaan myös oman elämäkertansa pakolaisena: kuten hänen sankarinsa Equality 7-2521, myös Rand oli hieman yli 20-vuotias paetessaan Neuvostoliitosta; ja myös hänen tapauksessaan ensimmäinen teko onnistuneen paon jälkeen oli uuden nimen antaminen itselleen. Ollessaan vielä laivamatkalla Virosta Englantiin Alissa Rosenbaum kastoi itsensä "Ayn Randiksi".

Etunimen valinnan taustalla oli luultavasti hänen ihailunsa tuohon aikaan suosittua virolais-suomalaista kirjailijaa Aino Kallasta kohtaan,[32] jonka romaaneissa poliittisesti latautuneet tarinat vapaudesta yhdistyivät pohjoismaisen satumaailman myytteihin. Kun eräs fani kysyi hänen oudon etunimensä taustasta, Rand vastasi tammikuussa 1937: "Minun on myönnettävä, että Ayn on sekä olemassa oleva että keksitty nimi. Se on alun perin suomalainen etunimi, joka kirjoitetaan venäjäksi näin: Аина (Aina). Englanniksi se äännetään foneettisesti kirjoitettuna: I-na. En tiedä miten se kirjoitettaisiin oikein englanniksi, mutta päätin tehdä siitä nimen 'Ayn', eli poistaa a-kirjaimen lopusta. Äännän sen kuin englannin kirjaimen 'I', jonka liitteenä on -n."[33]

"I" – "Minä", matemaattisesti n-kertaisesti vahvistettuna: itsensä nimeäminen uskontunnustuksena. Randin työ hänen oman vapausmyyttinsä parissa alkoi ensimmäisenä päivänä pakenemisen jälkeen ja on nyt löytänyt ilmaisunsa pienoisromaanista *Anthem*, joka ilmaisee "kirjoitustyöni päämotiivin, tavoitteen ja ainoan tarkoituksen".[34]

Tosiasia, että Frank O'Connor meni Aynin kanssa naimisiin samaan aikaan, kun tämän useita kertoja jatkettu viisumi Yhdysvaltoihin uhkasi vanhentua vuonna 1931, sopii täydellisesti *Anthemin* elämäkerrallisiin kerrostumiin. Tämä rakkaudesta tehty klassinen päätös antoi Randille mahdollisuuden jatkaa asumista paratiisin puutarhassa.

PILVENPIIRTÄJÄ

Novellin valmistuttua pariskunta palaa takaisin Manhattanille, missä he ovat nyt muuttaneet kahden kissansa kanssa Upper East Siden alueelle, kolmen huoneen huoneistoon jonka Frank on sisustanut antaumuksella. Randin suureksi pettymykseksi *Anthemille* ei kuitenkaan löydy ottajaa. Myös muut teatteriprojektit sekä kaavailtu *We the Living* -dramatisointi peruuntuvat. Hän saa myös tietää, että hänen kustantajansa Macmillan tuhosi vahingossa hänen ensimmäisen romaaninsa ladelmat ensimmäisen painoksen jälkeen eikä pysty nyt painamaan sitä lisää, vaikka myynti piristyy ihmeellisesti runsaat puolitoista vuotta sen ilmestymisen jälkeen. Rand voi sille tuskin mitään, että hän haistaa kaiken tämän takana taas "punertavan" salaliiton New Yorkin kustannusmaailmassa. *The Night of January 16th* -näytelmän elokuvaoikeuksien myynti tuottaa kuitenkin taloudellista helpotusta (5 000 dollaria, nykyrahassa noin 75 000 euroa).[35]

Juoniratkaisua se ei kuitenkaan vie lainkaan eteenpäin. Samaan aikaan suhde ”Cubbyhole” (’Pikkusoppi’) Frankiin alkaa kaikesta kiintymyksestä huolimatta siirtyä yhä kauemmas Randin ihanteista. Puhtaasti käytännön näkökulmasta Frankin elämä New Yorkissa merkitsee hänelle valtavaa helpotusta, mutta elämänestetiikan kannalta se on vakava pettymys. Oli kuin hänen unelmiensa orkesteri olisi lakannut soittamasta. Ilmaisematta erimielisyyttä tai edes haluttomuutta hän ottaa huolehtivan, mutta muutoin melko aloitekyvyttömän kotimiehen roolin. Hän ei ole millään tavoin taipuvainen palvelemaan spontaanisti Randin yhä selkeämmiksi kehittyviä fantasioita ”kahmaisemisesta – – villieläimen tavoin”.[36] Pikemminkin he huomaavat vieraantuvansa toisistaan aivan liian arkisista syistä.

Kuka tai mikä sitten saattaisikin saada Randin pois syksyn syvästi huonosta mielialasta, hänen mieheltään sitä ei voinut odottaa. Se, mitä Frankilta ilmeisesti puuttuu, on ohjaava impulssi, yhdistävä teema elämässään; viimeinen, kaikelle perustan antava ja täysin itsenäinen ”Minä haluan” oman olemassaolon pohjalla. Randille tämä on itsessään tilanne, jota on mahdoton hyväksyä. Varsinainen inhimillinen emämunaus.

Joka tapauksessa hän on varhaisesta nuoruudesta lähtien tiennyt liiankin hyvin, miksi hän on maailmassa: elämänonnensa seppänä ja kertomusten luojana, jotka näyttävät maailman sellaisena kuin sen pitäisi olla – eikä sellaisena kuin se valitettavasti on. Ja sama pätee hänen supersankariinsa Howard Roarkiin, vain sillä erolla, että arkkitehtina tämä löysi onnensa rakentaessaan rakennuksia, joissa ihmiset todella asuvat ja joissa heidän pitäisi kirjaimellisesti tuntea olonsa kotoisaksi. Kuten jumalten kohdalla, korkeimmalla suunnalla, toiminnan ja muodon pitäisi olla hänessä täysin yhtä: ihminen pilvenpiirtäjänä.

Takaisin piirustuslaudalle siis. Ainakin romaania hallitseva peruskonflikti oli Randille selvästi näkyvissä. Howard Roarkin tuhon ja nousun tulisi olla esimerkkinä individualismin ja kollektivismin välisestä taistelusta ihmisen sielussa.[37] Vuosien 1937–38 tilanteessa juoniratkaisun tekee vielä monimutkaisemmaksi maailmanpoliittinen kehitys. Nyt ei yksinkertaisesti ollut enää mahdollista rajata aihetta pelkästään psykologisiin näkökohtiin. Jos yli-ihminen Roarkin todella oli tarkoitus kyetä edustamaan kaikkia, taistelussa hänen luomistyöstään oli oltava muitakin kuin vain esteettisiä ja yksityisiä motiiveja.

Rand jatkaa asian hautomista mielessään. Tutkimustarkoituksissa hän aloittaa loppusyksystä 1937 työt sihteerinä erityisesti pilvenpiirtäjiin erikoistuneessa Ely Jacques Kahnin arkkitehtitoimistossa. Ainoastaan Ely Kahn, joka esiteltiin Randille konservatiivipiirien yhteisten tuttavien kautta, tietää hänen todellisesta tehtävästään. Maaliskuussa 1938, vähän ennen keskipäivää, Rand kysyy pomoltaan ohimennen, mitkä työt asettavat tällä hetkellä suurimpia haasteita. Kahn vastaa epäröimättä: sosiaalinen asuntotuotanto. ”Yhtäkkiä päässäni napsahti, koska ajattelin, että tässä se oli, poliittinen aihe, joka liittyy myös arkkitehtuuriin – ja joka on sen vuoksi täydellinen omiin tarkoituksiini.”[38] Roark ja sosiaalinen asuntotuotanto, tässä se oli!

Jo lounastauon aikana Rand päättää koko kirjan juonen: romaanin lopussa hänen sankarinsa on oikeudessa syytettynä, koska hän itse räjäytti suunnitelmiensa mukaisesti rakennetun sosiaalisten asuntojen mallikorttelin vähän ennen sen valmistumista. Protestina sille, että julkinen suunnittelukomitea puuttui hankkeeseen sen viimeisessä vaiheessa.

Cortlandtin pitäisi olla olemassa sellaisena kuin hän halusi – tai ei ollenkaan! Hän sen ideoi! Hän sen suunnitteli – eikä kukaan muu! Siksi hän eikä kukaan muu päättäisi, saisiko se olla olemassa vai ei. Mitään pakkolunastuksen muotoa ei voida sietää, varsinkin kun on kyse luovan työn eheydestä. Tässä nerokas egomaanikko taistelee ”aivan liian monien” komiteoita vastaan. Perfektionismi vastaan kompromissien logiikka. *Prime mover* vastaan *second-hander*. *Roark against the people*. Kenen oikeuksia on tarpeen suojella? Kenen nimissä? Ja millä tavoin?

ECCE HOMO

Rand seuraa Nietzschen metaforisilla jäljillä aina juoniratkaisun ytimeen saakka. Esimerkillinen uudelleenarviointi altruistisesta arvokaanonista, joka yhdistää läheisesti toisiinsa kristinuskon ja kommunismin, voi onnistua vain räjäyttämällä sen. Kuten *Ecce Homon* luvusta ”Miksi olen kohtalo” on luettavissa:

> Tiedän osani. Jonakin päivänä nimeeni liitetään muisto jostakin kauheasta – kriisistä, jollaista ei ennen ole maan päällä ollut, syvällisimmästä omantunnon törmäyksestä, esillemanatusta ratkaisusta kaikkea sitä *vastaan*, mihin tähän asti on uskottu, mitä on vaadittu ja pidetty pyhänä. Minä en ole ihminen, olen dynamiittia. – –
>
> Minä sanon vastaan, niin kuin ei vielä koskaan ole sanottu vastaan, ja siitä huolimatta olen ei-sanovan hengen vastakohta. Olen sellainen *ilosanoman tuoja* jollaista ei ennen ole ollut – tunnen niin korkeita tehtäviä, että niistä ei tähän mennessä ole ollut edes käsitystä; vasta minusta lähtien on jälleen toivoa. Kaiken tämän myötä olen välttämättä myös kohtalokas ihminen. Sillä kun totuus käy taistoon vuosituhantisen valheen kanssa, saamme kokea sellaisia maan vavahteluja, maanjäristysten repeämiä, vuorten ja laaksojen siirtymiä, jollaisista ei koskaan ennen ole edes uneksittu. Politiikan käsite on silloin muuttunut täysin henkien sodaksi, kaikki vanhan yhteiskunnan valtarakennelmat on

räjäytetty ilmaan – ne lepäsivät kaikki valheen varassa: tulee sotia, jollaisia ei maan päällä vielä ole ollut. Vasta minusta lähtien maan päällä on *suurta politiikkaa.*[39]

Nietzsche oli Randille dynamiittia. Roark oli hänen amerikkalainen räjäytysmestarinsa. Mutta mitä kaikki tämä olisi, jos suurta politiikkaa ei olisi mahdollista perustaa myös aidon yksilöllisen suuruuden psykologiaan? Psykologiaan, joka tekee oikeutta myös halutun sisäisen autonomian ihannekuvaukselle? Tutkiakseen nimenomaan sitä Randin ei tarvinnut poistua omasta asunnostaan. Hänelle riitti sen sijaan yksi, ehdottoman esimerkillinen tutkimuskohde – hän itse: ”Esikuvana Roarkin psyykelle oli omani.”[40]

TUNNUSTUKSEN MYRKKY

Rand muotoilee Roarkin sankarillisen vankkumattomuuden oman psyykkisen kuvansa mukaan. Ja siksi hän on varma siitä, mikä itsemääräämisoikeuden onnistumisen todellisena edellytyksenä on. Merkintä ajattelupäiväkirjassa:

10. marraskuuta 1938

On hirvittävän huonoa olla tietoinen siitä, mitä muut ajattelevat itsestä (riippumatta siitä, ajattelevatko he hyvää vai huonoa). Ota itsesi itsestäänselvyytenä. Tietoisuus, joka koetaan yksin – ilman muiden katseen painon taakkaa – on ainoa terve tietoisuus.[41]

Jokin sellainen, mitä yleisesti pidetään vakavana ihmisjärjen vääristymänä, ellei jopa avoimesti narsistisena häiriönä, edustaa Randin maailmassa jokaisen egon ihannetilaa, johon on toden teolla pyrittävä. Todella vapaana oleminen tarkoittaa ennen kaikkea vapautta muiden aina myös normatiivisesti latautuneesta läsnäolosta, joka ei ilmene missään selvemmin kuin heidän silmiensä, katseensa kautta. Tässä mielessä Rand puhuu myös suosikkikirjailijansa Victor Hugon sanoin ”muiden ihmisten pedon” äänettömästä läsnäolosta kaikkialla.[42]

Hän on ideologi, jolla on valtavan laajat, ei vähiten yhteiskuntafilosofiset seuraukset. Jos seurataan Randia, ihminen, joka yrittää varjella itsenäisyyttään tai jopa minäkuvaansa taistelemalla itselleen tunnustusta muilta, on jo menettänyt sen hyväksymällä nämä muut. Toisin sanoen ei ole olemassa onnellista tietoisuutta toisten ihmisten kanssa ja heidän kauttaan – edes ystävyydessä tai rakkaudessa. Sillä:

> Ystävyys: Roark on ainoa, joka kykenee todelliseen ystävyyteen, koska hän pystyy näkemään ihmiset yksinkertaisesti sellaisenaan, *epä*itsekkäästi, koska hän on liian itsekeskeinen, koska he eivät ole millään tavalla osa häntä. Pohjimmiltaan hän ei tarvitse heitä, ei heidän mielipidettään hänestä, ja voi siksi arvostaa heitä sellaisenaan, tasa-arvoisina. Roark ei halua tehdä vaikutusta tai voittaa muita puolelleen, koska hänen ei tarvitse.[43]

Toisin sanoen: vain Roarkin kaltainen henkilö voi ehdottomasti kunnioittaa muita – ja itseään – päämääränä itsessään”, koska vain hänen kaltaisensa ei tunne tarvetta käyttää muita omiin tarkoituksiinsa tai välineellistää heitä. Hän ei tarvitse heitä psyykkisesti. Ei omanarvontuntonsa vuoksi eikä sen aseman vuoksi, joka hänellä on maailmassa. Jos on todella olemassa psykologinen perisynti, joka tarkoittaa lankeamista muiden ihmisten muodostamaan helvettiin ja siten välttämätöntä itsensä laiminlyöntiä, niin Randille se koostuu kysymyksestä: Mitä mieltä olet minusta?

AAMUNKOITTO

Aivan kuten Simone Weil samaan aikaan, myös Ayn Rand pohtii kysymystä siitä, mitä omasta ihmisarvosta uhkaa tulla tämän kaltaisina aikoina, jos se perustuu täysin sosiaaliseen tunnustukseen, joka voidaan myöntää tai kieltää. Weilin kokemus johtaa hänet paikantamaan ihmisarvon todellisen perustan jumalalliseen, rakastavaan transsendenssiin, joka vapauttaa tai parantaa tietoisuuden egon illuusiosta rakastavan Jumalan nimessä: ihminen on toisen ihmisen edessä, kuten kaikki muutkin, ihannetapauksessa vain ikuisesti avoin astia aktiivista lähimmäisenrakkautta. Randin kokemukset puolestaan pyrkivät turvaamaan ihmisarvon ehdottomuuden antamalla haluavalle minälle jumalallisen suvereeniuden ja loukkaamattomuuden. Kuten kaikki muutkin vapaana syntyneet, ihminen on ihannetapauksessa kokonainen maailma ja ikuisesti virtaava järkevän itsensä rakastamisen lähde. Sekä Weilille että Randille todellinen metafyysinen helvetinnäky koostuu kuitenkin yhtä suurella varmuudella siitä, että mainittu lähde ja turvaaminen luovutetaan muiden ihmisten käsiin – tai jopa kaikkien muiden ihmisten käsiin.

Todella maailmaa rakastava tietoisuus lepää jossakin muussa kuin muiden ihmisten katseessa: Weilille Jumalan rakkaudessa, Randille sen sijaan jumalaan rinnastuvassa itserakkaudessa. Näin tietoisuus Randin mukaan, roarkilaisessa ihannetapauksessa, keskittyy aina täysin itse itselleen asettamiensa konkreettisten toimintatavoitteiden saavuttamiseen. Todellisuudessa se ajattelee yhtä vähän itseään kuin muita ihmisiäkään; se ajattelee ainoastaan sitä, mitä se järkevästi haluaa saavuttaa tällä hetkellä. Ihannetapauksessa se on tyyni ja häiriintymätön puhtaassa toiminnassaan. Se on tietoisuutta olemisen puhtaasta ilosta – ja kuvaa siten tilaa, jonka saavuttaminen ja säilyttäminen on melkein kaikkien tunnettujen ihmiskunnan viisausoppien nimenomainen tavoite. Tämä tila esitetään yleisimmin kuvana ihmisestä, jolla on lempeä, ajatuksiin uppoutunut hymy huulillaan.

On vain johdonmukaista, että Rand nietzscheläisenä kulkee askeleen pidemmälle muuttamalla tämän naurun täyteläiseksi, itsevarmaksi nauruksi ja sijoittamalla sen aivan romaaninsa alkuun – yhdistettynä täysin selkiytyneen tietoisuudentilan kuvaamiseen, joka itse asiassa kannattelee tätä naurua. *The Fountainhead* alkaa seuraavasti:

> HOWARD ROARK nauroi.
> Hän seisoi alasti kallion reunalla. Järvi oli kaukana hänen alapuolellaan. Jäätynyt graniitti räjähti taivaalle liikkumattoman veden ylle. Vesi näytti kiinteältä, kivi virtaavalta. Kiven liikkumattomuus oli kuin lyhyt hetki keskellä taistelua, kun voima kohtaa voiman ja virtaukset seisahtuvat liikkumattomuuteen, joka on dynaamisempaa kuin liike. Kivi hehkui auringon säteiden kastelemana.
> Alla oleva järvi oli vain ohut teräsrengas, joka leikkasi kivet kahtia. Kivet jatkuivat syvyydessä muuttumattomina. Ne alkoivat ja päättyivät taivaalla. Niin että maailma näytti roikkuvan avaruudessa, saarena joka kellui keskellä ei mitään, ankkuroituna kalliolla seisovaan mieheen.[44]

Maailma egosaarena – jossa on kiinni vain kukkulalla seisova ihminen, joka on valmis hyppäämään uuteen elämään. Tällä tavalla alkuun päässeenä Ayn Randilla ei vuoden 1939 alussa ollut enää tehtävää, jonka tasalla hän ei olisi tuntenut olevansa.

YKSISUUNTAINEN KATU

Take yourself for granted... ainakin Walter Benjamin vihasi itselleen uutta kieltä alusta alkaen. Mutta se ei auttanut. Jopa hänen pienessä huoneistossaan osoitteessa 10, rue Dombasle, Pariisin "heimon" epävirallisessa päämajassa, ihmiset istuivat yhdessä ilta toisensa jälkeen, joivat teetä, pelasivat šakkia ja, kyllä vain, opettivat itselleen englantia. Olosuhteet Ranskan pääkaupungissa kiristyivät kuukausittain, ikään kuin Berliinin vuosien 1932 ja 1933 käsikirjoitusta mahdollisimman uskollisesti seuraten. Sillä ratkaisevalla erolla, että pakenevat juutalaiset eivät enää voineet kokea oloaan turvalliseksi missään Euroopan mantereen maassa.

Kun Itävalta oli liitetty Hitlerin valtakuntaan "Anschlussissa" maaliskuussa 1938, sieltä tuli uusi virta pakolaisia. Peruuttamalla 20 000 juutalaiselta kansalaisuuden Varsovan hallitus yritti estää heitä palaamasta Puolaan. Myös Ranskassa ulkomaalaislakien tiukentaminen toukokuussa vaikuttaa suuresti uusiin pakolaisvirtoihin. Vuonna 1938 Pariisin noin neljästä miljoonasta asukkaasta yksi kymmenesosa on ulkomaalaisia. Heistä noin 40 000 on juutalaispakolaisia. Juuri tämän ryhmän Ranskan tiedotusvälineet, Saksan tukemina, esittivät olevan vastuussa "suuren kansakunnan" kasvavista sisä- ja ulkopoliittisista jännitteistä. Jo keväällä 1938 Pariisissa nähdään ensimmäisiä pakolaisten pidätyksiä ja karkotuksia – samoin kuin epätoivoisia itsemurhia. Samanaikaisesti Adolf Eichmann perustaa valloitettuun Itävaltaan "maastamuuton keskustoimiston", jonka tavoitteita ja käytäntöjä on tarkoitus laajentaa vähitellen muille alueille natsien tahdon mukaan.[45]

Kun Arendt eräässä Varnhagen-kirjan vastikään kirjoitetuista luvuista lainaa päähenkilönsä sanoja "Kuinka ilkeää on aina joutua oikeuttamaan itsensä", hän kuvailee samalla oman elämäntilanteensa synkkää ydintä, sekä psykologisesti että hallinnollisesti. Mikään ei ole kauhistuttavampaa tai absurdimpaa kuin ajatus, että saksanjuutalaisena voisi yksinkertaisesti ottaa itsensä "for granted" vuoden 1938 Pariisissa.

Benjamin on kannustanut Arendtia jatkamaan keskeneräistä työtään. Kirjan kahdessa viimeisessä, Pariisissa kirjoitetussa luvussa Arendtin ajatukset Rahelista pyörivät sen ympärillä, miten elinkelpoisen identiteetin voi saavuttaa ei-juutalaisen, rakenteellisesti selvästi antisemitistisen enemmistön keskellä. Ja kirjan Berliinissä kirjoitettuun osaan verrattuna uusi teksti on sävyltään huomattavasti ärhäkämpää, jopa suorastaan taistelunhaluista.

MITÄ ALKEELLISIMPIA VALHEITA

Varnhagenin tapausta analysoidessaan Arendt soveltaa ranskalaisen sosiologin Bernard Lazaren (1865–1903) tekemää eroa *paarian* ja *nousukkaan* välillä. Syrjäytyneen ryhmän synnynnäisenä jäsenenä paarialla on yhteiskunnallisesti ulkopuolinen asema, kun taas nousukkaalle sosiaalisena kiipijänä on tunnusomaista se, että hän on elämänsä mittaan menestyksekkäästi voittanut esteet ja ulossulkemiset. Yksi heistä oli Rahel, joka juutalaisen pankkiirin tyttärenä nousi hovipiireihin saksalaisromanttisella aikakaudella solmimalla myöhään avioliiton diplomaatti Karl August Varnhagen von Ensen kanssa, joka oli kasvanut Preussin aatelistossa. Kääntymällä kristinuskoon hän lopulta luopuu juutalaisista juuristaan.

Arendtin mukaan tämä on viime kädessä mahdoton yritys hävittää omat juurensa paariana. Siihen pyrkimisen hintana on lisäksi aina pysyvä naamioituminen ja turtuminen. Tällaisen täydellisen "saksalaiseen valtakulttuuriin sulautumisen" psykologisena hintana Rahel joutui mukauttamaan muiden tahtoon "makunsa, elämänsä, toiveensa – kokonaan ja eräänlaisena kaiken kieltävänä valintana ennen kaikkia valintoja". Arendtin sanoin tämä edustaa "paljon alkeellisempaa valhetta kuin pelkkää tekopyhyyttä".[46]

Arendtille ulkoisesti menestyvän (juutalaisen) assimiloitujan tyypistä tulee erinomainen esimerkki läpikotaisin ulkoa tapahtuvasta määrittymisestä, joka äärimmäisissä tapauksissa tunkeutuu niin syvälle oman sisäisen minän piiriin, ettei asianosainen voi enää itse nähdä sitä. Tämä on jotakin samanlaista kuin *second-handers*-ilmiö, jota Ayn Rand käyttää avaimena Nietzschen innoittamaan vieraantumisen kritiikkiin naapurinsa Marcella Bannettin esimerkin avulla. Naamio istuu lopulta niin tiukassa, että oman itsensä todellisille lähteille tulee sokeaksi. Arendt puhuu nousukkaana olemisen yhteydessä jopa "kaiken oivaltavaisuuden ja kaikkien näköalojen suuresta myrkyttymisestä".[47]

Jos nousukkaassa kuitenkin säilyy edes pieni valppauden kipinä, mitä tulee siihen jonka nimitys Randilla on *sense of life*, yksittäinen avainkokemus voi saada hänet epäilemään tai jopa järkyttyneenä toteamaan, että hän "ei pohjimmiltaan ole lainkaan toivonut tulevansa siksi joka hän on, eikä olisi lainkaan voinutkaan toivoa".[48]

PELASTUS KONKURSSISTA

Se, mikä lopulta pelasti Rahelin itseensä ja maailmaan suuntaaman katseen täydelliseltä nousukastyyppiseltä hämärtymiseltä, oli erikoisella tavalla säilynyt vastaanottavaisuus, jota Rahel itse kuvaili "suurimmaksi, sanoinkuvaamattomaksi virheekseen". Se koostui seuraavasta: "Satutan mieluummin omaa sydäntäni kuin satutan jotakuta muuta ja näen hänen haavoittuvuutensa."[49]

Arendtille tämä vaistomainen, mutta joka tapauksessa epärefleksiivinen herkkyys välittömän vastapuolen vaatimuksille ei vain luonnehdi paarian todellista olemusta. Pikemminkin "paaria löytää vaistomaisesti yleisen ihmisarvon kauan ennen kuin järki on tehnyt siitä moraalin perustan".[50]

Eräänlaisessa avoimessa vuoropuhelussa Immanuel Kantin moraalifilosofian kanssa Arendt tekee todellisesta itsemääräämisestä toisen edessä pohjan omalle etiikalleen. Sillä autonomian ja ihmisarvon todellisena lähteenä ei enää toimi kantilainen "sisälläni olevan lain noudattaminen" vaan säilynyt spontaanisuus, jolla lähimmäisen kärsivät kasvot koskettavat omaa tahtoa. *Kiitollisuus* muiden ihmisten olemassaolosta maailmassa ja heidän jatkuvan haavoittuvuutensa aktiivinen *huomioiminen* ovat Arendtin mukaan moraalisen olemassaolomme kaksi todellista lähdettä. Eikä konkreettisessa kontekstissa ole vain valitun esitystavan tai filosofis-systemaattisen suuntautumisen syytä, että juuri nuo kaksi taipumusta ovat Ayn Randin yli-ihmismäiselle ideaalihahmolle Howard Roarkille olemuksellisesti vieraita.

Arendtin maailmassa Roarkin kaltainen olento ilmentää esimerkillisesti nousukkaan arvoja. Varnhagen-kirjan Pariisissa kirjoitetusta luvusta: "[Nousukas] ei uskalla olla kiitollinen, koska hän saa kiittää kaikesta omia voimiaan; hän ei saa olla huomaavainen, koska hänen on pidettävä itseään eräänlaisena tehokkuuden yli-ihmisenä, poikkeuksellisen hyvänä ja vahvana ja älykkäänä ihmisenä, mallina jota paariaparkojen on syytä seurata."[51]

Arendtin päähenkilön Rahelin kohdalla mikään ei kuitenkaan ole oikeastaan yhtä. Hänen elämäkerrallisen kehityksensä aikana kaikki on pikemminkin ilmeisellä tavalla perusteetonta, sekavaa, "väliinputoajamaista", ilmeisen epäjohdonmukaista ja kaikkein terveellisimmässä mielessä toivotonta ("voin vannoa kaikkivaltiaan Jumalan nimeen, etten ole koskaan elämässäni voittanut yhtäkään heikkouttani").[52] Juuri tässä on hänen pelastuksensa "ihmisenä" synkimmässä tilanteessa ja ajassa, hänen jatkuva avoimuutensa itsetuntemuksen ja maailman rakastamisen tielle. Viime kädessä filosofiselle tielle, joka paarialle on erityisellä tavalla avoimena. Sillä Rahelin katsantokanta on "sama katsantokanta, jonka kautta paaria juuri ulkopuolisuuttaan pystyy näkemään elämän kokonaisena, ja se tie, jonka kautta paaria voi toteuttaa '*suurta* rakkauttaan vapaaseen olemiseen'. Se on tarjolla paarialle jos tämä, vaikkakin kykenemättömänä kapinoimaan yksilönä koko yhteiskuntaa vastaan, hylkää vaihtoehdon tulla nousukkaaksi ja saa 'lohduttomista tilanteistaan' hyvitykseksi 'kokonaisnäkemyksen'. Tämä on hänen ainoa toivonsa, jolla on arvoa: 'että kaikki liittyy kaikkeen; ja itse asiassa kaikki on riittävän hyvin.' Tämä saadaan pelastetuksi elämän *suuresta* konkurssista."[53]

On selvästi syytä erikseen korostaa, että se, mitä Arendt ajatuksellisesti esittää Rahel-kirjan Pariisissa kirjoitetuissa luvuissa, on muutakin kuin vain se triviaali oivallus, että sosiaalisesti ulkopuoliselle yksilölle avautuu erityisen mielenkiintoisia näkökulmia oletetun keskuksen dynamiikkaan. Sen sijaan hän muotoilee politiikan syvästi läpäisemää olemassaolon ja tutkimustyön ihannetta, joka oli koko ”Pariisin heimoa” ohjaava periaate: olla täysin syrjässä ja erimielisiä (psykologisesti, poliittisesti, sosiaalisesti ja ammatillisesti) ja säilyttää silti kykynsä tulla tämän maailman ja siinä olevien ihmisten koskettamaksi, vaikuttamaksi ja tunnustamaksi. Kirjallisuuden alueella tämä johti siihen, että eräänlaiset ”lumpunkerääjät” ja ”myyrät” (Benjamin) keräsivät talteen kaikki ne paarioiden todistukset, jotka osoittivat ainakin siinä mielessä tien ulos pimeydestä, että ne auttoivat nykyhetkeä ymmärtämään, miten ihmisyyden tila oli voinut muuttua niin synkäksi kuin oli. Kuten Benjamin nimittäin asian muotoili vuonna 1938 New Yorkissa tutkimuksia suorittaneelle ajattelijaystävälleen Gershom Scholemille, ”tämä aikakausi, joka tekee niin monet asiat mahdottomiksi, ei varmasti sulje pois mahdollisuutta, että historian päivänkierto tulee saattamaan juuri nuo asiat oikeaan valoon”.[54]

Monet, melkein kaikki jäljet johtavat alun perin 1800-luvulle; nämä alkuperät on seulottava läpi ja tuotava päivänvaloon.[55] Ei akateemisen mielenkiinnon vaan pikemminkin yhteisen lähetystehtävän vuoksi. Näinä pimeinä kuukausina Benjamin työstää intensiivisesti esseitä Kafkasta ja Baudelairesta sekä työtään Pariisin kauppakujien synnystä. Takapiru Blücher keskustelee seuraajiensa kanssa siitä, miten nousukkaiden sieppaamiksi joutuneet Marxin ja Engelsin voisi parhaiten pelastaa. Arendt kirjoittaa Rahelista ja juutalaisten assimiloitumisen moninaisesta kätketystä historiasta – ja hahmottelee näin myös eräänlaista sionismin esihistoriaa poliittisena liikkeenä.

Tämän jakautuneen "heimon" eetos synnyttää myös riittävän täsmällisiä arkisia toimintaohjeita, kuten nämä: Valitse ehdottomasti puolesi, mutta älä kuulu täysin mihinkään puolueeseen – olipa se sitten kommunistinen tai edes sionistinen. Tunnustetun mahdottomuuden "kapinoida yksilönä kokonaisuutta vastaan" ei missään olosuhteissa pidä johtaa halukkuuteen alistaa oma ajattelukykynsä väistämättä lamaannuttavan "puolueen logiikan" saneluun.

Mikään päämäärä ei pyhitä keinoa, jos keinon on tekona petettävä itse päämäärä. Ja mikä loppujen lopuksi oli poliittisen toiminnan tavoitteena ellei säilyttää oman ajattelun kypsä spontaanisuus? Sen sijaan että se olisi puolue tai oma ryhmänsä, "Pariisin heimo" mielsi itsensä pieneksi ystäväpiiriksi, jonka jäsenet pikemminkin rohkaisivat kuin valittelivat enenevää syrjäytymistään. Ja myös piiriksi, jonka tärkeimmät yhteen sitovat voimat eivät perustuneet jaettuun syntyperään vaan annettuihin lupauksiin. Ensisijaisesti lupaukseen muovata tulevaisuutta itse. Etenkin synkimpinä aikoina se oli ainoa lupaus, jonka saattoi tehdä.

Puhtaasti ulkoisista pakoista ei ollut pulaa. Aivan kuten ei ollut mitään syytä antaa oman olemassaolon kasvavalle pirstoutumiselle romanttista latausta. "Loppujen lopuksi syrjäytyneiden ylistetty vapaus yhteiskuntaa vastaan on harvoin muuta kuin täysin vapaa oikeus epätoivoon."[56] Joka tapauksessa kukaan ei voi elää tai edes ajatella vapaasti ilman edes jonkinlaista turvallisen kulissin jäännettä. Ja vuoden 1938 Ranskassa tämä kulissi oli pala palalta katoamassa. Koska Aliyah de la Jeunesse -järjestö on siirtänyt keskustoimistonsa Pariisista Lontooseen, jopa Arendt on vaarassa menettää työpaikkansa. Puhtaaseen hengissä selviämiseen tarvittava työluvan, oleskeluluvan ja henkilöllisyystodistuksen muodostama kolmio kapenee jokaisen uuden lain myötä. Joka oma-aloitteisesti ilmoittaa paperiensa vanhentuneen, ottaa riskin karkotetuksi tulemisesta. Samoin se, joka ei ilmoita ja jää siitä kiinni. Tämä on pian lähes päivittäinen huolenaihe sellaisille vapaana kelluville olennoille kuin Blücherille ja Benjaminille. He ovat *réfugiés provenants d'Allemagne*, Saksasta lähtöisin olevia pakolaisia, joiden paperit on uusittava säännöllisesti.

Tuskin kukaan uskaltaa lähteä maasta. Benjamin joka tapauksessa lähtee kesällä 1938 ja hyväksyy Bertolt Brechtin kutsun tulla ilahduttamaan häntä Tanskan maanpaossa, Arendtin äskettäin terävöittämillä šakkitaidoillaan. Arendt uskaltautuu silloin tällöin Geneveen tapaamaan vanhaa perheystävää Martha Mundtia, ei vähiten valmistellakseen äitinsä siirtymistä Pariisiin; tämä ei myöskään enää tunne oloaan turvalliseksi Königsbergissä.

Kun brittiläisten ehdottama kahden valtion ratkaisu (jossa Jerusalem olisi pysynyt Ison-Britannian protektoraattina) on lisäksi epäonnistunut, Palestiinan tilanne on huonontunut merkittävästi ja edennyt suoraan eräänlaiseen sisällissotaan juutalaisten ja arabien välillä. "Mitä tulee juutalaisiin", Arendt kirjoittaa "Stupsilleen" 22. lokakuuta 1938 Genevestä Pariisiin, "olen myös hyvin huolissani Jerusalemista ja muistakin asioista. Se voi käydä niiiin pahaksi, että sitä voi melkein tulla taas iloiseksi."[57] Rahelin ääni, Arendtin luonne. Hänen perustavanlaatuiseen elämänmyönteisyyteensä ei pysty mikään eikä kukaan. Luonnollisen spontaanisuuden onnenpotku.

EPÄNORMAALI RIIPPUVUUS

Toisenlaiset luonteet, kuten perheystävä "Benji", eivät samaan aikaan pysy yhtä lujina. Helmikuun 4. päivänä 1939 hän tiedottaa ystävälleen Scholemille Jerusalemiin: "Talven tuloa säesti vakava masennuskausi, ja kaikki mitä voin sanoa viimeksimainitusta, on *je ne l'ai pas volé* [en ole varastanut sitä]. Samaan aikaan sattui useampi kuin yksi asia. Ensiksikin jouduin toteamaan, ettei huoneessani käytännössä voi työskennellä talvella juuri lainkaan. Kesällä minulla on mahdollisuus avata ikkunat ja hukuttaa hissin pitämä meteli Pariisin katuääniin; mutta ei kylminä talvipäivinä – –."[58]

Lisäksi tunnelmaa madalsivat vastoinkäymiset Adornon ja Horkheimerin kaukaisessa New Yorkissa sijaitsevan sosiaalitutkimuksen instituutin kanssa, joka oli hänen viimeinen maksava asiakkaansa. Työn on kuitenkin jatkuttava, mikä ei ole helppoa, "sillä se eristyneisyys, jossa elän ja etenkin teen töitä täällä, aiheuttaa luonnotonta riippuvuutta siitä, millaisen vastaanoton tekemiseni saavat".[59]

Kesäkuussa 1939 Scholemilla taas ei ole muuta vaihtoehtoa kuin kertoa ystävälleen mielialan "pidäkkeettömästä synkkenemisestä ja lamaantumisesta" Jerusalemissa: "Onhan mahdotonta *olla pohtimatta* meidän tilannettamme, ja 'meillä' en tarkoita pelkästään meitä palestiinalaisia. Hirveä katastrofi, jonka juutalaiset ovat kokeneet viimeksi kuluneen puolen vuoden aikana, ja jonka mittasuhteita kukaan ei voi täysin käsittää, tämä täydellinen toivottomuus tilanteessa, jossa ratkaisu löytyy vain pitääkseen seuraavaksi meitä jo pilkkanaan (kuten häpeällisessä 'projektissa' juutalaisten lähettämiseksi 'siirtokunnaksi' Brittiläiseen Guianaan), kaikki tämä iskee tajuntaan ennemmin tai myöhemmin ja pyyhkii pois kaiken ilomielisyyden. – – Minulle Palestiinan vajoaminen sisällissodan näyttämöksi on viime kädessä jotakin enemmänkin kuin vain yksi menetetty mahdollisuus muiden joukossa. – – Mahdollisuuden elinkelpoisen palestiinalaisen[60] siirtokunnan saamiseksi seuraavan maailmansodan kautta vaarannamme me itse aivan yhtä paljon kuin englantilaiset ja arabit. Meidänkin puolellamme tapahtuu hirvittäviä tekoja, ja vapisen, kun yritän miettiä sitä, mikä tämän ainoana seurauksena voi olla. Me elämme terrorissa; englantilaisten antautuminen tämän terrorin edessä saa tyhmemmät meistä uskomaan, että terrori on ainoa ase, jolla mekään voimme saada mitään aikaan, erityisolosuhteistamme huolimatta."[61]

Scholem korostaa Hannah Arendtin hänelle lähettämää kirjaa "Rahel-rouvasta" näiden kuukausien ainoana valopilkkuna. Hän pitää teoksesta "*hyvin* paljon". Hänestä se "on erinomainen analyysi siitä, mitä siihen aikaan tapahtui, ja osoittaa, ettei petokselle rakentuva suhde, sellainen kuin saksanjuutalaisten suhde 'saksalaisuuteen', voi päättyä muuten kuin onnettomasti. – – Harmi, etten näe miten kirjan saisi julkaistua."[62]

Jos omaa henkeään ei saanut varjeltua, ainakin omat kirjoituksensa halusi saattaa turvaan. Benjaminin pitkäaikaista esimerkkiä seuraten Arendt oli siksi lähettänyt Rahel-käsikirjoituksensa[63] myös arkistonhoitaja Scholemille – ja toivoi salaa, että tämä voisi järjestää sen julkaistavaksi Palestiinassa. Ei toivoakaan. Pelkän hengissä selviämisen ongelmat hallitsevat myös siellä jokapäiväistä elämää ja ajattelua.

Tänä myös sään puolesta "poikkeuksellisen viileänä keväänä" – kuten Benjamin valittaa – on tulevaisuuden "vapaata olemista" ajatellen järkevää vain järjestää mahdollisimman paljon merivettä itsensä ja vanhan Euroopan väliin. Mutta myös tässä suhteessa kaikki tiet tulevaisuuteen näyttivät olevan toistaiseksi tukossa. Jos Yhdysvaltoihin ei ollut esittää nimenomaista kutsua yliopistolta tai vastaavalta laitokselta, viisumin jonotusaika oli "neljästä viiteen vuotta". Uskomattoman pitkä aika ihmisille, joiden oli todellisuudessa mahdotonta ennakoida, mitä seuraavat neljä kuukautta tai edes seuraavat neljä viikkoa pitäisivät sisällään.

Blücher ja Arendt löytävät lopulta yhteisen asunnon tänä keväänä – ja huhtikuussa 1939 sinne muuttaa myös Arendtin Königsbergistä paennut äiti Martha Beerwald. Se ei ole mikään spontaanin ilon aihe Blücherille eikä edes Arendtille. Mitä oli jäljellä? On moraalisia velvollisuuksia, jotka ylittävät pelkän lupausten vapaaehtoisuuden. Ja ainakin Arendtille näitä olivat ehdottomasti myös velvollisuudet äitiä kohtaan.

VAILLA TULEVAISUUTTA

"Olin vielä senkin vuoden [1938]", Simone de Beauvoir muistelisi myöhemmin, "yrittänyt eristäytyä nykyisyyteen, tarttua jokaiseen hetkeen."[64] Mutta keväällä 1939 tämä asenne saavutti lopulta rajansa. Varsinkin kun Sartren ja Beauvoir'n suhde tässä vaiheessa sai muodon, joka pystyi monimutkaisuudessa helposti kilpailemaan maailmanpoliittisen tilanteen kanssa. Kolmen yhdessä Pariisissa vietetyn vuoden jälkeen kolmiosta Sartre – Beauvoir – Olga on nyt muodostunut useita päällekkäisiä eroottisia monikulmioita. Suhteensa Sartreen lisäksi Beauvoir hoitaa myös suhteita Olgaan (joka on tuolloin tiukasti suhteessa "pikku Bostiin"), "pikku Bostiin" (Olgan tietämättä) ja edellisvuonna koulunsa Pariisissa päättäneeseen 18-vuotiaaseen oppilaaseensa Bianca Bienenfeldiin (johon myös Sartrella on ollut suhde vuoden 1939 alusta). Sartre on myös tiukasti sidoksissa Olgan pikkusiskoon Wandaan (jolle Sartre valehtelee jatkuvasti kaikista muista suhteista). Beauvoir kehittää myös uutta suhdetta entiseen oppilaaseensa Natalie Sorokiniin. Samoin Sartre. Ja nämä ovat vain säännöllisimmät suhteista.

Kymmenen vuotta kestäneen sopimuksensa mukaisesti Beauvoir ja Sartre eivät jätä kirjeissään kertomatta toisilleen mitään nöyryyttäviä yksityiskohtia rakkaussuhteistaan. Toisin sanoen Beauvoir'n elämää jo vuosia määrittänyt halu "nauttia joka hetkestä" synkän tulevaisuuden edessä, panematta itseään ihmisenä aidosti peliin, on luonut jokapäiväisen verkoston aivan epäsymmetrisiä suhteita ja riippuvuuksia, joita mikään hyväntahtoinen kuvaus ei jätä avoimiksi.[65]

Ehkä tässä tilanteessa on mukana se, mikä erottaa todellisen kirjailijan suuresta kynäilijöiden massasta: kaikista eettisistä ulottuvuuksista puhdistettu tahto panna jokainen kokemus, jokainen suhde, jokainen elämys mahdollisen fiktion palvelukseen. Välineellistää ne puhtaina keinoina olemassaolon todellisen tarkoituksen saavuttamiseen.

Sartre ei ole syntynyt moralisoimaan omaa olemassaoloaan. Beauvoir'n kohdalla asiat ovat hieman toisin. Ennen kaikkea valheen kolmio Olgan ja pikku Bostin kanssa vaivaa häntä yhä enemmän.[66] Aluksi kyseessä on kuitenkin vähemmän puhtaasti eettinen huoli Olgasta ja enemmän Beauvoir'n syvempi, erityisen seksuaalinen intohimo pikku Bostia kohtaan, jolle hän vakuuttaa tuohon aikaan kirjeestä toiseen: "Minulla on vain *yksi* aistillinen elämä, ja se on elämä teidän kanssanne."[67] Sartrenkin kanssa hänellä oli fyysistä kanssakäymistä, hän selitti, "mutta vain hyvin harvoin, ja enimmäkseen hellyydestä, ja – en ole varma miten ilmaisisin tämän – en tunne sitoutuneeni kovin syvästi koska hän itsekään ei ole sitoutunut."[68]

Bost on jo keväästä 1939 ollut suorittamassa asepalvelusta. Myös Sartre kutsuttaisiin palvelukseen heti sodan syttyessä. Kun Beauvoir ajattelee sotaa, joka näyttää nyt väistämättömältä, se uhkaa ryöstää hänen olemassaololtaan sekä henkisen että aistillisen keskuksen. Kuka hän sitten olisi? Keneen tai mihin maailmassa hän sitten tarraisi?

Kun hän 6. heinäkuuta 1939 nousee Amiensin junaan käydäkseen Bostin luona, hän kirjoittaa Sartrelle sarjan kirjeitä, jotka antavat edustavan kuvan hänen tuolloisesta elämästään:

6. heinäkuuta 1939

Rakkain pikku olento,

– – Floressa tapasin hyvin hermostuneen [Olga] Kos[akiewicz]-in, joka oli juuri eronnut Wandasta. Menimme kävelylle – – ja – – puhuimme välisestämme suhteesta, johon hän sanoi olevansa valtavan tyytyväinen. Sitten menimme Capouladeen, ja hän puhui Bostista. – – Kun hän on parhaimmillaan, kuten nyt, rauhallisena ja luottavaisena ja hyväntahtoisena, hän on kaiken kaikkiaan hyvin kiinnostava ja jopa vetoava, mutta ei sympaattinen. Erosimme hellästi Saint-Michelin metroaseman rappusilla, ja todennäköisesti meillä on ensi [luku]vuonna mitä idyllisin suhde.[69]

– – Olen apeana. En ole viime päivinä saanut nukutuksi riittävästi ja olen uupunut. Lisäksi olen saanut verovaatimuksen 2 400 frangista ennen vähennyksiä. Ja eilen Kos. pyysi minulta yllättäen 300 frangia velkoihin ja vuokraan. – – Kos. puhui minulle pitkään Bostista, ja vaikka en olekaan katuvainen mitä häneen tulee, minusta tuntuu pinnalliselta ja hyödyttömältä. Se tunne sulaa pois kun näen Bostia, mutta vie minulta kaiken halun matkustaa pois.[70]

Ja kaksi päivää myöhemmin Amiensista:

8. heinäkuuta 1939

– – Kello 11 Bostin täytyi taas pukeutua univormuunsa; saatoin hänet kasarmille ja menin kotiin. Hän oli erittäin mukava, mutta syvästi masentunut, ja minäkin olin hieman; tuntuu kaamean tylyltä, ihmisen kanssa ei voi puhua eikä oikein edes olla yhdessä, ja samalla nämä ovat vierailun viimeiset tunnit, millään ei ole tulevaisuutta, ja se saa synkällä tavalla välinpitämättömäksi.[71]

VALMIINA HYÖKKÄYKSEEN

Tyly elämä, viimeiset tunnit, synkkä välinpitämättömyys – koko kansakunnasta tuntuu samalta. Kuten hänen kirjeensä selvästi osoittavat, Beauvoir'lle katsahdus tämän kesän kuiluun sisältää kuitenkin myös jotakin pelastavaa. Hän ei ollut koskaan työskennellyt niin hyvin, koskaan päässyt niin lähelle omaa kirjoitusihannettaan. Kuukausien ajan hän on kirjoittanut pakkomielteisesti romaania, jonka on tarkoitus olla yhteenveto hänen viimeaikaisesta filosofisesta ajattelutavastaan. Sartren ehdotuksesta hän pitäytyy tarkasti omissa elämänkokemuksissaan. Teoksen filosofisena ytimenä on kuitenkin jännite, jonka Beauvoir oli jo 19-vuotiaana merkinnyt päiväkirjaansa todelliseksi avainkysymykseksi ajattelulleen: "itsen ja muiden välinen vastakkainasettelu".[72]

Kaikki hänen elämäntilanteessaan viittoo sen suuntaan. Ei pelkästään se, että hän ja Sartre kokeilivat omissa suhteissaan täydellisen omistautumisen ja kylmän torjumisen välistä jännitettä. Lähestyvän sodan hahmottomassa kuvassa kaksi keskeistä, jokaisen kasvavan tietoisuuden kokemaa loukkausta keskittyvät Beauvoir'n mukaan ainutlaatuisen selkeästi: toisaalta tieto omasta äärellisyydestä ja toisaalta tieto muiden tietoisuuksien olemassaolosta: "Kuten kuolema josta puhutaan, vaikka sitä ei ole kohdattu silmästä silmään", Beauvoir kuvaa muistelmissaan tämän elämänvaiheensa ratkaisevaa ajatuksellista läpimurtoa, "muiden tietoisuus oli minulle pelkkää 'huhupuhetta'; jouduttuani tunnustamaan sen olemassaolon tunsin olevani tekemisissä yhtä tuohduttavan, yhtä vaikeasti hyväksyttävän tosiasian kanssa kuin kuolema; sitä paitsi edellinen oli mieletöntä kyllä kompensoitavissa jälkimmäisellä: jos riistän Toiselta hengen, hän menettää valtansa maailmaan ja minuun."[73]

Lopun tekeminen toisesta sen pelastamiseksi, mikä on itselle oletetusti kaikkein ominta. Poliittisesti tämä merkitsi tahtoa sotaan. Mutta yksityisesti tahtoa murhaan. Se määräsi, millainen olisi tämän aivan omanlaisensa filosofisen kasvuromaanin juoni. Lokakuusta 1938 lähtien Beauvoir on kirjoittanut ennennäkemättömän sisäisen tulen vallassa: "Vihdoinkin minulla oli kirjaa aloittaessani varmuus, että saisin sen valmiiksi, että se julkaistaisiin; – –."[74]

PERIKUVIA

Alun perin täydellisen murhan uhrina piti olla kirjallinen versio Simone Weilista – joka Beauvoir'n ajatusmaailmassa on tähän saakka aina ollut "suuri toinen". "Koska pidin Simone Weilia etäisesti arvossa, olin ajatellut asettaa vastaparikseni häneen perustuvan henkilön; – –."[75] Mutta myös tässä Sartre antoi ratkaisevan vinkin. Olga sopi sietämättömän erilaisen tietoisuuden malliksi hänen mielestään paljon paremmin. Olga oli typologisestikin melkein täydellinen: nuorempi, sulkeutuneempi, oikukkaampi, itsepäisempi, itsekeskeisempi.[76]

Olgaa vuosien ajan ympäröineeseen kolmisuhteeseen nojautuen Beauvoir kuvaisi tietoisuutensa taistelua aitoudesta ja pukisi siten filosofisen elämänteemansa romaanin muotoon. Ja aivan kuten Ayn Rand voi samoihin aikoihin ylpeänä väittää, että hänen sankarinsa Howard Roarkin psykologinen esikuva oli yksinkertaisesti hän itse, on Beauvoir'n sankari, dramaturgi ja orastava kirjailija Françoise, hahmoteltu kokonaan hänen oman psyykkisen kuvansa mukaan. Romaanissa Olgasta tulee näyttelijäopiskelija Xavière ja Sartresta nerokas teatteriohjaaja Pierre, ja näyttämö siirtyy lopulta Rouenista Pariisin kapakka- ja taiteilijamaailmaan vuoteen 1938. Tarinan johtava skeema oli siis mitä abstraktein, sen konkreettinen koristelu taas ylittämättömän elämänläheinen. Tämä oli ihanteellinen yhdistelmä. Erityisesti jännitteisen kokonaisuuden filosofiset aspektit ovat Beauvoir'lle selkeinä silmien edessä. Se olisi typologia kolmesta eri tavasta, joilla yksi tietoisuus kohtaa muiden tietoisuuksien ilmeisen annettuuden.

Sankaritar Françoise (Beauvoir) ruumillistaa tässä skeemassa lähes neitseellisen tahratonta tietoisuustyyppiä: ”Hän uskoi että häntä – ainoana ihmisenä – hallitsi puhdas tietoisuus; Pierren hän oli hyväksynyt rinnalleen kaiken keskipisteeksi: maailma pyöri heidän ympärillään, ja Françoisen tehtävä oli paljastaa tinkimättä sen salaisuudet.”[77]

Tämä tietoisuus pitää itseään ehdottoman puhtaana kolmella filosofisella tavalla. Ensinnäkään se ei näytä saastuneen, muuttuneen tai tulleen epävarmaksi muiden tietoisuuksien vaikutuksesta. Toiseksi se on puhdas pyrkimyksessään paljastaa maailma sellaisena kuin se on ja näyttäytyy. Kolmanneksi se on puhdas siinä mielessä, että tämä tietoisuus pyrkii puolueettomuuteen, eikä se siten toimi ensisijaisesti arvottavasti vaan kuvailevasti – ennen kaikkea luopumalla tietoisesti kaikesta siitä, mitä yleensä kutsutaan subjektiivisuudeksi: ”– – koska hän sulautui kaikkeen hänelle ei ollut omissa silmissään selkeää hahmoa”.[78] Pitkään kestäneen Husserliin perehtymisensä pohjalta Beauvoir esittää Françoisensa toisin sanoen puhtaan fenomenologisesti suuntautuneeksi ja siten kokemukselle avoimeksi tietoisuudeksi sanan parhaassa merkityksessä. Françoise ei etsi ja löydä merkityksen todellista keskipistettä itsestään vaan maailmasta. Tässä fenomenologiasta tulee psykologiaa, ja abstraktista tietoteoriasta tulee vaivihkaa konkreettista luonnetutkimusta.

Xavièren (Olgan) tietoisuus on Françoisen suora vastakohta. Sen sijaan, että se olisi maailmalle avoin ja neutraali, se pysyy sulkeutuneena ja itsekeskeisenä. Sen sijaan, että se olisi jatkuvasti onnellinen ja nauttisi olemisesta, se osoittaa olevansa äärimmäisen oikukas ja vaihteleva. Sen sijaan, että se olisi keskittynyt ja totuutta rakastava, se on perhosmaisen liihotteleva ja ennakkoluuloinen: "Xavièressa personoitui itseensä sulkeutuneen tietoisuuden läpitunkemattomuus."[79] Xavièren tapauksessa tähän itsepäiseen umpimielisyyteen liittyvät myös selkeät ääriviivat sekä vaikeasti voitettavissa oleva vastarinta ihmisenä. Filosofisesti sanottuna hänen tajuntansa ilmentää pelosta johtuvaa skeptisyyttä, joka ei halua tietää eikä varsinkaan tunnustaa mitään maailmaan kiinni pääsemisen tapaa todella omakseen.

Lopuksi kolmantena Élisabeth asettuu sellaisen tietoisuuden asemaan, jonka muut ovat syvästi määrittäneet – hänet esitellään kirjassa Pierren sisarena ja harrastelijamaalarina.[80] Élisabethin lähestymistapa maailmaan ei ole neutraalisti totuutta rakastava eikä spontaanin itsepäinen vaan hallitun kyyninen ja halveksiva. Hieman samalla tavoin kuin Hannah Arendtin tutkimuksen tunnustusta nousukasmaisesti janoava Rahel Varnhagen, Élisabeth luojansa sanoin "halusi tuntea, hän halusi uskoa johonkin mutta koki kaiken laimenevan pian mitäänsanomattomaksi; hän piti kyvyttömyyttään suurena puutteena, ja itsehalveksunta tuhosi häneltä maailman: – – maailma ja hän itsekin olivat todellisina olemassa vain toisille: Pierrelle, Françoiselle."[81] Élisabeth tietää, että hän on itse asiassa aivan liian vieras itselleen voidakseen koskaan tuntea tai tunnustaa itseään täysin. Vain muut voivat tehdä sen hänen puolestaan. Hänen todellinen onnettomuutensa on juuri tässä tiedossa.

Beauvoir antaa kolmen hahmonsa törmätä uudestaan ja uudestaan kuin kolmen pallon biljardipöydällä, josta puuttuvat reiät. Koskematon musta kasipallo on Pierre (Sartre), pelin varsinainen laukaisija ja samalla sen palkinto.

MAAILMOJEN SOTA

Romaani *Kutsuvieras* kehittelee 450 sivullaan jatkuvasti dialogin muunnelmia yhdestä ainoasta aiheesta: kysymyksestä, miten on mahdollista löytää todellinen itsensä toisen edessä. Edustava katkelma:

– Saanko minä joskus lukea sinun kirjasi? Xavière kysyi keimailevasti.
– Totta kai, Françoise sanoi. – Näytän sinulle ensimmäiset luvut koska tahansa.
– Mitä niissä kerrotaan? – –
– Kerron nuoruudestani, Françoise sanoi. – Tahtoisin selittää kirjassani miksi nuori ihminen on usein niin täysin vailla viehkeyttä.
– Onko hän sinusta? Xavière kysyi.
– Et sinä, Françoise sanoi. – Sinä olet syntynyt onnellisten tähtien alla. Hän mietti hetken.
– Katsos, lapsena sitä alistuu vielä helposti olemaan täysin merkityksetön, mutta seitsentoistavuotiaana kaikki muuttuu. Silloin ihminen tahtoo jo tosissaan olla olemassa, ja kun hän sisimmässään tuntee yhä olevansa samanlainen, hän etsii itsensä ulkopuolelta takeita ja se on typerää.
– Miten niin takeita?
– Ihmisten hyväksymistä. Silloin kirjoittelee ajatuksiaan muistiin, vertailee itseään hyviksi koettuihin malleihin. Katso esimerkiksi Élisabethia. Hän on ikuinen nuori tyttö. – – Élisabeth är-

syttää Pierreä ja minua, koska hän kuuntelee orjallisesti meidän mielipiteitämme ja rakentelee lakkaamatta asenteitaan. Mutta jos häntä koettaa ymmärtää sympatian avulla, havaitseekin siinä kömpelön yrityksen saada varmaa arvoa elämälleen ja persoonalleen. Sekin miten hän kunnioittaa yhteiskunnallisia muotoja, avioliittoa, mainetta, on yksi tämän huolen ilmenemistavoista.

Xavièren kasvot synkkenivät hieman.

– Élisabeth on turhamainen hupakko ja siinä kaikki, hän sanoi.

– Siinä ei ole kaikki. Täytyy ymmärtää mistä se johtuu.

Xavière kohautti olkapäitään.

– Mitä kannattaa koettaa ymmärtää ihmisiä jotka eivät ole sen vaivan arvoisia.

Françoise hillitsi kärsimättömyytensä. Xavière tunsi aina kokevansa vääryyttä jos puhuttiin ymmärtäväisesti tai edes puolueettomasti jostakusta toisesta kuin hänestä itsestään.

– Tavallaan jokainen ihminen on sen vaivan arvoinen, hän sanoi Xavierelle, – –.[82]

Françoise puhtaan, hyväntahtoisen ymmärryksen tietoisuutena; Xavière narsistisesti koteloituneena itsetietoisuutena; Élisabeth väärän tunnustuksenhalun vääristämänä tietäväisen epäaitouden tietoisuutena. He kaikki tarkkailevat ja vartioivat toisiaan; jokaisesta tulee toisille avoin kysymys ja loukkaava ärsytys. Dramaattisen tiheä, helvetillinen kolmio, joka saa vaikuttamaan siltä, ettei mikään sopuratkaisu ole mahdollinen,[83] varsinkaan Françoisen näkökulmasta. Xavièren himokkuus, kilpasisaruus ja perustavanlaatuinen toisenlaisuus ärsyttävät häntä syvästi, ja hän kadottaa romaanin aikana puhtaan tietoisuuden tilan. Hänen on tunnustettava minänsä tosiasiallinen tyhjyys, ja hän joutuu pian tilanteeseen, jota Beauvoir reaalimaailman kirjailijana kuvaa seuraavasti: ”Siitä lähtien häntä vaani sama vaara, jota olin yrittänyt torjua tyttövuosistani lähtien: toiset saattoivat varastaa häneltä maailman mutta viedä myös sen mitä hän oli. Xavière vääristi häntä kaunallaan, kiukullaan; – –.”[84]

Romaanin naispuoliset sankarit ovat esimerkkeinä jokaiselle tietoisuudelle, joka on matkalla itseensä. He käyvät lähestyvän maailmanpalon kynnyksellä oman "maailmojen sotansa".[85] Sekin on sota, joka luonteensa vuoksi voi päättyä vasta toisen puolen täydelliseen tuhoutumiseen.

UUSI TILANNE

Se, että Beauvoir 30-vuotiaana katsoo olevansa jokseenkin vakiintunut sekä naisena että älykkönä, ei kuitenkaan tarkoita, että hänen henkilökohtainen kamppailunsa tunnustuksen puolesta olisi päättynyt. Päinvastoin. Kun *Inho* (entinen "Melancholia") ilmestyy keväällä 1938, Sartresta tulee ranskalaisen kirjallisuuden uusi nouseva tähti, jonka teoksen ja tyylin innostuneet kriitikot rinnastavat jopa Kafkaan. Samaan aikaan Gallimard- ja Grasset-kustantamot hylkäävät lopullisesti Beauvoir'n novellikokoelman. Syvästi loukkaantuneena hän kieltää Sartrea jatkamasta käsikirjoituksen tarjoamista muille kustantajille.

Vaikka hänellä onkin nyt niin sanotusti nimeä, hänen painoarvonsa kirjallisuusmaailmassa on yhä olematon. Hän pelkää, että lopulta hänet kehystetään pelkäksi "naiseksi Sartren rinnalla" – jo perinteisen ja vakiintuneen mallin mukaisesti. Kuinka helppoa olisikaan tällä hetkellä ollut tematisoida se itsen ja muiden välinen taistelu, jota Beauvoir seurasi pikkuruisiin yksityiskohtiin saakka, nimenomaan jännitteeksi kahden sukupuoliroolin välillä. Eikö lähtökohta, josta mies aloitti dialogisen itsensä löytämisen pelin, ollutkin pohjimmiltaan erilainen kuin naisella? Eikö nainen lähtenyt tähän taisteluun tunnustuksen saamiseksi alusta alkaen jonkinlaisena paariana?

Hannah Arendt toteaa Rahel-tutkimuksessaan samoihin aikoihin, että aivan liian todellisen yhteiskunnallisen antisemitismin olosuhteissa juutalainen voi "assimiloitua vain, jos hän assimiloituu myös heidän antisemitismiinsä". Beauvoir'n näkökulmasta voidaan samalla tavalla todeta, että mikä tahansa tietoinen naisen tietoisuuden omaksuminen sosiaalisissa rooleissa, jotka aliarvostavat naisia lähtökohtaisesti, voi tarkoittaa vain naisvihan sisäistämistä. Sen sijaan, että "nainen" ja "mies" kohtaisivat tasavertaisina "minän" ja "toisen" kuviossa, tilannetta on aina määrittänyt avoimen alisteinen toiseus – *deuxième sexe*, "toinen sukupuoli" sanan "toinen" molemmissa merkityksissä. Beauvoir tarvitsisi vielä kymmenen vuotta ja uuden maailmansodan kokemuksen, jotta hän lopulta pystyisi työstämään valmiiksi tämän potentiaalisesti yhteiskunnan salat avaavan ajatuksen – ja astua siten ajattelijana lopullisesti pois Sartren varjosta.[86]

Jo vuosina 1938–39 hänellä oli älylliset työkalut naisten nimenomaisen tilanteen tulkitsemiseksi. Tässä vaiheessa avainkysymys ei kuitenkaan ollut nimenomaan, mitä "naisena" oleminen saattaisi olla ja kykenisi olemaan, vaan kyse oli siitä, mitä oli olla tämä nainen, hän itse.

KASVOKKAIN PELON KANSSA

Loppujen lopuksi hän on onnistunut aikuisen elämänsä kymmenen vuoden aikana välttämään sitoutumisen hoivaavan vaimon/äidin asemaan, kaikesta kohtaamastaan vastarinnasta huolimatta. Alistumatta vallitsevaan halun logiikkaan hänen elämänsuunnitelmansa on enemmän tai vähemmän tietoisesti seurannut ikuisesti nautinnonhaluisen väliinputoajan strategiaa. "Ainoa välttämätön suhde" Sartreen, jota vakauttaa polyamorisen biseksuaalinen elämäntapa, toimii todisteena radikaalisti toisenlaisen elämänsuunnitelman mahdollisuudesta. On syytä huomata, ettei Beauvoir'n käyttäytyminen naispuolista rakastajaansa kohtaan osoita tässä vaiheessa mitään havaittavaa eroa asenteissa verrattuna siihen ymmärrykseen rooleista, jota Sartre ilmentää lukemattomissa suhteissaan. Myös Beauvoir'n lähestymistavalle on ominaista manipulatiivisen dominoiva asenne, joka on viime kädessä yhtä kaukana nautinnosta kuin myötätunnostakin. Se on kevytmielistä pelailua oman egon virkistämiseksi – huolehtimatta sen syvemmin omien tekojen seurauksista muiden tietoisuudelle.

Vaikka Sartre kirjeissään Beauvoir'lle ylistää itseään "varsinaiseksi panomieheksi", ja ilmoittaa tässä roolissa valloittaneensa äskettäin "pisaranmuotoiset pakarat" ja kohdanneensa hämmästyttävää halukkuutta "intiimeihin suudelmiin", Beauvoir haluaa korostaa, kuinka viime kädessä välinpitämättömiä, epähohdokkaita ja jopa häiritseviä hänen kohtaamisensa entisten koulutyttöjen kanssa ovat – niihin aivan liian yksityiskohtaisiin valituksiin saakka, jotka koskevat viettelyn kohteesta sukupuolisen kanssakäymisen aikana nousevaa ulosteen hajua. Beauvoir puhuu Sartrelle rakastajistaan "kuin mies miehelle" eli kuin subjekti objekteista. Ainakin tässä suhteessa hän assimiloituu sisäisesti.

Ratkaiseva eettinen askel itsestä huolehtimisesta toisen huolehtimiseen on Beauvoir'lle epäilemättä vaikeampi kuin joillekin toisille. Tästä huolimatta konkreettinen sodan uhka tekee siitä tässä suhteessa myös dynaamisemman. Varsinkin kun Beauvoir'n meneillään oleva projekti "filosofisten ajatusten integroimiseksi omaan elämään" saa samaan aikaan ratkaisevia uusia virikkeitä. Kevään mittaan hän ja Sartre tutkivat intensiivisesti Husserlin oppilaan Martin Heideggerin kirjoituksia, erityisesti tämän teosta *Oleminen ja aika*.

Opettajansa metodologisia virikkeitä seuraten Heidegger kehitti siinä kattavan analyysin ihmisen nimenomaisesta eksistentiaalisesta tilanteesta. Heideggerin mukaan jokaisen olemassaolon tehtävänä, maailmaan täysin ilman perustaa heitettynä, on tarttua mahdollisimman päättäväisesti jatkuvasti läsnä olevaan tietoisuuteen kuoleman myötä seuraavan olemattomuuden uhasta. Hänen teoksensa on filosofinen kutsu rohkeasti elettyyn aitouteen, mikä Sartren ja Beauvoir'n tapauksessa on erityisen hedelmällistä. Suuren, nimettömän "kenen tahansa" ikuisesti epäaitoa sanelua vastaan Heidegger asettaa todellisen itsemääräämisoikeuden perustaksi epämääräisen pelon mielialan – erityisesti kuolemanpelon. Heideggerin mukaan ennen myrskyä vallitseva jännittynyt tyyneys ja hädin tuskin siedettävä ikävystyminen näennäisesti täydellisen tapahtumattomuuden vuoksi toimivat laukaisijoina eksistentiaaliselle päättäväisyydelle.

Beauvoir'n kirje Sartrelle, jonka hän kirjoittaa vieraillessaan Bostin luona Amiensin kasarmilla, paljastaa selvästi Heideggerin vaikutuksen hänen käsitykseensä maailmasta:

> 7. heinäkuuta 1939
>
> – – vietin koko päivän surkeassa kahvilassa odottaen pikku Bostia, joka ei koskaan ilmaantunut. Tänä aamuna menin epätoivoisena kysymään häntä kasarmilta. Näin hänet, kypärän tyystin peittämänä. Hän oli joutunut vartioon koko eilisen ajaksi. – – Mutta osoittautui, että eilinen monen tunnin odottelu tarjosi erinomaisen mahdollisuuden lukea Heideggeria, jonka loppuun pääsin jo melkein ja jonka onnistuin ymmärtämään ainakin pinnallisesti. Toisin sanoen tiedän mitä hän tarkoittaa, mutta en pysty käymään läpi sen vaikeuksia, vaikka tiedostan että niitä on suuri määrä. Lisäksi olen tällä hetkellä niin häikäilemätön, ettei eilisen kaltainen kaduta minua lainkaan, sillä se tarjosi minulle tavallisen päivän, jollaiselle on paljon käyttöä romaanissa – –.[87]

Tylsyyden pelko, kuoleman pelko, pelko muiden vääristävästä voimasta ja siitä juontuva rohkeus löytää ja kehittää oma äänensä. Tänä kesänä kaikki tämä loksahtaa yhteen, ja vuosia kestäneiden hapuilevien yritelmien jälkeen se haluaa tulla teokseksi Beauvoir'n käsissä.

Elokuun Sartre ja Beauvoir viettävät ystäviensä kanssa Rivieran rannikolla sijaitsevassa talossa. Aika itsessään näyttää pidättävän hengitystään. Sartre opettaa Beauvoiria uimaan. Elokuun lopussa he palaavat yhdessä hylätyltä tuntuvaan pääkaupunkiin. Sartre tiivistää vaikutelmansa seuraavasti: "Pariisi oli hyvin outo. Kaikki oli kiinni, ravintolat, teatterit, kaupat – –, ja kaupunginosilta oli kadonnut niiden yksilöllinen ilme. Jäljellä oli vain yksi totaliteetti, Pariisi itse. Totaliteetti, joka minulle kuului jo *menneisyyteen* ja jota, kuten Heidegger sanoo, piti koossa ja kannatteli ei-mikyys."[88]

Kun ei-mikyys on konkreettisesti hänen silmiensä edessä, myös Sartre löytää itsestään uutta päättäväisyyttä. Illallisella hän ehdottaa Beauvoir'lle, että kymmenen vuotta sitten kokeellisesti tehdyn sopimuksen tulisi olla voimassa "ikuisesti". He eivät eroaisi enää koskaan, vaan pysyisivät parina aina yhdessä ja siten totuudessa – filosofisessa aviossa kuoleman edessä.

Syyskuun ensimmäisen päivän 1939 vastaisena yönä Saksan armeija hyökkää Puolaan. Kaksi päivää myöhemmin myös Ranska on sodassa.

VI

VÄKIVALTA

1939–40

Weil vailla vihollisia, Beauvoir vailla Sartrea,
Arendt pakosalla ja Rand vastarinnassa

Kahden miljoona-armeijan välinen konflikti tapahtuu aluksi ilman yhteenottoja – ilman uhreja. Linjojensa taakse linnoittautuneet ranskalaiset odottavat saksalaisten hyökkäystä. Jännittyneet päivät muuttuvat viikoiksi, sitten kuukausiksi. Simone Weil viettää tämän "hassuksi sodaksi", *drôle de guerre*, nimetyn vaiheen Pariisissa vanhempiensa asunnossa. Isä "Birin" marraskuussa 1939 lukema lääketieteellinen artikkeli antaa hänelle ajatuksen, että tyttären pitkäaikainen kärsimys saattaisi johtua pitkäaikaisesta poskiontelontulehduksesta. Kaikki oireet täsmäävät. Suositeltava hoito on kokaiinihuuhtelu. Se ei paranna kipua täysin, mutta auttaa.[1] Ainakin yksi käänne parempaan.

Odottamansa ylettömän väkivallan edessä Weil haluaa henkisesti vakuuttua sen seurauksista maalle: mistä tämän sodan olemus koostuu? Millaista dynamiikkaa sen taustalla on? Ja ennen kaikkea: missä olosuhteissa sen pitäisi katsoa olevan oikeutettu? Tästä syystä hän konsultoi mielestään suurinta ja armollisinta sotakuvausta länsimaiden historiassa: Homeroksen eeposta Troijan sodasta. Hänen talvella 1939–40 otsikolla "Ilias, väkivallan runoelma"[2] laatimansa mietelmä väkivallan olemuksesta sodassa on eräs oman aikansa syvällisimmistä filosofisista dokumenteista.

Weilin mukaan sotatilanteessa on ensinnäkin erityistä sen rajaton suhde väkivaltaan, mikä saa aikaan ihmisten uudelleensyntymisen, koska "[v]äkivalta on sitä mikä tekee kenestä tahansa alistamastaan esineen. Kun se viedään loppuun asti, se tekee ihmisestä esineen kaikkein kirjaimellisimmassa mielessä: se tekee hänestä ruumiin. Oli olemassa joku, ja hetkistä myöhemmin ei ole ketään. Siinä kohtaus jota Ilias ei väsy esittämästä."[3]

Kuten *Ilias* niin painokkaasti osoittaa, tämän esineellistämisen logiikka on todellisuudessa kuitenkin paljon laajempi ja tuhoisampi. Ikään kuin se olisi filosofin päivänkohtainen kommentti Ranskan ja Saksan välisen asemasodan tilanteesta, Weilin essee korostaa sotatilanteen vähälle huomiolle jääneitä vaikutuksia kaikkien asianosaisten tietoisuuteen:

> Väkivalta joka tappaa on yksioikoinen, karkea väkivallan muoto. Miten paljon moninaisemmin menettelee, miten paljon yllättävämmin vaikuttaa toinen väkivalta, se joka ei tapa; ts. se joka ei tapa vielä. Se tulee varmasti tappamaan, tai se ehkä tappaa, tai se vain jatkuvasti uhkaa olentoa jonka se minä hetkenä hyvänsä voi tappaa; yhtä kaikki, se kivettää ihmisen. Vallasta muuttaa ihminen esineeksi surmaamalla kehkeytyy toinen, paljon ihmeteltävämpi: valta tehdä esine ihmisestä joka jää henkiin. Hän elää, hänellä on sielu; silti hän on esine. Hyvin outo olento, esine jolla on sielu; outo olotila sielulle.[4]

Sodan tilanne luo siten uuden olemassaolon kautta linjan. Se ryöstää ihmisten elämästä sen, mikä määrittelee ja ohjaa heitä ihmisinä todellisessa mielessä: heidän sielunsa avoimuuden, muovautuvuuden, elävyyden toisen edessä. Kreikan sotaisan maailman näkökulmasta Weil ymmärtää tämän "oudon olotilan", jossa toinen sielu koetaan ja sitä käsitellään vain esineenä, myös "orjuuden" tilaksi. Hävityn sodan yleinen seuraus oli loppujen lopuksi se, että voittajat orjuuttivat häviäjät – etenkin ne, jotka eivät olleet nimenomaisesti osallistuneet taisteluihin, kuten naiset ja lapset. Orjuuden tila on kuin "kuolema, jota kestää koko elämän mitan; se on elämää jonka kuolema on jähmettänyt kauan ennen kuin sammuttaa sen".[5] Sota jaettuna tilanteena "orjuuttaa" kaikki, koska se merkitsee jokaisessa yksilössä perustavanlaatuista muutosta suhteessa "toiseksi" julistettuun "viholliseen".

Vankkumattomana isänmaanystävänä Weil pitää tiukasti kiinni vaatimuksesta, että hänen oma maansa ei etenkään nyt alkaneen puolustussodan tilanteessa saa olla sokea sille orjuuttavalle sorrolle, jonka se on luonut ja jota se ylläpitää yhä siirtomaavaltana ympäri maailmaa. Kun vastikään "tiedotusasiain kenraalikomissaariksi" nimitetty kirjailija Jean Giraudoux julkaisee 26. marraskuuta 1939 *Le Temps* -lehdessä artikkelin, jossa hän puhuu "110 miljoonasta ihmisestä" ympäri maailmaa, jotka "tietävät, ettei heidän sidoksensa metropoliin merkitse alamaiseksi ja hyväksikäytetyksi tulemista", Weil ei enää voi hillitä itseään. Vielä samana päivänä hän kirjoittaa vihaisen vastineen: "Siinä on mukana kohta, joka satutti minua syvästi – –. Toivon kaikesta sydämestäni, että voisin saada teidät kysymään itseltänne, kerrotteko todella totuuden, kun väitätte, että Ranskan siirtomaat ovat kytköksissä metropoliin muuten kuin alistettuina ja riistettyinä."[6]

Sodassa on erityisen tärkeää noudattaa filosofista vaatimusta "Tunne itsesi", koska siellä "sielun kivettyminen" on omiaan hämärtämään käsityksen oman väkivaltaisen käyttäytymisen seurauksista. Tässä yhteydessä Weil tunnistaa *Iliaan* maailmaa parantavan potentiaalin siinä, että se koko esitystapansa voimalla pyrkii parantamaan sotaan langenneita ihmisiä tästä erityisestä sokeudesta:

> Yhtä säälimättömästi kuin väkivalta murskaa, yhtä säälimättömästi se humalluttaa jokaisen jolla se on hallinnassaan tai joka luulee sen olevan hallinnassaan. Kukaan ei todella hallitse väkivaltaa. Ihmisiä ei ole Iliaassa jaettu toisaalta voitettuihin, orjiin ja armonanojiin, toisaalta valloittajiin ja päällikköihin; siinä ei ole ainoatakaan ihmistä, jonka ei olisi jonakin hetkenä pakko alistua väkivaltaan. Soturit, vaikka ovat vapaita ja aseistettuja, saavat kärsiä sen käskyjä ja solvauksia.[7]

> Jos on totuus, että jokainen on syntymästään saakka määrätty kokemaan väkivaltaa, se on totuus jolta olosuhteiden mahti sulkee ihmisten mielet. Voimakas ei ole koskaan ehdottoman voimakas eikä heikko ehdottoman heikko, mutta kumpikaan ei tätä tiedä.[8]

"Valistuksen" todellisena tavoitteena tässä suhteessa ei voi koskaan olla väkivallan kitkeminen kokonaan. Ei edes sotilaallisen väkivallan. Sillä ehdottoman väkivallaton yhteisöelämä voi onnistua vain, jos ihmisten välisissä sosiaalisissa suhteissa ei enää ole valtaeroja. Ja tällainen tilanne olisi puolestaan mahdollista luoda ja ylläpitää vain mitä suurimmalla ja totaalisimmalla sosiaalisella väkivallalla, jos sittenkään. Ei. Se, mistä näin kuvattuna voi olla ja täytyykin olla kyse, on vapautuminen sokeudesta, joka koskee omien sotatoimien olosuhteita ja seurauksia sekä niitä olosuhteita, joissa on valmis käyttämään väkivaltaa. Viime kädessä on historiallista sattumaa, päätyykö väkivallan käyttäjäksi vai väkivallan uhriksi. Vasta kun silmät avautuvat tälle, voi vallita kohtuus ja myötätunto, joka näyttää tien ulos kuoleman ja tappamisen kierteestä, sillä "[v]ain sen on mahdollista rakastaa ja olla oikeudenmukainen, joka tuntee väkivallan mahdin ja tietää olla sitä kunnioittamatta".[9]

SATTUMAN GEOMETRIA

Sotatilan tullen esiin hiipii epäluulo, jossa pieninkin ärsytys tai mikä tahansa satunnainen häiriö voi laukaista lopulliset, murhaavat keinot käyttöön. Kun on kyse "elämästä ja kuolemasta", mitään tai ketään ei haluta jättää sattuman varaan. Juuri siksi sota kehittyy korkeimmaksi voiman tasoksi ja nousee itse asiassa tapahtuman varsinaiseksi hallitsijaksi. Tekstiä työstäessään Weil tiesi jo pian, miten hän selostaisi oman kokemuksensa pohjalta tämän paradoksaalisen harhautumisen.

Kun Neuvostoliitto nimittäin hyökkäsi 30. marraskuuta 1939 Suomeen 1,2 miljoonan sotilaan ja 3 000 panssarivaunun voimin, hänen veljensä André, Strasbourgin yliopiston matematiikan professori, oli vielä vaimonsa kanssa Helsingissä vuoden mittaisella tutkimusvapaalla. Kävellessään kaupungissa hän kierteli sen rakennuksen ympärillä, jossa Suomen ilmapuolustuksen päämaja toimi. Hänet tarkastettiin kadulla ja pidätettiin syntyperänsä vuoksi epäiltynä vakoilusta. Hänen kotiinsa tehty etsintä näytti vahvistavan epäilyn. Venäläisten kollegoiden kanssa käydyn laajan kirjeenvaihdon lisäksi Suomen turvallisuusjoukot löytävät siellä myös outoja koodikielisiä viestejä. Todellisuudessa ne ovat hänen vaimonsa pikakirjoitusharjoituksia; André lukee tälle iltaisin harjoitukseksi ääneen otteita Balzacin romaanista *Bette-serkku*. Suomalaisten korviin tarina ei kuulosta uskottavalta. Hyvä ettei häntä teloiteta niille sijoilleen. Lisätutkimusten jälkeen kaksi poliisia saattaa hänet Ruotsin-laivalle. Ruotsissa hänet pidätetään uudelleen heti saapuessaan ja internoidaan. Se on alku pitkälle luovutusprosessille, jota Simone tukee Pariisista – lukuisilla kirjeillä, joissa käytettävän salakirjoituksen hän on veljensä kanssa itse suunnitellut.[10]

Samaan aikaan Saksan sotavoimat lykkäävät yhä uudestaan hyökkäystään Ranskaan (koodinimi *Fall Gelb*, 'Tapaus keltainen'). Tärkein syy tähän on 10. tammikuuta 1940 tapahtunut vahinko, jossa saksalainen kuriirikone eksyy sumussa matkalla Münsteristä Kölniin ja joutuu suorittamaan hätälaskun Belgian Maasmecheleniin. Kyydissä oleva majuri Helmuth Reinberger ei ehdi tuhota hallussaan olevia asiakirjoja. Tämä tarkoittaa, että Saksan hyökkäyssuunnitelmat ovat vihollisen käsissä ja armeijan on pakko tehdä täydellinen suunnanmuutos. Hitler kallistuu lopulta esikuntapäällikkö Erich von Mansteinin laatiman suunnitelman puolelle, joka kantaa koodinimeä *Sichelschnitt* (Sirpinviilto).

Puhtaasta sattumasta syntynyt strategia auttaa sodan aikana merkittävästi pönkittämään Hitlerin propagandistista mainetta

”historian suurimpana sotamarsalkkana”. Ei vähiten hänen lähimpien neuvonantajiensa silmissä.[11] Eikö mukana aivan ilmeisesti ollutkin se ”Kaitselmus”, johon Johtaja itse niin mielellään vetosi? Kuten aikoinaan myyttisen ”sokean näkijän” Homeroksen, *Iliaan* oletetun luojan, myös Simone Weilin katse on lähes profeetallisen terävä vuoden 1940 alussa, kun hän selittää, miksi sattuma saa lopulta kiikkiin väitetysti ”suurimmankin” sodanjohtajan:

> Se, jolla on väkivalta hallinnassaan, etenee kohtaamatta vastarintaa, eikä häntä ympäröivässä ihmisaineessa mikään ole omiaan havahduttamaan impulssin ja teon välille sitä lyhyttä hetkeä, jossa ajatus viriää. Missä ei ole ajatukselle sijaa, siellä ei ole sijaa myöskään oikeudelle eikä maltille. – – Kun toiset ihmiset eivät voi pakottaa heitä herkeämään sillä ainoalla tavalla, josta arvonanto kaltaisiamme kohtaan syntyy, he päättelevät että kohtalo on suonut heille kaiken vapauden eikä alempiarvoisille mitään. Niinpä he ylittävät valtansa rajat. He ylittävät ne väistämättömästi, tietämättä että valta on rajallinen. Ja niin he joutuvat sattuman armoille, olosuhteet eivät enää tottele heitä. – – Tämä geometrisen ankarasti koituva rangaistus, vallan väärinkäytöstä automaattisesti kurittava, oli kreikkalaisen ajattelun tärkein kohde. Se on eepoksen henki ja elämä; – –.[12]

Kun voittajat on vallannut sotaisan väkivallan palo eivätkä he enää kohtaa minkäänlaista vastarintaa, he kadottavat varovaisuutensa ja lopulta tajun siitä, että heidänkin tekonsa ovat tosiasioille alisteisia. Totaalinen johtaja avaa itse oman tiensä tuhoon, kaikkia asioita määrittävän sattuman merkeissä. Tämä tapahtumakulku ei johdu jumalallisesta väliintulosta vaan itse väkivallan luonteesta Homeroksella. Enemmän kuin mikään muu se vaatii kohtuutta, ja enemmän kuin mikään muu se aiheuttaa liiallisuuksiin menemistä, etenkin sodassa. Mitä ehdottomammin sotapäällikkö ymmärtää väärin voiman ja hallinnan ylenpalttisuuden, sitä varmempaa on, että vielä jonakin päivänä väkivallan kaiken loppuun kuluttava luonne saa hänet kiinni ja syrjäyttää hänet.

Siksi se kysymys, joka Weilille on kaikkia taistelutapahtumia tärkeämpi, on kysymys siitä, voiko oma kansakunta säästyä menettämästä sieluaan ja joutumasta siten ratkaisevasti voitetuksi sodan kuluessa – ja jos, niin miten. Jokainen, joka lukee *Iliasta* oikein, ymmärtää, että se vaatii todellista ihmettä tai ainakin yli-inhimillistä ponnistelua: "Väkivallan kohtuullinen käyttö, joka olisi ainoa mahdollinen tapa irtautua tästä noidankehästä, vaatisi yli-inhimillistä hyvettä, yhtä harvinaista kuin on vakaa arvokkuus heikkoudessa. Eikä sitä paitsi kohtuuskaan ole aina vaaratonta; sillä arvovalta, joka on enemmän kuin kolme neljännestä väkivallasta, on ennen kaikkea voimakkaan ylpeää piittaamattomuutta vähäväkisistä, niin tarttuvaa piittaamattomuutta, että se siirtyy niihinkin jotka ovat sen kohteina. Mutta tavallisesti ei poliittinen ajattelu kehota kohtuuttomuuteen. Kohtuuttomuuden kiusaus vain on melkein ylivoimainen."[13]

KUOLEMA JA AIKA

Kuoleman edessä kyky pitää kiinni kohtuudesta paljastuu todella yli-inhimilliseksi päättäväisyydeksi. Weil kääntää täysin päälaelleen ne Heideggerin *Oleminen ja aika* -teoksen ajatukset, jotka samanaikaisesti kannustavat etenkin Simone de Beauvoiria ja Jean-Paul Sartrea uuteen ymmärrykseen vapaudesta ja autenttisuudesta. Weilin mukaan sodan viettelevyys ja kuolemanpelko nostattavat jokaisen yksilön sieluun jonkinlaista armottomuuden eksistentialismia. Tämä tarkoittaa, että kun huomataan oman kuoleman konkreettinen mahdollisuus, kadotetaan samalla kaikki näkökulmat, joita vaadittaisiin sota-ajan jälkeisen tulevaisuuden hahmottelemiseen. Siinä missä Heidegger aateloi ahdistuneen "täälläolon edelläkäynnin edesmenoonsa"[14] aidon itsensä ymmärtämisen ehdoksi, Weil tunnistaa siinä varman tien kaiken sammuttavaan itsen epäonnistumiseen. Tästä on esimerkkinä suhde tulevaisuudeksi miellettyyn ajan ilmiöön, joka leviää sotilaan tietoisuuteen:

> Siitä alkaen jolloin kuolema tunnetaan todella mahdolliseksi, kuoleman ajatusta ei voida kestää kuin välähdyksittäin. Jokaisen ihmisen on tosin määrä kuolla ja sotilas voi säilyä kauankin hengissä taistelujen keskellä; mutta ne joiden sielu on alistettu sodan ikeeseen eivät koe kuoleman ja tulevaisuuden suhdetta samoin kuin muut ihmiset. Muille kuolema on tulevaisuudelle ennalta pantu raja; sotilaille se on itse tulevaisuus, jonka ammatti on heille määrännyt. On luonnonvastaista, että ihmisten tulevaisuutena on kuolema. – – Mieli joutuu silloin jännitykseen, jollaista se kestää vain lyhyen aikaa; mutta jokainen uusi aamu tuo myötänsä saman välttämättömyyden; päivät liittyvät päiviin ja niistä kertyy vuosia. Sielu kärsii väkivaltaa joka päivä. Joka aamu sielu typistää pois kaikki toiveensa, koska ajatus ei voi edetä ajassa käymättä kuoleman kautta. Näin sota pyyhkii olemattomiin mielikuvan päämäärästä, sodankin päämääristä.[15]

Tietoisuus sodan ulkopuolella olevasta tulevaisuudesta on typertynyt ja joutunut vangiksi kuoleman pyhittämisen ikuisesti pimeään nykyisyyteen. Se tukee siten sotakokemuksen aavemaista epätodellisuutta sekä niiden asteittaista epäinhimillistämistä, joita on tarkoitus tappaa päivä toisensa jälkeen niin kutsuttujen sodan päämäärien nimissä – aina siihen pisteeseen asti, jossa tappaminen ei enää tunne eikä voikaan tuntea mitään ulkoista päämäärää. Silloin mikään ei voi pysäyttää tätä spiraalia, paitsi kuolema itse. ”Vihollisen olemassaolo on pakottanut sielun tuhoamaan itsestään sen millä luonto on sen varustanut; se ei usko voivansa parantaa itseään muutoin kuin tuhoamalla vihollisen. – – Ihminen, jossa asuu tämä kaksinainen kuoleman tarve, on eri heimoa kuin elävät niin kauan kunnes hänen olemuksensa muuttuu.”[16]

Epäinhimillistämisen vastavuoroisuus, joka johtuu itse väkivallan luonteesta, on siis se joka tekee sodasta niin kauhistuttavaa ja turhaa, että se jo pian alkaa tuntua toivottomalta. Tältä dynamiikalta ei säästy mikään osapuoli – ei voittaja eikä voitettu, ei hyökkääjä eikä puolustaja, ei sankari eikä viaton alistettu.

> [He molemmat] joutuvat väkivallan koskettaessa sen pettämättömän vaikutuksen alaisiksi: heistä tulee kuuroja tai mykkiä. Sellainen on väkivallan luonne. Sen kyky muuttaa ihmisiä esineiksi on kaksinainen ja toimii molempiin suuntiin: se kivettää eri tavalla mutta yhtäläisesti sekä niiden sielun, jotka joutuvat sen kohteiksi, että niiden jotka sitä käyttävät.[17]

> – – tämä kaksinainen kyky kivettää on väkivallassa olennaista, ja sielu joka joutuu kosketuksiin väkivallan kanssa välttyy siltä vain ihmeen kautta. Sellaiset ihmeet ovat harvinaisia ja niiden kesto lyhyt.[18]

Ja silti ihmiskunnan historiasta löytyy Weilin mukaan yhä uudelleen todisteita tästä ihmeestä: hyppäämisestä korkeammalle tasolle, murtautumisesta valoon pimeyden keskeltä. Olkoot ne sitten konkreettisten yksilöiden ja perustajien – kuten Buddhan, Krishnan, Sokrateen tai Jeesuksen – muodossa tai kulttuurisesti kantavien tekstien ja eeposten muodossa, kuten *Bhagavad Gītān*, evankeliumien tai ennen kaikkea *Iliaan*. Weilin silmissä niiden kaikkien näkemykset sodan tapahtumista tarjoavat kaikille sodassa oleville olennoille armon valon: rakkautta jokaiselle heistä, halua oikeudenmukaisuuteen ja rauhaa heidän rääkätyille sieluilleen, kostonhimosta vapaata valmiutta ystävystyä vihollisen kanssa sekä jaettua surua sen maailman synkästä tilasta, johon heidät heitettiin.

> Juuri tämän ansiosta Ilias on ainutlaatuinen, katkeran haikeuden joka kumpuaa hellyydestä ja joka ulottuu kaikkiin ihmisiin yhtäläisenä kuin auringon kirkkaus. – – Oikeudenmukaisuus ja rakkaus, joilla ei juuri voi olla sijaa tässä äärimmäisten ja kohtuuttomien väkivaltaisuuksien kuvasarjassa, valaisevat sitä yltäyleensä tuntumatta koskaan muutoin kuin sävyinä.[19]

> Kaikkea sitä rakastetaan, mikä sielun sisimmässä ja ihmissuhteissa välttyy väkivallan mahdilta, mutta rakastetaan tuskaisesti, koska sitä on alati uhkaamassa hävitys.[20]

Viitaten oman kulttuuripiirinsä vanhimpaan eepokseen – kulttuuripiirin, joka jo toisen kerran parin vuosikymmenen sisään oli nyt antautunut täysin sodan dynamiikalle – Weil muotoilee myös edellytykset tulevalle rauhalle, joka voisi olla muutakin kuin vain sokeuden ja koston täyttämä esinäytös seuraavalle sodalle.

Kun hän päättää työnsä tekstin parissa, etulinjoilla on yhä runsaat viisi miljoonaa sotilasta toisiaan vastassa. Ainakaan ei ole epäilystä Saksan armeijan päättäväisyydestä ja sen kaikista epäinhimillistävistä lopputavoitteista. Mutta Weil varoittaa maanmiehiään, että voitto, jota tavoitellaan ja joka tarvittaessa saadaan tässä samassa hengessä, olisi melkeinpä alentavampi tulos kuin tappio tätä taustaa vasten.

Tällaiselta tappiolta – ainoalta todella anteeksiantamattomalta – heidän maataan voisi lopulta suojata vain armorikas uppoutuminen samaan valoon, joka löytyy *Iliaasta*. Weilille se on synonyymi evankeliumien valolle ja myös sille valolle, jonka hän tietää nyt omasta syvimmästä kokemuksestaan innoittaneen itseään. Siksi hänen puhetapansa muuttuu tekstin lopussa tavalla, joka antaa sävyn myös tuleville sotavuosille: selvänäköisestä analyysistä profeetallisiin varoituksiin, tästä maailmasta johonkin toiseen maailmaan, puhtaista argumenteista herätyshuutoon. ”[E]urooppalaiset – – voivat kenties tavoittaa jälleen epiikan hengen sitten, kun tietävät olla uskomatta että mikään on turvassa sallimukselta, kun tietävät olla koskaan ihailematta väkivaltaa, vihaamatta vihollisia ja ylenkatsomatta onnettomia. Tähän ei piankaan päästäne."[21]

LASKUVARJOHYPPÄÄJÄ

Eräs arkinen episodi toukokuulta 1940 osoittaa, miten vakavissaan Simone Weil on omassa armon eksistentialismissaan. Asemasotaa on koettu yli kahdeksan kuukautta. Kovin paljon pitempään se ei voi enää kestää. Kun Simone kotona illallisen aikana kysyy kaikilta, kuinka nuorta saksalaista laskuvarjohyppääjää tulisi käsitellä, jos hän laskeutuu huoneiston parvekkeelle juuri sillä hetkellä, isä "Biri" vastaa, että hänet tulisi luovuttaa mahdollisuuksien mukaan heti sotilaspoliisille. Simone vastaa suuttuneena, ettei halua jatkaa syömistä samassa pöydässä sellaisen ihmisen kanssa, jolla on tällainen asenne.

Simone Pétrement, Weilin hyvä ystävä, on tuona iltana hänen vieraanaan ja luulee aluksi, että se oli vitsi.[22] Mutta Weil kieltäytyy todellakin syömästä enää palaakaan. Tämä ei varmasti ole ensimmäinen kerta, kun hän on jöröjukkamaisessa uhmassaan uhannut kieltäytyä syömästä – ja siten käyttänyt väkivaltaisesti välineenä vanhempien jatkuvaa huolta hänen fyysisestä hyvinvoinnistaan. Isä peruu odotetusti puheensa rakkaan sielun rauhoittaakseen ja lupaa juhlallisesti, ettei hän luovuta sellaisessa tapauksessa sotilaita viranomaisille.

Toukokuun 10. päivänä 1940 Hitler käynnistää "Tapaus keltaisen" ja käskee Saksan armeijan liikkeelle kohti Ranskaa. Kesäkuun 13. päivänä Ranskan hallitus hylkää Pariisin virallisesti ja se julistetaan voittajille "vapaaksi kaupungiksi". Ensimmäiset saksalaiset joukot saapuvat sinne seuraavana päivänä. Laskuvarjohyppääjien käyttö on tässä vaiheessa jo tarpeetonta.

EXODUS

Kesäkuun 9. päivänä 1940 Simone de Beauvoir kokee elämänsä ensimmäisen hermoromahduksen. Bianca Bienenfeldin isä on saanut korkeista sotilaspiireistä tiedon Wehrmachtin pian tulossa olevasta hyökkäyksestä. Seuraavana päivänä perhe pakenee autolla länteen. Viimeisillä voimillaan Beauvoir pakkaa matkalaukun. Vain olennaisimmat tavarat – mukaan lukien hänen kymmenvuotinen kirjeenvaihtonsa Sartren kanssa. Kun hän illalla 10. kesäkuuta nousee autoon, hän kuuluu Bienenfeldien kanssa sen eturintamaan, mitä ranskaksi kutsutaan yhä vieläkin nimellä ”Exodus”. Muutamassa päivässä yli kolme miljoonaa asukasta pakenee lähestyvien saksalaisten tieltä, jotka etenevät pohjoisesta kohti Pariisin keskustaa.

Kaaos on sen mukainen: täyteen sullottuja junia, ruuhkaisia katuja. Maakuntakaupungeista, joihin myös on hyökätty, loppuu ensin polttoaine ja sitten pian myös ruoka. Päästyään pois tulilinjalta Beauvoir haluaa mennä länteen La Pouëzeen, Sartren vanhan ystävän ja suojelijan rouva Morelin maalaistaloon. Kun hän kahden päivän kuluttua pääsi sinne ”synkän pelon vallassa”, hän vietti siellä ”elämänsä pahimmat päivät”.[23]

Maginot-linja ei ole kestänyt Hitlerin Wehrmachtin hyökkäystä viikkoakaan. Mikä sen selitti: petos? Sabotaasi? Vai olivatko natsit todella yhtä ylivoimaisia kuin heidän propagandansa väitti?

Sikäli kuin Beauvoir tietää, Jacques-Laurent Bost taistelee henkensä puolesta sairaalassa haavoituttuaan vatsaan. Sartren uusin kirje on päivätty 8. kesäkuuta: ”– – en voi enää *varmasti* toivoa, että voitamme sodan (en myöskään usko, että häviämme sen: en ajattele mitään, tulevaisuus on hämärän peitossa).”[24]

Oliko hän yhä rintamalla vai jo vetäytynyt pois? ”Kolme päivää”, kirjoittaa Beauvoir, ”luin salapoliisiromaaneja ja likosin epätoivossa. – – Kylä oli täynnä sukulaisia ja ystäviä. Jokaista tiedonantoa odotettiin kuumeisesti. – – Eräänä iltana puhelin soi yhdeksältä: oli nähty laskuvarjomiehiä; – –. [S]euraavana päivänä kuultiin, että laskuvarjomiehet olivatkin pelkkiä luotauspalloja..."[25]

RAJATILA

Mutta entä jos saksalaiset todella saapuvat? Kylässä ei ole pulaa julmuusfantasioista. Sekä epäuskoa, epätoivoa että toivoa täynnä Beauvoir kuulee 22. kesäkuuta radiosta, että iäkäs marsalkka Pétain on allekirjoittanut aselevon Compiègnessa. "Aurinko paahtoi. Tunsin eläväni tieteisromaanissa; – –. Olin siirtynyt oman elämäni ulkopuolelle. En ollut enää Ranskassa, en vielä Saksassa: olin ei kenenkään maalla."[26]

Beauvoir kokee olevansa päättymättömässä painajaisessa. Alle puolitoista kuukautta aiemmin Gallimard-kustantamo oli hyväksynyt hänen romaaniprojektinsa julkaistavaksi.[27] Kuinka varmoja sekä hän että Sartre olivatkaan sinä keväänä olleet ratkaisevasta läpimurrostaan. Aivan kuin he olisivat kymmenen vuoden ajan työskennelleet äärettömän monimutkaisen palapelin parissa, jonka palat näyttivät lopulta lohksahtavan kohdalleen. Millaiseksi tietoisuuden ja todellisuuden suhde oli ymmärrettävä? Mitä tämä tarkoittaa omalle vapaudelle? Millainen elämä on autenttista? Ja ennen kaikkea: millainen rooli siinä on muiden ihmisten olemassaololla?

Ei vähiten nyt, kun Sartren 400-sivuinen tutkielma *L'imaginaire: psychologie phénoménologique de l'imagination* (Kuvitteellinen: mielikuvituksen fenomenologinen psykologia) oli ilmestynyt kirjana helmikuussa 1940. Vuoden alusta lähtien hän oli työskennellyt – vain rintaman päivittäisten sääpallomittausten keskeyttämänä – uuden "ei-mikyyttä" käsittelevän suuren teoksen parissa. Suorastaan riemuissaan hän kertoo Beauvoir'lle kirjeessä rintamalta 15. tammikuuta 1940:

Rakas Majavani,

Taas yksi työteliäs päivä. – – Filosofiaa, – – oli pakko. Tänä aamuna luin uudelleen Heideggerin luennon 'Mitä on metafysiikka?' ja vietin koko päivän "muotoillen kantaani" hänen ei-mikyyttä koskevaan näkemykseensä. Minulla oli aikoinaan teoria ei-mikyydestä. Se ei ollut kovin hyvin muotoiltu, mutta nyt se on. – – [S]e filosofia, jonka parissa puuhastelen, [on] omakohtaista. Sillä on elämässäni rooli, jossa se suojaa minua sodan melankolialta, lohduttomuudelta ja surullisuudelta, vaikka tässä vaiheessa en enää yritäkään oikeuttaa elämääni jälkikäteen filosofialla, mikä olisi sikamaista, enkä pakottaa elämääni filosofian muottiin, mikä olisi pedanttista. Sen sijaan filosofia ja elämä ovat nyt todella tulleet yhdeksi. Tähän liittyen luin Heideggerilta kauniin virkkeen, joka soveltuu minuunkin: "Täälläolon metafysiikka ei ole vain täälläoloa koskevaa metafysiikkaa, vaan se on metafysiikkaa, joka väistämättä tapahtuu täälläolona."[28]

Näinä samoina päivinä Beauvoir voi myös kertoa "erittäin rakkaalle pikku olennolleen", kuinka hyvin romaani sujuu nyt: "Uskon tosiaan että tulette ylistämään minua, kun pääsette lukemaan 250 sivuani (sillä niitä tulee olemaan ainakin 250, oi te itseään odottaa antava)."[29] Varsinkin tapa, jolla Beauvoir ilmaisee itseään vain kaksi päivää myöhemmin kirjoitetussa kirjeessä, osoittaa selvästi, miten syvästi Heideggerin autenttisuutta koskevat virikkeet muovaavat nyt myös hänen omaa ajatteluaan. Bienenfeld, hän valittaa Sartrelle, oli sanoinkuvaamattoman hermostuttava, koska tämä "ei ollenkaan ymmärtänyt, kun selitin hänelle, että moraali on ennen kaikkea eksistentiaalinen asenne; ja hän on se, jolla kaikkein vähiten koko maailmassa on mitään eksistentiaalista tajua. – – Hän ei pienimmässäkään määrin *elä* omaa tilannettaan maailmassa, hän on – – 'kuka tahansa' eikä mitään muuta."[30]

Beauvoir ja Sartre lukevat Heideggeria ei-mikyyden teoreetikkona, jonka mukaan vapauden ongelmaa ei voi lähestyä saati ratkaista puhtaasti järjellisestä näkökulmasta. Vapaus ei ollut tosiasia, jonka voitiin vahvistaa objektiivisesti vallitsevan, vaan pikemminkin jotakin, joka jouduttiin käsittämään tietyssä yksittäisessä tilanteessa. Se oli ehdotonta juuri siksi, ettei se nojannut muuhun kuin päättäväisyyteen itseensä. Heideggerin omin sanoin vuodelta 1929: ”– – vapaus on vain ja voi olla vain vapautumisessa. Ainoa ihmisen kelvollinen suhde vapauteen on vapauden itsensävapauttaminen ihmisessä.”[31] Ei-mikyyden alaisena ihminen oli peruuttamattomasti alttiina vapauden tilanteelle – todellakin tuomittuna vapauteen. Tämän vapautumisen hylkääminen ”kenen tahansa” turvallisuushakuisuuden vuoksi oli sentään sekin eräänlainen ratkaisu.

Sartren viimeisen kotiloman aikana huhtikuussa 1940 hän ja Beauvoir keskustelevat näistä asioista pitkillä kävelyillä Seinen rannalla. ”Erityisesti”, Beauvoir muistelee, ”situaation ja vapauden suhdetta. Minä väitin että jos ajatellaan vapautta Sartren tarkoittamassa mielessä – ei stoalaisena tyytymisenä annettuihin lähtökohtiin vaan niiden aktiivisena hallitsemisena – situaatiot ovat eriarvoisia: kuinka voi esimerkiksi haareminainen nousta elämäntilanteensa yläpuolelle? Niin suljettuakin elämää voi elää monella tavoin, vastasi Sartre. Pysyin pitkään kannassani ja annoin hyvin vastahakoisesti periksi.”[32]

Oliko ei-mikyydestä peräisin oleva vapaus aina ehdotonta, kuten Sartre väitti? Vai täytyikö vapaus aina ymmärtää vapaudeksi tietyssä tilanteessa – ja siten olennaisesti tämän tilanteen määrittämäksi, kuten Beauvoir näki asian? Nämä avoimeksi jääneet kysymykset ja rintamasivustat liittyivät nyt selvemmin kuin koskaan myös Beauvoir'n omaan poikkeustilaan La Pouëzessa. Hänen tarvitsi vain katsoa peiliin tai ulos ikkunasta, eristyksissä itselleen tärkeimmistä ihmisistä, kivettyneenä pelosta, maalaistalossa kukistetun maan länsilaidalla. Mitä itsestään otteen saaminen tarkoitti natsien miehittämässä Ranskassa? Mitä vaihtoehtoja nyt oli käytettävissä tilanteen *voittamiseksi*?

"Sitten ikkunoiden alla jyrähti, vastapäisen ravintolan ikkunat hajosivat sirpaleiksi, kurkkuääni huusi vieraskielisiä sanoja, ja he ilmaantuivat näkyviin kookkaina, vaaleina, punakoina. He marssivat tahdissa sivuilleen vilkuilematta. Jono oli pitkä. Sen jäljessä tulivat hevoset, panssarivaunut, kuorma-autot, tykit, kenttäkeittiöt. -- Saksalaiset eivät katkoneet lasten käsiä, he maksoivat juomansa ja maataloista hakemansa munat, he puhuivat kohteliaasti: kauppiaat hymyilivät heille. Propaganda aloitettiin heti."[33]

ESIINMARSSI

Kuten kaiken muunkin propagandan, myös natsien propagandan tavoitteena oli alun perin manipuloida tilanteen ja ratkaisun välistä suhdetta tarkoituksenmukaisella tavalla. Oli kuitenkin yksi ratkaiseva ero, ja se johtui natsien itse avoimesti muotoilemasta tavoitteesta. Se oli viime kädessä sellaisen ihmisen väkivaltainen luominen, joka ei enää edes pidä vapautta vaihtoehtona tai edes tiedosta sitä. Sellaisen ihmisen luominen, joka olisi pysyvästi hiljaisen alistumisen ja aktiivisen kukistamisen tarjoamien vaihtoehtojen ulkopuolella. Totalitaarinen unelma olemassaolon kollektiivista, jonka jäsenet ovat sokeita seuraajia, absoluuttisen yhdenmukaisia ja yhdenmukaistettuja.

Ranskan miehittäneiden saksalaisten joukkojen "kohteliaisuus" ja "korrektius", josta Simone de Beauvoir alun perin huomautti helpottuneena, ei millään tavoin ole ristiriidassa tämän tulkinnan kanssa. Se päinvastoin vahvistaa tulkinnan mitä kaameimmalla tavalla. Sillä kylään saapuvien saksalaissotilaiden käyttäytymiseen miehitetyn maan väestöä kohtaan soveltuu sama kuin heidän marssiaskeliinsa: "ei saa katsoa oikealle eikä vasemmalle vaan noudattaa tiukasti annettuja sääntöjä". Natsien sääntöjä hallitsevien hourupäisten rotuluokitusten mukaan "ranskalaiset" eivät kuuluneet niin kutsuttuihin "ali-ihmisiin". Miehittäjien tavoite ei siten ollut suora fyysinen tuhoaminen tai orjuuttaminen vaan alun perin puhtaasti hengellinen ja eksistentiaalinen alistaminen. Muilla natsien valloittamilla alueilla asiat olivat aivan toisin. Varsinkin syvemmältä sotatoimialueen sisältä olisi vaikea löytää puolalaisten tai ukrainalaisten naisten ja miesten yhtä lauhkeita silminnäkijäkuvauksia saksalaisten tulosta heidän kyliinsä tai kaupunkeihinsa[34] – siis ihmisiltä, jotka natsien rasistisessa maailmankuvassa luokiteltiin "ali-ihmisiksi". Puhumattakaan juutalaisten kohtalosta jopa Ranskassa.

KOTIINPALUU

Ainakin La Pouëzessa on kesäkuun 1940 loppuun tultaessa taas jotakin arkea muistuttavaa. Viljelijät ovat palanneet maatiloilleen, kahvilat ja kaupat ovat taas auki. Kun Beauvoir kuulee huhuja, että ensimmäiset sotavangit ovat jo matkalla takaisin perheittensä luo, hän päättää matkustaa Pariisiin.

Mutta ainoa elonmerkki Sartrelta, jonka hän löytää hotellistaan useiden päivien odysseian jälkeen, on lyhyt kirje kesäkuun 9. päivältä, jolloin Beauvoir pakeni Pariisista. Hän on "saanut työskenneltyä hyvin" ja on "täynnä pikku *Erlebnisse* [elämyksiä]".[35] Se voi tarkoittaa aivan mitä tahansa. Välttämättä se ei tarkoita mitään: "Tunnettuani oloni eilen illalla kurjemmaksi kuin koskaan elämässäni", Beauvoir merkitsee aamulla 30. kesäkuuta 1940 Pariisin sotapäiväkirjaansa, "tulen tänä aamuna taas eräällä tavalla onnelliseksi – tuntuu lämpimältä – olen palannut vakiopaikalleni Le Dômeen. – – Yhtäkkiä uskon kaikin voimin 'myöhempään aikaan', – – jossa elämme yhdessä. – – Tänään on ensimmäinen päivä, kun ryömin ulos eristyksestäni, lakkaan olemasta 'liiskaantunut ötökkä' ja yritän tulla uudestaan ihmiseksi."[36]

Puolueettomasti tarkastellen hänen tilanteensa voisi olla pahempikin. Vanhemmilla on kaikki hyvin, Kosakiewiczin sisarukset ovat hekin turvassa maaseudulla Rouenin lähellä, Natalie Sorokin on jo matkalla takaisin Pariisiin polkupyörällä. Jopa koulujen odotetaan alkavan pian uudelleen. ”Elämä ympärilläni on taas ottamassa muotoaan”, kirjoittaa Beauvoir vain kaksi päivää myöhemmin; ”on mielenkiintoista, kuinka tällaisen eron kokee. Ensin on eräänlainen jännitystila; maailma ja koko nykyhetki sulkeistuvat pois. – – [E]i juuri minkäänlaista elävää kuvaa Sartresta: epämääräinen, stereotyyppinen kuva ja itse sana ’Sartre’ ilmestyivät itsestään mieleeni aina kun lakkasin olemasta aktiivinen tai ajattelemasta tarkasti. – – Se, mitä kaiken kaikkiaan tarkalleen odotan silloin, kun kaikesta huolimatta pystyn orientoitumaan ajallisesti, on kirje.”[37] Malliesimerkki fenomenologian hengessä tapahtuvasta itseanalyysistä. Kuka tarvitsee alitajuntaa, kun on tajunta? Jälkimmäisessä oli loppujen lopuksi jo mutkikkuutta kerrakseen.

HEGEL-PROJEKTI

Analyysin tuloksena ”Majava”, kuten Sartre Beauvoiria nimittää koko elämänsä ajan, määrittelee itselleen uudet projektit ja tiukat rutiinit. Mitä tahansa, kunhan ei vain juutu paikalleen. Sillä hiljaisuuden mukana seuraa tyhjyys. Ja tyhjyyden mukana ahdistus. Yksi näistä uusista projekteista on pyöräily. Natalie Sorokin opettaa kärsivällisesti häntä näinä päivinä: ”Tulette nauramaan, kun näette minut – mutta pyöräileminen ympäri Pariisia on todella huikeaa. – – Elokuvateattereita ei enää juurikaan ole auki, – –.”[38]

Riippumatta siitä, saako hän itse kirjeitä vai ei, hän kertoo tästä lähtien Sartrelle yksityiskohtaisesti elämästään joka päivä. Ja vaikka elokuvateatterit ja teatterit ovatkin kiinni, kirjastot eivät ole. Heinäkuun 6. päivästä lähtien Beauvoir istuu itsepäisesti Ranskan kansalliskirjaston lukusalissa joka päivä kello 14–17 ja tutkii

Georg Wilhelm Friedrich Hegelin kirjoituksia. Kaikista ihmisistä juuri Hegelin. Mitä tekemistä hänen "hengen fenomenologiallaan" voi olla Husserlin tai Heideggerin "fenomenologian" kanssa?

Ei ilmeisesti mitään, paitsi sama nimi. Hegelin ajattelua ei hallitse tilanteesta lähtevä rohkeus olla aito, vaan rohkeus abstrahoida ymmärrys täysin irti omasta tilanteesta. Sen sijaan, että keskityttäisiin omaan tietoisuuteen, keskitytään anonyymiin maailmanhenkeen. Ei-mikyyden kokemuksesta syntyvän ehdottoman vapauden asemesta keskitytään ei-mikyyden käsitteestä syntyvään absoluuttisen johdonmukaiseen logiikkaan. Hegelille vapaus tarkoitti korkeintaan ymmärrystä dynamiikkojen välttämättömyydestä, jotka olivat viime kädessä irrallaan konkreettisten historiallisten toimijoiden tekemisistä tai tekemättä jättämisistä: "Hegel rauhoitti vähän. Aivan kuten olin kaksikymmenvuotiaana, sydän Jacques-serkun takia verta vuotaen, lukenut Kansalliskirjastossa Homerosta 'asettaakseni ihmiskunnan itseni ja suruni väliin', yritin sulauttaa 'maailman menoon' parhaillaan elämäni hetken."[39]

Tänä ensimmäisenä miehityskesänä Beauvoir lukee Hegelin eeppistä *Hengen fenomenologiaa* runoelmana vapahtavasta itsensä voimattomaksi tekemisestä korkeamman logiikan nimissä: "Luin edelleen Hegeliä ja aloin ymmärtää häntä paremmin; – – järjestelmä kokonaisuutena huimasi. Niin, tuntui houkuttelevalta tehdä itsensä olemattomaksi tyytymällä ajattelemaan vain universaalista kokonaisuutta, suhteuttaa elämänsä historian tarkoituksiin, katsella sitä etäältä, kuolemankin kannalta: miten naurettavalta silloin tuntui tämä mitättömän pieni hetki maailman kulussa, tämä yksilö, minä! Miksi olisin kantanut huolta tulevasta tai siitäkään mikä minua parhaillaan ympäröi?"[40]

Niin selvästi kuin Beauvoir tunteekin sellaisen ajattelutavan viettelykset, jolle hänen sanojensa mukaan jokainen yksilö on "kuin muurahainen muurahaiskeossa",[41] hänen sisäinen vastustuksensa sitä kohtaan pysyy syvänä. Niin kauan kuin minä todella tunsi itsensä, se ei olisi välinpitämätön paikasta ja roolista, joka sillä oli tässä maailmassa. Tällainen asenne oli jyrkästi vastakkainen jos ei puhtaalle järjelle, niin ainakin omien tunteiden ja vaikutelmien spontaanisuudelle.

Heinäkuun 11. päivänä lopultakin uutisia Sartrelta! Nancyn lähellä sijaitsevalta leiriltä, hätäisesti lyijykynällä vain kaksi viikkoa aiemmin kirjoitettuna: "Rakas Majava, olen vankina ja minua kohdellaan erittäin hyvin, voin työskennellä hieman eikä minulla ole liian pitkäveteistä."[42] Liikutusta, iloakin, mutta toivottua emotionaalista vapautumista ei silti tapahdu. Sartre on elossa, vankina, sen verran hän ainakin luuli tietävänsä. Ratkaiseva kysymys oli, kuinka kauan Sartre pysyisi siellä. Se voisi kestää vuosiakin: "Tiedättekö, Hegel on kauhean vaikeaa, mutta erittäin kiinnostavaa, ja teidän täytyy tutustua häneen, se liittyy teidän omaan ei-mikyyden filosofiaanne."[43] Kuinka tarkasti, se heidän olisi jonakin päivänä selvitettävä yhdessä. Siihen asti oli tärkeää jatkaa patojen rakentamista sisäistä tyhjyyttä vastaan.

PÄÄTTÄVÄISENÄ

Majavan terapia – "kirjeitä, pyöräilyä, Hegeliä, kirjeitä ..." – toimii aina vain paremmin. Heinäkuun 14. päivänä, Bastiljin valtauksen vuosipäivänä, Beauvoir kertoo Sartrelleen sarjasta kokemuksia, jotka osoittautuvat tulevina kuukausina ratkaiseviksi: "Ajoin yhdessä kohtaa päin koiraa, ja toisessa kohtaa päin kahta rouvaa – jotka olivat siitä hyvin näreissään – mutta enimmäkseen selviydyin kunnialla. Boulevard Raspaililla ohitin panssariautoja, jotka olivat täynnä mustiin pukeutuneita saksalaisia. Ne olivat uskoakseni panssarisotilaita mustine univormuineen, isoine baretteineen ja pääkallokokardeineen. Istuin alas Le Dômeen ja luin valikoituja otteita Hegeliltä. Löysin yhden kohdan, joka sopisi loistavasti romaanini motoksi: – –. Koin yhtäkkiä lyhyen hetken älyllistä kiihkoa. Halusin tehdä filosofiaa, puhua kanssanne, palata taas romaanini pariin. Mutta olen liian päättämätön palatakseni romaaniin – en voi koskea siihen ennen kuin olen taas nähnyt teitä."[44]

Beauvoir'n nerous on palannut. Romaani on palannut hänen tietoisuuteensa. Kuten sivumennen sanoen hänen viiteryhmänsä tärkeimmät henkilöt ovat palanneet Pariisiin: Olga, hänen sisarensa Wanda ja pian myös toipunut "pikku Bost". Syksyllä "perhe" palaa mahdollisuuksien mukaan vanhaan elämäänsä. Sartren kirjeet saapuvat nyt hyvin epäsäännöllisesti saksalaiselta vankileiriltä (Stalag XII) Trierin läheltä. Jopa ilman häntä työt romaanin parissa etenevät nopeasti. Hegelin *Hengen fenomenologiasta* löytynyt motto opastaa hänet viimeisen kolmanneksen läpi. Se tulee teoksen luvusta "Herruus ja renkiys" ja kuuluu Beauvoir'n versiona: "Jokainen tietoisuus tavoittelee toisen tietoisuuden kuolemaa."[45]

Hegelin teoksessa oli lopulta maailmanhengen ja oman olemassaolon välissä myös kolmas tietoisuuden luokka: toisen tietoisuus. Tätä hänen ikiomaa ongelmaansa koskien hän osoittaa aluksi ehdotonta päättäväisyyttä Françoisen ja Xavièren hahmossa. Teoksen ensimmäinen versio tulee valmiiksi joulukuussa 1940. Se päättyy seuraavasti:

> – – Françoise painoi kätensä kaasuliedelle – –. [T]ämän vivun painaminen riittäisi tuhoamaan sen. Tuhoamaan tietoisuuden. Kuinka minä saatan? Françoise ajatteli. Mutta kuinka toinen tietoisuus kuin hänen omansa saattoi olla olemassa? Silloinhan hän itse ei ollut. Hän toisti: "Hän tai minä" ja painoi vipua. – – Ihmiset uskoisivat tätä tapaturmaksi tai itsemurhaksi. Eikä todisteita olisi missään, hän ajatteli. – – Hänen tekonsa kuului vain hänelle itselleen. "Minä tahdon näin tapahtuvan." Hänen tahtonsa toteutui paraikaa, mikään ei erottanut häntä itsestään. Hän oli vihdoinkin valinnut. Hän oli valinnut itsensä.[46]

Romaanin loppu, joka todellisuudessa on vasta alku. Sillä tänä talvena Beauvoir kokee myös, että hän on vihdoin tehnyt valinnan itse: pois hiljaisesta resignoitumisesta ja kohti tilanteen aktiivista voittamista.

Ainakin hän oli säästynyt joutumasta leirille. Enempää tältä maailmalta ei yksinkertaisesti voinut odottaa kesällä 1940. Kuten Heinrich Blücher, myös Hannah Arendt oli käyttänyt antautumisen jälkeistä kaaosta paetakseen internoinnista. Gursin naisleirillä Pyreneiden lähellä on yhteensä 6 000 niin kutsuttua vapaaehtoista vankia, *prisonnières volontaires*. Hän pääsee pakoon heistä runsaan 200:n kanssa, mutta ei saa mukaansa muuta kuin hammasharjan. Gursista Arendt vaeltaa ensin itään Lourdesiin, missä hän tapaa Walter Benjaminin, joka on puolestaan paennut Pariisista. ”Se oli tappion hetki, junia ei enää kulkenut; kukaan ei tiennyt minne perheet, miehet, lapset, ystävät olivat menneet. Benji ja minä pelasimme šakkia aamusta iltaan ja luimme Pariisin sanomalehtiä, jos sellaisia oli. Kaikki sujui erittäin hyvin siihen asti, kunnes kuuluisan luovutuslausekkeen sisältävä aseleposopimus julkaistiin.”[47] Tämä tapahtui 22. kesäkuuta 1940.

Turvapaikkaoikeuden poistamisen lisäksi sopimus sisälsi myös velvollisuuden luovuttaa entiset Saksan kansalaiset ”pyydettäessä”[48] natseille. Erityisesti juutalaiset pakolaiset ymmärsivät, mistä tässä kohdassa todellisuudessa oli kyse. Oli vain ajan kysymys, ennen kuin Gestapo alkaisi tutkia luetteloita, joita heistä oli jo pitkään laadittu Ranskassa, ja aloittaisi karkotukset itään.

Vain mitä vastahakoisimmin Arendt jättää toistaiseksi turvassa olevan, mutta selvästi itsemurhaa hautovan Benjaminin Lourdesiin ja lähtee etsimään Heinrichia. Uskottavin kohtaamispaikka on Montauban, runsaat 180 kilometriä koilliseen. Koska siellä hallitsee sosialistinen pormestari, joka jättää pakolaiset rauhaan, pikkukaupungista on kehittynyt eräänlainen keskus entisille internoiduille, jotka heinäkuun alussa vaeltelevat maan halki. Itse asiassa Arendt löytää saapuessaan sieltä lukuisia pariisilaisia ystäviä ja ”heimon” jäseniä, ennen kaikkea Lotte Klenbortin ja Cohn-Benditin pariskunnan.[49] Ja vain muutamaa päivää myöhemmin, enemmän sattumalta, myös "Monsieur'nsa". Arendtin tavoin hänkin on kesäkuun lopusta lähtien taistellut tiensä maan läpi, pitkää päivämarssia joidenkin entisten vankitovereidensa kanssa. Virallisesti vihittynä tammikuusta 1940 lähtien ollut pari asettuu erään valokuvaajan hylättyyn studioon.

Arendt ystävineen ymmärtää, että Montaubanissa heidän asiansa ovat suhteellisen hyvin. Sotakirjeenvaihtaja ja kirjailija Arthur Koestler, joka myös pakeni halki maan ja oli Benjaminin entinen naapuri ja ystävä Pariisin rue Dombaslelta, kuvaa muiden "gursilaisten" tilannetta kirjassaan *Scum of the Earth* (Maailman pohjasakkaa).[50] Toivoen, että heidän lähimpänsä tai aviomiehensä todennäköisimmin löytävät heidät sieltä, monet pysyttelevät lähellä leiriä vielä viikkoja pakenemisensa jälkeen. Jotkut työskentelevät viljelijöiden pelloilla leipää ja yösijaa vastaan, toiset joutuvat prostituoimaan itseään paikallisissa baareissa ja bistroissa. Merkinnöissään heinäkuun 13. päivältä 1940 Koestler selostaa "jonkinlaista maltillista orgiaa", jossa santarmien adjutantti oli pitänyt Sus-bistron takahuoneessa hauskaa "kahden puolalaisen naisen ja yhden saksanjuutalaisen naisen kanssa. Pani heidät juomaan Pernodia ja rommia. – – Tapasin käymälässä juutalaisen tytön, sairaan ja itkevän; hän sanoi: 'Luuletteko, *monsieur*, että hän antaa minulle *sauf-conduit*'n [kulkuluvan]?' Palattuani Lefèbre kysyi minulta olinko ... tyttöä. Sanoi minua idiootiksi; eilen hänellä oli ollut juutalaisnainen Gursista 20 frangilla, ja tämän aviomies oli ollut siitä tietoinen – 'mukava vanha käppänä, näytti lääkäriltä tai vastaavalta'."[51]

ELÄVIÄ RUUMIITA

Uutiset itsemurhista ovat yhä yleisempiä. Jos ihmisellä on yhä jotakin sellaista kuin valinnanvapaus – Arendt on myös vakuuttunut tästä –, on tilanteita, joille hänen ei pitäisi altistaa itseään. Aihe oli jo tullut useita kertoja puheeksi Lourdesissa Benjaminin kanssa, joka toistuvasti varoitti, että oli mahdotonta tietää, milloin oli liian myöhäistä. Itsemurhia oli tapahtunut myös Gursissa, ja jopa protestiksi tehtävästä kollektiivisesta itsemurhasta oli keskusteltu lyhyesti internoitujen keskuudessa. Mutta kun huomautettiin, että heidät oltiin joka tapauksessa viety leirille "potkaisemaan tyhjää", Arendt muistelee että mieliala muuttui yhtäkkiä iloiseksi. Viime kädessä "yleinen mielipide oli, että täytyi olla epänormaalin epäsosiaalinen ja kiinnostumaton asioiden yleisestä menosta, jos pystyi yhä tulkitsemaan koko sattumuksen henkilökohtaiseksi tai yksilökohtaiseksi huonoksi onneksi ja päättämään sen mukaisesti elämänsä henkilökohtaisesti ja yksilökohtaisesti".[52]

Kun yritettiin ymmärtää pakolaisia kohdanneen epäonnen etenemistä ja tavoitteita, oli Arendtin mukaan abstrahoiduttava irti kaikista yksilötason painotuksista. Maailmankaikkeus ei tarkoittanut sitä henkilökohtaisesti. Eivätkä edes natsit. Siinä, oikein ymmärrettynä, heidän todellinen eläimellisyytensä juuri olikin. Heitä ei kiinnostanut yhden tai toisen yksilön vainoaminen tai hävittäminen, eikä itse asiassa luultavasti edes juutalaisten hävittäminen kokonaisuutena. Heidän lähestymistapansa seurasi pikemminkin harhaista visiota, joka pyrki hävittämään kaiken spontaanisuuden käyttäytymisestä ja jopa tunteista; toisin sanoen suunnitelmaa "muuttaa ihmisen persoonallisuus pelkäksi esineeksi".[53]

Myöhemmissä analyyseissään keskitysleirien logiikasta Arendt puhuu tästä totalitaarisesta tavoitteesta lähes samoin sanankääntein kuin Simone Weil: "elävien ruumiiden tuotantona".[54] Ensinnäkin leirijärjestelmää analysoitaessa on tärkeää ymmärtää, "että psyyken voi tuhota jopa ihmistä fyysisesti tuhoamatta".[55] "Ensimmäinen ratkaiseva askel kohti totaalista ylivaltaa" on kuitenkin "tuhota ihminen oikeushenkilönä", niin että "eräät ihmisryhmät jätettiin lain suojan ulkopuolelle ja pakotettiin ei-totalitaarinen maailma tunnustamaan laittomuus käyttämällä välineenä kansalaisuuden riistoa".[56]

Tämä tavoite oli saavutettu viimeistään vuoteen 1940 mennessä. Kuten Arendt totesi vuonna 1943 julkaistussa esseessään "We Refugees", saksanjuutalaiset Ranskassa muodostivat jopa "täysin uuden luokan ihmisiä", jotka "heidän vihollisensa panivat keskitysleireille ja heidän ystävänsä internointileireille".[57] Ensin heidät vangitaan, "koska he ovat saksalaisia, sitten heitä ei päästetä vapaaksi, koska he ovat juutalaisia".[58] Heidän rikoksensa ei koostunut mistään yksittäisistä teoista vaan pikemminkin heidän pelkästä olemassaolostaan, ja siksi suurin osa leirivangeista oli ihmisiä, "jotka eivät olleet sen enempää omassa tietoisuudessaan kuin kiduttajiensakaan tietoisuudessa tehneet mitään, jolla olisi jokin järkevä yhteys heidän vankeuteensa".[59] Mitä tulee heidän tunnustamiseensa yksilöinä, he olivat siis kaikkia rikollisia, raiskaajia ja murhaajiakin alemmassa asemassa.

Jokainen, joka ei ole löytänyt rohkeutta paeta yksin kesäkuun kaaosmaisina päivinä, olisi pian taas kiikissä hyvin vartioidussa leirissä ja joutuisi miettimään, kuinka kauan kestää ennen kuin ranskalaiset vartijat korvataan saksalaisilla.

MATKALLA

Oliko laittomampaa lähteä vai jäädä? Vaarallisempaa hakea virallisesti kulkulupaa vai jättää hakematta? Montaubanissa vallitsevat sekavat säännöt ovat vain rajallisesti minkään suunnittelun tulosta. Ranskan puolella oleva kaaos on liian suuri – ei ole selvää, mitkä määräykset ovat voimassa, eikä kuka niitä on antanut ja kenen puolesta.

Pétainin tultua Vichyn Ranskan hallitsijaksi hänen ensimmäinen virkatoimensa 11. heinäkuuta 1940 on perustuslain kumoaminen asetuksella. Moton "Vapaus, veljeys, tasa-arvo" sijaan uusi *État français* (Ranskan valtio) tukeutuisi nyt avainsanoihin "Työ, perhe, isänmaa". Pakolaisista se tekee erityisen katkeraa pilkkaa, sillä toista kertaa alle vuosikymmenen sisään heiltä on nyt riistetty juuri nämä kolme. Asunto oli jouduttu hylkäämään, työt lopettamaan. Perhe oli kadonnut, hylätty tai internoitu. Kaikesta synnynnäisestä ilomielisyydestään sekä paikan päällä koetusta solidaarisuudesta ja ystävyydestä huolimatta myös Arendt käy näinä päivinä ja viikkoina omaa taisteluaan sisäistä kivettymistä vastaan.

Flunssasta viikkojen ajan heikkona ollut Walter Benjamin, joka on edelleen Lourdesissa, kirjoittaa 2. elokuuta Theodor Adornolle New Yorkiin kirjeen, joka dokumentoi vaikuttavasti melkein kaikkien saksanjuutalaisten elämäntilanteen uudessa Ranskassa:

”Täysi epävarmuus siitä, mitä seuraava päivä tai seuraava tunti tuo, on hallinnut olemassaoloani monen viikon ajan. – – Toivon, että olen toistaiseksi antanut teille vaikutelman, että pysyn rauhallisena myös vaikeina hetkinä. Älkää luulko, että se olisi muuttunut. Mutta en voi sivuuttaa tilanteen vaarallista luonnetta. Pelkäänpä, että ne, jotka ovat onnistuneet pelastautumaan, joutuvat jonakin päivänä maksamaan siitä.”[60] Vain viikkoa myöhemmin hän täsmentää tilannettaan kirjeessä Arendtille Montaubaniin: ”Tällä hetkellä tiedän vain, että New Yorkissa uskotaan, – – että viisumi odottaa minua Marseillen konsulaatissa. Voitte kuvitella, että olisin halunnut mennä sinne heti. Mutta näyttää mahdottomalta saada kulkulupaa Marseillesta ilman vahvistusta. Lähetin sinne useita päiviä sitten sähkeen (RP:n kanssa)[61] saadakseni mainitun vahvistuksen. En ole vielä saanut vastausta. Joten epävarmuuteni jatkuu, ja sitäkin enemmän, koska en tiedä, haittaavatko yritykseni poistua maasta tämän ”vierailun” järjestymistä. Kova helle suosii taipumustani pitää fyysinen ja henkinen elämäni säästöliekillä. – – Suuri pelko, joka iskee ajatellessani käsikirjoitusteni kohtaloa, on kaksin verroin tuskaisaa. Vähän yhteyksiä ystäviin; vähän uutisia.”[62]

Näin kirjoittaa eristyksissä oleva ihminen, jonka elämänliekki on pian sammumassa. Hän ei ole enää ensisijaisesti huolissaan itsestään vaan elämäntyöstään, jonka epäilee kadonneen. Benjamin on jo viikkoja aiemmin kuullut, että Gestapo on tehnyt etsinnän hänen asuntoonsa Pariisissa ja takavarikoinut kaikki siellä olevat käsikirjoitukset.

Myös Arendtille ja Blücherille jokainen tie vapauteen kulkee nyt Marseillen kautta, joka on vapaan Ranskan viimeinen vapaasatama; ainoa kaupunki, jossa viisumi ja/tai merimatka Pohjois-Afrikkaan on mahdollista järjestää. Polkupyörällä se on vain kahden tai kolmen päivän matkan päässä Montaubanista. Edellisvuoteen verrattuna hakemusten hyväksymisprosentti on taas pienentynyt merkittävästi, mutta Arendt voi toivoa saavansa apua ex-mieheltään Günther Sterniltä, joka asuu nyt Kaliforniassa. Samoin Aliyah de la Jeunesse -järjestön kontakteilta ja verkostolta. Monsieur Heinrich pääsisi myös mukaan hänen aviomiehenään. Asiat ovat astetta monimutkaisempia Arendtin äidin kohdalla, joka on myös saapunut Pariisista Montaubaniin.

Tuhannet ja taas tuhannet pakolaiset haluavat Marseillessa vain yhtä asiaa: poispääsyä Ranskasta mahdollisimman pian. Mutta kukaan ei tiedä, miten se tarkalleen tapahtuu. Ainakaan laillisesti. Isäntämaan viisumin lisäksi vaadittiin myös kauttakulkulupa Espanjaan ja Portugaliin, mutta ennen kaikkea voimassa oleva poistumisviisumi Ranskasta. Erityisesti sitä on yhä mahdottomampi saada. Musta pörssi käy samaan aikaan kukoistavaa kauppaa kaikenlaisilla asiakirjoilla, joista osa on jopa aitoja. Simone Weil, joka on myös rantautunut Marseilleen vanhempiensa kanssa, saa sisäpiirivinkin: Casablancaan voi päästä, kun hakee viisumia välittämättä kohdemaasta. Elokuussa 1940 hän saa kolme viisumia Siamin (nykyisen Thaimaan) konsulaatista. Vain saadakseen jälkikäteen tietää, että ne ovat voimassa vain suoraan Marseillesta Siamiin liikennöivillä aluksilla. Tällaisia aluksia ei kuitenkaan ole eikä ole koskaan ollutkaan.[63]

Kun Arendt ja hänen Blücherinsä tapaavat Benjaminin uudelleen Marseillessa 20. syyskuuta 1940, Benjaminilla on viimeinkin hallussaan kaikki asiakirjat Lissabonista New Yorkiin kulkua varten – samoin kuin annos morfiinia jolla "tappaisi hevosenkin", kuten hän on uskoutunut vain muutamaa päivää aiemmin entiselle naapurilleen Arthur Koestlerille.

Arendt muistaa tapaamisen tarkasti: "Kun näin häntä, Espanjan viisumi oli voimassa vielä 8 tai 10 päivää. *Visa de sortien* [poistumisviisumin] saaminen oli sillä hetkellä täysin mahdotonta. Hän kysyi minulta epätoivoisena, mitä hänen pitäisi tehdä. – – Sanoin hänelle, – – että minusta oli hyvin kyseenalaista, miten pitkään näitä (Espanjan) viisumeita saisi enää lainkaan, ja että ei kannattaisi ottaa riskiä sen pääsemisestä vanhenemaan. Sanoin, että tietenkin menisimme mieluiten yhdessä kaikki kolme. Siinä tapauksessa hän voisi tulla meidän kanssamme Montaubaniin. Mutta kukaan ei voisi ottaa siitä vastuuta. Silloin hän päätti lähteä jotakuinkin suoraa päätä."[64]

Sillä välin aviopari Arendt ja Blücher palaa Montaubaniin matkatavaroissaan kahden Yhdysvaltain viisumin lisäksi nyt myös Benjaminin käsikirjoitus, jonka tämä on viime hetkellä uskonut heidän haltuunsa. Kyseessä on teksti "Historian käsitteestä",[65] joka Benjaminin on täytynyt panna paperille Lourdesissa. Tässä kahdentoista filosofisen luonnoksen väljästi järjestetyssä asetelmassa hän tiivistää runollisesti koko ajattelunsa ajan, historiallisuuden ja yksilön roolin välisestä suhteesta. Luonnokseen VII sisältyy "historian enkelin" hahmo:

> Sen silmät on avattu ammolleen, sen suu on auki ja siivet levitetty. Historian enkelin täytyy näyttää juuri tällaiselta. Se on kääntänyt kasvonsa menneisyyteen. Siinä missä tapahtumien ketju näyttäytyy *meidän* silmiemme edessä, siinä *se* näkee yhden

ainoan katastrofin, joka lakkaamatta kasaa raunioita raunioiden päälle ja paiskaa ne sen jalkojen juureen. Se tahtoisi toki jäädä, herättää kuolleet ja kerätä yhteen sen, mikä on lyöty palasiksi. Mutta paratiisista päin puhaltaa myrsky, joka on tarttunut sen siipiin ja joka on niin voimakas, että enkeli ei voi niitä enää sulkea. Tämä myrsky kuljettaa sitä vastustamattomasti tulevaisuuteen, jolle se on kääntänyt selkänsä, samalla kun rauniokasat sen edessä kasvavat taivaaseen asti. Se, mitä me nimitämme edistykseksi, on *tämä* myrsky.[66]

Selkänsä tulevaisuudelle kääntänyt Benjaminin enkeli ei pystynyt näkemään niin sanotun edistyksen historiassa vuonna 1940 kuin kasan raunioita ja myös kasan ruumiita: vailla mahdollisuutta pysähtyä, muistaa, koota muistoja. Myrskyn voimaa eivät kestä edes enkelin siivet. Siitä huolimatta teksti päättyy erikoislaatuisella tavalla vapauttavaan näkemykseen, jonka kautta Benjamin sitoutuu perinteeseen, jota hän Scholemin elinikäisestä suostuttelusta huolimatta ei koskaan halunnut ymmärtää kokonaan omakseen:

> Tulevaisuudesta ei tullut juutalaisille tästä syystä kuitenkaan homogeenista ja tyhjää. Sillä heille jokainen sekunti oli pieni portti, josta Messias saattoi astua sisään.[67]

Näistä yhä uudestaan ja uudestaan luetuista riveistä tulee Arendtin oppaita Montaubanin päivittäisessä sinnikkyydessä ja puntaroimisessa. Hitlerin koneet tekevät ensimmäisiä pommituslentojaan Englantiin, mikä synkentää sotilaallista tilannetta entisestään. Gursiin saapuu samaan aikaan uusia vankikuljetuksia: satoja juutalaisia naisia ja lapsia Pohjois-Badenista ja Karlsruhesta, jotka Gestapo on karkottanut aluksi Ranskaan, missä kapasiteettia on edelleen vapaana.[68] Vapauden portit alkavat sulkeutua. Benjaminin matkasta Pyreneiden yli ei myöskään pitkään aikaan kuulu mitään. Sitten saapuu huhuja, joita Arendt pitkään kieltäytyy uskomasta.

Lokakuun 21. päivänä 1940 Arendt saa asiasta varmuuden. Hän tarttuu kynään ilmoittaakseen Scholemille Palestiinaan heidän yhteisen ystävänsä kohtalosta:

> Hyvä Scholem –
> Walter Benjamin on riistänyt itseltään hengen, 26.9., Port Boussa Espanjan rajalla. Hänellä oli Yhdysvaltain viisumi, mutta 23. päivästä alkaen espanjalaiset päästivät läpi vain "kansallisten" passien haltijat. En tiedä, tavoittavatko nämä rivit teidät. Näin Walteria useita kertoja viimeisinä viikkoina ja kuukausina, viimeksi 20. päivänä Marseillessa. – Saimme hänen sisarensa tavoin tämän viestin melkein neljä viikkoa myöhässä.
> Juutalaiset kuolevat Euroopassa ja heidät haudataan kuin koirat.[69]

Oli korkea aika ottaa hatkat. Myös Heinrichille ja Arendtille kaikki riippuu oikeasta hetkestä. He lähtevät Pyreneille tammikuun alussa, aluksi ilman Arendtin äitiä. Benjamin oli myös kulkenut reittiä vuorien yli, noussut useita tunteja piilossa olevia polkuja pitkin. Emergency Rescue Committeen auttajatkin ovat Arendtin paetessa samat. Heidän joukossaan on entinen Gursin vanki Lisa Fittko. Mutta tällä kertaa kulku onnistuu. Tammikuun lopussa Hannah ja Heinrich ovat Lissabonissa ja heillä on voimassa oleva viisumi Yhdysvaltoihin. Vain yksi laivamatka erottaa heidät enää "vapauden maasta". "Etsimme", Arendt raportoi myöhemmin Scholemille, "turhaan hänen hautaansa; sitä ei löytynyt, hänen nimeään ei ollut missään".[70]

HUTEJA

"Ellei maailmanhistoria olisi niin paskamaista, olisi ilo elää":[71] eräs niistä Hannah Arendtin suosikkisanonnoista, joihin myös Ayn Rand olisi voinut samaistua läpi elämänsä. Ennen kaikkea talvella

1940. Marraskuun 5. päivänä 1940 Yhdysvaltain äänestäjät antoivat demokraatti Franklin Delano Rooseveltille kolmannen kauden ylivoimaisella enemmistöllä. Randille tämä ei ole pelkästään poliittinen katastrofi vaan myös hyvin henkilökohtainen tappio. Pitkän syksyn hän oli soittanut ovikelloja vaalikampanjan avustajana, jakanut lentolehtisiä ja rintamerkkejä ("Wendell Willkie: America's Hope"), pitänyt ylistyspuheita ehdokkaastaan milloin missäkin saleissa ja elokuvateattereissa ja jopa etsiytynyt väittelyyn kansalaisten kanssa New Yorkin kaduilla: "Mitä teillä on tekemistä Amerikan kanssa? Tehän olette ulkomaalainen!" – "Minä olen *päättänyt* olevani amerikkalainen. Mitä te tarkkaan ottaen olette tehnyt sen eteen, paitsi että synnyitte täällä!"[72] Turhaan.

Wendell Willkiellä, *self-made*-miljonäärillä Indianasta, ei viime kädessä ollut mahdollisuuksia voittoon. Republikaanit nostavat hänet vasta viime hetkellä esiin yllätysehdokkaana, ja hänen kampanjansa kärsii siitä, että Willkie oli ollut demokraattien jäsen vuoteen 1939 saakka, mikä pian paljastuu. Tämä on raskas isku hänen uskottavuudelleen, varsinkin niissä vaikutusvaltaisissa oikeistopiireissä, joista käytettiin nimitystä "vanhaoikeisto", *Old Right.*

Myös Randin innostus lopahtaa pian. Kahdeksan vuotta New Dealin alkamisen jälkeen työttömyys on edelleen yli 15 prosentissa. Sen sijaan, että Willkie asettaisi bisneksen edistämisen asialistansa kärkeen, hän halusi mieluummin puhua äänestäjille pitkät pätkät "juuristaan Indianan maaseudulla". Hän ei ollut edes kyennyt antamaan selkeää sitoumusta Yhdysvaltain sotaan osallistumista vastaan konservatiivisen "Amerikka ensin" -politiikan nimessä. Randin tuomio tappion jälkeen oli vastaavasti: "Kaikista niistä ihmisistä, jotka ovat tuhoamassa Amerikan, Willkie on eniten syyllinen. Paljon syyllisempi kuin Roosevelt, joka on vain oman aikansa luomus."[73]

Vuosi 1940 päättyi täsmälleen samalla tavalla kuin se Randille oli alkanut: uudella fiaskolla. Uutta teatterimenestystä toivoen hän oli keskeyttänyt uuden *The Fountainhead* -romaaninsa kirjoittamisen edellisenä vuonna luodakseen näyttämösovituksen esikoisteoksestaan *We the Living*. Kuten saattoi arvata, romaanin muokkaaminen teatteriksi oli täyttä kidutusta. Mutta työn tilasivat tunnetut Broadway-tuottajat, joten se oli potentiaalisesti erittäin tuottoisa. Se saa ensi-iltansa New Yorkissa suurin fanfaarein 13. helmikuuta 1940 nimellä *The Unconquered* – ja jo samana iltana kriitikot arvioivat sen yksimielisesti erääksi "kauden suurista hudeista".[74]

Rand sulkeutuu huoneeseensa kahdeksi päiväksi. Edes Frank ei saa tulla sisään. Kun hän tulee ulos, hänen ensimmäinen tekonsa on kirjoittaa lahjoituskirje Fighting Funds for Finlandille osoitettuna kenraali John F. O'Ryanille: "Ohessa on lahjoitukseni avustusrahastoonne aseiden hankkimiseksi Suomeen. Saanen ilmaista ihailuni työstänne; sillä on suurenmoinen päämäärä."[75] Ylivoimaisen vihollisen edessä 300 000 hengen armeija pysyy asemissaan talvisodan kolmantena kuukautena. Loistava esimerkki tahdosta tehdä vastarintaa.

TOOHEY-PERIAATE

Seuraavana aamuna Rand istuutuu taas työpöytänsä ääreen. Aika on loppumassa. Jo edellisenä vuonna hän oli ohittanut romaanin ensimmäisen luvatun valmistumisajankohdan. Sopimuksen mukaan käsikirjoituksen olisi täytynyt olla valmis lokakuuhun mennessä. Todellisuudessa se oli mahdotonta; edes kolmasosaa ei ollut siihen mennessä kirjoitettu. Umpikuja kapeni päivä päivältä. Mutta Ayn haluaa myös pysyä samoilla linjoilla kuin suomalaiset: antautuminen ei ole vaihtoehto.

Varsinkin kun vihollinen, sen menetelmät ja tavoitteet ovat hänelle yhä selvemmät. Sotilaallista maailmanpaloa, jota Hitler ja Stalin levittävät nyt ympäri maailmaa, on edeltänyt kulttuurisesti aivan erilainen sodankäynnin muoto – myös Yhdysvalloissa. Nämä henkisen soluttautumisen muodot keskeisten väärinymmärrettyjen käsitteiden nimessä on tuotava näkyviin täysin selkeästi – ja esitettävä ne mahdollisimman vaikuttavasti romaanin muodossa.

Eräs tältä osin tärkeä oivallus juontaa juurensa vuoteen 1937, jolloin Rand oli seuraamassa brittiläisen valtiotieteilijän ja toimittajan Harold Laskin esitelmää vasemmistolaisessa New School -korkeakoulussa New Yorkissa.[76] Laski on Yhdysvalloissa sivistyneistön todellinen tähti, joka kehuu avoimesti myös Rooseveltin kuuntelevan häntä. Hän on vuosien ajan pitänyt ylistettyjä luentoja yhteiskunnallisista kysymyksistä – erityisen usein demokratian ja kapitalismin välisestä jännitteestä, kuten vihollisille sopii.

Rand ei pystynyt uskomaan onneaan. Siinä hän oli – anti-Roark *par excellence*! Retorisesti hyvin ketteränä, ulkoisen hahmon ilmeinen ylimielisyys aina pienen ironian liudentamana, kaikki oikeat sanat suussa ja kaikki oikeat teesit tarjolla, hän sai newyorkilaisyleisönsä puhkeamaan suosionosoituksiin juuri sillä, mitä tämä yleisö pitkien hiljaisen propagandan vuosien aikana oli saatu sisäistämään. Hänen täytyi vain katsella Laskia, kuunnella ja tehdä muistiinpanoja.

Laskille löytyy myös nopeasti oikea nimi. Kuten aina Randin romaanien maailmassa, se on paljonpuhuva: Ellsworth M. Toohey – äännetään *else-worth*, 'toisaalla arvo'. Kirjan neljästä osasta koko toinen osa on omistettu hänelle, Roarkin suurelle ja pirullisen kavalalle vastustajalle. Kevään 1940 aikana romaani saa lopullisen hahmonsa. Maan vaikutusvaltaisimman sanomalehden vaikutusvaltaisimpana taidekriitikkona Toohey harjoittaisi kaiken samalle tasolle painavaa pahuuttaan New Yorkista käsin.

22. helmikuuta 1940
Tooheyn [tavoitteena] on vahvojen, yksilöllisten, omaperäisten, terveiden, iloisten tuhoaminen – "muiden ihmisten" aseella, humanitaarisuudella.[77]

22. huhtikuuta 1940
Toohey on noussut erittäin vaikutusvaltaiseksi hahmoksi yhteiskunnassa. Hän on maan kulttuuri- ja hengenelämän epäviralli-

nen diktaattori. Lukuisien "järjestöjensä" avulla hän on "kollektivisoinut" taiteen – eikä salli kenenkään muun tulla kuuluisaksi kuin itse valitsemiensa keskinkertaisuuksien.[78]

Toohey tuhoaa ihmisiltä kaikki itsenäisyyden muodot ja jokaisen suuren saavutuksen. – – Pienentääkseen jokaisen suuren saavutuksen hän käyttää arviointiin mittapuuta, joka kenen tahansa idiootin on helppo ymmärtää.[79]

Sikäli kuin Rand ymmärsi, varsinaisena kulttuurisena edellytyksenä totalitarismin etenemiselle oli jokaisen yksilön arvostelukyvyn määrätietoinen ja perustavanlaatuinen hämärtäminen, joka tapahtui tiedotusvälineiden kautta. Tämä vaikutus ei ollut missään ilmeisempi ja voimakkaampi kuin esteettisten arvostelmien alalla: taideteosten arvioinnissa.

Roolissaan erojen tasauksen mestarina taidekriitikko Toohey ilmentää Randille oletetun "hyvän" ("humanitaarisen", "sosiaalisen"...) banaaliutta, joka hyökkää todellisuudessa juuri sitä kykyä vastaan, joka yksilön todella erottaa yksilönä ja antaa toimia: tajua todella kauniille, tajua siitä millaista inhimillisen olemassaolon pitäisi olla ja mitä se voisi olla. Randin sanaa käyttäen sankari Roarkin "elämäntajua", jota tämä toteuttaa elämänsuunnitelmassaan arkkitehtina pelottomasti ja melkein yli-inhimillisen tinkimättömästi. Se, minkä Toohey haluaa lyödä maahan kaikkien journalismin sääntöjen mukaan, on Roarkin romaanissa ilmentämä rohkeus sekä kyky tehdä itsenäisiä arvostelmia ja luoda uusia asioita. Tai toisin sanoen: ajatella, hahmottaa, toimia ilman muiden tarjoamia kaiteita.

Kesällä 1940 Rand selvitti romaanin uudessa kokonaishahmotelmassa "Toohey-periaatteen" sosiaaliset ja poliittiset aspektit viitaten lyhyesti eurooppalaisen totalitarismin uhkaavaan maailmanlaajuiseen voittoon:

> Pohjimmiltaan [Toohey] on steriili; hänellä ei ollut suuria intohimoja mihinkään eikä omia kiinnostuksen kohteita – lukuun ottamatta muita ihmisiä. Siksi hän ei yritä saavuttaa ylivoimaa, vaan jotakin vielä parempaa: tuhota itse ylemmyyden käsitteen. Hän ei voi itse nousta, vaan pelkästään vetää muita alas. Hän ei voi käsittää sitä mikä on suurinta. Suunnitella hän osaa. Tasa-arvo on hänen suurin intohimonsa.[80]

> Suuri ristiriita, kahden suuren periaatteen taistelu jokaisen ihmisen tietoisuudessa on hänen silmiensä edessä – yksilö kollektiivia vastaan, yksi monia vastaan, "minä" ja "he". – – Hän tietää, että kaiken pahan ja kaiken kärsimyksen, kaikkien turhautumisten ja valheiden lähde on kollektiivinen järki; muiden tunkeutuminen ihmisen perustavanlaatuisiin motiiveihin. Ja koska hän on kiinnostunut todellisen suuruuden tuhoamisesta, hänestä tulee yksilön vihollinen ja kollektivismin suuri mestari.[81]

> [Tooheyn] elämänohjelma on yksinkertainen: tuhota ihmiset sitomalla heidät muihin; saarnata siten valmiudesta uhrata itsensä, kieltää itsensä, vähätellä itseään; saarnata jokaisen yksilön henkistä orjuutta kaikkien muiden puolesta; taistella suurta luojaa ja vapauttajaa – ihmisen egoa – vastaan. Toohey tunnetaan "suurena ihmisystävänä". – – Yleinen orjuus – vapautuneena jopa isännän arvosta. Orjina orjille. Suuri piiri ja täydellinen tasa-arvo. Sellainen on Ellsworth M. Toohey.[82]

VALHEELLINEN TASA-ARVO

Myös Rand näkee vuonna 1940 maailman olevan totalitarismin partaalla. Ja myös Rand kehittää teorian radikaalista pahasta tässä tilanteessa, jonka johtavan poliittisen nollapisteen hän tunnistaa ihmisten täydellisessä orjuuttamisessa ja yksilöllisyyden riistämisessä heiltä toisten ihmisten toimesta. Aluksi hän näkee, että tämän on käynnistänyt massojen korkeakulttuuri, jota ovat edistäneet Tooheyn kaltaiset avoimet kyynikot ja joka on tasoittanut kaikki erot hahmottoman tasa-arvon ja mitättömyyden nimessä. Tooheyn maailmassa pyyteettömän mielihyvän tilalle astuu raukea kiinnostumattomuus. Rohkeus käyttää omaa ymmärrystään korvautuu väitetyllä rohkeudella arvostella kaikkien muiden puolesta ja samalla tavalla kuin kaikki muut. Kulttuuria aiemmin kannatelleen erottelukyvyn syrjäyttää tahto absoluuttiseen samanarvoisuuteen.

Eräässä romaanin keskeisessä kohdassa Ellsworth M. Toohey ilmaisee tämän uskonsa – keskustelussa "ylistetyn", todellisuudessa täysin lahjattoman tähtiarkkitehdin Peter Keatingin kanssa – seuraavasti: "En usko individualismiin. – – En usko, että kukaan on sellainen, mitä kukaan toinen ei voisi olla. Uskon, että olemme kaikki samanlaisia ja vaihdettavissa keskenämme."[83]

Randin korvissa tämä on totalitarismin johtava periaate *par excellence*. Jos vain kuunteli oikein, se oli tällä hetkellä yleinen kaikkialla. Jopa Amerikassa se oli tarkastelutapa, jonka valossa jokaisen julkisen lausunnon arvioitiin olevan kohtuullinen, moraalisesti perusteltu ja/tai asianmukainen.

Tämä näkemys täydellisestä tasa-arvosta täydellisenä vaihdettavuutena ja siten yksilön mitättömyytenä alkoi arvostelukyvystä taiteen alalla ja päätyi epäinhimilliseen loppupisteeseen, jossa katosi kaikista tajunnantiloista perustavin: ihmisen minän ainutlaatuisuuden taju.

MANHATTAN TRANSFER

Sotilaallisesti ja kulttuurisesti tämä prosessi oli selvästi täydessä vauhdissa – myös ja etenkin Yhdysvaltain julkisessa elämässä. Rand lainaisi sen vuoksi 1930-luvun lopun New Yorkiin sijoittuvan romaaninsa keskeiset hahmot tämän ajan todellisilta, helposti tunnistettavilta ihmisiltä. Roark oli hänen itsensä henkinen kaksonen. Tämän työ arkkitehtina rinnastui selvästi Frank Lloyd Wrightin uraan – jota Rand kunnioitti syvästi ja johon hän toistuvasti (ja turhaan) yritti luoda henkilökohtaisen yhteyden. Toohey oli Harold Laski newyorkilaisen vasemmistointellektuellin prototyyppinä. Mediamoguli Gail Wynand, jonka lehtien johtaviin kirjoittajiin Toohey kuuluu romaanissa, perustui pääasiassa tuon ajan Yhdysvaltain vaikutusvaltaisimpaan ja juonikkaimpaan sanomalehtikustantajaan William Randolph Hearstiin.

Randin nyt muokkaaman peruskonseptin mukaan teos olisi enemmän kuin vain ajaton allegoria yksilön ja kollektiivin välisestä taistelusta sielunelämässämme. Se olisi pikemminkin avainromaani siitä, miten Amerikka uhkasi hylätä itsensä totalitarismin maailmanlaajuisen voittokulun edessä. Tämän kauhean skenaarion toteutumisen mahdollisuutta, ainakin Randin maailmassa, edusti ennen kaikkea yksi henkilö: presidentti Roosevelt, jolla tosiasiassa oli melkein diktaattorin valtuudet.

Taloudellisista umpikujista ja romaanin tiukasta aikataulusta huolimatta Randin luonteenomaisen ehdoton päätös luopua syksyllä 1940 kaikesta republikaanien hyväksi tehtävästä vapaaehtoistyöstä tapahtui puhtaasti itsekkäistä syistä: hän oli jo kokenut omakohtaisesti, millaista jälkeä ”Toohey-periaate” voisi tehdä. Sikäli kuin se oli hänen vallassaan, hän halusi estää poliittisesti pahinta tapahtumasta uudessa kotimaassaan. Lisäksi ei ole epäilystäkään siitä, että Rand myös ennen kaikkea taiteilijana tunsi itse tulleensa kuvaamansa dynamiikan tukahduttamaksi ja häpäisemäksi New Yorkin kulttuurielämän kaikkien Tooheyiden myötävaikutuksella.

Tällä hetkellä, marraskuussa 1940, hänen täytyy tunnustaa joutuneensa kukistetuksi kaikilla rintamilla, ammatillisesti ja poliittisesti: näytelmä peruutettiin vain viiden esityksen jälkeen, kustantaja irtisanoi romaanin sopimuksen ja suhde agentti Jean Wickiin oli syvästi säröillä.[84] Lisäksi Hitler ja Stalin olivat melkein väistämättömästi etenemässä Euroopassa, ja enemmistö oman maan äänestäjistä oli ilmeisesti liian rajoittuneita laskeakseen edes virheettömästi yhteen yksi ynnä yksi. Edes tilavaa huoneistoaan Manhattanin Park Avenuella hän ei pysty pitämään. Hän ja Frank asuvat nyt vähän matkan päässä kahden makuuhuoneen kellariasunnossa Lexington Avenuen lähellä.

RANDIN PERUSTUSLAKI-ISÄNMAALLISUUS

Kuitenkin ajassa oli myös rohkaisevia merkkejä. Monien esiintymistensä aikana ja ennen kaikkea keskustellessaan niin sanotun "kannatuspohjansa" edustajien kanssa hän oli tutustunut arjessa koeteltuun selvänäköisyyteen ja poliittiseen perusjärkeen, mikä muutti hänen aiemmin selvästi elitististä suhtautumistaan näihin "aivan liian moniin". Todellisuudessa vaalikansalta ei missään nimessä puuttunut vapauden tajua vaan pelkästään oikea kanava sen tehokkaaseen poliittiseen mobilisointiin. Niin vakava kuin tilanne olikin, se ei suinkaan ollut toivoton. Varsinkaan jos tilanne pystyttäisiin kääntämään ympäri. Eli torjumaan kulttuurin ja journalismin avoimesti totalitaarisia mielipidevoimia parhaalla leninistisellä tavalla: tiedostavan ja toimintaan valmiin etujoukon kautta. Jotta "ylhäältä päin", ja myös joukkotiedotusvälineiden tukemana, voitaisiin sytyttää uudelleen se amerikkalainen kaipaus "elämään, vapauteen ja onnen tavoitteluun", joka teki Yhdysvalloista niin ainutlaatuisen maan.

Vuodenvaihteessa 1940–41 Randilla on yhä konkreettisemmin mielessään poliittinen vastavallankumous, joka perustuu selkeimpään ja syvällisimpään poliittiseen asiakirjaan, joka lupaa suojella jokaisen yksilön valinnanvapautta: Yhdysvaltain itsenäisyysjulistukseen ja perustuslakiin. Etnisesti määritellyn kansan tai kansakunnan sijasta tämän liikkeen tulisi sen vuoksi järjestyä kokonaan asiakirjojen tunnusten alle ja olla siten puhdasta perustuslaki-isänmaallisuutta.[E]

Koska tämäkin oli olennainen havainto vaalikampanjan kuukausista New Yorkin kaduilla, lehtien toimituksissa ja poliittisissa klubeissa. Rand ei ollut suinkaan yhtä yksin ja eristyneenä poliittisissa uskomuksissaan ja älyllisissä mieltymyksissään kuin oli pähkinäpuisen pöytänsä takana tuntenut olevansa edellisinä vuosina. Tänä syksynä hän ottaa yhteyttä sellaisiin kirjoittajiin kuin Albert Jay Nockiin, joka julkaisi vuonna 1935 bestsellerin *Our Enemy, the State* (Valtio, vihollisemme); amerikansaksalaiseen journalistiin ja Nietzschen kääntäjään H. L. Menckeniin, joka on kielellisesti loistavilla ja kiistellyillä kolumneillaan eräs tehokkaimmista Rooseveltin kriitikoista; sekä kirjailija ja kirjallisuuskriitikko Isabel Patersoniin, jonka *Herald Tribune* -lehden kolumneissaan esittelemiin kantoihin Rand myös pystyy suurelta osin samaistumaan.[85]

Koska Roosevelt onnistui 1930-luvulla omimaan adjektiivin ”liberaali”[86] omiin poliittisiin tarkoituksiinsa, he tekivät siihen tarkoituksellisesti eron viittaamalla itseensä ”libertaristeina”. Ei tietenkään olisi helppoa innostaa tällaisia radikaaleja individualisteja liittymään mihinkään poliittiseen järjestöön tai jopa puolueeseen. Vaikka se ei haluaisikaan olla mitään muuta kuin ”järjestöjen vastainen järjestö”. Siitä huolimatta Randilla on juuri tämä piiri mielessään, kun hän aloittaa ensimmäisen perustamisasiakirjan laatimisen tammikuussa 1941. Parhaaseen Venäjän vallankumouksellisten tyyliin hän valitsee muodokseen ”avoimen kirjeen” yhdysvaltalaisille äänestäjille.

E Perustuslaki-isänmaallisuus (*Verfassungspatriotismus*) on saksalaisen poliittisen filosofian käsite, joka viittaa ajatukseen, että liberaalissa demokratiassa kansalaisten tulisi kokea isänmaallisia tunteita kotimaansa perustuslakia ja siihen kirjattuja ihmisoikeus- yms. periaatteita kohtaan, erotuksena ulossulkevasta isänmaallisuudesta, joka kohdistuu omaan etniseen ryhmään tai kansallisvaltioon. Käsitteen loi alun perin valtiotieteilijä Dolf Sternberger vuonna 1970, mutta se yhdistetään yleisimmin Jürgen Habermasin poliittiseen filosofiaan. – *Suom.*

Tilanteen dramaattisuuden havainnollistamiseksi Rand aloittaa kirjeensä loukkaamalla juuri näitä äänestäjiä, mikä ei psykologisesti ehkä ole kovin järkevää:

> Te, joka luette nämä rivit, olette suurin vaara Amerikalle. Riippumatta siitä, miten sota Euroopassa päättyy, totalitarismi on jo voittanut kokonaan monien amerikkalaisten mielet puolelleen ja valloittanut koko maan henkisen elämän. Teidän avullanne. – – Älkää elätelkö mitään harhakuvitelmia. Te näette, mitä Euroopassa tapahtuu. – – Mitä todisteita tarvitsette: Älkää olko typerä ja sanoko ”se ei voi tapahtua täällä”. – – Voisiko se tapahtua Ranskassa? Vain vuosi sitten olisitte nauranut tälle kysymykselle. Nyt *se on tapahtunut myös Ranskassa* – Ranskassa, joka on vapauden ja demokratian äiti. Ranskassa, maailman henkisesti riippumattomimmassa maassa.[87]

Rand vastustaa edelleen ehdottomasti Yhdysvaltain liittymistä sotaan. Hänelle on tärkeää ainoastaan ideologinen taistelu kotirintamalla. Erityisesti tällä alueella tarvitaan päättäväistä vastarintaa, koska: ”Totalitaristit eivät halua aktiivista tukeanne. He eivät tarvitse sitä lainkaan. – – Ainoa, mitä he teiltä haluavat, on välinpitämättömyytenne!”[88] Varsinkin kun totalitarismi ei, toista mieltä olevien analyysien vastaisesti, ole mitään uutta maailmanhistoriassa. Se on pikemminkin muinainen ilmiö, jossa – ja nyt Rand lankeaa takaisin vanhaan nietzscheläisen elitistiseen puhetapaansa – ”arvottomien ja rikollisten pyrkimykset hallitsevat yhteiskuntaa. Tämä elementti ei ole koskaan puuttunut mistään maasta. Mutta terve yhteiskunta ei anna sille mahdollisuutta.”[89] Toinen kaikille totalitaarisille liikkeille yhteinen, yllä mainittuun läheisesti liittyvä elementti – kuten natsi-Saksan ja Stalinin Neuvostoliiton esimerkit osoittavat erityisen selvästi – on se,

> *että valtio on yksilön yläpuolella.* Että kollektiivilla on kaikki oikeudet ja yksilöllä ei mitään. – – Se on ratkaisevaa. – – Kaikki nämä kauhut mahdollistivat ihmiset, jotka ovat menettäneet kaiken kunnioituksen yksilöä, yksittäistä ihmistä kohtaan. Ihmiset, jotka pitivät kiinni ajatuksesta, että luokat, rodut ja kansakunnat ovat tärkeitä, eivät yksilöt; että enemmistö on pyhä, vähemmistö on saastainen; että laumalla on väliä ja yksittäisellä ihmisellä ei. Mitä mieltä olette siitä? Tässä ei ole välittävää keskitietä.[90]

Viitoittaakseen kaikille tien tähän ratkaisuun Rand määrittelee avoimen yhteiskunnan ytimeksi, jota on puolustettava ilman kompromisseja, "yksilön oikeuksien, yksilön vapauden, yksilöllisten arvojen periaatteen. *Se* on maailmaa ohjaavan kysymyksen ydin. *Se* on ainoa vastakohta totalitarismille ja ainoa puolustuksemme sitä vastaan."[91]

Tätä taistelua on nyt käytävä samoilla piilotetuilla ja avoimilla keinoilla, joita vastapuoli on käyttänyt jo pitkään: propagandan, journalismin sekä suuren yleisön taidemuotojen kirjallisuuden ja elokuvan keinoilla. Viimeksi mainittujen vaikutusvallan syvyys on Randin mukaan täysin aliarvioitua.

Subjektiivisuutta luodaan ja muotoillaan erityisesti romaaneissa ja elokuvissa. Erityisesti todella syvät ja suositut teokset muokkaavat ihmisen tietoisuutta paljon kauaskantoisemmin ja johdonmukaisemmin kuin pintailmiöt, kuten journalismi tai mainonta. Taistelu on pidettävä tietoisesti myös ja etenkin tällä tasolla, jolle se Yhdysvaltain tilanteessa on jopa väistämättä tunnustettava ja hyväksyttävä kuuluvan. Loppujen lopuksi, Rand lopettaa kirjeensä kansakunnalle, hän on ainakin varma että "[m]aailma on ihana paikka ja taistelu sen puolesta maksaa vaivan. Mutta ei ilman vapautta."[92]

Ilman kustannusssopimusta, tuloja tai kovinkaan konkreettisia ideoita siitä, miten vuosi 1941 voi kehittyä, Rand lähettää ensin kirjeensä näytelmäkirjailija Channing Pollockille, joka on hänkin mahdollinen kaavaillun libertaristisen piirin jäsen. Rand oli päättänyt olla koko olemassaolollaan Amerikan puolesta. Eikä hän ollut sellainen nainen, joka muutti käsityksiään. Hän kohtaisi tulossa olevan myrskyn nojaten kaikkeen siihen, mitä hän oli ja pystyi tekemään. Eikä selkä tulevaisuuteen päin vaan menneisyyteen.

VII
VAPAUS

1941–42

Beauvoir vapauttaa itsensä, Arendt eristäytyy,
Weil kirjoittaa testamenttinsa ja Rand syntymätodistuksensa

KUIN VAPAUTUNEENA

Kun Pariisi on ollut vuoden verran miehitettynä, Simone de Beauvoir on löytänyt uuden tunnun olemassaolostaan. Jäykkyys on muuttunut päättäväisyydeksi, masennus aktiiviseksi rohkeudeksi. Kuolemanpelon tilalle on tullut "uutta, vapauttavaa huolettomuutta": "Tapahtumat olivat muokanneet minua; – –. Myönsin lopulta, ettei elämäni ollut tarina, jota itse kerroin itselleni, vaan kompromissi maailman ja minun välillä; samalla lakkasivat harmit ja vastoinkäymiset tuntumasta vääryydeltä; sen sijaan että olisi turhaan kapinoinut niitä vastaan oli mietittävä, miten ne voisi kiertää tai hyväksyä; tiesin että edessä saattoi olla synkkiä aikoja, jotka kenties imaisisivat minut syövereihinsä: ajatus ei kauhistuttanut. – – Nautin keväästä ja kesästä, kirjoitin romaanini valmiiksi, – –."[1] Sartren paluu sotavankeudesta on olennainen tekijä tässä tunnelman muuttumisessa. Beauvoir'n äskettäin löytämän iloisen ja joustavan asenteen suhteen hänen läsnäolonsa osoittautuu kuitenkin aluksi melko häiritseväksi: "Hänen jyrkän moralistinen asenteensa – – hämmensi minua. Ostinko mustasta pörssistä? Silloin tällöin teetä, mutta sekin oli hänen mielestään liikaa. Ja olin tehnyt väärin allekirjoittaessani paperin, jossa kielsin olevani vapaamuurari tai juutalainen. – – [H]än ei ollut palannut Pariisiin vain vapauden ihanuuksista nauttiakseen vaan toimiakseen. Minä kysyin ihmeissäni, miten se olisi mahdollista, – –."[2]

Poliittisen sitoutumisen, vastarinnan, *résistancen* kautta! Jo maaliskuun lopussa 1941, vain muutama viikko paluunsa jälkeen, hän järjestää ensimmäisen kohtaamisen Mistral-hotellissa. He tapaavat Beauvoir'n huoneessa. Sartren entiset opiskelijat, Bostin ystävät ja Merleau-Pontyn oppilaat, jotka nyt opettivat yliopistossa ja olivat kääntyneet kommunisteiksi. Kaikki julistavat ehdotonta päättäväisyyttä. Mutta kukaan ei oikein tiedä miksi.

Ryhmän nuoret villit puhuvat yksittäisten attentaattien puolesta. Mutta kenen pommeilla ne tehtäisiin? Ja millaisella tietotaidolla?

Varsinkin kun Sartre näkee todellisen toiminnan tarpeen löytyvän ajattelun alueelta. "Jos demokratiat voittavat", hän esittää, "vasemmisto tarvitsee silloin uuden opin". Se tulisi asettaa vankalle pohjalle keskustelujen ja suunnitelmien avulla. Ohjelman ytimen voisi tiivistää "kahteen – vaikeasti yhteen sovitettavaan – sanaan, jotka antoivat liikkeelle nimen: Socialisme et Liberté" (Sosialismi ja vapaus). Jos Saksa voittaisi sodan, "olisi meidän tehtävämme katsoa, että se häviäisi rauhan".[3] Mikä näytti alkukesästä 1941 yhä todennäköisemmältä.

Saksan armeija saavutti uskomattomia menestyksiä kaikkialla – niin Egyptissä kuin Norjassa, Kreikassa ja Jugoslaviassakin. Omasta voimastaan humaltuneena se hyökkää 22. kesäkuuta 1941 Neuvostoliittoon. Rikkoen sen mitä oli sovittu, ilman sodanjulistusta ja Stalinin täydeksi yllätykseksi. Balkanin kampanjan tavoin myös "operaatio Barbarossa" on suunniteltu salamasodaksi. Armeijan johto varaa läpimarssille korkeintaan neljästä kuuteen viikkoa. "Germaanien taistelu slaaveja vastaan", jonka Hitler julistaa olevan sodan tärkein osa,[4] on toteutettava erityisen peräänantamattomasti. Julkilausuttu tavoite ei ole vain voitto vaan hävitys "vihollisen armottoman, täydellisen tuhoamisen" merkityksessä. Seuraavat kohteet ovat jo tiedossa: "Afganistan, Intia, Iran, Turkki, Syyria, Irak, Pohjois-Afrikka, Gibraltar, Malta ja Atlantin saaret".[5]

Samaan aikaan, kun täysin rajoittamaton sota alkaa, käynnistyy myös Euroopan juutalaisten kansanmurha. Samana päivänä, 22. kesäkuuta 1941, noin 3 000 saksalaista erikoisyksikön sotilasta alkaa ampua juutalaisia entisen Puolan alueella. Aluksi vain miehiä, mutta pian myös naisia ja lapsia. (Tällä tavoin tapettujen juutalaisten kokonaismäärä on huhtikuuhun 1942 mennessä noin 560 000.[6] Keskimäärin teloituksia on siis yli 10 000 viikossa.) Tästä ei ole paluuta.

Eskaloitumisen seuraukset voidaan tuntea suoraan myös Pariisissa. "Juutalaiset eivät vastedes", Beauvoir kirjoittaa alkukesästä 1941, "saisi omistaa eivätkä johtaa yrityksiä; Vichyn hallitus määräsi heille uuden väestönlaskennan – –. Tuhansia juutalaissyntyisiä ulkomaiden kansalaisia internoitiin Pithiviersin leiriin, josta heitä alettiin siirtää Saksaan."[7] Varsinkin Pariisissa jo toimiviin lukuisiin vastarintasoluihin kohdistuu myös lisääntyvää painetta. Tämän vuoksi Sartren on vaikea löytää haluamansa yhteys. Eikä hänen maineensa näissä piireissä ole muutenkaan erityisen hyvä. Tämä johtuu toisaalta hänen tunnetusta elämäntavastaan porvarillisena kahvilaelostelijana ja toisaalta tarinasta, jota hän levittää vapautumisensa syistä. Hän pääsi lopulta vapaaksi teeskenneltyjen terveysongelmien (tasapainovaikeuksien) ja harittavan silmänsä takia. Vastarintamiesten terävissä korvissa kuulostaa uskottavammalta teoria, että hänet päästettiin Gestapon varjostettavaksi, koska hänellä oli Pariisissa juuri niitä kontakteja, joista oltiin kiinnostuneita. Mies oli joko hyvää tarkoittava diletantti tai naamioitunut vakooja. Tai mikä ettei kumpaakin näistä. Joka tapauksessa hän ei toverina ole ehdottoman luotettava. Samuel Beckettin sanoin, jonka "Gloria"-vastarintaryhmään Sartre myös etsi tuolloin yhteyttä: "Aina oli sellaisia, joita kukaan ei ottanut vakavasti, ei vastarintaliike eikä Gestapo. Monet olivat sitä mieltä, että Sartre oli yksi heistä."[8]

Aivan kuten tarjoilijan roolille voi täysin omistautua vain, jos asiakkaat tekevät tilauksia, Sartren on vastarintatoimijana viime kädessä luotettava muiden tahtoon. Tästä eteenpäin niin ei tapahdu.

Jopa Beauvoir'lla on epäilyksiä hänen uudesta projektistaan. Sartre on Beauvoir'lle todella välttämätön, mutta ei eroottisena eikä poliittisena sankarina vaan yksinomaan keskustelukumppanina ja syvästi luotettuna inspiraation lähteenä: "– – hänen seurassaan oli mahdoton vaipua synkkyyteen. Vaikka elinpiirimme oli rajattu pieneksi, hänen uteliaisuutensa ja innostuksensa tekivät sen jokaisen osasen kiinnostavaksi. – – [M]iten paljon oli yhä katseltavaa, pohdittavaa, rakastettavaa!"[9] Viimeinkin hän oli palannut, ainoa jonka kanssa Beauvoir halusi todella puhua ja väitellä kaikesta. Olkoon aiheena sitten pariisilaisnaisten uusin muotiasuste (kangasturbaani), Sorokinin kahvilavalloituksen herra Giacomettin oudot pienoisveistokset tai myötätunnon käsite Max Schelerin fenomenologiassa: kuinka hänen kirjoituksiaan luettuaan voisi koskaan päätyä haluamaan tuntea ja ajatella aivan kuten toinen ihminen? Ja rakastaisiko ja ihailisiko häntä yhä yhtä syvästi? Millainen halu se todellisuudessa oli?

LOPULTAKIN VAPAUTUNEENA

Taas yksi hyvä kysymys. Mutta Beauvoir'lle ei kuitenkaan aidosti keskeinen sellainen. Koko edellisen vuoden ajan, kun hän viimeisteli ensimmäistä romaaniaan, hänessä oli vaikuttanut ennen kaikkea Hegelin ja Heideggerin välinen jännite. Tarkemmin sanottuna kysymys siitä, "kuinka universaalilla voi olla merkitys, kun yksilöllä ei ole".

Hegelin järjestelmä tarkoitti maailmanhengen anonyymiä universaalisuutta, joka uhkasi tehdä konkreettisen yksilön kyvyttömäksi jopa kattavammin kuin kasvottoman "kenen tahansa" sosiaalinen mukautumispaine. Heidegger taas lähti yksittäisen olemassaolon radikaalista itsemääräytymisestä, joka pyrkii lähinnä ja ennen kaikkea takaamaan oman autenttisuutensa (eikä kenenkään muun). Beauvoir'n ratkaiseva filosofinen läpimurto voidaan sijoittaa tarkasti tammikuun 9. päivään 1941 – eli runsaat kaksi kuukautta ennen Sartren paluuta Pariisiin. Merkintä hänen sotapäiväkirjassaan kuuluu seuraavasti:

> Eräs ajatus, joka Hegelissä on puhutellut minua voimakkaasti, on tietoisuuksien vastavuoroisen *tunnustamisen* vaatimus – se voi toimia perustana sosiaaliselle maailmankuvalle – ainoa absoluuttinen olento on tämä ihmistietoisuus, vaatimus jokaisen tietoisuuden *vapaudesta* jotta tunnustus olisi pätevä ja vapaa: tunnustus rakkaudessa, taiteellisessa ilmaisussa jne. Samaan ai-

kaan eksistensiaalinen[F] ajatus, että inhimillinen todellisuus ei *ole* muuta kuin sitä joksi se *tekee oman itsensä*, sitä jota kohti se ylittää oman itsensä.[10]

Sen sijaan, että hän pyrkisi yksinkertaiseen synteesiin Hegelistä ja Heideggerista, Beauvoir omaksuu tietyt aihelmat heidän ajattelustaan ja luo vuosia kestäneen lukemisen ja (Sartren kanssa käytyjen) keskustelujen pohjalta uuden vapausfilosofian, jossa keskeistä on vastavuoroinen eksistentiaalinen tunnustaminen. Sen sijaan, että "minän" ja "muun" suhde mallinnettaisiin taisteluksi, jossa sen seurauksena voi aina olla vain riippuvaisia voittajia (herruus) ja häviäjiä (renkiys), Beauvoir selittää sen tilanteeksi, jossa kaikki voivat toimia vain yhdessä ja samalla korkeudella. Kukaan ihminen ei ole saari. Kukaan ei voi olla vapaa vain itseään varten. Pikemminkin vapauden todellisena edellytyksenä on toisen tietoisuuden vapaus – ja kaikkien muiden tietoisuuksien vapaa tunnustaminen, ajatusta johdonmukaisesti jatkaen. Poliittisesti tämä vaatii taistelua kaikkien vapautumisen puolesta, jota luonnehtii keskinäinen eksistentiaalinen vapautuminen – oman vapauden vuoksi: vapaus *ja* sosialismi.

Olennaisesti Heideggerin innoittama elementti Beauvoir'n uudessa filosofiassa on kanta, jonka mukaan "inhimillinen todellisuus ei *ole* muuta kuin sitä joksi se *tekee oman itsensä*". Samoin etenkin kaikenlaisen ihmisen maailmaa ohjaavan juonittelun, oveluuden tai lainalaisuuden avoin hylkääminen – olipa se sitten hegeliläistä, marxilaista tai uskonnollista: ei kasvotonta dialektiikkaa kaiken olemisen takana, ei puhtaasti taloudelliselta pohjalta määräytyneitä kehityslakeja, ei kaitselmusta, ei viimeistä tuomiota, ei kohtaloa. Todellinen luoja ja mittapuu on vain olemassaolonsa vapauteen yksin heitetty, toimiva ihminen – yhtenä muiden joukossa. Joten yksilön-

F Ennen kuin aatesuunnan nimeksi vakiintui sodan jälkeen "eksistentialismi" (ransk. *existentialisme*), puhuttiin myös "eksistensialismista" (*existencialisme*) ja sen tutkimuskohteena olevasta "eksistensiaalisesta" (*existenciel*). Olen säilyttänyt kirjoitusasujen eron niissä tekstikohdissa, joissa Beauvoir ja Weil käyttävät näitä muotoja. – *Suom.*

vapauden tuli ja poliittisen vapauden tuli ovat todellisuudessa yksi ja sama. Ja se loimottaa jokaisessa meistä – jokaisen puolesta.

Mikään ei ilmennä Beauvoir'n tietoisuutta saavuttamastaan läpimurrosta selkeämmin kuin tunne siitä, että hän jollakin tavoin pettää sitä ainoaa ihmistä elämässään, joka on hänelle edelleen välttämätön:

> Olen kaukana siitä hegeliläisestä näkökulmasta, josta minulle elokuussa oli niin paljon apua. Olen tullut uudestaan tietoiseksi yksilöllisyydestäni ja metafyysisestä olemisesta, joka vastustaa sitä historiallista äärettömyyttä, joksi Hegel optimistisesti laimentaa kaiken. Ahdistus. Olen lopultakin päässyt siihen tilaan, johon kaipasin takaisin viime vuonna: yksinäisyyteen, yhtä täydelliseen yksinäisyyteen kuin kuoleman kohdatessa. Viime vuonna olin yhä Sartren kanssa – nyt elän maailmassa josta Sartre puuttuu, jossa hänet on mykistetty. Psykologisesti olin ajoittain typerän ylpeä siitä, miten vakaaksi tunsin itseni ja miten hyvin minulla meni. Mutta nyt näistä pinnallisista puolustusmekanismeista ei enää ole mitään apua. Minua huimaa. Toivo itse oman *olemisensa* säilyttämisestä on ainoa, jonka vuoksi kuolema kannattaa minusta hyväksyä. Kyse ei ole "syystä elää" – kyse ei ole elämästä vaan jostakin isommasta. Tehdä itsestään muurahainen muurahaisten joukkoon, tai vapaa tietoisuus joka kohtaa muita vapaita tietoisuuksia. *Metafyysinen* solidaarisuus, jonka itse löysin vasta äskettäin, minä joka olin solipsisti. En voi olla tietoisuus, henki, muurahaisten joukossa. Ymmärrän, miksi meidän antihumanismimme oli niin lyhytnäköistä. – – [E]i ole muuta todellisuutta kuin inhimillinen todellisuus – se on kaikkien arvojen perusta. Ja "se jota kohti se ylittää oman itsensä" on se joka aina on pitänyt meidät liikkeessä ja joka määrää meidän kaikkien tietä. Marraskuun 21. päivästä lähtien olen vain paennut – koska tämä yksinäinen paluu työn pariin vaikutti minusta melkein petokselta. Nyt se on omillaan. Ja kuitenkin minusta

> vaikuttaa siltä, että työskentelen yhtä paljon hänen nimissään kuin omissa nimissäni. Enemmän kuin koskaan minusta tuntuu (epäjohdonmukaisesti), että tappaisin itseni, jos en näkisi häntä enää koskaan.[11]

Yli kymmenen vuoden filosofisen nousun jälkeen Beauvoir pakenee tietoisuutensa luolasta lopullisesti tammikuussa 1941. Solipsismi vaihtuu metafyysiseksi solidaarisuudeksi. Nautinnonhaluinen narsismi vaihtuu yksilön pelosta vapautuneeseen tunnustukseen, että hän on maailmaan heitetty ja siten muiden tavoin kuolevainen. Tälle kentälle ei ollut syytä marssittaa mitään syvempiä syitä tai lopullisempia todisteluja. Vaan sen sijaan jotakin paljon perustavanlaatuisempaa: selkeä tietoisuus mahdollisuudesta käydä toimeen tämän vasta löydetyn vapauden hyväksi. Ei muurahaisena eikä herrana vaan aidosti vapautuneena yksilönä.

MIELLYTTÄVÄ MIEHITYS

Tuskin on pariskuntaa, jonka ei tarvitsisi totutella oltuaan ensin pitkään erossa. Varsinkin kun sillä välin saadut kokemukset ovat niin merkittäviä. Kuten olemme nähneet, Beauvoir'n ja Sartren keskinäiseen vieraantumiseen keväällä 1941 liittyy kuitenkin myös filosofisia näkemyseroja.

Palattuaan Pariisiin Sartre on keskellä suurteoksensa *L'être et le néant* työstämistä – tarkemmin sanottuna sen "ajallisuutta" käsittelevässä luvussa.[12] Kun tämä yli tuhatsivuinen tutkielma ilmestyy heinäkuussa 1943, sen lopussa on vain viisi sivua eettisistä kysymyksistä. Väliotsikon "Moraalisia näkökulmia" alla Sartre myöntää, että hänen filosofiansa taustaa vasten on moraalisesti sama "juoda itsensä humalaan yksin kuin olla kansanjohtaja. Jos yksi näistä on toiseen nähden etusijalla, syynä ei ole sen todellinen tavoite vaan se, missä määrin se on tietoinen ideaalisesta tavoitteestaan."[13]

Tyhjässä nihilismissään tämä kanta on suorastaan säälittävässä ristiriidassa sen kanssa, mihin Beauvoir on päätynyt. Oliko tämä todella se mitä Hitleriltä ja Stalinilta puuttui moraalisesti, se mitä heiltä puuttui ihmisinä: tietoisuus omista ihanteistaan? Läpinäkyvyys itselleen, autenttisuus?

Ihmisenä ja naisena Sartren rinnalla Beauvoir'n oli koko elämänsä ajan hoidettava mitä varovaisimmin suhdettaan Sartreen – ja erityisesti tämän nerouteen ja filosofiseen omaperäisyyteen. Tämä ei kuitenkaan vastaa sen virtauksen sisäistä dynamiikkaa, joka Sartren perusteellisesti itsekeskeisessä suojeluksessa alkoi vuonna 1943 valloittaa läntistä maailmaa "eksistentialismin" nimellä – vuodesta 1945 lähtien täydellä voimalla. Sillä kysymyksessä, jonka Sartre myös tunnusti keskeiseksi ongelmaksi vuodesta 1945 eteenpäin – missä määrin tämä "eksistentialismikin on humanismia"[14] ja missä sen eettinen ydin siten on? – ratkaiseva läpimurto palautuu Beauvoiriin.[15] Ilman että Sartre olisi koskaan kiinnittänyt tähän riittävästi huomiota.

Beauvoiria tämä ei kuitenkaan sureta sen suuremmin. Ei sodan aikana eikä sen jälkeen. Kesään 1941 tultaessa kaksistaan oleminen oli jälleen tullut sopivaksi jokapäiväiseen käyttöön. Harmoniaan myötävaikuttaa ennen kaikkea paluu niihin rutiineihin, joita rakastetaan yhdessä. Ennen kaikkea opettajien kuuden viikon lomaan kahdestaan. Mentyään laittomasti vihreän rajan yli he pyöräilevät "vapaan" etelän läpi elokuun puolivälistä syyskuun loppuun ja nauttivat toisistaan kuten suhteensa varhaisina vuosina. Majava Beauvoir tutkii Rivieran maisemaa ja nähtävyyksiä, kun taas hänen "pikku rakkaansa" – joka on huomattavasti vähemmän luontoon suuntautunut – käyttää vapaahetkensä kirjoittamiseen auringonvarjon alla.

Että toveri Sartre on tosiasiassa salaisessa tehtävässä ryhmän päätöksellä, hiipuu pian taustalle. Varsinkin kun hän Pariisin ulkopuolella tulee torjutuksi kerta toisensa jälkeen. André Gide esittelee hänet ystävällisesti André Malraux'lle. Tämän kesähuvilalla vastaanotto on yhtä ystävällinen kuin ravitsevakin ("amerikkalaistyylistä grillikanaa"),[16] mutta tuloksekas se ei ole. Edes Colette Audry ei avaudu hänelle kommunistisena taistelutoverina. Sartren unelma pääsystä vastarintaliikkeen johtajaksi puhkeaa tänä kesänä yhtä ennustettavasti kuin kulunut pyöränkumi karkealla soratiellä. Kun Beauvoir muistelmissaan tiivistää fiaskon, hän kuulostaa helpottuneen äidilliseltä: "Sartren oli raskasta luopua hankkeesta, – –. [S]ilti hän luopui siitä kirvelevin sydämin. – – Teimme ahkerasti töitä; – –."[17]

Pariisissa "perheen" tilanne on itse asiassa rauhallinen sanan parhaassa merkityksessä, jopa seksuaalisesti. Sartre keskittyy nyt Wandaan melkein munkkimaisesti, kun taas Beauvoir noudattaa tiukasti viime syksynä sovittuja yöpymisjärjestelyjä (Sorokin kahdesti viikossa, Olga kahdesti, Bost kahdesti...).[18] Vispilänkaupalla – kuten Sorokinin ja Sartren – on tuskin väliä. "Jokaisella oli toisiin ja meihin oma erityinen suhteensa, jonka yksilöllisyyttä kunnioitimme. – – Kun juttelin Le Floressa Olgan tai Lisen [Natalie Sorokinin] kanssa, kun Sartre ja Wanda lähtivät yhdessä ulos, kun Lise ja Wanda juttelivat keskenään, ei kenellekään muulle tullut mieleen mennä samaan pöytään. Ihmisistä se oli kummallista, meistä itsestään selvää; – –."[19]

Majoituksen, ruoan ja vaatteiden kannalta tämä epätavallisen kylmä ja luminen talvi 1941–42 tarkoittaa "järjestelmällistä säästämistä puutteen keskellä",[20] mutta perheyhteisö onnistuu muovaamaan niukkuuden pakosta itselleen uusia luovuuden tiloja. Alkaa kausi, jota Sartre arvioi ilmeisen paradoksaalisesti vain muutama vuosi myöhemmin: "Emme olleet koskaan vapaampia kuin saksalaismiehityksen aikana."

Beauvoir'lle filosofina ja kirjailijana tämä uusi vapaus oli alkanut jo tammikuussa 1941. Sen seurauksena tapahtunut maailmasuhteen muutos olisi keskiössä myös hänen uudessa romaanissaan. Siinä missä hänen ensimmäinen teoksensa käsitteli "minän" ja "toisen" välisen taistelun *psykologisia* näkökohtia, nyt niiden tilalle tulivat *sosiaaliset* ja poliittiset näkökohdat: "Haluaisin seuraavassa romaanissani kuvittaa tätä suhdetta toiseen sen eksistensiaalisessa monimutkaisuudessa. Kaunis aihe. Toisen tietoisuuden *tukahduttaminen* on vähän lapsellista. Ongelma palautuu sosiaaliseen, – –."[21]

Kuten kävi ilmi, tämä oli erityislaatuinen haaste: "(Mutta kuinka epäpalkitsevaa on kirjoittaa sosiaalisista asioista, ja kuinka voin välttyä kuulostamasta ylösrakentavalta ja moralisoivalta?) Minun pitäisi pystyä käsittelemään sosiaalisia aiheita (lakkoja, mellakoita, kansanjohtajan toimia) niin, että se korostaa suhdetta toiseen: vapautta, faktisuutta."[22]

Lakon – tai kapinan – kuvaaminen siten, että se korostaa todellista sidosta toiseen, mutta ei tunnu silti lattean ylevältä tai valheellisen moralisoivalta. Se oli yksi vaikeimmista tehtävistä. Simone Weil halusi kokea sen samaan aikaan omakohtaisesti.

SADONKORJUUJUHLA

Vaikka Saint-Marcelin asukkaat kääntyivät pois peläten tai jopa inhoten häntä, Simone Weil ei ole koskaan aikaisemmin tuntenut olevansa lahjakkaampi kuin vuoden 1941 alkusyksyn viikkoina: "Ihastuttavat maisemat, raikasta ilmaa, lepoa, vapaa-aikaa, yksinäisyyttä, tuoreita hedelmiä ja vihanneksia, lähdevettä, puukamina – pelkkiä aistinautintoja",[23] hän kirjoittaa kirjeessään "Neljän tuulen talosta" – joka todellisuudessa on rapistunut puinen mökki metsän reunassa, jonka mätää lattiaa rotat kiertelevät yöllä.

Maanviljelijän rakastajatar? Juutalainen pakomatkalla? Vai yksinkertaisesti joku kahjo, jonka Thibonin maatila oli armeliaasti ottanut hoteisiinsa? Kukaan kylässä ei tiennyt tarkalleen, mikä tämä vieras tummansinisessä lodentakissa oli naisiaan. Joka aamu hänet nähtiin istumassa riutuneena kivisellä penkillä lähellä suihkulähdettä unohtuneena lukemaan ääneen outoja säkeitä. Puuttui vain, että hän olisi alkanut saarnata eläimille.

Marseillelaisten katolilaisten ystäviensä kautta Weil on päässyt sadonkorjaajaksi Ardèchen maakuntaan maanviljelijä ja kirjailija Gustave Thibonin tilalle. Kesällä kirjoitetuista kirjeistä voimme lukea, että hänen palavana haaveenaan on ”ruumiini ja sieluni ponnistusten muuntaminen perunoiksi ja vastaaviksi nälkää näkevälle kansalle”.[24] Peruna on ranskaksi *pomme de terre*, 'maan omena' – kotoisa paratiisin hedelmä.

Joten hän ei olisi voinut pitää sitä parempana: ”Ilman sitä kauhua ja kärsimystä, johon niin monta maapallon osaa on tällä hetkellä uponnut”, hän kehuu toisessa kirjeessä tänä onnellisen olemassaolon syksynä, ”nykyinen tilanne sopisi minulle täysin siltä osin kuin se koskee minua henkilökohtaisesti. Kotimaani hallitus ei olisi voinut tehdä minulle suurempaa palvelusta kuin se teki, kun se kielsi minua toimimasta älyllisissä ammateissa ja muutti siten ajattelun minulle ilmaiseksi, jollaista sen kuuluukin olla. Nuoruudestani lähtien haaveilin pyhän Franciscuksen avioliitosta köyhyyden kanssa, mutta minusta tuntui, ettei minun pitäisi vaivautua solmimaan tätä avioliittoa, koska jonakin päivänä köyhyys tulisi ja ottaisi minut pakolla, ja parempi niin.”[25]

Lain mukaan juutalaisena Weil ei saa enää opettaa maansa kouluissa. Hän kyselee toistuvasti ministeriöltä määräyksen syvemmistä syistä, koska ei ole saanut juutalaista kasvatusta, käynyt koskaan elämässään synagogassa, osallistunut juutalaisiin rituaaleihin eikä päivääkään elämästään kokenut olevansa juutalainen. Joten minkä perusteella hänet katsotaan juutalaiseksi?

Weil ei sarkasmin kyllästämillä vetoomuksillaan ministeriölle yritä millään tavalla pelastautua juutalaiseksi luokittelemiselta vaan yksinkertaisesti tehdä sovellettavat kriteerit naurunalaisiksi. Kuten aina, hän osaisi kyllä järjestää itsensä vapaaksi omalla tavallaan. Siihen hän ei tarvitse ketään muuta. Eikä varsinkaan miehitetyn kotimaansa hallitusta. Hedelmistään puu tunnetaan!

JÄNNITTYNYTTÄ ODOTUSTA

Weilin alkuperäisenä suunnitelmana oli osallistua viinisadon korjuuseen, kunnes hän olisi fyysisesti täysin lopussa. Hän kuitenkin lopettaa työt yllättäen lokakuun lopussa (luultavasti Thibonin aloitteesta, joka haluaa suojella häntä) ja palaa Marseilleen, missä hänen vanhempansa ovat yli vuoden ajan yrittäneet päästä pelastavalle matkalle Yhdysvaltoihin.

Tässä vaiheessa Weilin ajatukset pyörivät melkein pakonomaisesti kasteessa ja kysymyksessä, voisiko hän olla tämän ensimmäisen ja pyhimmän sakramentin arvoinen – ja jos niin missä olosuhteissa. Simone Weil tietää olevansa syvästi uskonnollinen, jopa Jumalan koskettama. Mutta mitä se tarkoitti ihmiselle, hänen kaltaiselleen filosofille? Kuinka pitkälle vapaaehtoisen alistumisen oli mentävä, jotta pääsisi seisomaan Jumalan kasvojen edessä? Vai oliko avoin *halu* alistua jo itsessään pyhäinhäväistys? Oliko pelastus edes mahdollista katolisen kirkon ulkopuolella? Ja toisaalta, eikö pyyntö tulla hyväksytyksi kirkon helmaan merkitsisi häpeällistä luopumista solidaarisuudesta kaikkien niiden toivottomasti kadotettujen kanssa, jotka olivat vielä sen ulkopuolella? Voisiko se olla oikein?

Hän piinaa itseään odottaen ratkaisua, merkkiä. Jopa dominikaani-isä Joseph-Marie Perrin, josta on tällä välin tullut hänen läheinen luotettunsa, neuvoo häntä olemaan miettimättä tätä viimeistä ja tärkeintä uskon kysymystä ja toivomaan vain, että Jumalan tahto toteutuu.

Sisäisesti syvästi levottomana, mutta sosiaalisesti enimmäkseen toimettomuuteen tuomittuna hän kokee talvikuukausien odotuksen aikana koko elämänsä henkisesti tuottavimman kauden. Lukuisten kreikkalaista filosofiaa ja sen mysteerikultteja koskevien luentojen[26] lisäksi, joita Weil pitää Marseillen dominikaanisen veljeskunnan kryptassa ja julkaisee artikkeleina tuon ajan johtavassa ei-kommunististen sivistyneistöpiirien *Cahiers du Sud* -lehdessä, hänen henkinen energiansa virtaa ensisijaisesti hänen ajattelupäiväkirjoihinsa.[27]

Uskonnollisten heräämiskokemustensa pohjalta, suorassa vuoropuhelussa antiikin "akseliajan" suurten viisauden lähteiden (platonismin, hindulaisuuden, buddhalaisuuden) kanssa, Weil etsii näennäisen löyhästi järjestetyissä lauseissaan ja kirjoituksissaan selkeyttä kysymyksiin, jotka ovat hänelle ratkaisevia: minän arvo ja alkuperä, sen suhde toiseen, Jumalaan, yhteiskuntaan ja historialliseen tilanteeseen; rakkauden ja hyvän olemus ja alkuperä; ihmisen perustavanlaatuinen jännite äärellisyyden ja äärettömyyden, immanenssin ja transsendenssin välillä.

ILMAN MINÄÄ

Jos hänen ajattelupäiväkirjojaan verrataan Beauvoir'n päiväkirjoihin ja kirjoituksiin samalta ajanjaksolta, syntyy kerrassaan aavemainen vaikutelma telepaattisesta kontaktista kahden hengen välillä, jotka jännittyneesti resonoivat toistensa kanssa äärettömän pitkän langan kahdessa päässä. Sillä myös Weil ottaa päiväkirjoissa filosofisten tutkimustensa lähtökohdaksi ahdistavan tietoisuuden ihmisen kuolevaisuudesta ja äärellisyydestä. Hän ponnistaa kuitenkin selvästi eri pohjalta kuin ne, joita jo vuosina 1941–42 on alettu nimittää "eksistentialisteiksi".[28]

> *Dasein* – totuus "eksistensialismissa", mutta he ovat sekoittaneet sen kiusaukseen.[29]

Käyttämällä saksan sanaa *Dasein* Weil viittaa selvästi Heideggerin teokseen *Oleminen ja aika*. Ahdistuneessa mielentilassa – täälläolon hahmottaessa tapahtumarikkaasti oman tulevan ei-enää-olemisensa – täälläololle paljastuu olennaisia totuuksia. Sen sijaan, että tämän kuilun tyhjyyden kestäisi ja käyttäisi sitä puhdistavana välineenä minän täydelliseen ”luomisen peruuttamiseen”, ”käänteiseen luomiseen” (*dé-création*), siitä tulee Weilin mukaan eksistentialismissa todellisen itsensä voimaannuttamisen perusta vapaasti tahtovan ”egon” merkeissä, joka sanoo ”minä tahdon”.

Jo ensimmäisellä askeleellaan filosofisessa tietoisuudessa ”eksistensialismi” kääntyy Weilin mukaan väärään suuntaan: minän suojelemisen ja minän kapinan suuntaan. Ja näin siitä tulee suunnannäyttäjä puhtaasti tämänpuoleiseen suuntautuneelle itsensä voittamisen egoismille, jonka uhmakas hukassa oleminen on pahempaa kuin perinteiden rajoittaman ”kenen tahansa” mukautuvaisuus voisi koskaan olla. Merkintöinä ajattelupäiväkirjoissa:

> Egoisti uhraa kaiken, ei itselleen vaan elämän mukavuuksille; se ei ole sama asia.[30]

> Ihminen olisi mielellään egoistinen, mutta ei pysty olemaan. Se on hänen kurjuutensa silmiinpistävin piirre ja hänen suuruutensa lähde.[31]

> Jos pystyisi olemaan egoisti, se olisi hyvin mukavaa. Se merkitsisi rauhaa. Mutta on kirjaimellisesti mahdotonta olla egoisti.[32]

Pohjimmiltaan tämä on juuri se ajatuskulku, jonka myös Beauvoir käy läpi vuosina 1941–42 tarkastellessaan omaa elämäntapaansa. Mutta siinä missä Beauvoir sitoo minän vapauden ”metafyysisen solidaarisuuden” mielessä muiden olemassaoloon, Weil arvioi myös tämän liikkeen olevan vain lisää eskapismia. Todella vapauttava tavoite ei ole solidaarinen omistautuminen toisille vaan armorikas itsensä hylkääminen jumalallisen transsendenssin merkeissä. Sillä:

> Meillä ei ole maailmassa mitään muuta – sillä sattuma voi riistää meiltä kaiken – kuin kyky sanoa ”minä”. Se on annettava Jumalalle eli toisin sanoen tuhottava.[33]

Tästä seuraa Weilin edustamalle armon eksistentialismille, että olemassaolo tekee tai voi tehdä hyvää vasta tämän viimeisen ja ensimmäisen vapahtavan itsetuhon jälkeen:

> Kaikki, mitä *minä* teen, on huonoa, vailla poikkeusta, hyvä mukaan lukien, sillä *minä* olen jotakin huonoa.[34]

> Antaa välttämättömyyden vaikuttaa itseensä. (Omasta tahdosta luopuminen.)[35]

Ainoa hyvä teko on – ja tässä Weil juoksee tietoisesti kielen rajoja päin itäisen ja länsimaisen mystiikan perinteiden mukaisesti – olla erinomaisen toimeton. Tämä vaikuttaa jopa päätökseen rakastaa Jumalaa. Mitä tulee katolisen kasteen ongelmaan, joka on tuolloin Weilille ratkaisevassa asemassa, omavaltainen päätös ei siten tule kyseeseen. Kuka minä loppujen lopuksi olen tekemään valinnan Jumalan puolesta tai Jumalaa vastaan – tietoisesti ratkaisemaan ollako Hänen puolestaan vai Häntä vastaan? Pöyhkein mahdollinen ajatus, syvin mahdollinen häväistys. ”Minun ei pidä rakastaa Jumalaa. Jumalan pitää rakastaa itseään minun kauttani.”[36]

ILMAN MEITÄ

Mikä Beauvoir'n eksistentialismissa toimii puhtaasti tämänpuoleisen nihilismivastaisen terapian perustana, juuri sen Weil julistaa olevan varsinainen tautipesäke. Ja tämä diagnoosi koskee vieläkin voimakkaammin pyrkimyksiä tasoittaa yksittäiselle minälle tietä eettisen olemassaolon avoimuuteen vapauttavan ”me”-ajatuksen avulla. ”Kukaan ei voi olla *minä*, mutta vielä vähemmän kukaan voi olla *me*.”[37]

Weilille askel ”minästä” ”meihin” merkitsee pikemminkin todellista siirtymistä pahan valtakuntaan. Varsinkin kun tämä ”me” tulee puhutelluksi ja poliittisesti mobilisoiduksi ”yhteiskunnan” merkityksessä. Omien tekojen sovittaminen ”yhteiskuntaan” – sen mahdolliseen hyvinvointiin, etuun ja jatkuvuuteen – on tuhoisin mahdollinen tapa yrittää päästä väitetysti moraalisella tavalla eroon omasta mitättömyydestään: ”Yhteiskunnassa yksilö on äärettömän pieni.”[38]

Mutta Weilin mukaan ihminen ei ole edes tarpeeksi pieni. Sillä verrattuna transsendenttiseen äärettömyyteen, jossa olemassaolo kohtaa Jumalan, yhteiskunnallisen äärettömyys on vain eräänlainen toissijainen johdannainen; aivan liian maallinen ja siten suorastaan pirullinen korvike. Weil kuvaa tätä yhteiskunnallisen aluetta ja sen sosiaalista painetta Platonin tavoin ”suureksi pedoksi”: ”Farisealainen se, joka on hyveellinen tottelevaisuudesta suurta petoa kohtaan.”[39]

Vielä tähän saakka Beauvoir oli samaa mieltä. Mutta kritiikki, jota ”suuri me” saa osakseen Weilin ajattelupäiväkirjoissa, ylittää kokonaan tämän lattean tason. Se suuntautuu perustavanlaatuisesti sitä ajatusta vastaan, että yhteiskunnallisen alue olisi moraalisen toiminnan päämäärä ja kohde – missään muodossa. Edes Ayn Rand ei olisi luultavasti pystynyt muotoilemaan asiaa äärimmäisemmin: ”Ihminen on yhteiskunnallinen eläin, ja yhteiskunnallinen on pahuutta.”

Mutta koska ihminen kerran *on* yhteiskunnallinen eläin (*zoon politikón*, niin kuin Aristoteles sanoi), hänelle ei ole maallista ulospääsyä tästä pahasta, kuten Weil heti tämän jälkeen toteaa – ja osoittautuu tätä paradoksaalista tilannetta kuvatessaan Kafkan innoittuneeksi lukijaksi:

> Me emme voi tehdä asialle mitään. – – Joten elämä ei voi olla muuta kuin rikki repeytymistä. Tämä maailma on asumiskelvoton. Siksi meidän on paettava sitä seuraavaan maailmaan. Mutta ovi on kiinni. Miten pitkään sitä täytyykään hakata ennen kuin se aukeaa. Jotta voi todella päästä sisään, sen sijaan että jäisi kynnykselle, on lakattava olemasta yhteiskunnallinen olento.[40]

On siis päämäärä – mutta ei mitään tietä joka siihen veisi. Ainakaan sellaista, jonka puhtaasti maallinen yksilö voisi omin voimin löytää ja kulkea. Jos portti toiseen maailmaan voi elämän aikana avautua, se ei todellakaan avaudu vastauksena ihmisen omaan koputukseen. Se tapahtuu vain armon tekojen kautta.

Weilin mielestä "suuren pedon" todellinen viettelevyys on täysin turhassa toivossa saavuttaa maallisen transsendenssin tietä se, minkä todellisuudessa voi tarjota vain yksilön jumalallinen transsendenssi.

ILMAN OOPIUMIA

Hänen itseymmärryksensä kristittynä on syvästi Platonin hengen läpäisemä. Sen mukaan mikään sellainen, joka on peräisin yksinomaan maallisen alueelta tai kuuluu sinne – mikään joka saa käyttövoimansa vain ihmisen olemassaolon äärellisestä immanenssista – ei sanan varsinaisessa merkityksessä ole "todellista", "hyvää" tai edes perusteltavissa. Eivät varsinkaan arvot tai johtavat ihanteet. Siksi jokainen humanismi, joka rakentaa perustuksensa puhtaasti maan päälle, menettää kaiken hyvän lähteen yhtä varmasti kuin äärellisen olemassaolon ydin, joka on todellisuudessa syvästi transsendenssiin taipuvainen.

> Meidän on luovuttava humanismin käsitteestä, ja samaan aikaan siitä mikä vastustaa humanismia, tunnustamalla seikka että humanismi on kristinuskoa.[41]

Weilin mukaan humanistinen harhaluulo on tähän mennessä saanut yhteiskunnallisesti vaikuttavimman ja historiallisesti tuhoisimman muodon vulgaarin poliittisen marxilaisuuden lupauksissa puhtaasti pystysuorasta edistyksestä:

> Suuri peto on ainoa epäjumalanpalvonnan kohde, ainoa Jumalan korvike, ainoa jäljitelmä oliosta, joka on äärettömän kaukana minusta ja joka kuitenkin on minä.[42]

> Marxilaisten ja koko 1800-luvun suuri virhe oli uskoa, että ilmaan voi nousta, jos vain kävelee suoraan eteenpäin.[43]

Siten Simone Weilille:

> Kansan oopiumia ei ole uskonto vaan vallankumous.[44]

Kommunismin ja sosialismin kaipuu vallankumoukseen osoittautuu näin Weilille psykologisen teeskentelyn rasittamaksi, mikä totalitaristisissa tapauksissa tekee käytännössä mahdottomaksi erottaa sitä rasistisesti motivoituneesta kansallissosialismista:

> Sosialismi koostuu siitä, että hyvyys yhdistetään voitettuihin; rasismi taas siitä, että se yhdistetään voittajiin. Mutta sosialismin vallankumouksellinen siipi turvautuu niihin, jotka ovat alhaista syntyperää mutta luonnoltaan ja kutsumukseltaan voittajia; ja näin se päätyy samaan etiikkaan.[45]

Ja tämän vuoksi:

> Totalitarismi on korviketta kristinuskolle.[46]

Simone de Beauvoir'n ylistämä ”metafyysisen solidaarisuuden” vapausfilosofia maailmassa, jossa ei ole Jumalaa (vapaus *ja* sosialismi), valmistelee Simone Weilille talvella 1941–42 suoraa tietä suuren pedon päättymättömään helvettiin. Se valmistaa tietä ikuiseen epäjumalanpalvontaan, jonka kohteena on vastavuoroisesti sokaiseva pyrkimys autenttisuuteen. Todellisuudessa mikään ei voisi olla kauempana siitä, mitä ihmisolennolle voi merkitä itsensä aito etsiminen ja löytäminen – tai paremmin sanoen: aito itsensä kadottaminen.

HYVÄKSYMISEN ETIIKKA

Egon pikkumainen rehentely on saatu sammumaan, suuri Me-peto on saatu pois päiviltä, mutta entä vastapäinen Sinä? Mitä kristillisestä lähimmäisenrakkauden käskystä voi jäädä jäljelle käsityksessä, joka ei lähde liikkeelle itsemääräytyvästi toimivista subjekteista eikä mistään sellaisesta kuin yleinen sosiaalinen vastuu? Miten suhde toisiin ylipäänsä muodostuu ja määräytyy? Weilin suora vastaus on: hyväksymällä keskittyneesti ja vakaasti heidän luontainen haavoittuvuutensa, kärsimyksensä.

> Hyväksyä toisten epäonni samaan aikaan, kun itse kärsii heidän vuokseen. Hyväksyntä ei ole muuta kuin sen tunnustamista, että jokin *on.*[47]

> *Mietiskellä muiden epäonnea kääntämättä katsettaan pois; ei silmiensä katsetta, mutta ei myöskään huomionsa katsetta vastahakoisuuden, sadismin tai yhden tai toisen sisäisen lohdutuksen vuoksi – se on kaunista.*[48]

> Jumalan rakastaminen muiden kurjuuden kautta on jopa vaikeampaa kuin Hänen rakastamisensa omien kärsimysten kautta.[49]

Lähes meditatiivinen uppoutuminen toisten kärsimyksiin ei palvele muuta tarkoitusta kuin siitä tietoiseksi tulemista. Kärsimys on. *Da-Sein*, täällä-olo, *on* kärsimystä. Sen tunnustaminen yllä kuvatussa mielessä, että joku toinen kärsii, ja kysyminen tämän perusteella, mistä syistä ja minkä sovellettavien normien perusteella häntä tulisi auttaa, ei siis Weilin mukaan ole todiste (eettisesti) terävöityneestä tietoisuudesta. Se on pikemminkin refleksinomainen osoitus siitä, ettei ihminen ole edes alkanut sisäistää, mistä todella eettinen olemassaolo on löydettävissä. Hahmottelemaamme taustaa vasten ei ole mitään erityistä ratkaisua vaativaa ongelmaa, jonka muoto olisi: Miksi olla eettinen? Miksi ylipäänsä auttaa toisia ihmisiä? Olenko minä veljeni vartija...

Filosofiselta kuulostava kysymys siitä, miten tosiasioista voi johtaa arvoja, paljastuu sellaisen maailmankuvan näennäisongelmaksi, joka uskoo modernin subjektiivisuuden hengessä, että tosiasioiden ja arvojen välille täytyy ylipäänsä tehdä jokin ero. Tämä erottelu ei kuitenkaan ole muuta kuin minän vaikutusta, joka on voitettava mietiskelemällä kärsimystä. Weilille kipu ja kärsimys ovat toisin sanoen toimintaan luonnostaan liittyviä asioita, jotka on otettava annettuina. Mitään ongelmaa, joka olisi ratkaistavissa argumentatiivisesti, syvemmän oikeutuksen tarjoavan perusteen mielessä, ei ole näkyvissä. Todellisuudessa sellaista ei ole olemassakaan.

Se, mitä on olemassa, on keskittymiskyvyn puute. Impulssi huolehtia toisista ihmisistä on vaiennettu jatkuvalla harhautumisella asiasta ja itsekkäillä pohdinnoilla. Se, mitä on olemassa, on Weilin mukaan aivan liian inhimillinen halu käyttää muiden haavoittuvuutta välineenä omien tarkoitusperien ajamiseen – myös väitetysti ”hyvien”, ”yhteiskunnallisten” tai ”humanitaaristen” sellaisten.

KORKEAMPI VÄLINPITÄMÄTTÖMYYS

Aivan kuten selkeä näkemys muiden kärsimyksestä ei vaadi normeja tai eettisiä imperatiiveja, se ei myöskään tarvitse tai siedä erillistä kannustusta tai vaatimista. Taipumus aktiivisesti hyväksyä toisen kärsimys voi vaihdella yksilöittäin. Mutta ”korkeamman välinpitämättömyyden”[50] tilassa, kuten Weil sitä nimittää, nämä yksilölliset erot on hyväksyttävä yhtä lailla annettuina kuin itse kärsimyksen todellisuus.

> Ei ole tarpeen vahvistaa taipumusta auttaa – kokonaan riippumatta siitä, onko se vahva vai heikko, sillä se on luonnollinen eikä siten hyvä eikä huono – vaan on poistettava se, mikä estää tätä taipumusta toteutumasta.[51]

Simone Weilin oman olemassaolon tapauksessa tämä taipumus oli tietysti täysin äärimmäinen; hänen kanssaihmistensä silmissä suorastaan patologinen. Hänen minänsä oli tietyssä mielessä heikentynyt ja siten huokoinen kaikkien kärsimyksille tavalla, jota on tuskin koskaan todistettu missään toisaalla. Kunpa sen vain annettaisiin kulkea viimeisen portin läpi mitä keskittyneimmin ja uppoutuneimmin – ego äärimmilleen heikentyneenä – ja hävittää kokonaan raja sen välillä, mikä oli omaa ja mikä muiden omaa. Se olisi suurin hyvä. Se tarkoittaisi täydellistä valaistumista. Se tarkoittaisi olemista viimeinkin täysin vapaana – ja vieläpä ilman valinnanvapautta.

> Korkeimman asteinen keskittyminen on sama kuin rukous. Se olettaa uskon ja rakkauden. Siihen liittyy toisenlainen vapauden muoto kuin valinnanvapaus, joka on tahdon tasolla. Nimittäin armo. Täytyy keskittyä siinä määrin, ettei valinta enää ole oma. Silloin tuntee dharmansa.[52]

> Todellinen tavoite ei ole nähdä Jumalaa kaikessa, vaan että Jumala näkisi kauttamme kaiken sen mitä me näemme.[53]

> Minun on vetäydyttävä, jotta Hän näkisi sen.[54]

> Jos rakastaa kaikkia tosiseikkoja, se ei ole muuta kuin Jumalan lukemista niistä.[55]

Weilin täysin tarkoituksellisen ”korkeamman välinpitämättömyyden” etiikka lähestyy toisaalta katsantokantoja, joita Baruch Spinoza[56] tai Weilin oma aikalainen Ludwig Wittgenstein[57] ovat edustaneet länsimaissa.[58] Mutta ne löytyvät myös itäisestä kulttuuripiiristä, buddhalaisuudesta ja hindulaisuudesta – ja ajattelupäiväkirjoissaan Weil viittaa näihin vastaavuuksiin toistuvasti ja tutkii niitä. Ihmisten taipumusta toimia *oikealla tavalla* vähentää ja heikentää erityisesti vaatimus, että kaikkien arvojen ja tarkoitusten oletettuna lähteenä on oltava arvottava Minä tai Me.

Eksistentialistinen sitoutuminen tarkoittaa olemisen hyvyyden itsevaltaista loukkaamista – tämä on Simone Weilin armottoman johdonmukainen tuomio talvella 1941–42. Hän asettaa sitä vastaan lunastuksen askeettisen vuoristopolun, joka on vapaa kaikista puhtaan maallisista tahtomisen muodoista. "Se ei todellakaan ole kaikkien asia", kuten Weil ajattelupäiväkirjoissaan lakonisesti toteaa, "mutta Jumalan rakastaminen ei sekään ole kaikkien asia".[59] Mutta kuten kaiken, jolla on arvoa ja painoa tässä maailmassa – kauneuden, hyvyyden, oikeudenmukaisuuden – myös tämän rakkauden alkuperä on toisessa maailmassa.

> Vain yliluonnollinen rakkaus luo todellisuutta. Sen kautta meistä tulee kanssaluojia. Osallistumme maailman luomiseen peruuttamalla itsemme luomisen.[60]

RISTIIN RASTIIN

Weilin ajattelupäiväkirjat vuodenvaihteesta 1941–42 muistuttavat luonnoksia yksinäisten tasankojen ja laaksojen maailmasta, jonka halki inhimillisen olemassaolon on kuljettava matkallaan pimeydestä valoon. Samoja – tai melkein samoja – tarkastelukulmia sivutaan yhä uudestaan eri suunnista ja viritetään yhä useammiksi kuviksi,[61] mikä johtuu ennen kaikkea siitä, että Weil on nämä luonnokset tehdessään itse koko ajan matkalla.

Sen sijaan, että filosofia olisi oppi jota voidaan kylmästi jakaa, tai edes ensimmäisiä periaatteita koskeva tiede, se ei Weilin mukaan ole muuta kuin pelotonta ramppaamista juuri tällä polulla. Toisin sanoen se ei ole objektiivisesti määrittelevää vaan eksistentiaalisesti transformatiivista toimintaa. Siksi sitä ei voida delegoida tai julistaa älyllisesti; se voidaan välittää muille ihmisille vihjaamalla ja näyttämällä. Se on siis eräänlaista ohjausta niille, jotka joka tapauksessa ovat jo matkalla. Kokemus on osoittanut, etteivät heitä ole koskaan kaikki tai edes monet vaan pelkästään harvat ja valitut. Juuri nämä luonnostaan ainutlaatuiset ja harvinaiset ihmiset – myös tässä suhteessa Weil osoittautuu Platonin oppilaaksi – ovat synkimpinä aikoina tärkeimpiä. He tuovat valoa maailmaan. Ja mitä tummempi synkkyys heitä ympäröi, sitä kirkkaammaksi tuo valo muuttuu.

Näitä aivan liian harvoja ihmisiä ei voi siksi kuvata tarkasti eikä arvioida pelkästään tämän maailman mittapuilla. Jos sitä yrittää, he näyttäytyvät vain syvästi vieraantuneina ja hulluina. Näin tapahtui myös Weilille tietyissä hänen elämänsä vaiheissa – kuten sadonkorjuuapulaisena Ardèchessa tai Marseillen kevätkuukausina. Kun ystävät kysyvät hänen tulevaisuuden suunnitelmistaan, hän antaa toistuvasti huolestuttavan vastauksen, jonka mukaan hän haluaa ”palvella, mennä sinne missä vaara on suurin, missä henkeni on vähiten turvassa”.[62] Hän kirjoittaa kirjeen toisensa jälkeen ”vapaan Ranskan” sotilasjohdolle ja toimitsijoille – ja esittää niissä yksityiskohtaisia suunnitelmia tällaisiksi tehtäviksi. Sielullinen paine, jota hän kokee, on ilmeisen valtava. Jumalallisesta tyyneydestä ja vapaasta tahdosta tapahtuvasta antaumuksesta ei ole ensi silmäyksellä jälkeäkään. Varsinkin kun hän tuntee aluksi lujaa velvollisuutta seurata vanhempiaan New Yorkiin. Pelko siitä, ettei hän voi Yhdysvaltoihin saavuttuaan enää palata kärsivään kotimaahansa, painaa häntä enemmän kuin mikään muu.

Laukut ovat olleet pakattuina jo tammikuun 1942 lopusta lähtien. Lähtö voi tulla minä päivänä tahansa. Ajan absoluuttinen tyhjyys. Puhdas sitkeys. Kaikki muut suunnitelmat ovat keskeytyneet. Juuri tässä keskeytyksen tilassa, joka jälleen kerran johtuu ulkoisesta pakosta, Weil etenee kohti vapauttavaa "luomisen peruuttamista". Mitä suurimman keskittyneisyyden tilassa hän täyttää ajattelupäiväkirjoistaan sivun toisensa jälkeen: "Keskeytymisen, pohdiskelun, puhtaan intuition, henkisen tyhjyyden, moraalisen tyhjyyden hyväksymisen hetkiä. Tällaisten hetkien kautta [ihminen] pystyy lähestymään yliluonnollista. Joka nojaa hetkeksikään tyhjyyteen, joko ottaa vastaan yliluonnollisen leivän tai tuhoutuu."[63]

"Minulla oli vaikutelma", Gustave Thibon muistelee heidän viimeistä kohtaamistaan keväällä 1942, "kuin olisin seissyt melkein läpinäkyvän olennon edessä, joka oli palaamassa alkuvaloon. – – [H]än kommentoi evankeliumia. Sanat putoilivat hänen huuliltaan kuin hedelmät puusta. Nämä sanat eivät kääntäneet todellisuutta minulle, vaan ne panivat sen alastomana ja täydellisenä osaksi minua. Tunsin tulevani nostetuksi ajan ja paikan ylitse – –."[64]

Tietäen, että hän on laatinut henkisen testamenttinsa – dokumentin viimeisestä tahdostaan – hän antaa huhtikuussa 1942 ajattelupäiväkirjat Perrinin ja Thibonin säilytettäväksi. Toukokuun 14. päivänä 1942 Weilit lähtevät Marseillesta. Aluksi kurssi on kohti Casablancaa. Laivalta Simone huutaa laiturilla heiluttaville ystävilleen: "Jos meidät torpedoidaan, mikä ihana kaste se olisikaan!"[65]

THIS MEANS YOU!

Ainakin Hannah Arendt säästyi saksalaisten sukellusvenetorpedojen tulikasteelta. Mutta edes vuosi saapumisensa jälkeen hän ei ole lämmennyt New Yorkille. Ja ennen kaikkea tämä koskee niitä juutalaisia sivistyneistöpiirejä, joissa hänen olisi pitänyt eniten tuntea olonsa kotoisaksi. "Ette voi kuvitellakaan", hän kirjoittaa 25. huhtikuuta 1942 Scholemille Jerusalemiin, "miten vierasta ja outoa tämä *social life* on meille täällä. (Jätin Monsieur'n varmuuden vuoksi kotiin koska hän on *goj* [ei-juutalainen].) Nämä ihmiset puhuvat kaikesta, mikä koskee meitä juutalaisia, ja kaikesta, mitä meille on tapahtunut, ja tekevät sen sellaisen etäisen epätoivon vallassa, josta voi kärsiä vain joku joka ei suoraan ole asianosainen. Ja tämä on luvalla sanoen vakava virhe."[66]

Arendt on vakuuttunut siitä, että asia koskee nyt jo melkein jokaista kansaa ja että natsit ovat uhka melkein jokaiselle ihmiselle maan päällä. Hänen mielestään todellinen vaara oli siinä, että sen enempää sionistit kuin liittoutuneetkaan eivät ymmärtäneet tätä riittävästi. Kyse oli juutalaisten ja kaikkien muiden maailman kansojen ja kansakuntien tulevaisuudesta.

"Kaikesta siitä huolimatta", Arendt jatkaa, "meillä menee ihan hyvin. Monsieur työskentelee eräänlaisena asiantuntijana kaikenlaisten kirjojen ja tutkimusasioiden parissa. Minä kirjoitan antisemitismijuttujani ja julkaisen niitä tipoittain juutalaisissa lehdissä. – – Lisäksi kirjoitan *Aufbau*-lehteen aika säännöllisesti, ja olen aivan rauhassa vakiinnuttanut siellä asemani Amerikan vähäpätöisimpänä kolumnistina."[67]

Se oli tuskin lainkaan valetta. Pariskunta asuu yhdessä Arendtin äidin kanssa kahdessa puoliksi kalustetussa huoneessa keskuspuiston ja Hudson-joen välissä. Se on kaikkea muuta kuin mukavaa, varsinkin kun Monsieur'n ja hänen anoppinsa välit ovat enenevässä määrin kireät. Newyorkilaisen taksikuskin rouheudella Blücher rymistelee läpi kielen, jota hän ei vielä toistaiseksi kunnolla osaa. Se ei riitä jokapäiväiseen keskusteluun kuin heikosti, ja tämä, kuten Arendtin äiti toistuvasti huomauttaa, ei varsinaisesti lisää hänen mahdollisuuksiaan palkkatyön saamiseen. Tekstinsä Yhdysvaltain armeijan ja propagandan tarkoituksiin hän kirjoittaa edelleen saksaksi ja saa maksun vain osasta niitä.

Arendt puolestaan heittäytyi Amerikkaan täydellä voimalla jo muutama päivä saapumisensa jälkeen. Kesällä 1941 hän jopa suoritti useita viikkoja kestävän kielikylpyvierailun erään maalaisperheen luo – ja kirjoitti ensimmäiset englanninkieliset tekstinsä vain muutamaa viikkoa myöhemmin. Myös uudella kielellä hänen sävynsä on vaikuttava, hänen ajatustenjuoksunsa terävyys samoin. Hänestä keskustellaan ja hän saa marraskuussa 1941 kolumnipaikan saksankielisestä *Aufbau*-viikkolehdestä, joka on arvovaltainen juutalaisten maanpakolaisten äänenkannattaja.

Kolumnin otsikko ”This means you”[68] oli ohjelmallinen. Se osoitti, ettei Arendt ollut *rauhallisesti* ottamassa paikkaansa. Sen sijaan hän omisti ensimmäiset kolumninsa melkein yksinomaan sille, että hän tarmokkaasti nosti esiin ajatusta omasta juutalaisesta armeijasta, joka rekrytoitaisiin kaikkialta maailmasta taistelemaan rinnakkain liittoutuneiden kanssa natsien ikeestä vapautumiseksi:

> Jos kaikkien maiden juutalaiset vaativat sitä ja ovat valmiita vapaaehtoisiksi, juutalainen armeija ei ole utopiaa. Mutta on utopistinen ajatus, että Hitlerin tappio olisi meille jollakin tavalla eduksi, ellei tämä tappio johdu osaksi meistä itsestämme.[69]

> Kansa, jonka ei sallita puolustautua vihollisiaan vastaan, ei ole mikään kansa vaan elävä ruumis. – – Emme halua lupauksia siitä, että myös meidän kärsimyksemme ”kostetaan”, vaan haluamme taistella; emme halua armoa, haluamme oikeudenmukaisuutta. – – Eihän vapaus ole mikään hyvitys kärsimyksistä, eikä oikeutta oteta kuin murusia rikkaiden pöydältä.[70]

Arendt on vakaasti vakuuttunut, että vain jos hänen kansansa vielä jonakin päivänä kykenee ja on koko maailman silmissä valmis puolustamaan itseään juutalaisina aseellisen taistelun kautta ja oman lipun alla, tämä kansa pystyy irtautumaan siitä roolistaan ryhmänä uhreja, joka istuu historiallisesti lujassa etenkin Euroopassa. Lisäksi kaikkien maiden juutalaisarmeija poistaisi myös sen uhan Palestiinan perustamiselle, jota merkitsee juutalaisten jakautuminen kahteen maailmaan – yksi kansa Palestiinan (Siionin) kotimaassa, toinen ikuisessa maanpaossa ja diasporassa (*galut*). Arendtille on kuitenkin psykologisesti ja poliittisesti ratkaisevaa se, että tällainen armeija auttaisi normalisoimaan juutalaisen itseymmärryksen ja muiden ymmärryksen, jonka mukaan juutalaiset ovat vain yksi sorrettu kansa monien muiden maailman sorrettujen kansojen ja etnisten ryhmien joukossa. Hän pitää tätä ehdottoman välttämättömänä. Hitlerin rasistisesti motivoituneiden valloitusten myötä melkein "kaikista Euroopan kansakunnista – – on tullut paariakansoja; kaikkien on pakko ryhtyä jälleen taisteluun vapauden ja tasa-arvon puolesta. Ensimmäistä kertaa kohtalomme ei ole erityiskohtalo; ensimmäistä kertaa taistelumme on identtinen Euroopan vapaustaistelun kanssa. Juutalaisina haluamme taistella juutalaiskansan vapauden puolesta, koska 'jos en minä itse, niin kuka minun puolestani?'. Eurooppalaisina haluamme taistella Euroopan vapauden puolesta, koska 'jos vain minä itse, niin kuka minä silloin olen?' (Hillel)".[71]

UUSI TYRMISTYS

Juutalaisuuden kohtalosta Arendt argumentoi jopa Uudessa maailmassa ensisijaisesti eurooppalaisesta näkökulmasta. Ja niin päättäväisiltä kuin hänen vaatimuksensa näyttävätkin, hänen on tunnustettava viimeistään toukokuussa 1942, että hänen sionistipiireissä käymänsä journalistinen kampanja on epäonnistunut. Mikä on sitäkin tuskallisempaa, kun maailmanpoliittinen tilanne on muuttunut ratkaisevasti. Jo lokakuussa 1941 Saksan eteneminen Moskovaan pysähtyi, ja Venäjän talven alkaessa se kovettui väsytystaisteluksi, joka oli erittäin kallista molemmille osapuolille. Stalinin puna-armeija ei suinkaan romahda muutaman viikon sisällä vaan osoittaa yhä suurempaa sitkeyttä. Leningradin kohtalo on eräs esimerkki tästä uudesta tilanteesta. Stalinin joukot puolustavat natsien syyskuusta 1941 lähtien piirittämää ja saartamaa kaupunkia hinnalla millä hyvänsä. Ensimmäisen talven aikana sadat tuhannet myöhemmän ”sankarikaupungin” asukkaat kohtaavat natsien heille kansainvälisen oikeuden vastaisesti järjestämän – ja Stalinin strategisesti hyväksymän – nälkäkuoleman.

Kun japanilaiset pommikoneet hyökkäävät Yhdysvaltain Tyynenmeren laivastoa vastaan Pearl Harborissa 7. joulukuuta 1941, USA liittyy nyt myös virallisesti mukaan maailmansotaan. Yhdessä brittien kanssa heidän asevoimansa keskittyvät aluksi Euroopan länsirintamalle. Ohjeena on ”*Germany first*”. Keväällä 1942 Eurooppaan syntyy kahden rintaman skenaario, joka väistämättä ylittää Saksan asevoimien kyvyt.

Huhtikuussa 1942 Hitlerin joukot Neuvostoliitossa yrittävät jälleen – ja nytkin turhaan – ratkaisevaa läpimurtoa. Jos nykyisistä taistelu- ja aseistusresursseista on selkeä käsitys, natsien häviö on nyt vain ajan kysymys – ja yhtä selvä asia on myös liittoutuneiden joukkojen uhrivalmius.

Kun sionistisen liikkeen johtohahmot kokoontuvat 9. toukokuuta 1942 ylimääräiseen kongressiin New Yorkin Biltmore-hotelliin, keskusteluja luonnehtii siten erityinen kaksoisjännite. Tiedot eivät ole vielä kovin varmoja, mutta ilmeisesti natsit ovat miehitetyillä itäisillä alueilla aloittaneet internoitujen ja ghettoihin pakotettujen juutalaisten joukkokuljetukset erikseen perustettuihin tuhoamisleireihin vuoden 1942 alussa – aluksi Lembergistä ja Lublinista.[72] Euroopan juutalaisten joukkomurha näyttää siirtyneen uuteen vaiheeseen, jollaista ei aikaisemmin ole voinut edes kuvitella. Tämä antaa uutta kiireellisyyden tuntua sionistien vaatimukselle Ison-Britannian ”Palestiinan” protektoraattiin pääsyä koskevien rajoitusten lieventämisestä tai jopa kumoamisesta. Samaan aikaan horisontissa näkyy liittoutuneiden voitto, joka tarjoaa uutta toivoa poliittisesti suvereenista Palestiinasta juutalaiskansan kotina. Myös Arendt osallistuu konferenssiin tarkkailijana. Ja on suorastaan tyrmistynyt siellä hyväksytyistä päätöslauselmista.

Arendt on ollut jo kuukausien ajan huolissaan siitä, että sionistinen liike voisi juutalaisten kauhistuttavan tilanteen vuoksi muuttua sisäisesti yhä kovettuneemmaksi ja ennen kaikkea kapean nationalistiseksi. Torjuakseen nämä voimat, jotka etenkin uhkaavat siepata ideologisesti hänen kampanjansa juutalaisen armeijan puolesta, hän perustaa maaliskuussa 1942 poliittisen keskustelupiirin nimellä "nuorjuutalainen ryhmä".

Älyllisten impulssien antajana keskusteluille toimii hän itse, ja niitä hallitsee kysymys siitä, "millainen poliittinen yhteisö Palestiinan juutalaisten tulisi muodostaa".[73] Arendt lähestyy tätä kysymystä aluksi politiikan teoreetikkona, ei juutalaisena. Tämä selittyy yksinkertaisesti sillä, että hän tulkitsee Palestiinan juutalaisten ongelmanasettelun vain esimerkinomaiseksi tiivistymäksi kuviosta, joka todellisuudessa vaikuttaa jokaiseen kansaan ja etniseen ryhmään, joka vähemmistönä pyrkii saamaan asianmukaisen edustuksen ja itsemääräämisoikeuden olemassa olevassa kansallisvaltiossa identiteetin, kielen, uskonnollisten ja kulttuuristen erityispiirteiden sekä perinteiden säilyttämiseksi.

Arendtin analyysien mukaan pakkomielteinen ajatus kansallisvaltiosta välttämättömänä *ihmisten, alueen ja valtion yhtenäisyytenä*, joka syntyi 1800-luvun hengestä ja josta on tullut sitova kaikkialla Euroopassa, on synnyttänyt sekä maailmansodan että modernin antisemitismin (joka myös on käsitteenä 1800-luvun lapsi). Arendtin omin sanoin:

> Tuohon aikaan antisemitismissä ilmeni tyypillinen konflikti, joka on väistämätön kansallisvaltiossa, jossa kansan, alueen ja valtion perusidentiteetti häiriintyy väistämättä sellaisen toisen kansallisuuden läsnäolon vuoksi, joka haluaa missä tahansa muodossa säilyttää identiteettinsä.[74]

Myöhemmän Israelin pääministerin, sosiaalidemokraatti David Ben-Gurionin johdolla Biltmore-hotellissa hyväksyttyjen päätöslauselmien mukaan juuri tämä etnisesti homogeenisen kansallisvaltion malli oli se, jonka mukaisesti juutalaisetkin haluavat luoda kodin Palestiinaan. Kahden miljoonan eurooppalaisen juutalaisen Palestiinaan muuton sallimista koskevan vaatimuksen lisäksi kongressissa nimittäin vahvistettiin myös näkemys Palestiinasta "juutalaisena kansanyhteisönä", *Jewish Commonwealth*. Arabiväestöllä, joka Palestiinassa on tosiasiassa enemmistönä, tulisi olla vain vähemmistön oikeudet (jotka eivät sisällä äänioikeutta).

Arendt kiehui vihasta ja jopa epätoivosta. Hän näki, että sionismin nimissä hyväksytyt Biltmoren päätöslauselmat vääristivät "juutalaiskysymyksen" mahdollisen ratkaisun ihannetta juuri siihen suuntaan, joka oli johtanut poliittiseen antisemitismiin Euroopassa ja siten koko "juutalaiskysymykseen" modernissa mielessä: pakkomielteiseen haluun saada kansallisvaltio, jossa ihannetapauksessa vallitsee täysin johdonmukainen ihmisten, alueen ja valtion yhtenäisyys – ja jossa juutalaisten kansana oli siten väistämättä syvästi häirittävä muita.

Arendtille Biltmoren päätös merkitsee sionistisen liikkeen alun perin emansipatoristen tavoitteiden syvää vääristymistä tai jopa pettämistä. Lisäksi hän pitää sitä keskipitkällä aikavälillä itsetuhoisena typeryytenä myös reaalipolitiikan kannalta. Seuraavina viikkoina ja kuukausina hän kuvailee lukuisissa vihaisissa teksteissään suorastaan absurdiksi ajatusta, että demokraattisen juutalaisyhteisön väestön enemmistölle (arabeille) tulisi suoda vain vähemmistön oikeudet. Yhtä kuvitteelliselta hänestä näyttää myös ajatus suvereenista kansallisvaltiosta, jonka olemassaolon ja vaurauden olisi jäätävä pysyvästi riippuvaiseksi toisen, suojaavan valtion sotilaallisesta tuesta. Kohtalo, joka karttaa katsoen tuntui väistämättömältä puhtaan juutalaiselle Palestiinalle:

On jo riittävän paha asia, jos nationalismi ei perustu mihinkään muuhun kuin kansan raakaan voimaan. Mutta sellainen nationalismi, joka välttämättä riippuu vieraan kansakunnan voimasta ja myöntää tekevänsä niin, on varmasti vielä pahempi. – – Edes juutalaisten tulo enemmistöksi Palestiinassa – – ei muuttaisi perustavanlaatuisesti tilannetta, jossa juutalaiset joko etsivät ulkomailta voimaa suojaksi naapureitaan vastaan tai joutuvat pääsemään toimivaan yhteisymmärrykseen naapureittensa kanssa.[75]

Viimeisenä mutta ei vähäisimpänä, valittu tie tekisi rauhanomaisen rinnakkaiselon palestiinalaisten arabien kanssa pysyvästi mahdottomaksi ja lisäisi edelleen arabimaailman antisemitismiä, joka naapurimaissa on jo nopeassa kasvussa.

Biltmore merkitsee Arendtin lopullista irtautumista institutionalisoidusta sionismista. Hän ei kuitenkaan koskaan epäile sekuntiakaan, että on olemassa sellainen asia kuin "juutalaiskansa", joka on säilynyt poliittisesti toimivana yksikkönä ajassa ja paikassa vuosituhansien ajan ja ansainnut kansana vapaan itsemääräämisoikeuden. Aivan kuten hän on juutalaisena myös eliniäkseen sitoutunut Theodor Herzlin asettamaan tavoitteeseen luoda juutalaisille kansallinen kotipaikka. Hän ei vain halua siitä klassista kansallisvaltiota vanhan eurooppalaisen mallin mukaan.

MAAILMANKANSALAISUUDEN KANNALTA

Seikan, että suvereenin poliittisen yhteisön muodostamiseen oli muitakin vaihtoehtoja, todisti etenkin hänen uusi kotimaansa: Amerikan Yhdysvallat. Se oli aikoinaan muodostunut *liittovaltioksi*, joten se koostui "erilaisista, selvästi tunnistettavissa olevista kansallisista tai muista poliittisista elementeistä, jotka yhdessä muodostavat valtion. Kansalliset konfliktit voidaan ratkaista vain tällaisessa liittovaltiossa, koska ratkaisematon enemmistön ja vähemmistön ongelma lakkaa olemasta. – – Tässä yhteenliittymässä kenelläkään ei ole ylivaltaa toisen suhteen, ja kaikki valtiot yhdessä hallitsevat maata."[76]

Juuri tällainen liittovaltioratkaisu – joko osana tulevaa eurooppalaisten valtioiden federaatiota tai Britannian kansainyhteisöä – Arendtilla on mielessään ihanneratkaisuna tulevaa Palestiinaa varten. Hän uskoo vakaasti, "että Palestiina juutalaisten kansallisena kotina (kuten myös muut pienet maat ja muut pienet kansakunnat) voidaan pelastaa vain integroitumalla liittovaltioon".[77]

Tämän maailmankansalaisuuden kannalta asiaa tarkastelevan[G] juutalaisen isänmaallisuuden muodon edustajana hän on tietenkin huutavan ääni New Yorkin betonisessa korvessa. Ja se ei johdu pelkästään siitä, että kun hänen kevään 1942 visiotaan katsoo huolellisesti pelilaudan yli, sen voi kuitata hyväntahtoisesti "filosofiseksi". Arendtin lisääntyvälle eristyneisyydelle yhdysvaltalaisten ja eurooppalaisten sionistien piireistä New Yorkissa oli myös konkreettisia sosiaalisia ja ihmissuhteisiin liittyviä syitä. Sanomisen sävy peitti alleen sen, mitä sanottiin. Ja "Amerikan vähäpätöisimpänä kolumnistina" Arendtin sävy oli aina mahdollisimman terävä ja peräänantamaton. Edes aikana, jolloin juutalaiset Euroopassa olivat vaarassa kuolla sukupuuttoon, hän ei säästellyt sarkasmia, mielipiteitä jakavaa ironiaa ja argumentteja, jotka ovat lähellä kansallissosialistisen rasismin ja juutalaisen nationalismin rinnastamista.[78] "Julkisena intellektuellina" hän herättää tietoisesti pahaa verta. Hän luulee olevansa sen velkaa itselleen ja omilleen. Totuuden ja oikeudenmukaisuuden nimessä – sekä avoimen ja julkisen keskustelun vapauden nimessä.

Se, mitä hän poliittisesti vaati juutalaisilta heidän historiansa luultavasti synkimmällä hetkellä, oli Beauvoir'n termiä käyttääksemme "metafyysisen solidaarisuuden" asenne kaikkia maailman

G Muotoilu viittaa Immanuel Kantin esseeseen "Idee zu einer allgemeinen Geschichte in weltbürgerlicher Absicht" ('Yleisen historian idea maailmankansalaisuuden kannalta', 1784). – *Suom.*

orjuutettuja kansoja kohtaan – heidän oman vapautensa edun vuoksi. Jo puhtaan filosofisestikin se oli paljon vaadittu. Reaalipolitiikan tasolla se oli luultavasti väistämättä liikaa vaadittu. Ainakin näissä painostavissa olosuhteissa.

PIENET PIIRIT

Se, mitä Arendt – samoin kuin Beauvoir, Weil ja Rand – tavoittelivat tuolloin filosofeina reaalipoliittisella tasolla, olisi ollut milloin tahansa vaikea saavuttaa: poliittista toimintaa pitäen samanaikaisesti kiinni periaatteista, filosofisesta syventymisestä ja konkreettisesta toteutuksesta. Vuosien 1941–42 tienoilla se oli kuitenkin täysin toivoton yritys. Niin Pariisissa kuin New Yorkissakin. Niin todellisen sosialismin, kristinuskon, sionismin kuin Amerikankin nimissä; niin eksistentialistisen solidaarisuuden, Herran Jeesuksen, kantilaisen maailmankansalaisuuden kuin radikaalin libertarisminkin nimissä. Juuri siksi, että he halusivat ajatella ennen kaikkea politiikkaa, he joutuivat poliittisesti syrjään. Filosofien ammattikunnalle tämä ei todellakaan ole uusi kokemus historiassa. Eikä edes vapauden väistämättömän menetyksen kokemus. Mistä katsoen se, mitä tapahtui, näkyi loppujen lopuksi selkeämmin: keskustasta tai pikemminkin kaukaa, ulkoreunoilta ja syvänteistä?

Sellainen ajattelu, joka ansaitsee ajattelun nimen, tekee myös sosiaalisesti yksinäiseksi. Mikä voi johtua yksinkertaisesti siitä, että se on pohjimmiltaan toimintaa, jonka vaatima ehdoton keskittyminen on lopulta mahdollista vain ilman muita ihmisiä. Mukaan ei yleensä mahdu yhtä tai kahta luotettua ihmistä enempää. Ainakin tämä on Arendtin elinikäinen vakaumus.

Marraskuussa 1942 Arendtin kolumni *Aufbau*-lehdessä lakkaa ilmestymästä. Myös ”nuorjuutalainen ryhmä” on siinä vaiheessa jo historiaa. Ei tarvitse ymmärtää yksinomaan valitukseksi, kun Arendt ystävälleen Scholemille kertoo vielä kerran kuukausia myöhemmin "kulttuurišokin" kestävyydestä (ollen ilmeisesti sillä välin jo lakannut käyttämästä saksan ä- ja ö-kirjaimia): "Tässä maassa tulee hyvin yksinäiseksi; tämä johtuu ennen kaikkea siitä, että ihmisillä on niin paljon tekemistä, että tietyn pisteen jälkeen joutilaisuuden tarvetta ei vain enää ole. Tämän seurauksena on tietty pysyvä hajamielisyys (tarkoitan *absent-mindedness*), joka tekee ihmisten välisistä kontakteista hyvin vaikeita."[79]

Pysyä tarkkaavaisena, kun aikakausi on hajamielinen. Vastata joutilaisuuden ja hidastamisen tarpeeseen. Olla aktiivinen, muttei liian *busy*. Ikivanhan eurooppalaisen naisen melkein klassinen tarve Uudessa maailmassa. Välttyen vain putoamasta Arendtin synnyinmaalle tyypilliseen kuiluun "poliittisen vapauden" ja "yhteiskunnallisen orjuuden" välillä.[80] Äskettäin saadun vapauden voi sen sijaan muotoilla oman tahdon mukaan: löytää itsensä "välistä" sanan parhaassa merkityksessä – ja ennen kaikkea jatkaa etsimistä.

Aivan kesän alussa on uusi tilaisuus tehdä niin, kun Arendt aloittaa ensimmäisessä akateemisessa tehtävässään New Yorkissa apulaislehtorina Brooklyn Collegessa. Kurssin otsikko: "Euroopan uusin historia". Sen myötä hänelle konkretisoituu uusi, vanha elämänmuoto: kirjoittajana ja akateemikkona. Sekä siihen tiiviisti liittyvä yhden naisen tutkimusohjelma: paljastaa elementit, jotka ovat johtaneet nykyiseen synkkyyteen – totalitarismin eurooppalaiset kuolemanvietit; sen rasistisesti motivoitunut tahto sortaa; pakkomielteinen ajatus yhdestä ja yhtenäisestä kansakuntaruumiista; leirin logiikka yhä syvemmän epäinhimillistymisen paikkana... Antisemitismi, imperialismi, totaalinen herruus. Kaiken tämän alkuperä oli jäljitettävissä 1800-luvulle. Näitä jälkiä oli tarpeen seurata.

Se, mitä Arendt todella tarvitsee tähän, hänellä on jo: sisäinen vapaus ajatella itsenäisesti; hänen eniten rakastamansa ihminen keskustelukumppanina; ja maan ulkoinen vapaus, joka sallii omapäisyyden muutenkin kuin teoriassa. Käyttääksemme yhtä niistä idiomaattisista ilmaisuista, joita kelpo Monsieur Heinrich kirjoitti edelleen päivittäin opintovihkoonsa, vuoden 1942 lopussa Hannah

Arendt ei ollut pelkästään *nifty chick* ('näpsäkkä pimu'), joka oli pesty kaikissa Atlantin vesissä, vaan ennen kaikkea *very much her own woman*.

NIETZSCHEN KIROUS

Jälkikäteen katsoen on melkein harmillista, ettei Ayn Randilla ollut mitään tietoa Arendtin ja Beauvoir'n lähes samanaikaisesti käynnistämistä poliittisista hankkeista. Se olisi voinut innostaa häntä oman piirinsä vaikeassa nimeämisprosessissa. Piiristä olisi voinut tulla "Metafyysiset egoistit", "nuorlibertaristinen ryhmä" tai miksei suorastaan "Vapaus ilman sosialismia".

Nämä nimet olisivat olleet ehdottomasti parempia kuin syksyllä 1941 todellisuudessa keskustellut ehdokkaat, kuten "Amerikkalaiset naapurit" (Rand: "ihmiset luulevat että tällä on jotakin tekemistä Etelä-Amerikan kanssa"[81]) tai perustajan itsensä peliin heittämä "Älylliset aristokraatit". Sillä sekään ei ollut aivan osuva. Pikemminkin se painotti koko libertaristisen ohjelman keskeistä ongelmaa: avoimen elitismin ja tavoitellun populismin välistä vaikeaa jännitettä. Nietzschen kirous: kuinka voidaan demokraattisesti vakuuttaa enemmistö siitä, että enin osa ihmisistä on luonnostaan taipuvaisia typeryyteen? Että valistuksen rohkeus käyttää omaa ymmärrystään on aina ollut ja pysyisi aina vain harvojen ihanteena?

Juuri tämän Albert Jay Nock oli sanonut eräässä ryhmän ensimmäisistä kokouksista: sen sijaan, että taisteltaisiin poliittisen individualismin puolesta kaikkien nimissä, hän neuvoi ihmisiä jatkamaan liberaalin omavaraisuuden ihanteiden kehittämistä pienissä piireissä. Mitä tulee massoihin, oli olemassa vain yksi autonomian takaava resepti: sosiaalinen etäisyys ja jokapäiväinen itsenäisyys, etenkin taloudellinen sellainen. Mitään ei tule tehdä yhdessä muiden kanssa. Enempää ei ollut saavutettavissa eikä kohtuullista toivoa, ajasta ja maasta riippumatta. Myöskään Amerikassa. Halu ilahduttaa koko maailmaa omalla näkemyksellä hyvästä elämästä, jolle ei nähdä olevan mitään vaihtoehtoa – eikö se itse ollutkin totalitaarinen impulssi?[82]

Kirjallisuuskriitikko Isabel Paterson – joka on ollut *New York Herald Tribune* -sanomalehden kolumnisti yli vuosikymmenen ajan – vain heilutti käsiään hyväntahtoisesti. Vaikka Randin ja hänen välille oli vuoden mittaan muodostunut yhtä syvä ja intiimi ystävyys kuin se, jonka Rand muisti lapsuudestaan Pietarissa Olga Nabokovin (Vladimir Nabokovin sisaren) kanssa. Se ei saanut Patersonia luopumaan rautaisesta libertaristisesta periaatteestaan olla liittymättä mihinkään ryhmään tai järjestöön.

AMERIKKALAINEN RÄJÄYTYSMESTARI

Jo ennen projektin varsinaista alkua ”Älylliset aristokraatit” ovat kutistuneet puoleen tusinaan hyvää tarkoittavia keskilännen pienyrittäjiä ja republikaaneihin syvästi pettyneitä New Yorkin vanhaoikeistolaisia. Sen sijaan, että hän lähtisi liikkeelle individualistisen eliitin kanssa, joka alkaisi koulia ihmisiä, Randin vaikutelmana oli, että hänen tulisi itse koulia itseään ensin lisää. Herrat eivät halunneet edes avata šekkivihkoaan riittävästi, mikä tarkoitti sitä, että suunnitellulta liikkeeltä puuttui etenkin tarvittava alkupääoma.

Sama oli totta myös puhtaasti yksityisellä rintamalla. Paramount Picturesin käsikirjoitusten lukijana tehdyn tuntityön rinnalla Rand oli ollut kokopäiväinen libertaristinen aktivisti vuoden ajan ilman varsinaisia tuloja. Sen ohella hänen romaaniprojektinsa sai kahdeksan hylkäystä lisää. Mikä pahempaa, myös Frank oli menettänyt suurella vaivalla saamansa osa-aikatyön sikarikaupan myyjänä. Hyvin palkatusta työstä oli edelleen pulaa. Kahdeksan vuotta Rooseveltin New Dealin jälkeen taantuma jatkui sitkeänä kuin tupakkayskä. Jopa sellainen vankka eristäytymispolitiikan kannattaja kuin Ayn Rand on siksi voinut hiljaa toivottaa tervetulleeksi Yhdysvaltain sotaanlähdön joulukuussa 1941.[83]

Ainakin se helpotti hänen tarvettaan selittää omien poliittisten tavoitteittensa epäonnistuminen. Sodan nostattama ylenpalttinen isänmaallisuus saisi toistaiseksi vaimenemaan kaikki *America first* -henkiset äänet ja libertaristista talouspolitiikkaa puoltavat kannanotot tilanteessa, jossa siirrytään täyttä vauhtia sotatalouteen.[84] ”Älyllisten aristokraattien” projekti on historiaa jo ennen kuin se on päässyt alkuun. Mutta ”Howard Roark” -projekti ei ole.

Päinvastoin. Kuin tyhjästä (mutta itse asiassa luultavasti Isabel Patersonin aloitteesta) Indianapolisissa toimiva Bobbs-Merrill-kustantamo ja erityisesti sinne äskettäin palkattu Archie Ogden -niminen kustannustoimittaja ilmoittavat kiinnostuksestaan. Hän taistelee Randin käsikirjoituksen puolesta uhkaamalla saman tien erota, ellei sitä hyväksytä. Ja lopulta hän voittaa.

Jo 10. joulukuuta 1941 he allekirjoittavat sopimuksen. Ennakko on niukka (1 000 dollaria) ja kirjan luvattu valmistumisajankohta jälleen kerran täysin epärealistinen (1. tammikuuta 1943), mutta ainakin hänellä on taas konkreettinen päämäärä johon tähdätä. Ja suora polku ainoaan vapauteen, jonka Ayn Rand kokee ehdottomaksi – kuten myös Simone Weil, Simone de Beauvoir ja Hannah Arendt: vapauteen olla luova kirjoittamalla.

Hänen elämänsä onnellisin ja tuottavin vuosi alkaa sopimuksen allekirjoittamisesta, kolme päivää Pearl Harborin jälkeen ja vain päivää ennen Yhdysvaltain virallista liittymistä sotaan.

SOCIAL DISTANCING

Mitä romaaniin tulee, ”olen ollut ja olen yhä keskellä kirjoittamisen orgiaa”, Rand tiedottaa uudelle lempieditorilleen 19. helmikuuta 1942. ”Työskentelen kirjaimellisesti päivin ja öin. Aikaisempi ennätykseni oli rupeama, joka alkoi kello neljä iltapäivällä ja päättyi vasta seuraavana päivänä kello yhdeltä (ruokataukoja oli vain yksi). En pysty tällaiseen useinkaan, mutta noina tunteina olen kirjoittanut tähän mennessä parhaat asiat. Välillä en vaihda vaatteita kahteen tai kolmeen päivään. Nukun vain sohvalla tunnin pari ja jatkan sitten."[85] Hän ei poistu asunnostaan juuri koskaan, lukuun ottamatta sunnuntaisia tapaamisia Isabel Patersonin kanssa. Hän lopettaa kaikki sosiaaliset kontaktit ja vähentää henkilökohtaisen hygienian ja unen minimiin. Tarvittavan energiansaannin varmistavat tupakka, suklaa ja konvehdit.

Vuonna 1942 Rand on matkalla kohti ihannetta, josta hän haaveili yli kymmenen vuotta aiemmin: hän on muuttumassa ihmisestä kirjoittavaksi koneeksi, joka tuottaa runsaat 25 painokelpoista käsikirjoitussivua viikossa. Tämä oli sellainen olemassaolo, jonka hän halusi itselleen: itsenäinen, itse vastuussa oleva, itse aikaansaava – ja merkittävässä mielessä arvoja luova. Hän ei uhraa ajatustakaan mahdollisille lukijoille, yhteiskunnalle, *kriitikoille*. Ainoa, jolla oli merkitystä tässä prosessissa, oli metafyysinen solidaarisuus itse teoksen kanssa. Keskittynyt olemassaolo kirjoittajana, yli-inhimillisen tuottoisan egoismin esimerkillisenä ruumiillistumana. Kuka tarvitsee ulkomaailmaa, kun voi luoda oman sisämaailmansa? (Ja aviomies hoitaa päivittäiset asiat.)

Edes poliittisena aktivistina vietetty vuosi ei ollut mennyt kokonaan hukkaan. Pitkäaikainen vakaumus on nyt saanut selkeämmät ääriviivat, ja uudet oivallukset ovat entistä eriytyneempiä. Erityisesti koskien Randin vuonna 1934 filosofisessa päiväkirjassaan muotoilemaa peruskysymystä siitä, onko "eettisyys välttämättä ja pohjimmiltaan sosiaalinen käsite": "Onko olemassa eettisiä järjestelmiä, jotka suuntautuvat ensisijaisesti yksilöön?"[86]

Siinä missä terminologinen jännite "individualismin" ja "kollektivismin" välillä oli 1930-luvulla ollut ratkaiseva tekijä, Ayn Rand nostaa nyt esiin "altruismin" käsitteen vapauden todellisena vihollisena. Hänen mukaansa altruisti oli joku, joka eettisesti toimivana olentona halusi nähdä itsensä ensisijaisesti toisten kautta.

Eli ihminen, joka suuntasi ajattelunsa, toimintansa ja luomisensa muiden olemassaoloon ja heidän etuihinsa – olkoon kyseessä sitten vallanhimoinen tavoite alistaa ja manipuloida tai itsensä uhraava tarkoitus edistää heidän etuaan tai jopa "pelastaa" heidät. Viime kädessä kaikki riippui siitä, kenen on katsottava olevan eettisen toiminnan todellinen kohde: minun vai muiden. Rand toteaa vuoden 1942 ajattelupäiväkirjassaan vastaavasti: "Jos ihmiset uskovat, että muut ovat heidän tärkein hyveensä, on vain kaksi vaihtoehtoa: tehdä se, mitä muut uskovat (orjamaisesti), tai käännyttää muut omaan uskoonsa heidän omaksi hyväkseen."[87] Jos oletetusti eettisen toiminnan kohteena oli toinen, kyse oli toisin sanoen vain alistumisesta. Joko alistamalla tai alistetuksi tulemalla. Kolmatta vaihtoehtoa ei ollut.

Toisen merkeissä tapahtuva etiikka – Sartre ei olisi samanaikaisesti voinut muotoilla sitä voimakkaammin – oli siis väistämättä myöntävän suuntautumisen etiikkaa, joka parin molemmilla puolilla oli väistämättä sidoksissa autonomiasta vieroittumiseen. Siksi ainoa tapa päästä tilanteesta oli kieltäytyminen ottamasta toista ihmistä mukaan oman tahdon piiriin, kun tämä tahto käytti eettistä itsemääräämisoikeuttaan. Ei vapautta toisten *vuoksi*, toisten *kautta* tai toisten *kanssa*, vaan vapautta *toisista*: "Itsekkyyttä – ei toisten murskaamiseksi vaan jotta voi olla *riippumaton* toisista."[88] Juuri siksi, että randilainen egoisti tunnustaa ehdoitta toiset heidän olemassaolossaan, juuri siksi, että he ovat myös merkittävässä mielessä olemassa – yhtä läsnäolevina ja arvokkaina kuin hän itse –, on tärkeää häivyttää ehdottomasti taka-alalle heidän olemassaolonsa ja tarpeensa.

Ainoa asia, joka todella mahdollistaa ja takaa keskinäisen vapauden, on siis johdonmukainen "metafyysinen riippumattomuus", ei "metafyysinen solidaarisuus". Ainoa todella väkivallaton tapa olla yhteydessä toiseen ja tunnustaa hänet täysin vapaaksi ihmiseksi on sopimus – kuten vaikkapa hyvä diili. *My word is my bond. Take it or leave it. And live with the consequences.* Mutta sosiaalisesti sujuvin tapa toteuttaa vaihdon tavoitteita oli selvästi rahallinen, rahan kautta tapahtuva. Ja ainoa taloudellinen tapa, joka mahdollistaa tässä mielessä todella väkivallattoman vaihdon yksilöiden välillä, oli absoluuttisen vapaa *laissez-faire*-kapitalismi. Viime kädessä ainoa tässä mielessä legitiimi hallintojärjestelmä oli demokratia, jossa valtion interventio pidettiin niin suppeana kuin vain mahdollista.

Randille tämä vapaan rinnakkaiselon kokonaispaketti ei ole vain käytännössä kokeiltu ja testattu ja kokemuksen mukaan pienin paha, vaan se on melkeinpä transsendentaalisesti välttämätön. Sen lisäksi, että se toimi hyvin, se oli ihmisille hyväksi! Joten se oli sinällään jotakin hyvää. Sillä ei ollut mitään muuta arvon lähdettä kuin ihminen (ja vaikka olisikin, yksilön olisi ensin valittava se vapaasti).

Mikä tahansa tahallinen poikkeaminen tästä ihanteesta merkitsi kuitenkin astumista polulle itse aiheutettuun orjuuteen: eettisesti altruismiin, taloudellisesti sosialismiin, uskonnollisesti fundamentalismiin, poliittisesti totalitarismiin. Tietysti oli myös ihmisiä, jotka kaipasivat juuri sitä. Ja heitä olivat juuri ne, jotka eivät kyenneet sytyttämään tai vaalimaan itsessään vapauden luovaa tulta. Ja jotka sen sijaan, että lähtisivät omaan ”onnen tavoitteluunsa” kuuluvaan katkeraan seikkailuun, halusivat nähdä kaikki muut pidettävän aisoissa heidän itsensä nimessä. ”Toohey-periaate” kaikkine sivilisatorisine muunnelmineen.

Kaikkea tätä ei lopulta ole perusteltu tiukan loogisessa mielessä, eikä kaikkia käsitteellisiä siirtymiä ole hiottu marmorinkiiltäviksi. Nämä periaatteet sopivat kuitenkin Randille vuonna 1942 tulkintamatriisiksi, jonka avulla hän voi sijoittaa syntymässä olevan romaanin samaan aikaan kolmelle tasolle. Se on ensinnäkin kuvaus ajattomasta taistelusta radikaalisti ristiriitaisten kehitysihanteiden välillä jokaisen yksilön psyykessä. Toiseksi se on tulkinta siitä erityisestä ajan henkeen liittyvästä jännitteestä, joka Yhdysvalloissa vallitsi toisen maailmansodan kynnyksellä. Ja kolmanneksi se on romaanin muotoon puettu oppi, joka lupaa synkkinä aikoina näyttää tien ulos toisten ihmisten muodostamasta helvetistä – pelastavana hahmona melkein uskonnollisiin mittasuhteisiin paisuteltu Howard Roark.

Joulukuussa 1942 Rand saavuttaa kaksitoista kuukautta kestäneen keskeytymättömän luovuuden jälkeen teoksensa lopun ja huipentuman: Roarkin puolustuspuheen kahdentoista valamiehen edessä. Aitoamerikkalaisen Sokrateen tavoin Roark esiintyy kansan nimessä kaikkien ja koko maailman edessä ruumiillistumana niistä arvoista, joiden päällä Amerikan laajalti ihailtu itsenäisyysjulistus ja perustuslaki todella lepäsivät.

ROARKIN PUOLUSTUS

Rikos, josta Roarkia syytetään, ei ole nuorison turmeleminen eikä jumalien pilkkaaminen. Aluksi se näyttää paljon banaalimmalta, mutta tarkemmin tarkasteltuna se on vielä vaarallisempaa yhteiskunnallisen aineksen pysymiselle koossa. Hän on omakätisesti dynamiitilla hävittänyt suunnittelemansa sosiaalisen asumisen lippulaivaprojektin vain muutama päivä ennen sen valmistumista. Ja vain siksi, että rakennushankkeessa mukana ollut julkisen sektorin komitea teki (Tooheyn johdolla) pieniä muutoksia alkuperäiseen suunnitelmaan ja toteutti ne myöhemmin ilman hänen suostumustaan – toisin sanoen sopimuksen vastaisesti. Valamiehistön ei ole arvioitava itse tapahtumaa tai sen kulkua, koska Roark ei millään tavalla kiistä sitä, vaan pelkästään hänen tekonsa motiivin arvoa ja siten sen perusteluja.

Syyttäjän sanoin, tämä motiivi on selvästi ”kaikkien normaalien inhimillisten tunteiden tuolla puolen. Suurimmalle osalle meistä se näyttää hirvittävältä ja käsittämättömältä. – – Aivan kuten dynamiitti pyyhkäisi rakennuksen pois, tämä motiivi räjäytti koko ihmisyyden pois tämän miehen sielusta. Kyse on vaarallisimmasta räjähteestä, mitä maa päällään kantaa: egoismista.”[89]

Nyt on Roarkin vuoro selittää itseään. Hänellä ei ole asianajajaa. Hän puhuu itse omasta puolestaan. Pyhästi sokeana kaikelle, mikä voi saada hänet näyttämään muulta kuin ehdottomalta, hän näyttää valamiehistöstä ensi silmäyksellä "ihmiseltä, jolle pelko on tuntematon".[90] Huomattava muotoilu, joka seuraa loogisesti Randin vakaumuksesta, jonka mukaan ihmisen oma tunne-elämä on täysin hänen järkensä hallittavissa. Joten ihminen voi olla syyllinen siihen, että hän kokee epäjärkeviä tunteita ja mielenliikutuksia: ennen kaikkea pelkoa. Myös katumusta. Ponnettomuutta. Ne kaikki ovat käytäviä sisäiseen tyhjyyteen ja siten yhdyskäytäviä toisiinsa. Roarkille ne ovat olemuksellisesti vieraita. Hän ei ole muuta kuin puhdasta toiminnan halua ja runsautta, jota ohjaa hänen neroutensa tulen sytyttämä kuvittelu- ja luomisvoima.

On vain loogista, että hänen puolustuksensa alkaa Prometheuksesta, ensimmäisestä inhimillisestä luojasta: "Tuhansia vuosia sitten ensimmäinen ihminen huomasi, miten tulen voi tehdä. Oletettavasti hänet poltettiin roviolla, jonka hän opetti veljensä sytyttämään."[91] Tämä määrittää sen, miten suuret panokset pelissä ovat, ja asettaa puolustuspuheen johtavan teeman: innovatiivinen yksilö kaiken sivilisatorisen edistyksen liikkeellepanevana voimana – ristiriidassa "liian monien" kateellisen lauman kanssa. Luovan järjen valo itsensä kieltämisen pimeää ajattelemattomuutta vastaan. Rohkea, edistyksellinen minä, vastassaan "kenen tahansa" kaipuu pysähtyneisyyteen.

Mutta mikä todellista luojaa ajaa eteenpäin, mitkä ovat hänen tekojensa todelliset motiivit? Roarkin mukaan ei missään tapauksessa halu olla hyödyllinen tai avulias muille. Hänen motiivinaan on vain ja ainoastaan ratkaisun etsiminen ongelmaan hänen parhaan tietonsa ja uskonsa mukaan. Halu työn itsensä totuuteen.

Jos ongelma on uusi, sen ratkaisu ei voi löytyä pelkästään turvautumisesta muiden jo vahvistamiin sääntöihin ja menettelytapoihin. Luovuus tarkoittaa siis väistämättä halua itsevarmasti poiketa muista – myös ja erityisesti sosiaalisen alueella. Todelliset luojat, kaiken inhimillisen kehityksen vetureina, ovat siis yksinäisiä ja heidän on oltava. Juuri tästä syystä massat rankaisevat heitä, syrjäyttävät heidät ja aivan liian usein yksinkertaisesti lynkkaavat heidät. Tai, harvemmin, juhlivat heitä, nostavat heidät jalustalle tai jopa jumaloivat heitä. Molemmat ovat yhtä haitallisia luovalle yksilölle ja siten myös yhtä vaarallisia. Ei toisia vastaan, ei heidän puolestaan – vaan *riippumatta* heistä. He korkeintaan arvostavat työtä.

Kuten Roark selittää valamiehistölle, todellisen luovuuden lähde ja käytännöllisen järjen lähde ovat identtiset. Ajattelun ja päättelyn muotoja on viime kädessä vain yksi. Ja se on kaikille ihmisille sama. Jopa enemmän kuin tietoisesti hallittava kyky se on ihmisten ainutlaatuinen myyntivaltti. Ilman sitä ihminen ei olisi millään tavalla elinkelpoinen. Sen avulla hän voi tehdä potentiaalisesti mitä tahansa.

Mutta jokainen voi ajatella, varsinkin tärkeässä luomisen mielessä, vain itseään varten:

> Ei ole olemassa mitään sellaista kuin kollektiiviset aivot tai kollektiiviset ajatukset. – – Kukaan ei voi hengittää keuhkoillaan toisen puolesta. Kukaan ei voi ajatella aivoillaan toisen puolesta. Kaikki henkiset ja fyysiset toiminnot ovat yksityisiä. Niitä ei voi jakaa tai siirtää.[92]

Roarkille tästä seuraa ennen kaikkea, että on välttämätöntä suojata ja ylläpitää tekijänoikeuksia. Niiden koskemattomuus on olennainen osa ihmisen koskemattomuutta – kehon ja mielen luovana yhteenliittymänä. Jokainen, joka häiritsee väkivaltaisesti näitä oikeuksia, nakertaa vapaan ja edistyksellisen sivilisaation perustaa. Hyvä, oikeudenmukainen yhteiskunta suojaa ehdottomasti tätä koskemattomuutta muiden väkivaltaiselta tunkeilulta.

Se suojaa sitä etenkin niiltä, jotka eivät itse pysty luomaan mitään eivätkä ennen kaikkea haluakaan luoda. Niiltä, jotka ihmisinä mieluummin turvautuvat ”kenen tahansa” ja hänen ”hyvän yhteiskuntansa" näennäiseen turvallisuuteen. Niiltä, jotka tarkoituksellisesti estävät luojaa ja taistelevat häntä vastaan mitä alhaisimmista motiiveista – useimmiten kaikkien nimessä, propagandistisesti vääristellen. Eli sekundaihmisiltä (*second-handers*) ja heitä ohjaavalta ideologialta, joka julistaa riippuvuutta ja yksilöiden keskinäistä vaihdettavuutta ja vaatii siten jokaista yksilöä hillitsemään itsensä kaikkien muiden nimessä. Eli altruisteilta: "Altruismi on oppi, joka vaatii elämään muiden puolesta ja asettamaan toiset itsen yläpuolelle."[93]

Roarkin mukaan tästä ideologiasta ei tee tuhoisaa pelkästään sen syvä psykologinen vääristyneisyys, vaan pohjimmiltaan myös seikka, että siitä on mahdotonta saada otetta. Altruistit vaativat kirjaimellisesti mahdotonta:

> Kukaan ei voi elää toisen puolesta. Mieltään ei voi jakaa toisten kanssa sen enempää kuin kehoaankaan. Sekundaihminen on käyttänyt kuitenkin altruismia hyväkseen ja kääntänyt kaikkien moraaliperiaatteiden perustan päälaelleen. Ihmisiin on juurrutettu kaikki, mikä tuhoaa luojan. Ihmisille on opetettu, että riippuvuus on hyve. Se, joka yrittää elää muiden puolesta, on riippuvainen.[94]

Todellinen valinta, jonka jokainen järjellinen ihminen kohtaa kanssaihmisiään koskien, ei ole "renkiys" tai "herruus", vaan "riippuvuus" tai "itsenäisyys". Tässä julistetussa tahdossa itsenäisyyteen – mikä olisikaan kulttuurisesti lähempänä yhdysvaltalaisia kuin se? – ei ole kyse lahjakkuudesta tai älyllisistä kyvyistä. Kukaan ei ole liian tyhmä ollakseen oma itsensä. Kyse on ennen kaikkea julistetusta rohkeudesta haluta ylipäänsä käyttää omaa ymmärrystään itsenäisesti; tahdosta sanoa ylipäänsä itsevarmasti "*minä* haluan", "*minä* voin". Tässä teossa ei kuitenkaan ole mitään elitististä, vaan se on eksistentiaalisena vaihtoehtona mahdollisimman tasa-arvoinen, arvokkuutta suojeleva ja perustavalla tavalla demokraattinen:

> Kyvykkyyden aste vaihtelee, mutta perusperiaate pysyy samana. Se, missä määrin ihminen on riippumaton, aloitekykyinen ja työtään rakastava, määrää hänen kykynsä työntekijänä ja arvonsa ihmisenä. Ihmisen hyveellisyyden ja arvon ainoa mittapuu on riippumattomuus. Se, mikä ihminen on ja mitä hän tekee itsestään; ei se, mitä hän on tehnyt muiden hyväksi tai ollut tekemättä. Ihmisyksilön arvoa ei voi korvata mikään muu. Yksilön arvolle ei ole mitään muuta mittaa. Missään oikeutetussa kahden välisessä suhteessa kumpikaan ei uhraudu toisen eteen.[95]

Tästä syystä vain sellainen yhteisö, joka perustuu tähän samaan rohkeuteen ja suojelee sitä perustuslaillisesti ehdoitta, voi kukoistaa ja menestyä kansakuntana. Kuten "vapauden maa". Kaukana suuren kollektiivin kansallismielisyydestä Roark puhuu valamiehistölle amerikkalaisena perustuslaki-isänmaallisena:

> Katsokaa individualismin periaatteelle rakentuvan yhteiskunnan tuloksia. Tämän, meidän maamme. Ihmiskunnan historian jaloimman maan. Suurimpien saavutusten, suurimman vaurauden, suurimman vapauden maan. Maan, joka ei perustu epäitsekkääseen palvelemiseen, uhrautumiseen, luopumiseen tai minkään altruismin määräämiseen. Vaan onnen tavoitteluun. Yksilön oman onnen. Ei muiden onnen. Yksityinen, henkilökohtainen, itsekäs motiivi – katsokaa sen tuloksia. Kuunnelkaa omaa omatuntoanne.[96]

Altruismille ja sen vaatimuksille ei siis tule antaa periksi piiruakaan. Ei askeltakaan suuntaan, jossa loukataan niitä ainoita oikeuksia, joita on ehdoitta ja ilman kompromisseja kunnioitettava jokaisen järkevän naisen tai miehen itsenäisyyden ja koskemattomuuden nimissä: hänen henkistä ja aineellista omistusoikeuttaan!

Roarkin ja vain Roarkin suunnitteleman "Cortlandt"-asuinaalueen luvaton räjäyttäminen ei ollut vain hänen oikeutensa, se oli jopa hänen periamerikkalainen velvollisuutensa. Se oli arvoja suojelevaa vastarintaa synkkinä aikoina. Varmasti hän teki sen lopulta vain itsensä vuoksi, puhtaasti itsekkäistä syistä – syyttäjän väite pitää siis paikkansa. Mutta hän teki sen kaikkien niiden järkevien ja siten vapautta kaipaavien ihmisten puolesta, joita tässä maassa on – ja tässä koko maailmassa on:

> Nyt tiedätte, miksi räjäytin Cortlandtin. – –
> Olen täällä sanomassa, etten anna kenellekään oikeutta edes minuuttiin elämästäni. Tai pienimpäänkään osaan energiastani. Tai mihinkään saavutuksistani. Riippumatta siitä, ketkä niitä vaativat, kuinka monilukuisia he ovat ja kuinka suuria heidän tarpeensa saattavat olla.
> Tulin tänne sanomaan, että ihmisen luovan työn eheys on tärkeämpää kuin minkäänlainen hyväntekeväisyys. Ne, jotka eivät ymmärrä tätä, tuhoavat maailmaa.
> Tulin tänne asettamaan ehtoni. En ole valmis elämään niin kuin muut vaativat.
> En tunnusta mitään velvoitteita ihmisiä kohtaan, yhtä lukuun ottamatta: kunnioittaa heidän vapauttaan ja olla olematta tekemisissä orjanomistajien yhteiskunnan kanssa. Haluaisin antaa maalleni ne kymmenen vuotta, jotka minun on vietettävä vankilassa, jos tätä maata ei enää ole. Vietän ne muistoksi ja kiitokseksi siitä, mitä maani oli kerran. Tämä tulee olemaan uskollisuudenvala, kieltäytyminen elämästä ja työskentelemästä tilalle tulleessa maailmassa.[97]

TUOMIO

Tuomio on nyt valamiesten käsissä. Kunkin heistä. Ja tietysti siinä on oma viehätyksensä, jos kuvittelee todelliset Hannah Arendtin, Simone Weilin ja Simone de Beauvoir'n vuodelta 1942 tämän fiktiivisen valamiehistön jäseniksi. Miten he olisivat arvioineet Roarkin motiiveja? Arvottaneet hänen puolustustaan? Eritelleet hänen argumenttejaan? Kokeneet hänen esiintymisensä?

Oliko todella vain itsevarma "Minä haluan" se teko, joka antaa arvon ja arvokkuuden ihmiselle rajallisena olentona? Vai eikö niiden lähde ollut myös hänen ulkopuolellaan – ehkä jopa tämän maailman ulkopuolella? Voisiko lihaa ja verta oleva ego todellakin pystyä päättämään itsestään vapaasti muista riippumatta – vai päinvastoin vain heidän kauttaan ja heidän kanssaan?

Entä tunne-elämän spontaanisuus ja itsepäisyys? Olivatko ne todella ehdottoman alisteisia järjelle – ja jos olivat, mitä seurauksia sillä oli oman kehkeytymisen mahdolliselle yksilöllisyydelle? Oliko Roark todella se luova paaria, jona hän esiintyi – vai pikemminkin narsistisesti harhautuneen nousukkaan perikuva? Oliko hän ihmisenä todellakin kaikkien klassisten nerokulttien ulkopuolella – vai halusivatko muut nostaa hänet juuri tälle jalustalle?

Entä yhtäläisyysmerkki, jonka hän veti ankaran loogisen ajattelun ja luovan luomisen välille? Oliko todellakin olemassa vain yksi tieteellinen logiikka, vain yksi looginen tietämisen ja arvostelemisen muoto? Entä luovien prosessien alkuperä? Missä määrin mitään oivallusta voidaan väittää yksityisomaisuudeksi, kun vaikuttaa selvältä, ettei se ole mitään, minkä luova yksilö voi yksinkertaisesti luoda omasta tahdostaan ja kutsua esiin?

Oliko maailma todella menehtymässä suureen epäitsekkyyden ja uhrautumisen orgiaan, kuten Roark väitti? Vai pikemminkin maanisten yksilöiden ehdottomaan tahtoon toteuttaa itseään? Lepäsikö koko sivilisaation edistymisen taakka todellakin harvojen yksilöiden atlasmaisilla hartioilla? Vai pikemminkin niiden ikuisesti vinoksi tuomitussa selässä, joita nämä harvat käyttävät järjestelmällisesti hyväkseen?

Ja ennen kaikkea: mikä oli sen kielen luonne, jota käyttäen Roark oli puhunut valamiehistölle? Oliko tämäkin kieli pohjimmiltaan jonkun egoistisen alkuperäisneron työtä kaukaisesta menneisyydestä? Ja oliko se aivan varmasti jonkun yhden ihmisen työtä? Voiko kieltä järkeilyn ja ajattelun välineenä lainkaan ymmärtää mallintamalla sen joksikin, joka syntyi toisten ihmisten olemassaolosta riippumatta?

Näiden kysymysten nostattamat keskustelut Beauvoir'n, Arendtin ja Weilin välillä olisivat varmasti kestäneet useita päiviä, mahdollisesti jopa vuosia (tai vuosisatoja). Pääsemättä kuitenkaan koskaan yksimieliseen päätökseen. Mitä muutakaan omaehtoisilta filosofeilta voisi odottaa? Vain typerysten tai ideologien mielestä ajattelun tavoitteena on konsensus.

Ayn Randin olemassaolevassa fiktiossa valamiehistö, joka koostui pääasiassa yhdysvaltalaisen terveen järjen realistisista edustajista – johtajista, insinööreistä, kuorma-autonkuljettajista, sähköasentajista, muurareista – tarvitsi vain muutaman minuutin päästäkseen yhteisymmärrykseen.

"Herra puheenjohtaja, oletteko päätyneet tuomioon?"
"Kyllä olemme."
"Mikä tuomionne on?"
"Syytön."[98]

Kun Rand panee paperille nämä rivit, hänen takanaan on kaksitoista kuukautta sosiaalista eristäytymistä ja keskeytymätöntä luomisen hurmaa. Joulukuun 31. päivänä 1942 hän luovuttaa valmiin käsikirjoituksen omakätisesti Archibald Ogdenille. Hän on täyttänyt oman osuutensa sopimuksesta. Hän ei ole mitään velkaa kenellekään. Varsinkaan itselleen. Tästä eteenpäin teos oli muiden käsissä. Heidän tuomiostaan riippumatta hän tiesi sillä hetkellä tarkalleen, mitä oli tehnyt ja luonut. Se oli jumalainen tunne.

VIII
TULI

1943

Rand ja Beauvoir ovat taivaassa,
Arendt tuijottaa kuiluun ja Weil astuu viimeisen kynnyksen yli

”En ole altruisti. Olen sanonut sen mitä oli sanottava. Jos se ei houkuttele lukijoita, miksi minun pitäisi yrittää jatkaa heidän valistamistaan?”[1] Vain kuusi viikkoa hänen toisen romaaninsa julkaisemisen jälkeen sen kohtalo näytti sinetöidyltä. Ei mainontaa. Ei myyntiä. Ei edes lisää teilauksia. Se ei auttanut, että Isabel Paterson alkoi puhua omista fiaskoistaan linjan toisessa päässä. Tähän mennessä kahdeksan romaania. Eikä yksikään niistä menestys. Vain muutama viikko ennen Randin *The Fountainheadia* oli ilmestynyt Patersonin tähän mennessä kunnianhimoisin tietokirja *The God of the Machine* – historialla perusteltu ylistyslaulu vapaalle yritteliäisyydelle ja yksilön luovuudelle. Sekään ei saanut laajempaa vastakaikua. Mitä hänen ystävänsä oli odottanut? 100 000 kappaleen myyntiä?[2] Vakavissaan? Filosofiselle romaanille? Rooseveltin Amerikassa?

Hän oli ahertanut tauotta 16 kuukauden ajan. Hän oli korjannut vedoksia huhtikuulle asti. Loppua kohti hän pystyi jatkamaan vain piristeiden[3] avulla. Rand oli yksinkertaisesti liian väsynyt rauhoittuakseen. Kulttuuri, joka pysyi kuurona jopa tällaiselle kirjalle, ansaitsi joutua perikatoon: ”Entä jos minä vain menisin lakkoon, Pat. Enkä vain minä, vaan kaikki maailman luovat älyt?”[4] ”Koneiston” töpselin vetäminen yksinkertaisesti seinästä. Luojien koordinoitu kapina, kunnes itsepäisinkin kollektivisti joutuisi julkisesti tunnustamaan, kenen harteilla kaikki taakka todellisuudessa lepäsi. Lyhyen tauon jälkeen Rand lisäsi, että se olisi todennäköisesti hyvä romaanin aihe. Kukaan ei vain kirjoittanut sellaisia enää. Ei hän ainakaan. Sen sijaan hän etsisi itselleen mahdollisimman pian jotakin turhaa työtä. Aivan kuten Frank, hän menisi sisäiseen maanpakoon ja kirjoittaisi parhaimmillaankin vain iltaisin. Mutta ei enää tälle nykyisyydelle. Todennäköisimmin jälkimaailmalle. Se saisi yksinkertaisesti riittää.

Sen sijaan, että tämä heittäisi pyyhkeen kehään loppuiäkseen, Paterson pystyi keskustelun aikana vakuuttamaan ilmeisen uupuneen ystävänsä siitä, että toisenlainen tauko oli tarpeen. Heinäkuussa hän kutsuu pariskunnan kahdeksi viikoksi maaseutuasunnolleen Connecticutiin. Nukkumaan. Kävelemään. Syömään.

EI FIKTIOTA

Vaikka Rand on heinäkuussa 1943 kirjaimellisesti tekemättä mitään ensimmäistä kertaa Amerikkaan saapumisensa jälkeen, *The Fountainhead* on pääsemässä ihmeen kaupalla vauhtiin Yhdysvalloissa. Ensimmäinen 8 000 kappaleen painos myydään melkein loppuun puhtaasti suusta suuhun -propagandan avulla. Joten kirjaa on heti painettava lisää. Ohuen liekin ravitsemiseksi. Toipunut Rand ilmoittaa elokuun puolivälissä kustannustoimittajalleen uudesta projektista.

16. elokuuta 1943

Hyvä herra Ogden,

työskentelen tällä hetkellä lyhyen tietokirjan parissa. – – Sen työnimenä on ”Individualismin moraalinen perusta”. – – Kirjassa esitetään yksinkertaisella ja konkreettisella tavalla *The Fountainheadin* teesit – toisin sanoen ihmisten luontainen koskemattomuus ja itsesäilytysvoima; altruismin osoittaminen harhaksi ja moraalisen pahan perusmuodoksi; oikean moraalilain määritteleminen, jossa ei ole kyse uhrautumisesta muiden puolesta ja joka ei perustu muiden hallitsemiseen vaan henkiseen itsenäisyyteen. – – Ja se esittää hahmotelman sosiaalisesta, poliittisesta ja taloudellisesta järjestelmästä, joka voidaan päätellä tästä moraalisesta luonteesta – toisin sanoen kapitalistisesta järjestelmästä: sen merkityksestä, periaatteista ja luonteesta ainoana *moraalisena* yhteiskuntajärjestelmänä.

Kapitalismi on toistaiseksi ollut vailla todella moraalista perustaa. – – [O]lemme rakentaneet kokonaisen sivilisaation tälle perustalle. – – [S]en on opetettu olevan ainoa käytännöllinen, realistinen järjestelmä, mutta ei eettinen järjestelmä.[5]

Kukaan ihminen, etenkään vapautta kaipaava, ei todellakaan elä yksin leivästä. Vaan ennen kaikkea aatteista. Jos hän haluaa elää hyvin, niiden pitäisi olla tosia ja perusteltuja. Tehtävä oli näin ollen selvä: osoittaa kapitalismi ainoaksi todelliseksi moraalisen rinnakkaiselon ilmaisuksi, ainoaksi todelliseksi tavaksi tavoitella vapautta ja itsemääräämisoikeutta. Sen lupaama voitto ei ollut ensisijaisesti aineellinen vaan henkinen. Sitä ohjaava ihanne ei ollut hyvinvointi vaan autonomia. Sen tavoitteena ei ollut vauraus vaan itsensä toteuttaminen. Sen ihanteena ei ollut hyväksikäyttö vaan riippumattomuus. Se ei ollut "pienin paha" vaan pikemminkin itse hyvyyden johdonmukainen ilmaus! "Meidän on ymmärrettävä ja hyväksyttävä individualismi *moraalisena* lakina ja sitä toteutettaessa kapitalismi sen oikeana ilmaisuna. Jos emme tee niin, kapitalismia ei voida pelastaa. Ja jos sitä ei voida pelastaa, olemme tuhon omat – me kaikki. Amerikka, maailma – jokainen mies, jokainen nainen ja jokainen lapsi. Sitten jäljellä ei ole muuta kuin luola ja nuija. Katsokaa vain tuhon vauhtia juuri nyt. Se johtuu aatteesta – kohtalokkaasta harhaopista. Sen voi pysäyttää toinen aate – tosi aate."[6]

DIILI!

Kirjaa ei koskaan kirjoitettaisi. Vapaat markkinavoimat – samoin kuin erityisesti Randin henkiset voimat – päättivät kuukautta myöhemmin toisin. Syyskuussa Ogden eroaa yllättäen kustantamon palveluksesta. Samaan aikaan *The Fountainhead* nousee ensi kertaa bestseller-listoille niin itä- kuin länsirannikollakin. Lokakuussa otetaan jo neljäs painos. Markkinointiosasto ilmoittaa valtakunnallisesta mainoskampanjasta joulumyyntiä silmällä pitäen. Rand uskoo onneensa täysin. Juuri näin hän oli kuvitellutkin! Juuri näin hän oli ennustanut lähipiirilleen! Ei enää jälkeäkään kesäkuun väsymyksestä. Hän pikemminkin kiehuu uudesta energiasta. Isabel Paterson saa kokea sen ensimmäisenä:

6. lokakuuta 1943

Darling, kiitos kaikesta mitä sanoit. Ennen kaikkea siitä, että kutsuit minua sisareksi. – – Tiedän, että minun on nyt kirjoitettava *The Strike* ('Lakko').[7] Huomaan panevani kaiken muun syrjään ja ajattelevani vain sen juonta – mitä minun ei todellakaan pitäisi tehdä juuri nyt. Kaikki viittaa siihen, että se on saanut minusta otteen. – – Niin se yleensä minun kohdallani alkaa. Joten Jumala minua auttakoon – ja sinua ja Frankia.[8]

Jopa Hollywood on nyt tietoinen *Fountainhead*-ilmiöstä. Marraskuun puolivälissä Rand saa puhelun Warner Brothers -studiolta, jonka hän ohjaa välittömästi uuden agenttinsa Alan Collinsin puheille. Collins haluaa pyytää elokuvaoikeuksista 25 000 dollaria ja kelpuuttaa 20 000. Se nostaisi hänen asiakkaansa samaan sarjaan Dashiell Hammettin ja John Steinbeckin kanssa. Mutta ennen kaikkea: kyky elää turvallisesti vuosia tästä eteenpäin. Randin käsityksen mukaan *The Fountainhead* on vasta pääsemässä vauhtiin. Hän tuntee yrityksen ja sen voittomarginaalit ja kehottaa Collinsia pyytämään 50 000 dollaria. Ei myönnytyksiä. Ei senttiäkään vähempää. Tai sitten ei tule diiliä.[9]

Ratkaisevan puhelun ottaa vastaan Frank. Randin on kirjoitettava käsikirjoitus itse, tai ainakin sen ensimmäinen versio. Ja siirryttävä takaisin Hollywoodiin erityisesti tätä tarkoitusta varten. Kaikki kulut maksettaisiin – 500 dollaria kuukaudessa. Ja niin, 50 000 oikeuksista!

He kaksi menevät juhlimaan nurkan takana olevaan vakipaikkaansa (tilaten tällä kertaa kalliimmalta ruokalistalta) ja valvovat sitten läpi yön – unelmoiden, tajuten. Joten hänen äitinsä oli kuitenkin ollut oikeassa: ”Jopa Hollywoodin olisi jonakin päivänä tunnustettava, että valkoinen on valkoista.”[10] – Hänen perheestään ei ole kuulunut elonmerkkejä vuosiin. Leningradin piiritys jatkuu kolmatta talvea.

Sopimuksen allekirjoittamispäivänä hänen miehensä sieppaa Randin ja vie tämän turkiskauppaan Viidennelle avenuelle: ”Valitset nyt takin, sillä ei ole väliä minkä, kunhan se vain on minkkiä!” Rand valitsee 2 400 dollarin hintaisen, panee sen päälleen ja kävelee suoraan Patersonin lehden toimitukseen.[11]

Vain heittiöt ovat vaatimattomia![H] Varsinkin kun – kuten hän selittää todellisena newyorkilaisena – ”Kalifornian inhottavan auringonpaisteen” vuoksi ei ollut mitenkään ennakoitavissa, milloin hän voisi esiintyä siinä seuraavan kerran. Jo joulukuussa hän lähtee kohti Hollywoodia. Ennen kaikkea Frank pystyy tuskin odottamaan sitä. Ensimmäisen osuuden pariskunta taittaa junalla Chicagoon. Luksusluokassa, aitoa häränpihviä ravintolavaunussa syöden![12] Hyvin lähellä ihannetta siis – ainakin hetkellisesti.

Heti saavuttuaan Hollywoodiin Rand alkaa työskennellä käsikirjoituksen parissa. Hänen ensimmäinen muistiinpanonsa on päivätty 13. joulukuuta 1943. Se kuuluu seuraavasti: ”*Johtoaihe:* ihmisen taipumattomuus.”[13]

UUSIA JUNAILUJA

”Sain siis muuton valmiiksi eilen illalla, ja sitten söin paistettuja perunoita ja lähdin junalle. Rakas pikkuinen, muistakaa aina varata istumapaikka, koska nämä käytävät ovat kauheita.”[14] Sartren on edelleen työskenneltävä Louisiane-hotellin uusissa huoneissa käsikirjoituksen parissa, josta hän saa ruhtinaallisen palkkion. Sen vuoksi Beauvoir matkustaa yksin pohjoiseen Roanneen omalla kesä-

H Viittaus Goethen runoon ”Rechenschaft” (’Tilinteko’, 1810). – *Suom.*

lomallaan heinäkuun alussa. On tarpeen koota itsensä uudelleen, hahmotella itsensä uudelleen. Sillä mikä tahansa häntä Pariisissa syksyllä odottaakin, paluu vanhaan elämään ei ole enää mahdollista. Beauvoir on ministeriön päätöksellä pidätettynä virastaan 17. kesäkuuta 1943 alkaen. Vaikka Sorokinin äidin syytöksiä suojatin seksuaalisesta viettelystä ei ole voitu lopulta todistaa puolitoista vuotta kestäneen tutkimuksen aikana, siinä selville tulleet asiat riittävät hänen opetuslupansa peruuttamiseen. Tämän myötä Beauvoir muuttuu tänä kesänä 1943 ihmiseksi, joka hän oli aina halunnut olla varhaisnuoruudestaan lähtien: vapaaksi kirjailijaksi ja filosofiksi.

Gallimard julkaisee vihdoin hänen ensimmäisen romaaninsa elokuun lopulla. Puhtaasti henkisesti katsottuna teos kuuluu vuosien takaiseen menneisyyteen, mutta eivät ne suhdekimput, jotka tukivat sitä. Ei ole epäilystäkään siitä, etteikö juuri näitä näkökohtia asetettaisi etualalle kirjan vastaanotossa. Ei vähiten Sartren maineen takia.

Aivan kuin sen havainnollistamiseksi, mitä tarkoittaa olla kirjailijana julkisuudessa, Beauvoir on junamatkan aikana todistamassa kriitikkojen kiistaa, jollaisia on tällä välin tapahtunut jo koko Ranskassa tässä samassa tai hieman erilaisessa muodossa: ”Minua huvitti kovasti – –. He rinnastivat toisiinsa *Sivullisen* ja *Inhon* – Camus'n eduksi – koska heistä *Inho* oli pitkäveteinen, vaikka siinä olikin hienoja kohtia. Mutta sitten keskustelun pääjehu totesi, että *Kärpäsissäkin* oli sentään jotain hyvää; että oli outoa ettei se ollut menestynyt; – –.”[15]

Totta: Sartren uusin näytelmä on kesäkuussa ollut floppi. Miksi tarkalleen? Se on arvoitus myös Beauvoir'lle. Poliittisten kysymysten käsitteleminen uudelleen antiikin aineksen pohjalta oli oikeastaan muotia; itse asiassa se oli suunnilleen ainoa tapa saada ne sensuurin läpi. Vai oliko Sartrelle kannettu kaunaa juuri tästä suorituksesta? Théâtre de la Citéssä, entisessä Sarah Bernhardt -teatterissa? Kateellisia kyllä riitti. Ja niitäkin, jotka epäilivät häntä avoimesti yhteistoimintamieheksi.

Camus oli kuitenkin kiitellyt näytelmää vuolaasti. Heti kenraaliharjoituksen jälkeen he lähtivät ryyppäämään, keskustelivat myöhään yöhön – ja vitsailivat: *Sivullinen*, *Inho* ja *Kutsuvieras* – uuden eksistentialismin kolmen kärki! Miksei oikeastaan niinkin?

Kaikesta spontaanista myötätunnosta huolimatta Sartren ja Camus'n välisistä filosofisista erimielisyyksistä ei sinä iltana voinut erehtyä. Mutta mitä tämä jännite merkitsi hänen, Beauvoir'n, omalle ajattelulle? Erityisesti kysymykselle siitä, miten "metafyysinen solidaarisuus" oli määriteltävä eksistentialistisen vapauskäsityksen taustaa vasten?

Mikä tarkkaan ottaen loi yhteyden toiseen ihmiseen? Millainen vastuu toisen olemassaolosta seurasi? Kuinka se oli omalle vapaudelle uhka tai tämän saman vapauden ehto?

Beauvoir oli kuin sähköistynyt uusista impulsseista. Gallimardin kustannustoimittajalle Jean Grenier'lle luvattu essee virtasi hänen kynästään vain muutamassa viikossa. Satasivuisen tekstin otsikko noudatti myös antiikkimuotia: "Pyrrhus et Cinéas" (Pyrrhos ja Kineas).[16] Hän oli siihen oikein tyytyväinen. Ydinajatus näytti seuraavalta: Juuri itselle halutun vapauden vuoksi oli tärkeää haluta ja edistää muiden vapautta. Sillä "Toisen vapaus voi tehdä minulle jotakin vain, jos tavoitteeni voivat toimia lähtökohtana tälle toiselle; käyttämällä luomaani työkalua toinen jatkaa sen olemassaoloa."[17]

Kirjan lähestyvä julkaiseminen oli erinomainen esimerkki tästä. Loppujen lopuksi kirjaa ei kirjoitettu muille ihmisille. Aivan yhtä vähän kuin sille minälle, joka oli jo olemassa. Kirja kirjoitettiin, jotta tultaisiin kirjoittamisen aikana uudistuneeksi ja ylittäneeksi luovasti omat aiemmat rajat. Tai toisin sanoen: ylittäneeksi itsensä.

Ihminen ei siis ylitä itseään, koska toinen *haluaa* sitä; hän kirjoittaa kirjoja tai keksii koneita, joita kukaan ei ole pyytänyt. Tämä ei tapahdu myöskään omasta *halusta*, koska minä on olemassa vain sen kautta, miten se hahmottaa maailman. Transsendenssin tosiseikka edeltää kaikkia tavoitteita, kaikkea oikeutusta.[18]

Ihmisyyden luovan hahmottamisen perusimpulssin kohdalla on vältettävä kahta pääasiallista väärinkäsitystä: Aivan kuten tarkoituksena ei ole tyydyttää tai täyttää toisten jo olemassa olevia tarpeita (mitä ne sitten ovatkin), tämä ei tapahdu myöskään sellaisen minän nimissä, jonka olemus voitaisiin määritellä tarkasti jo ennen kuin hahmotus tapahtuu. Pikemminkin ihmisen olemassaolo – itseään jatkuvasti uudelleen hahmottavana – edeltää aina hänen olemustaan. Kykenemättä koskaan ohittamaan sitä.

Muiden ihmisten merkitys tälle jatkuvalle itsensä dynamisoimisen prosessille koostuu tämän liikkeen todistamisesta ja merkityksellisen paikan antamisesta sille kaikkien ihmisten jakamassa maailmassa. Ja siitä, että jokaiselle yksittäiselle olemassaololle annetaan lähtökohta mahdolliselle uudelle hahmotukselle:

> Joten tämä on minun tilanteeni, mitä muihin ihmisiin tulee: ihmiset ovat vapaita, ja olen heitettynä maailmaan näiden vieraiden vapauksien alaiseksi. Tarvitsen niitä, koska jos ylitän omat tavoitteeni, tekoni jähmettyvät ja käpertyvät kokoon, elleivät uudet hahmotukset vie uuteen tulevaisuuteen.[19]

Ihmisen olemassaolo näyttäytyi Beauvoir'lle loputtomana vapausliikkeenä, joka jatkuvasti löytää ja keksii itsensä uudelleen toisten ihmisten edessä. Elleivät teot tulisi muiden itsenäisesti hyväksymiksi, tämä dynamiikka pysähtyisi pian. Ilman heidän elävöittävää henkäystään vapauden tuli sammuu pian.

Beauvoir rinnastaa ihmisten välisen, heidän oman vapautensa säilyttävän suhteen rosvontikkaisiin, joiden avulla jo lapset auttavat toisiaan ylittämään seinän tai esteen, jonka yli he eivät omin avuin pääsisi. Yksi tukee vapaan olemassaolonsa silkan painon kautta toisen hahmotusta. Mutta jokainen on edelleen vastuussa vain omasta toiminnastaan omalla tiellään. Käyttäen hieman staattisempaa vertausta, joka voidaan ymmärtää myös (erittäin idealisoiduksi) kuvaukseksi juuri siitä dynamiikasta, joka on määrittänyt Beauvoir'n ja Sartren "perheen" elämää vuosien ajan, hän muotoilee: "Vapautemme tukevat toisiaan kuin holvin kivet, joita ei tue mikään pilari."[20]

AVOIN TULEVAISUUS

Elokuun lopussa Sartre ja Beauvoir ovat jälleen matkalla La Pouëzeen rouva Morelin huvilalle. He aikovat kirjoittaa siellä loppukesän ajan. Beauvoir alkua kolmanteen romaaniinsa, jonka otsikko *Le sang des autres* (Toisten veri) on ollut hänen mielessään jo kauan. Sartre teatterikappaletta muutamalle näyttelijälle, jonka nimeksi on tulossa "Les autres" (Toiset ihmiset). Enemmänkin sormiharjoituksena – mutta ennen kaikkea auttaakseen Wandaa, joka nyt toimii Olgan tavoin näyttelijänä, saamaan ensimmäisen kiinnityksensä. (Näytelmä saa myöhemmin nimekseen *Suljetut ovet.*)

Angersissa jatkoyhteyttä joudutaan odottamaan pitkään. Kun Beauvoir on tauolla kahvilassa, Sartre tulee häntä kohti asemalta "sanomalehteä heiluttaen". Aika oli tullut: "*Comœdiassa* oli ilmestynyt *Kutsuvieraan* ensimmäinen arvostelu – –. Se oli elämäni ihanin artikkeli; – –. [T]ämä oikeassa lehdessä ilmestynyt, oikean kriitikon kirjoittama arvostelu todisti, että olin kirjoittanut oikean kirjan, että minusta oli äkkiä tullut kirjailija – siitä oli nyt mustaa valkoisella. En peitellyt iloani."[21]

Sartrellekin kuuluu oikein hyvää. Hänen käsikirjoituksensa hyväksytään ja rahaa on tulossa: "Älkää pelätkö – ensi vuonna meillä menee ihan hyvin."[22] Varsinkin kun hän toisen lyhyen pääkaupungissa oleskelunsa aikana onnistui saamaan Beauvoir'lle hyvin palkatun tehtävän toimittajana Radiodiffusion Nationalessa (Ranskan yleisradio, kansan suussa "Radio Vichy").

Kun he palaavat Pariisiin lokakuussa, Beauvoir'n romaani on keskustelunaihe kaukana Montparnassen ulkopuolellakin. Kuten odotettua, erityisesti kerrontaa kannatteleva kolmiodraama kiihottaa lukijoiden mielikuvitusta: "En asettanut iloani kyseenalaiseksi sopimattomia kysymyksiä esittämällä; en miettinyt minkä arvoinen romaanini loppujen lopuksi oli, kestäisikö se aikaa: – –. Toistaiseksi minulle riitti, että olin ylittänyt ensimmäisen kynnyksen: *Kutsuvieras* oli olemassa muille, ja minä olin astunut julkiseen elämään."[23]

Kirja on jopa Goncourt-kirjallisuuspalkinnon ehdokkaana. Se oli enemmän kuin vain ensimmäinen askel. Se oli läpimurto. Ja jos BBC:n uutisia ymmärsi oikein, Ranskan vapautuminen oli yhä lähempänä, koska liittoutuneet olivat nousseet maihin Sisiliaan: "Tärkeintä oli, että tulisi päivä, jolloin tulevaisuus on jälleen avoin. Emme enää epäilleet sitä; uskoimme jopa, ettei meidän enää tarvitsisi odottaa paljon pitempään."[24]

PULLOPOSTIA

Syksyllä 1943 myös Hannah Arendt odotti New Yorkissa yhä kärsimättömämmin päivää, jolloin helvetillinen näytelmä olisi ohi. Hänellä ei kuitenkaan ole ollut vastaavia henkilökohtaisia läpimurtoja kuin Beauvoir'lla. Päinvastoin. Sen lisäksi, että hän oli riidoissa kaupungin sionistipiirien kanssa, myös hänen kosketuksensa maanpaossa olevaan saksalaiseen sivistyneistöön ovat muuttuneet yhä epämiellyttävämmiksi. Tämä koskee varsinkin Theodor Wiesengrund-Adornoa ja Max Horkheimeria sekä heidän sosiaalitutkimuksen instituuttiaan. Antipatiat ovat perua kolmikymmenluvun alun Frankfurtista, missä Arendtin tuore aviomies Günther Stern yritti turhaan löytää mahdollisuuden habilitaatioväitöskirjan tekemiseen niistä piireistä, joissa Adorno liikkui.[I] Ainoa, mikä heitä Uudessa maailmassa yhdisti toisiinsa, oli huoli Walter Benjaminin kirjallisesta jäämistöstä. Saamiensa ohjeiden mukaisesti Arendt oli tuonut tämän viimeiset kirjoitukset instituuttiin arkistoitavaksi heti saapumisensa jälkeen, mutta hän ei ole sen koommin kuullut mitään niiden olinpaikasta tai ennen kaikkea niiden mahdollisesta käytöstä. Siitä oli nyt jo yli kaksi vuotta. Myös Scholem Jerusalemissa, Benjaminin vanhin ja luotetuin ystävä, oli yhä vihaisempi: Miksei aineistolle ole tapahtunut mitään? Miksei mitään ole julkaistu? Eikö kysymyksiin saa vastausta?

"Lähetän teille myös Benjaminin teesit – vaikka minulla on vain yksi kappale", Arendt kirjoittaa 4. marraskuuta 1943 Scholemille kirjeessä, jonka newyorkilainen suoruus olisi ollut kunniaksi jopa Ayn Randille. "Neuvotteleminen Wiesengrundin kanssa on turhaakin turhempaa. En tiedä mitä he tekivät jäämistön kanssa tai mitä he aikovat tehdä sille. Puhuin Horkheimerin kanssa, joka oli täällä kesällä: se ei johtanut mihinkään. Väittää, että arkku on jossakin kassakaapissa (tämä on todennäköisesti valetta) ja että hän ei ole edes koskenut siihen. – – Olen täällä yksin ilman mitään tukea, enkä mitenkään pysty pitämään puoliani tämän koplan kanssa. – – Lisäksi itse instituuttikin tekee kuolemaa. Heillä on edelleen rahaa, mutta he ovat yhä enemmän sitä mieltä, että sen pitäisi taata heille rauhalliset eläkepäivät. Lehti ei enää ilmesty; sen maine täällä ei ole aivan ensiluokkainen, jos sen edes tiedetään olevan olemassa. Wiesengrund ja Horkheimer elävät suurellisesti Kaliforniassa. Instituutti on täällä vain hallinnollisesti. Mitä hallinnoitavaa siinä rahan lisäksi on, sitä ei tiedä kukaan. He käyttivät agentteja ja juonitteluja puristaakseen Yhdysvaltain juutalaiskomitealta 10 000 dollaria antisemitismiä koskevaan työhön."[25]

I Habilitaatiotutkinto on saksankielisissä maissa tohtorin tutkinnon jälkeen suoritettava lisätutkinto, jonka läpäisseillä on suomalaisen dosentin kaltaisesti oikeus antaa opetusta yliopistossa. Tutkintoon vaaditaan hyvää arvosanaa tohtorinväitöskirjasta sekä toisen, sitä huomattavasti laajemman ja vaativamman väitöskirjan laatimista. – *Suom.*

Tällainen Arendtin tilanne siis oli. Ilman verkostoja, ilman työpaikkaa ja ilman apurahoja hän joutuu seuraamaan, kuinka kaikista ihmisistä nimenomaan Adorno ja Horkheimer saavat ruhtinaallisen tutkimusrahoituksen juuri samaan aiheeseen, jonka parissa hän itse on jo vuosia keskittyneesti työskennellyt. Vaikka ”he kaikki ovat valittaneet minulle, etteivät juutalaiset ja näiden viholliset ole koskaan kiinnostaneet heitä ja kuinka heidän täytyi käsitellä tällaisia ’toissijaisia’ ja hulluja asioita. Wiesengrund ja kumppanit kirjoittavat tällä välin ’pullopostia tulevaisuuteen’, ja arvaanpa että he saavat siihen joitakin vinkkejä kassakaapista.”[26]

Mainittu Adornon ja Horkheimerin ”pulloposti” ilmestyy vain vuotta myöhemmin otsikolla *Valistuksen dialektiikka* (ja siitä tulee eräs 1900-luvun vaikutusvaltaisimmista filosofisista teoksista). Antisemitismin historia ja ennen kaikkea sen vaikutukset Euroopassa herättivät nekin yhä enemmän yleistä mielenkiintoa Yhdysvalloissa.

KUILUN REUNALLA

Vuotta aiemmin, marraskuussa 1942, juutalaisten maailmankongressi oli toimittanut journalisteille ensimmäiset selostukset juutalaisten joukkomurhasta. Niin kauheita kuin tiedot olivatkin, ne eivät päässeet edes lähelle sitä, mitä tässä vaiheessa todella tapahtui. Kuten nykyään tiedetään, Saksan armeijan hyökättyä Stalingradiin SS murhasi pelkästään elo- ja lokakuun 1942 välillä yli 1,4 miljoonaa juutalaista, joista yli miljoonan Bełżecin, Sobibórin ja Treblinkan leireillä *Aktion Reinhardt* -kampanjan osana. 14 000 ihmistä päivässä. Julmuus rauhoittui lokakuun lopussa pelkästään logistisista syistä. Murhaavilla ihmisillä oli yksinkertaisesti pulaa vaadittavista tarvikkeista.[27]

Mutta jopa tuohon aikaan liikkeellä olleet huhut natsien toiminnasta herättivät epäuskoa. Myös asiantuntijoissa ja toimittajissa. Varsinkin, koska siinä ei näyttänyt ulkopuolelta katsoen olevan mitään järkeä. Sotilaallisesti tai muutenkaan. Elleivät natsit sitten sodan huippukohdassa halunneet vain todistaa olevansa kykeneviä ja ennen kaikkea halukkaita tekemään niin.

Arendtilla ja Blücherillä kesti myös kuukausia ennen kuin he saivat itsensä vakuuttumaan selostusten todenmukaisuudesta. Keväästä 1943 lähtien Arendt ilmaisi luennoissaan toistuvasti vakaumuksensa, että ”sodan puhkeamisen jälkeen ja jo ennen sitä juutalaiskansan kärsimyksiä ja menetyksiä oli alkanut ympäröidä hiljaisuuden salaliitto”.[28]

Häntä ei kuitenkaan voitu saada osallistumaan korkean profiilin solidaarisuustapahtumiin, kuten Ben Hechtin ja Kurt Weillin järjestämään ”We Shall Never Die” -konserttiin Madison Square Gardenissa maaliskuussa 1943. Hänen epäluottamuksensa mihin tahansa sionistiseen sitoutumiseen oli liian syvää.

Tällä hetkellä New Yorkissa ei ollut mitään järkevämpää tekemistä kuin jatkaa puuhailemista oman pullopostinsa parissa. ”Olen tehnyt hyvin paljon töitä”, hän kertoo Scholemille kirjeessä marraskuussa 1943. ”Jos koskaan saan kirjoitetuksi kirjani antisemitismistä,[29] siinä on oltava mukana paljon kummallista. Sillä välin kirjoitan siitä edelleen osia ja julkaisen niitä joissakin paikallisissa lehdissä.”[30]

ELEMENTTEJÄ JA ALKULÄHTEITÄ

Oli vain sopivaa, että juutalaisuuden tutkija Scholem oli myös seurannut omaa tietään tuoreimmassa kirjassaan *Die jüdische Mystik in ihren Hauptströmungen* (Juutalaisen mystiikan päävirtaukset).[31] Tämä koski sekä lähteitä että metodia. Edellisenä vuonna hän oli henkilökohtaisesti lähettänyt Arendtille kirjansa. Kuten Arendt kirjoitti muistiinpanoissaan teoksesta (liitteenä marraskuussa 1943 Scholemille lähetetyssä kirjeessä), Scholemin tutkimus irtautuu melkeinpä visionäärisellä tavalla tulkintakuviosta, joka on jo liian kauan määrittänyt ja rasittanut modernia juutalaista historiankirjoitusta Euroopassa:

> Viime vuosisadan juutalaiset historioitsijat – – jättivät huomiotta kaikki ne juutalaisen historian tosiseikat, jotka eivät sopineet heidän diasporan aikaiseen teesiinsä, jonka mukaan juutalaisilla ei ollut omaa poliittista historiaa, vaan he olivat jatkuvasti vihamielisen ja toisinaan väkivaltaisen ympäristön uhreja. – – Mutta juutalainen mystinen ajattelu, jonka sabbatianistisessa liikkeessä tiedettiin johtavan poliittiseen toimintaan, oli niin vakava este tälle tulkinnalle, että siitä päästiin eroon vain väheksymällä sitä hätäisesti tai sivuuttamalla se täysin. Scholemin uudenlainen esittely ja arvio juutalaisesta mystiikasta paitsi täyttää tämän aukon, myös muuttaa juutalaisen historian kokonaiskuvaa.[32]

Erityisesti lainauksessa mainittu sabbatianismi, 1700-luvun alun mystinen pelastusliike, joka väitti Sabbatai Zevin olleen juutalaisten messias, merkitsi Scholemin mukaan juutalaisen tragedian todellista alkuperää Euroopassa. Kun sabbatianismi tukahdutettiin selvästi poliittisena liikkeenä, katosi myös kaikki toivo siitä, että juutalainen identiteetti voisi löytyä assimilaation tai uhrin roolin ulkopuolelta. Sabbatianistisen liikkeen epäonnistuminen merkitsi täten alkua syvälle identiteettikriisille ja poliittiselle kärsimystielle, joka 1800-luvun modernin antisemitismin ja nationalismin lietsomana oli 1940-luvun alussa kauheampi kuin koskaan ennen. Juutalaisia vastaan suunnatun kansallissosialistisen tuhoamiskampanjan edessä kyse oli loppujen lopuksi paljosta muustakin kuin vain epätoivosta, joka koskee kansan sisäistä kohtaloa. Kyse oli mykästä kauhusta, jota teollisen murhaamisen tuoma täydellinen hävitys aiheutti. Kaiken sen tulevaisuudentoivon menettämisestä, joka vielä ansaitsi tämän nimen.

Benjaminin historian enkelin hengessä Scholem ja Arendt kääntävät ensin selkänsä tulevaisuudelle valaistakseen sitä, miten nykyiset rauniot ja ruumiskasat voivat syntyä. Aivan kuten Benjamin, he ovat myös vakuuttuneita siitä, että niin kutsuttu menneisyys on todellakin yhtä avoin kuin tulevaisuus. Ja että tässä synkimmän järkytyksen vaiheessa tuli aloittaa tarkastelemalla tiettyjä kuvioita, jotka olivat johtaneet tällaiseen nykyhetkeen eivätkä johonkin muuhun. Koska, soveltaaksemme erästä Benjaminin "Historian käsitteestä" -esseen teesiä, "[m]enneisyyden historiallinen esittäminen – – merkitsee muistamisen hallitsemista sellaisena, jona se välähtää esiin vaaran hetkellä".[33] Se tarkoitti niiden elementtien ja alkuperien tuomista yhteen, joissa nykyiset kauhut yhtäkkiä kiteytyivät.[34] Tämä oli tarkka kuvaus Arendtin nykyisestä antisemitismin historiaa koskevasta tutkimusprojektista. Ja hänen ymmärtääkseen myös Scholemin projektista juutalaisena visionäärinä.

Arendt lopettaa muistiinpanonsa marraskuussa 1943 seuraavaan lainaukseen Scholemin tuoreimmasta teoksesta: "Puhuminen kohtalosta ja mystisestä muutoksesta, joka voi vielä odottaa meitä suuressa katastrofissa, joka on iskenyt tämän sukupolven juutalaisiin syvemmin kuin koskaan heidän pitkän historiansa aikana – ja uskon, että tällainen muutos on vielä tulossa – on profeettojen eikä professorien asia."[35]

Arendt lisää välittömästi tämän lainauksen jälkeen vastalauseen: missään nimessä "profeettojen tehtävä ei ole päättää siitä, mitä me viime kädessä poliittisesti haluamme".[36] Eikä se ole professorienkaan tehtävä.

EI KOHTALOA

Hänen oma tehtävänsä osana tätä kuviota oli selkeä: hän ei kirjoittaisi sen enempää profeettana kuin professorinakaan. Hän ei pettäisi kantilaisia valistusihanteita synkän dialektiikan nimissä eikä pakenisi mystisiin kuiskauksiin. Hän ei naiivisti uskoisi "edistykseen", mutta ei myöskään hylkäisi ikuisiksi ajoiksi toivoa paremmasta tulevaisuudesta. Hänen historiansa ei olisi lapsellista satuilua, mutta ei myöskään latteaa kausaalista selittämistä. Sen sijaan se nykyaikaisen ajattelun – maailmakäsityksessä filosofoimisen[37] – nimessä tarjoaisi yhä uudelleen šokeeraavia, häiritseviä kokemuksia, jotka avaavat näkymiä piilossa oleviin kuiluihin. Olla välissä – mennä väliin. Häntä kannatteli läpi elämän muistutus, johon hän myös päätti muistiinpanonsa Scholemin kirjasta vuonna 1943: ”Mutta mitä meidän – – ei pidä unohtaa, on se, että viime kädessä ihmisen on itse ratkaistava poliittinen kohtalonsa.”[38]

Ei ollut parempaa aikaa viedä tätä muistamistyötä uuteen suuntaan kuin uuden maailmanpoliittisen aikakauden nyt entistä selkeämmin ennakoitavissa oleva alku. Jopa yksityiselämässä ilmaantuu yhtäkkiä toivon kipinöitä. Vaikka hän ei vieläkään osaa englantia kunnolla, hänen hyvä aviomiehensä opettaa nyt todellisessa yhdysvaltalaisessa eliittiyliopistossa – tehtävänään luennoida Yhdysvaltain armeijan saksankielisille upseereille Saksan ja Ranskan armeijan organisaatiosta ja rakenteesta.[39] Yksi valistuksen muoto sekin. Jopa tärkein sellainen. Kirjeessä Scholemille marraskuussa 1943 se kuulostaa tältä: ”Monsieur on vierailevana luennoitsijana Princetonissa, ja ensimmäistä kertaa moneen vuoteen en ole huolissani rahasta.”[40] Melkein vapautta.

HUPSUT HEDELMÄT

”*Darlings* – kuumat päivät ovat palanneet, kaatosateen toistuvasti keskeyttäminä. Ne eivät kestä enää pitkään. Sanotaan, että syyskuu on usein kuiva ja aurinkoinen.”[41] Simone Weil on ollut Middlesexin sairaalassa neljä kuukautta. Hänen tilansa on koko ajan heikentynyt tasaisesti. Hän jaksaa tuskin enää edes pidellä ruokailuvälineitä. Vain kirjeitä varten hän löytää tarvitsemansa energian. Mutta sen sijaan, että hän kertoisi Mimelle ja Birille Atlantin toiselle puolelle tilanteestaan, Weil puhuu 4. elokuuta 1943 mieluummin Lontoon kesäisestä katuelämästä, puistoista ja oluttuopeista, tytöistä ja pojista, ensimmäisistä suudelmista ja pettyneistä tapaamisista; jokapäiväisten nuorten ihmisten jokapäiväisistä iloista. Aivan kuin hän olisi osa tällaista elämää. Hän ei koskaan ole ollut osa sitä.

Hän aavistaa, että se on hänen viimeinen kirjeensä vanhemmilleen. Siksi hänellä on syvä tarve korjata kuukausia sitten toimitettu havainto: ne makeat jälkiruoat, joita englantilaiset kutsuvat nimellä *fruit fools* ('hupsut hedelmät'), eivät itse asiassa koostu hedelmistä vaan melkein yksinomaan gelatiinista ja kemikaaleista.[J] Joten niiden kohdalla on toisin kuin Shakespearen kanssa, jonka draamoissa juuri narrit (*fools*) ja vain narrit sanovat totuuden – kaikki muut hahmot lausuvat vain sekavia vääryyksiä. Weilille tämä paljastaa syvällisen oivalluksen:

> Tässä maailmassa vain ne olennot, jotka kokevat itsensä äärimmäisen nöyryytetyiksi, paljon syvemmin kuin pelkästään joutumalla kerjuulle; jotka eivät ole vain sosiaalisesti merkityksettömiä, vaan joilta kaikkien silmissä on riistetty kaikki ihmisarvo – vain he itse asiassa pystyvät puhumaan totta. Kaikki muut valehtelevat.[42]

Koska näillä "hulluilla" (*les fous*) ei ollut professuuria tai arvonimiä, kukaan ei kiinnittänyt huomiota heidän totuuksiinsa – heitä ei kuultu eikä ymmärretty. "*Darling* M[ime], tunnetko sen, suhteen, olennaisen analogian näiden narrien ja minun välillä – huolimatta eliittiyliopistosta, tutkinnostani ja 'älyni' saamasta ylistyksestä? – – Minun tapauksessani tällä suitsutuksella on vain yksi tarkoitus. Välttää kysymys: puhuuko hän totta vai ei?"[43]

J Normaalisti *fruit fool* kyllä valmistetaan aidoista hedelmistä. Weil lienee Englannissa törmännyt jonkinlaiseen sota-aikaiseen korvikkeeseen. – *Suom.*

Kun Weil kirjoittaa nämä rivit, hän on jo kauan pyytänyt siirtoa parantolaan. Lääkärien neuvojen vastaisesti hän kieltäytyy kaikesta jatkohoidosta.[44] Hän ei halua enää painiskella. Niin hullulta kuin se muista saattaakin tuntua, hän ei edes halua haluta. Lopulta on olemassa muita parantamisen muotoja, pyrkimyksiä vapautumiseen. Varsinkin hengen teillä. Ja varsinkin filosofian. Koostuuko niiden todellinen menetelmä, kuten Weil Lontoon ajattelupäiväkirjansa aloittaa, siitä että

> – – ymmärtää ratkaisemattomat ongelmat selkeästi niiden ratkaisemattomuudessa ja sitten pohtii niitä, eikä mitään muuta, vakaasti, väsymättä, vuosien ajan, vailla toivoa, odottaen.
> Tällä mittapuulla filosofit ovat harvassa. Ja sekin on jo paljon sanottu.
> Transsendenttiin ei ole pääsyä ennen kuin inhimilliset kyvyt – äly, tahto, inhimillinen rakkaus – ovat saavuttaneet rajan, ja ihminen odottaa tällä kynnyksellä, jonka yli hän ei voi astua, kääntymättä pois ja tietämättä mitä hän odottaa, järkähtämättömän keskittyneenä.
> Se on äärimmäisen nöyryytyksen tila. Mahdoton sille, joka ei pysty hyväksymään nöyryytystä.[45]

Vuosien jälkeen Weil tunnisti maallisen olemassaolonsa – yksinkertaisen täälläolonsa – tässä kuvatun kaltaiseksi ongelmaksi. Hänen on aika seistä kynnyksellä. Ei enää vastarintaa. Ei vierasta rintamaa. Ei muita vihollisia. Vain kaikkein tarkkaavaisin, itsensä tyhjentävä tietoisuus. Mystiikan tie. Vapahduksen tie. Voittaa jopa kaikkein alkeellisin, eläimellisin tahdon impulssi: itsensä ravitsemisen impulssi.

Osastonlääkäri muistaa hänet ”vaikeimmaksi potilaaksi, joka minulla on koskaan ollut”.[46] Heti siitä lähtien, kun hänet on kirjattu sisään, hän kieltäytyy kategorisesti kaikesta erityishoidosta. Edes vihjaus, että hänen tuberkuloosinsa on edelleen tarttuvaa ja siksi vaarantaa muita, ei voi vakuuttaa häntä siitä, että oma huone on tarpeen. Tauti on molemmissa keuhkoissa. Toipumismahdollisuudet ovat aluksi lupaavia. Hänen on vain suotava itselleen ehdotonta lepoa. Ja ennen kaikkea syötävä tarpeeksi.

Pieniä puuroannoksia lukuun ottamatta Weil ei kuitenkaan halua syödä mitään. Solidaarisuudesta, kuten hän sanoo, nälkää näkevää kotimaataan kohtaan. Lapsia ennen kaikkea. Hän kehottaa toistuvasti sairaanhoitajia lähettämään hänelle tarjotun maidon suoraan Ranskaan. Ensimmäiset viikot sairaalassa hän viettää kirjoittaen ja tutkien alun perin sanskritiksi kirjoitettua *Bhagavad Gītāa*.

Kesäkuussa hän on jo niin heikkona, että paikalle kutsutaan ranskalainen sotilaspappi. Weil ei todellakaan halua puhua hänelle, saati ottaa vastaan kastetta. Vierailijan tuolilla istuva hengenmies huomaa olevansa kykenemätön seuraamaan Weilistä pehmeästi huokuvia assosiaatioketjuja armolahjasta ja sielun tiestä kohti valoa. Entiselle opiskelutoverilleen Maurice Schumannille, Weilin luottohenkilölle de Gaullen henkilökunnassa, hän puhuu tämän viimeisen vierailun aikana vain profeetallisilla vihjeillä edes odottamatta pääsevänsä vuoropuheluun.

Viimeiset köydet leikataan nyt myös tässä henkisesti irti. Heinäkuun 26. päivänä 1943 hän kokoaa vielä kerran kaiken voimansa selittääkseen pitkässä kirjeessä, miksi on pettynyt Vapaan Ranskan esikuntaan. Sen sijaan, että hänet lähetettäisiin tehtäviin Ranskaan, kuten hän nimenomaisesti pyysi, hän on Englantiin saapumisensa jälkeen saanut neljä pitkää kuukautta tehtäviä, jotka ovat joko epämääräisiä tai merkityksettömiä tai joita hänen oli mahdoton suorittaa. Sen sijaan, että antaisivat hänen taistella paikan päällä ja kuolla kansansa puolesta, he halusivat hyödyntää hänen väitettyä älykkyyttään. "Markkinoilla ei ole pulaa hyödyllisestä älykkyydestä. Voin kuitenkin vakuuttaa teille, ettei minun älykkyydessäni ole mitään erityistä. – – Jos en voi käyttää sitä edes omaksi hyödykseni, miten sen pitäisi palvella muita?" Siksi hän eroaa peruuttamattomasti palveluksesta ja haluaa myös koko tulevaisuuden tietävän, että "minulla ei koskaan ole ollut mitään suoraa tai epäsuoraa, ei edes hyvin epäsuoraa, suhdetta Ranskan vastarintaliikkeeseen – –."

"PS: Tämä ei ole teille suurikaan menetys. – – Olen lopussa, rikki, kaikkien paranemismahdollisuuksien tuolla puolen, ja tämä Kochin basilleista riippumatta. Ne ovat tietenkin vain hyödyntäneet vastarinnan puutetta tehdäkseen hieman lisää vahinkoa."[47]

Vanhemmille tarkoitettu kirje on viimeinen omakätisesti kirjoitettu. Neljännen arkin reunassa Weil jättää jäähyväiset: "Tuhat suukkoa, *darlings*. Toivokaa, mutta maltillisesti. Olkaa onnellisia. Monta halausta teille molemmille."

Elokuun 17. päivänä 1943 Weil siirretään Kentin maakunnan Ashfordissa sijaitsevaan parantolaan.

MAAN PINNALLE

Korkeasta kuumeesta huolimatta sairaanhoitajat huomaavat hänen olevan hyvällä tuulella ja täysin tajuissaan, kun he ottavat hänet vastaan. Katse on kirkas ja eloisa. Ikkunasta näkyy puita ja niittyjä ("Oi, kuinka kaunis huone kuolla"[48]). Hän suostuu jopa syömään. Mieluiten perunamuusia, valmistettuna ranskalaiseen tapaan. Jos se vain on mahdollista?

Kuka hän on ja mitä hän tekee elämässään, tohtori Broderick haluaa tietää uudesta potilaastaan.

Simone Weil vastaa hymyillen ja lyhyesti: "Minä olen filosofi ja minua kiinnostaa ihmisyys."[49]

KÄYTÄVIÄ

Venäläis-yhdysvaltalainen filosofi ja kirjailija Ayn Rand.

Ayn Rand laatii Hollywoodissa käsikirjoituksen elokuvaan *The Fountainhead* (Suomessa *Pilvenpiirtäjä*), joka filmataan vuonna 1949 pääosassa Gary Cooper. Randin neljäs ja viimeinen romaani *Kun maailma järkkyi* ilmestyy käsikirjoituksen yli kymmenen vuotta kestäneen työstämisen jälkeen vuonna 1957, ja siitä tulee *The Fountainheadin* ohella hänen toinen pääteoksensa.

Akateemisen maailman suurelta osin sivuuttamana hän aloittaa 1960-luvulla filosofiansa kehittämisen kirjoittamalla esseitä ja tietokirjoja ontologiasta, tietoteoriasta, kielifilosofiasta, etiikasta, poliittisesta filosofiasta ja estetiikasta. Rand antaa järjestelmälleen nimen ”objektivismi” – alun perin hän olisi halunnut nimittää sitä ”eksistentialismiksi”.

Randin viimeinen kirja ilmestyy hänen kuolinvuonnaan 1982. Sen nimenä on *Philosophy: Who Needs It.* Kuollessaan hän on jo vuosikymmeniä ollut Yhdysvalloissa kulttuurinen ikoni, jonka vaikutusta poliittiseen ja yhteiskunnalliseen elämään, erityisesti markkinoiden vapautta ajavan konservatismin ja libertarismin piirissä, on vaikea yliarvioida.

Eräs Randin vaikutusvaltaisimmista opetuslapsista, joka liittyy hänen uskollisten seuraajiensa piiriin hänen palattuaan vuonna 1951 New Yorkiin, on Alan Greenspan, joka toimii Yhdysvaltain keskuspankin johtajana vuosina 1987–2006. Greenspanin nimityksen ajaa läpi Ronald Reagan. Jo vuonna 1974 Greenspan on nimitetty Yhdysvaltain presidentin taloudellisten neuvonantajien neuvoston puheenjohtajaksi. Rand on läsnä, kun hän vannoo virkavalansa.

Vuotta 1943 – jolloin *The Fountainheadin* lisäksi ilmestyvät Isabel Patersonin *The God of the Machine* ja Rose Wilder Lanen *The Discovery of Freedom* – voidaan jälkikäteiskatsannossa pitää libertaristisen liikkeen alkupisteenä.

Vuoden 2008 finanssikriisi antaa Randin vaikutukselle uuden sysäyksen, erityisesti niin kutsutun teekutsuliikkeen muodossa, jonka ohjelmiin ja protesteihin Randin romaanit antavat tärkeitä vaikutteita.

Pelkästään englanninkielisessä maailmassa Randin kirjoja on vuoteen 2020 mennessä myyty yli 25 miljoonaa kappaletta, josta yksin *The Fountainheadia* yli 8 miljoonaa. *Kun maailma järkkyi* on ollut Raamatun jälkeen Yhdysvaltain myydyin kirja 1960-luvulta lähtien.

Simone de Beauvoir hotellihuoneessaan Pariisissa 1945.
AKG-images/Denise Bellon.

SIMONE DE BEAUVOIR ja Jean-Paul Sartre perustavat vuonna 1945 *Les Temps Modernes* -aikakauslehden yhdessä muiden muassa Raymond Aronin ja Maurice Merleau-Pontyn kanssa. Samana vuonna pariskunta aloittaa "eksistentialistisen offensiivin" artikkelisarjojen ja luentojen muodossa. Sen tuloksena eksistentialismi leviää Pariisista koko länsimaiden vaikutusvaltaisimmaksi filosofiseksi liikkeeksi sekä poliittisesti että elämänesteettisesti.

Vuonna 1949 Beauvoir julkaisee teoksensa *Toinen sukupuoli*, jota pidetään vielä nykyäänkin modernin feminismin peruskirjana ja olennaisena innoittajana vuoden 1968 jälkeiselle naisliikkeelle. Siinä Beauvoir, kaukana essentialismista ja biologismista, kuvaa naisena olemista sosiaalisesti konstruoiduksi "tilanteeksi", joka perustuu tiettyihin fysiologisiin seikkoihin. Muun ohella teos myös luo perustaa myöhemmin vaikutusvaltaiseksi tulleelle erottelulle biologiseen sukupuoleen (*sex*) ja sosiaaliseen sukupuoleen (*gender*). Kirjasta tulee kansainvälinen menestys, ja Sartre ja Beauvoir nousevat ajattelijoina ikoniseen asemaan ympäri maailmaa.

Vuonna 1954 *Mandariinit*, Beauvoir'n avainromaani vasemmistolaisista sivistyneistöpiireistä sodanjälkeisessä Pariisissa, voittaa Prix Goncourt'n, Ranskan merkittävimmän kirjallisuuspalkinnon. Sartren lisäksi kirjassa on keskeinen rooli myös Albert Camus'lla ja Arthur Koestlerilla, naamioituina vain ohuesti.

Tultaessa 1960–70-luvulle Beauvoir ja Sartre näkevät itsensä yhä enemmän poliittisiksi aktivisteiksi, ennen kaikkea antikolonialismin, sosialististen vallankumousliikkeiden sekä naisten oikeudellisen ja sosiaalisen tasa-arvon kysymyksissä.

Kirjailijana ja *Les Temps Modernes* -lehden toimittajana loppuun saakka aktiivinen Beauvoir kuolee 14. huhtikuuta 1986. Hänet haudataan Montparnassen hautausmaalle, samaan hautaan kuin hänen elinikäinen ajattelukumppaninsa Jean-Paul Sartre.

Hannah Arendt väitöskirjatutkijana Heidelbergissä 1927. AKG-images.

Hannah Arendt työskentelee sodan päättymisen jälkeen useissa juutalaisissa tutkimus- ja kulttuurilaitoksissa ja julkaisee vuonna 1951 teoksensa *Totalitarismin synty*. Samana vuonna hän saa Yhdysvaltain kansalaisuuden. Vuonna 1955 kirja ilmestyy runsaasti muokattuna saksaksi nimellä *Elemente und Ursprünge totaler Herrschaft: Antisemitismus, Imperialismus, totale Herrschaft* (Totaalisen hallinnan elementtejä ja alkulähteitä: antisemitismi, imperialismi, totaalinen hallinta). Siitä tulee eräs totalitarismia koskevan tutkimuksen perusteoksista, ja se luo perustan Arendtin maailmanmaineelle.

Vuodenvaihteessa 1949–50 Arendt palaa ensi kertaa Saksaan ja tapaa siellä Karl Jaspersin ja Martin Heideggerin. Hän pitää yllä elinikäistä ystävyyttä molempien kanssa.

Arendt pysyy aktiivisena julkisena keskustelijana ja toimii 1950-luvun lopulta lähtien professorina useissa yhdysvaltalaisissa yliopistoissa, kuten Princetonissa, Chicagon yliopistossa ja New Yorkin New School for Social Researchissa.

Vuonna 1961 *New Yorker* -lehti lähettää hänet Jerusalemiin selostamaan Adolf Eichmannin oikeudenkäyntiä. Vuonna 1963 ilmestyy (aluksi englanniksi) hänen kirjansa *Eichmann Jerusalemissa: raportti pahuuden arkipäiväisyydestä*, josta tulee erittäin kiistelty. Arendtin kuvausta Eichmannista ihmisenä, jonka perusvika on hänen "kyvyttömyydessään ajatella", pidetään asioita vähättelevänä. Tapa, jolla Arendt kyseenalaistaa juutalaisneuvostojen toiminnan karkotusten aikana, aiheuttaa myös skandaalin. Se vaikeuttaa entisestään Arendtin välejä sionismiin ja juutalaiseen hengenelämään – ja tekee ennen kaikkea lopun hänen ystävyydestään Gershom Scholemin kanssa.

Muita Arendtin keskeisiä teoksia ovat *Vita activa: ihmisenä olemisen ehdot* (1958) sekä kolmiosaiseksi aiottu filosofinen pääteos *The Life of the Mind: Thinking / Willing / Judging*. Kesken kolmannen osan kirjoittamisen Arendt saa sydänkohtauksen ja kuolee 4. joulukuuta 1975 New Yorkin -asunnossaan Riverside Drivella. Hänet haudataan Heinrich Blücherin viereen Bard Collegen hautausmaalle.

Arendtin ajattelulla, jota akateeminen filosofia on laiminlyönyt vuosikymmenien ajan suuresti myös Saksassa, on ollut 1950-luvulta lähtien maailmanlaajuinen vaikutus, joka on levittäytynyt poliittisen teorian ja historiantutkimuksen alueelta yhä laajemmalle ja tullut yhä merkityksellisemmäksi.

Simone Weil kansainvälisten prikaatien univormussa 1936.
Picture Alliance © Whiteimages/Leemage.

Simone Weil kuolee 24. elokuuta 1943 Ashfordin parantolassa Englannissa. Viralliseksi kuolinsyyksi merkitään ”sydämen vajaatoiminta”, joka johtuu ”aliravitsemuksesta ja tuberkuloosista”. Ja lisähuomautuksena: ”Vainaja kieltäytyi syömästä psyykkisen häiriön takia.”[1]

Weilin hautajaisiin osallistuu vain seitsemän ihmistä. Eräs heistä on Maurice Schumann, joka lausuu haudalla rukouksen. Myös pappi on kutsuttu, mutta myöhästyy junasta eikä pääse paikalle.

Vuonna 1947 Ranskassa ilmestyvät ensimmäiset otteet Weilin ajattelupäiväkirjoista ja vuonna 1949 teos *Juurtuminen*. Albert Camus löytää 1950-luvun alussa Weilin teokset ja julkaisee monet hänen tärkeimmistä kirjoituksistaan Gallimardin kustantamina.[2] Vuonna 1951 Camus kirjoittaa Weilin äidille: ”Ymmärrän nyt, että Simone Weil on aikamme ainoa suuri henki. – – Olisin tyytyväinen, jos voisin sanoa, että olen käytettävissäni olevilla vaatimattomilla keinoilla tehnyt osuuteni hänen tuotantonsa levittämiseksi ja tunnetuksi tekemiseksi; tuotannon, jonka täyttä vaikutusta emme vielä tiedä.”[3]

Vuonna 1958 Weilin hauta Ashfordissa saa muistokiven, jossa on teksti ”Hänellä on kirjoitustensa kautta asema eräänä johtavista nykyajan filosofeista”.

Weilin koottujen teosten editio ilmestyy Gallimardilta. Niiden vaikutus rajoittuu pitkään erityisesti katoliseen teologiaan, pedagogiikkaan ja poliittiseen teoriaan. Tähän päivään asti akateeminen filosofia on enimmäkseen laiminlyönyt Weilin ajattelun.

Hänen teoksensa ansaitsevat tulla löydetyiksi.

KIITOKSET

Kiitokseni Christiane Braunille, tohtori Christoph Selzerille ja tohtori Johannes Czajalle, jotka kustannustoimittajina ovat seuranneet tämän kirjan syntyä mitä suurimman ammatillisen huolellisuuden ja mitä suurimman inhimillisen ymmärtäväisyyden merkeissä.

Kiitokset Tom Kraushaarille ja Michael Gaebille ratkaisevasta rohkaisusta, luottamuksesta ja energisoivista ”karanteenidrinkeistä” sekä Thomas Meyerille hyvästä tahdosta ja neuvoista virheiden välttämiseksi.

Kiitokset tämän kirjan neljän sankarittaren merkittäville elämäkertureille: Anne C. Hellerille (*Ayn Rand and the World She Made*), Simone Pétrementille (*La vie de Simone Weil*), Kate Kirkpatrickille (*Becoming Beauvoir: A Life*) ja Élisabeth Young-Bruehlille (*Hannah Arendt: For Love of the World*). Heidän teoksensa olivat jatkuvia seuralaisia kirjoitustyössäni.

Ilman Brost-säätiön anteliasta apurahaa tätä kirjaa ei olisi voitu kirjoittaa tänä vaikeana aikana – erityiset kiitokset Sonja Villarrealille, tohtori Boris Bergerille sekä professori Bodo Hombachille.

Kiitän tohtori Vera Schmit-Eilenbergeriä aina parantavista neuvoista.

Ennen kaikkea kuitenkin, jälleen kerran, Piaa, Venlaa ja Kaisaa – elämäni tulia.

Berliinissä 23. toukokuuta 2020

VIITATTUJEN TEOSTEN HAKEMISTO

Hannah Arendt

Arendt/Benjamin = Schöttker, D. & Wizisla, E. (toim.) (2017), *Arendt und Benjamin – Texte, Briefe, Dokumente*, Frankfurt am Main.
Arendt/Blücher = Köhler, L. (2013), Hannah Arendt / Heinrich Blücher, *Briefe 1936–1968*, München.
Arendt/Heidegger = Arendt, H. & Heidegger, M. (1998), *Briefe 1925–1975*, Frankfurt am Main.
Arendt/Jaspers = Köhler, L. & Saner, H. (toim.) (2001), Hannah Arendt / Karl Jaspers, *Briefwechsel 1926–1969*, München.
Arendt/Scholem = Knott, M. L. (toim.) (2010), Hannah Arendt / Gershom Scholem, *Der Briefwechsel 1939–1964*, Frankfurt am Main.
"Aufbau" = Knott, M. L. (toim.) (2004), Hannah Arendt, *Vor Antisemitismus ist man nur noch auf dem Monde sicher – Beiträge für die deutsch-jüdische Emigrantenzeitung "Aufbau" 1941–1945*, München.
Aug = Arendt, H. (2018/1929), *Der Liebesbegriff bei Augustin – Versuch einer philosophischen Interpretation*, Hamburg.
Briefe Freunde = Nordmann, I. (toim.) (2015), Hannah Arendt, *Wahrheit gibt es nur zu zweien – Briefe an Freunde*, München.
EuU = Arendt, H. (1986/1951), *Elemente und Ursprünge totaler Herrschaft – Antisemitismus, Imperialismus, totale Herrschaft*, München. [*Totalitarismin synty*, suom. Matti Kinnunen, Tampere 2013.]
Flüchtlinge = Arendt, H. (2016/1943), *Wir Flüchtlinge*, Leipzig.
Var = Arendt, H. (1981/1959), *Rahel Varnhagen – Lebensgeschichte einer deutschen Jüdin aus der Romantik*, München.
Wir Juden = Knott, M. L. und Ludz, U. (toim.) (2019), *Hannah Arendt: Wir Juden – Schriften 1932 bis 1966*, München.

Simone de Beauvoir

Beauvoir/Sartre 1 = Le Bon, S. (toim.) (2017), Simone de Beauvoir, *Briefe an Sartre*, osa 1: 1930–1939, Reinbek.
Beauvoir/Sartre 2 = Le Bon, S. (toim.) (1998), Simone de Beauvoir, *Briefe an Sartre*, osa 2: 1940–1963, Reinbek.
BJ = Beauvoir, S. de (2008/1960), *In den besten Jahren*, Reinbek. [*Voiman vuodet*, suom. Anna-Maija Viitanen, Helsinki 1988; *Pariisi 1939–44*, suom. Anna-Maija Viitanen, Helsinki 1989.]
Blut = Beauvoir, S. de (2018/1945), *Das Blut der anderen*, Reinbek.
Drei Essays = Beauvoir, S. de (2007/1955), *Soll man de Sade verbrennen – Drei Essays zur Moral des Existentialismus*, Reinbek.

Kriegstagebuch = Beauvoir, S. de (1994), *Kriegstagebuch 1939–1941*, Reinbek.
Lisa = Beauvoir, S. de (2005/1979), *Marcelle, Chantal, Lisa…*, Reinbek. [*Ei yksin hengestä*, suom. Marja Haapio, Helsinki 1991.]
Memoiren = Beauvoir, S. de (2018/1958), *Memoiren einer Tochter aus gutem Hause*, Reinbek. [*Perhetytön muistelmat*, suom. Annikki Suni, Helsinki 1987.]
Skub = Beauvoir, S. de (2017/1943), *Sie kam und blieb*, Reinbek. [*Kutsuvieras*, suom. Mirja Bolgár, Helsinki 1985.]

Ayn Rand

Anthem = Rand, A. (1938), *Anthem*, Wrocław.
Fountainhead = Rand, A. (1993/1943), *The Fountainhead*, New York.
Journals = Harriman, D. (toim.) (1999), *Journals of Ayn Rand*, New York.
Letters = Berliner, M. S. (toim.) (1997), *Letters of Ayn Rand*, New York.
Three Plays = Rand, A. (1999), *Three Plays*, New York.
Ursprung = Rand, A. (2019), *Der Ursprung*, Jena.
We the Living = Rand, A. (2010/1936), *We the Living*, London.

Simone Weil

OC = Weil, S. (1988–), *Œuvres complètes*, osat I–VII, Paris.
OCII-3 = *Écrits historiques et politiques* (1989/1937–40), Paris.
OCIV-1 = *Écrits de Marseille* (2008/1940–42), Paris.
OCVII-1 = *Correspondance* (2012), Paris.
Cahiers 1 = Weil, S. (2017), *Cahiers/Aufzeichnungen 1*, München.
Cahiers 2 = Weil, S. (2017), *Cahiers/Aufzeichnungen 2*, München.
Cahiers 3 = Weil, S. (2017), *Cahiers/Aufzeichnungen 3*, München.
Cahiers 4 = Weil, S. (2017), *Cahiers/Aufzeichnungen 4*, München.
Fabrik = Weil, S. (1978), *Fabriktagebuch und andere Schriften zum Industriesystem*, Frankfurt am Main.
KuG = Weil, S. (2011a), *Krieg und Gewalt – Essays und Aufzeichnungen*, Zürich. ["Ilias, väkivallan runoelma", suom. Kirsti Simonsuuri, *Parnasso* 2/1976, s. 73–92.]
Trotski = Weil, S. (2014), *Conversation avec Trotski*, Paris.
UuF = Weil, S. (1975), *Unterdrückung und Freiheit – Politische Schriften*, München.
Verwurzelung = Weil, S. (2011b), *Die Verwurzelung – Vorspiel zu einer Erklärung der Pflichten dem Menschen gegenüber*, Zürich. [*Juurtuminen: alkusoitto ihmisvelvollisuuksien julistukselle*, suom. Kaisa Kukkola, Tampere 2007.]

VALIKOIVA BIBLIOGRAFIA

Adamowitsch, A. & Granin, D. (2018), *Blockadebuch – Leningrad 1941–1944*, Berlin. [*Leningradin piiritys: kohtaloita saarretussa kaupungissa*, suom. Päivi Paju, Helsinki 2008.]

Adorno, T. W. & Benjamin, W. (1994), *Briefwechsel 1928–1940*, Frankfurt am Main.

Alain (1939), *Convulsions de la force*, Paris.

Alain (1939), *Échec de la force*, Paris.

Applebaum, A. (2003), *Gulag – A History*, London.

Applebaum, A. (2017), *Roter Hunger – Stalins Krieg gegen die Ukraine*, München. [*Punainen nälkä: Stalinin sota Ukrainassa*, suom. Antero Helasvuo, Helsinki 2018.]

Vita = Arendt, H. (2007/1958), *Vita activa oder Vom tätigen Leben*, München. [*Vita activa: ihmisenä olemisen ehdot*, suom. Eija Virtanen ym., Tampere 2002.]

Arendt, H. (2013/1968), *Menschen in finsteren Zeiten*, München.

Arendt, H. (2018/1963), *Eichmann in Jerusalem: Ein Bericht von der Banalität des Bösen*, München. [*Eichmann Jerusalemissa: raportti pahuuden arkipäiväisyydestä*, suom. Jouni Tilli & Antero Holmila, Jyväskylä 2016.]

Arendt, H. (2018), *Die Freiheit, frei zu sein*, München.

Arendt, H. (2018–), *Kritische Gesamtausgabe*, toim. B. Hahn, Göttingen.

Arendt, H. (2019): *Sechs Essays – Die verborgene Tradition*, Göttingen.

Bair, D. (1998), *Simone de Beauvoir – Eine Biographie*, München.

Bakewell, S. (2018), *Das Café der Existentialisten – Freiheit, Sein und Aprikosen-cocktails*, München.

Beauvoir, S. de (2018/1949), *Das andere Geschlecht: Sitte und Sexus der Frau*, Reinbek. [*Toinen sukupuoli 1: tosiasiat ja myytit*, suom. Iina Koskinen ym., Helsinki 2009; *Toinen sukupuoli 2: eletty kokemus*, suom. Iina Koskinen ym., Helsinki 2011.]

Beauvoir, S. de (2018/1966), *Der Lauf der Dinge*, Reinbek. [*Ajan haasteet*, suom. Anna-Maija Viitanen, Helsinki 1990; *Maailman meno*, suom. Anna-Maija Viitanen, Helsinki 1991.]

Beauvoir, S. de (2019/1946), *Alle Menschen sind sterblich*, Hamburg.

Beiner, R. (toim.) (2017/1982), Hannah Arendt, *Das Urteilen: Texte zu Kants politischer Philosophie*, München.

Benjamin, W. (2003), *Gesammelte Schriften Bd. 1*, Frankfurt am Main. [*Messiaanisen sirpaleita: kirjoituksia kielestä, historiasta ja pelastuksesta*, suom. Raija Sironen, Helsinki 1989.]

Benjamin, W. (2010), *Über den Begriff der Geschichte*, Berlin.

Bernanos, G. (1949/1938), *Die großen Friedhöfe unter dem Mond*, München.

Blume, D., Boll, M. & Gross, R. (toim.) (2020), *Hannah Arendt und das 20. Jahrhundert*, München.

Boehm, O. (2020), *Israel – eine Utopie*, Berlin.

Boschwitz, U. A. (2018), *Der Reisende*, Stuttgart.

Bouchardeau, H. (1995), *Simone Weil – Biographie*, Paris.

Bovenschen, S. (2016/1979), *Die imaginierte Weiblichkeit*, Frankfurt am Main.
Branden, B. (1987), *The Passion of Ayn Rand*, New York.
Branden, N. (1999), *Judgment Day: My Years with Ayn Rand*, San Francisco.
Burns, J. (2009), *Goddess of the Market: Ayn Rand and the American Right*, Oxford.
Cavell, S. (2005), *Philosophy the Day After Tomorrow*, Harvard.
Cavell, S. (2006), *Der Anspruch der Vernunft – Wittgenstein, Skeptizismus, Moral und Tragödie*, Frankfurt am Main.
Cohen-Solal, A. (1985), *Sartre: 1905–1980*, Paris. [*Sartre*, suom. Jukka Mannerkorpi, Porvoo 1992.]
Collado Seidel, C. (2016), *Der spanische Bürgerkrieg – Geschichte eines europäischen Konflikts*, München.
Descartes, R. (1965), *Meditationen – mit sämtlichen Einwänden und Erwiderungen*, Hamburg. [*Teokset II: Mietiskelyjä ensimmäisestä filosofiasta; Kirjeitä 1640–1641*, suom. Tuomo Aho & Mikko Yrjönsuuri, Helsinki 2002.]
Eiland, H. & Jennings, M. W. (2014), *Walter Benjamin – A Critical Life*, Harvard.
Eilenberger, W. (2018), *Zeit der Zauberer – Das große Jahrzehnt der Philosophie 1919–1929*, Stuttgart. [*Taikurien aika: filosofian suuri vuosikymmen 1919–1929*, suom. Tommi Uschanov, Helsinki 2019.]
Fest, J. (2019/1973), *Hitler: Eine Biografie*, Berlin.
Foessel, M. (2019), *Récidive – 1938*, Paris.
Gabellieri, E. & L'Yvonnet, F. (toim.) (2014), *L'Herne: Simone Weil*, Paris.
Gladstein, M. R. & Sciabarra, C. M. (toim.) (1999), *Feminist Interpretations of Ayn Rand*, Pennsylvania.
Hampe, M. (2014), *Die Lehren der Philosophie – Eine Kritik*, Berlin.
Hegel, G. W. F. (1986), *Phänomenologie des Geistes: Werke 3*, Frankfurt am Main.
Heidegger, M. (1993), *Sein und Zeit*, Tübingen. [*Oleminen ja aika*, suom. Reijo Kupiainen, Tampere 2000.]
Heidegger, M. (2000), *Gesamtausgabe, Ausgabe letzter Hand, Bd. 16: Reden und andere Zeugnisse eines Lebensweges (1910–1976)*, Frankfurt am Main.
Heidegger, M. (2004/1924), *Der Begriff der Zeit*, Frankfurt am Main.
Heidegger, M. (2010/1929), *Kant und das Problem der Metaphysik*, Frankfurt am Main.
Heller, A. C. (2009), *Ayn Rand and the World She Made*, New York.
Hobsbawm, E. (1994), *The Age of Extremes: 1914–1991*, London. [*Äärimmäisyyksien aika: lyhyt 1900-luku (1914–1991)*, suom. Pasi Junila, Tampere 1999.]
Homer (1983), *Ilias*, Stuttgart. [*Homeros: Troijan sota ja Odysseuksen harharetket*, suom. Paavo Castrén, Helsinki 2016.]
Jaspers, K. (1932), *Max Weber – Deutsches Wesen im politischen Denken, im Forschen und Philosophieren*, Oldenburg.
Kant, I. (1983/1798), *Anthropologie in pragmatischer Hinsicht*, Leipzig.
Kershaw, I. (2016), *Höllensturz – Europa 1914 bis 1949*, München.
Kirkpatrick, K. (2019), *Becoming Beauvoir – A Life*, London.
Kirkpatrick, K. (2020), *Simone de Beauvoir – Ein modernes Leben*, München (ei ollut vielä ilmestynyt tätä kirjaa kirjoitettaessa).
Koestler, A. (2018/1937), *Ein spanisches Testament*, Berlin.

Koestler, A. (1941), *Scum of the Earth*, London.
Koestler, A. (1971), *Abschaum der Erde*, Frankfurt am Main.
Kohn, J. (toim.) (2019/2006), Hannah Arendt, *Über das Böse: Eine Vorlesung zu Fragen der Ethik*, München.
Labatut, B. (2020), *Das blinde Licht: Irrfahrten der Wissenschaft*, Berlin.
Lepore, J. (2019), *Diese Wahrheiten – Geschichte der Vereinigten Staaten von Amerika*, München.
Louette, J.-F. (2019), *Sartre et Beauvoir: roman et philosophie*, Genève.
Ludz, U. & Nordmann, I. (toim.) (2016), Hannah Arendt, *Denktagebuch 1950–1973*, osa 1, München.
Marx, K. & Engels, F. (1958/1946), *Marx-Engels-Werke, Bd. 3*, Berlin. [*Valitut teokset* 2, Moskova 1978.]
Meyer-Moses, H. (2019), *Reise in die Vergangenheit – Eine Überlebende des Lagers Gurs erinnert sich an die Verfolgung während der NS-Diktatur*, Ubstadt-Weiher.
Nieradka-Steiner, M. (2018), *Exil unter Palmen – Deutsche Emigranten in Sanary-sur-Mer*, Darmstadt.
Nietzsche, F. (1999/1888), *Ecce Homo, Gesamtausgabe Bd. 6*, München. [*Ecce Homo: kuinka tulee siksi mitä on*, suom. Antti Kuparinen, Helsinki 2002.]
Nietzsche, F. (2013), *Philosophische Werke in sechs Bänden*, Hamburg.
Nye, A. (1994), *Philosophia: The Thought of Rosa Luxemburg, Simone Weil and Hannah Arendt*, London.
Ortega y Gasset, J. (1956/1929), *Der Aufstand der Massen*, Reinbek. [*Massojen kapina*, suom. Sinikka Kallio-Visapää, Helsinki 1952.]
Peikoff, L. (toim.) (1999), *The Early Rand: A Selection from Her Unpublished Fiction*, New York.
Pelz, M. (2007), *Simone de Beauvoir*, Frankfurt am Main.
Pétrement, S. (1973), *La vie de Simone Weil*, Paris.
Pétrement, S. (2008), *Simone Weil – Ein Leben*, Leipzig (ei ollut vielä ilmestynyt tätä kirjaa kirjoitettaessa).
Perrin, J.-M. (2009/1984), *Mon dialogue avec Simone Weil*, Paris.
Perrin, J.-M. & Thibon, G. (1954), *Wir kannten Simone Weil*, Paderborn.
Perrin, J.-M. (2008), *Attente de Dieu*, Paris.
Peikoff, L. (1991), *Objectivism: The Philosophy of Ayn Rand*, New York.
Poirier, A. (2019), *An den Ufern der Seine – Die magischen Jahre von Paris 1940–1950*, Stuttgart.
Prinz, A. (2013), *Hannah Arendt oder Die Liebe zur Welt*, Frankfurt am Main.
Putz, K. (toim.) (2018), Hannah Arendt / Günther Anders, *Schreib doch mal hard facts über dich – Briefe 1939 bis 1975*, München.
Rand, A. (1963), *For the New Intellectual*, New York.
Rand, A. (1990), *The Voice of Reason: Essays in Objectivist Thought*, New York.
Rand, A. (1999/1969), *The Romantic Manifesto: A Philosophy of Literature*, New York.
Rand, A. (1999), *The Return of the Primitive*, New York.
Rand, A. (2007/1957), *Atlas Shrugged*, London. [*Kun maailma järkkyi*, suom. Jyrki Iivonen, Helsinki 2017.]

Reckwitz, A. (2017), *Die Gesellschaft der Singularitäten*, Berlin.
Redecker, E. v. (2013), *Gravitation zum Guten: Hannah Arendts Moralphilosophie*, Göttingen.
Rees, R. & Moore, H. T. (1978), *Simone Weil: A Sketch for a Portrait*, Southern Illinois.
Rhodes, R. (2015), *Hell and Good Company: The Spanish Civil War and the World It Made*, London.
Roberts, A. (2019), *Feuersturm – Eine Geschichte des Zweiten Weltkriegs*, München. [*Sodan myrskyssä: toisen maailmansodan uusi historia*, suom. Simo Liikanen, Helsinki 2010.]
Rowley, H. (2005), *Tête-à-Tête: Simone de Beauvoir and Jean-Paul Sartre*, New York.
Samjatin, J. (2015/1920), *Wir: Utopischer Roman*, Hemmingen. [*Me: romaani*, suom. Juhani Konkka, Jyväskylä 1959.]
Sartre, J.-P. (2018/1938), *Der Ekel*, Reinbek. [*Inho*, suom. Juha Mannerkorpi, Helsinki 1947.]
Sartre, J.-P. (2019/1943), *Das Sein und das Nichts*, Hamburg.
Sartre, J.-P. (2018/1947), *Der Existentialismus ist ein Humanismus und andere philosophische Essays 1943–1948*, Reinbek.
Sartre, J.-P. (2010/1947), *Die Transzendenz des Ego – Philosophische Essays 1931–1939*, Reinbek.
Scholem, G. (1951/1941), *Die jüdische Mystik in ihren Hauptströmungen*, Frankfurt am Main.
Scholem, G. (2018), *Walter Benjamin / Gershom Scholem – Briefwechsel 1933–1940*, Frankfurt am Main.
Schreiber, G. (2013), *Der zweite Weltkrieg*, München.
Sciabarra, C. M. (2013), *Ayn Rand – The Russian Radical*, Pennsylvania.
Seghers, A. (2018/1951), *Transit*, Berlin.
Seymour-Jones, C. (2009), *A Dangerous Liaison: A Revelatory New Biography of Simone de Beauvoir and Jean-Paul Sartre*, New York.
Shklar, J. N. (2020), *Über Hannah Arendt*, Berlin.
Smith, T. (2007), *Ayn Rand's Normative Ethics: The Virtuous Egoist*, Cambridge.
Späte r, J. (2016), *Siegfried Kracauer – Eine Biographie*, Frankfurt am Main.
Sparti, D. & Hammer, E. (toim.) (2002), *Stanley Cavell: Die Unheimlichkeit des Gewöhnlichen und andere philosophische Essays*, Frankfurt am Main.
Spinoza, B. (1986/1677), *Die Ethik*, Leipzig. [*Etiikka*, suom. Vesa Oittinen, Helsinki 1994.]
Stone, L., "Quantifying the Holocaust: Hyperintense kill rates during the Nazi genocide", *Science Advances*, Vol. 5 No. 1, http://doi.org/10.1126/sciadv.aau7292 (2019).
Suhr, M. (2015), *Jean-Paul Sartre zur Einführung*, Hamburg.
Webber, J. (2018), *Rethinking Existentialism*, Oxford.
Weil, Simone (1991/1934–37), *Œuvres complètes*, osa II, nide 2: *Écrits historiques et politiques*, Paris.
Weil, Simone (2009/1941–42), *Œuvres complètes*, osa IV, nide 2: *Écrits de Marseille*, Paris.

Weil, Simone (2009), *Anmerkung zur generellen Abschaffung der politischen Parteien*, Zürich.
Weil, Simone (2013/1943), *Œuvres complètes*, osa V: *Écrits de New York et de Londres*, Paris.
Weil, Simone (2019), *Venice Saved*, London.
Weil, Simone & Bousquet, Joë (2019), *Correspondance 1942: Quel est donc ton tourment*, Paris.
Weil, Sylvie (2010), *André und Simone Weil: Die Familie Weil*, Leipzig.
Weinstock, N. (1975), *Das Ende Israels? Nahostkonflikt und Geschichte des Zionismus*, Berlin.
Wildt, M. & Kreutzmüller, C. (2013), *Berlin 1933–1945*, München.
Wimmer, R. (1996), *Vier jüdische Philosophinnen: Rosa Luxemburg, Simone Weil, Edith Stein, Hannah Arendt*, Leipzig.
Wimmer, R. (2009), *Simone Weil: Person und Werk*, Freiburg im Breisgau.
Winch, P. (1989), *Simone Weil: "The Just Balance"*, Cambridge.
Wittgenstein, L. (1984), *Werkausgabe*, osa 1: *Tractatus Logico-Philosophicus / Tagebücher 1914–1916 / Philosophische Untersuchungen*, Frankfurt am Main. [*Tractatus Logico-Philosophicus eli Loogis-filosofinen tutkielma*, suom. Heikki Nyman, Porvoo 1971; *Filosofisia tutkimuksia*, suom. Heikki Nyman, Porvoo 1981.]
Wroblewsky, V. v. (toim.) (2008), *Jean-Paul Sartre: Briefe an Simone de Beauvoir 1926–1939*, Hamburg.
Wroblewsky, V. v. (toim.) (2004), *Jean-Paul Sartre: Briefe an Simone de Beauvoir 1940–1963*, Hamburg.
Young-Bruehl, E. (2018/1982), *Hannah Arendt – Leben, Werk und Zeit*, Frankfurt am Main.

VIITTEET

I
Kipinöitä

1 Drei Essays, s. 195. Kaikki tässä luvussa olevat lainaukset tästä teoksesta ovat Beauvoir'n esseestä "Pyrrhus et Cinéas".
2 Vrt. mt., s. 196.
3 Mt., s. 197.
4 Vrt. BJ, s. 167.
5 *L'invitée*, suomennettu nimellä *Kutsuvieras* (= Skub).
6 Romaania *Le sang des autres* (= Blut) ei ole suomennettu. Siitä vuonna 1984 tehtyä filmatisointia on esitetty Suomessa nimellä *Petturin suudelma*.
7 Näytelmä sai ensiesityksensä Pariisissa syksyllä 1945 nimellä *Les bouches inutiles* (Hyödyttömät suut).
8 Drei Essays, s. 207.
9 Vrt. tästä Kirkpatrick, K. (2019), s. 182.
10 Drei Essays, s. 222.
11 Mt., s. 226.
12 Mt., s. 228.
13 Mt., s. 196.
14 Cahiers 4, s. 324.
15 Vrt. tämän vaiheen elämäkertatiedoista Pétrement, S. (1973), s. 643–673.
16 KuG, s. 199 ja seur.
17 Pétrement, S. (1973), s. 667.
18 = Verwurzelung.
19 Vrt. "Dieser Krieg ist ein Krieg der Religionen", KuG, s. 205–214.
20 KuG, s. 212 ja seur.
21 Verwurzelung, s. 173. [Suomennos: *Juurtuminen*, s. 196.]
22 Mt., s. 43 ja seur. [Suomennos: *Juurtuminen*, s. 51.]
23 Cahiers 4, s. 204.
24 Letters, s. 67 ja seur.
25 Mt., s. 69.
26 Pelkästään tätä kirjaa on nykyään (vuonna 2020) maailmanlaajuisesti myyty reilusti yli kahdeksan miljoonaa kappaletta. Randin filosofisten romaanien kokonaismyynti on tällä hetkellä reilusti yli 20 miljoonaa.
27 Vrt. Heller, A. C. (2009), s. 117.
28 Ursprung, s. 988 ja seur.
29 Randin nuoruusvuosien elämäkertatiedoista vrt. Heller, A. C. (2009), s. 22–52.
30 Vaikuttavia todistajanlausuntoja kaupungin tuolloisilta asukkailta: vrt. Adamowitsch, A. & Granin, D. (2018).
31 Journals, s. 347.
32 Mt., s. 350.
33 Flüchtlinge, s. 26.
34 Mt., s. 10 und S. 21.
35 Mt., s. 33.
36 Heidegger, M. (2000), s. 184.
37 Vrt. Young-Bruehl, E. (2018/1982), s. 261.
38 Vrt. Arendtin haastattelu Günter Gausin kanssa: https://www.youtube.com/watch?v=J9SyTEUi6Kw&t=1820s
39 Flüchtlinge, s. 23.
40 Mt., s. 35.
41 Vrt. Arendtin myöhemmän *Totalitarismin synty* -teoksen mottoa, joka on lainaus Karl Jaspersilta: "Weder dem Vergangenen anheimfallen noch dem Zukünftigen. Es kommt darauf an, ganz gegenwärtig zu sein" (Ei saa langeta sen enempää menneeseen kuin tulevaankaan. Tärkeää on pysyä täysin nykyhetkessä).

II
Maanpako

1 Young-Bruehl, E. (2018/1982), s. 164. Seuraavat kuvaukset perustuvat myös Young-Bruehlin teokseen.
2 Mt.
3 Uutta Arendt-elämäkertaa parhaillaan kirjoittava Thomas Meyer kertoi minulle suullisesti, että toisin kuin Arendt itse väitti, hän oli poliisin pidättämänä vain yhden päivän.
4 Var, s. 26 ja seur.
5 Mt., s. 23 ja seur.
6 Mt., s. 17.
7 Mt., s. 133.
8 Arendt/Jaspers, s. 50.
9 Jaspers, K. (1932).
10 Arendt/Jaspers, s. 52.
11 Mt., s. 56.
12 Mt., s. 58.
13 Young-Bruehl, E. (2018/1982), s. 166.
14 "Die Lage in Deutschland", UuF, s. 55.
15 Mt.
16 Pétrement, S. (1973), s. 212.
17 Mt., s. 274.
18 OCVII-1, alaviite 5, s. 140.
19 Mt., s. 150.
20 "Perspektiven: Gehen wir einer proletarischen Revolution entgegen?", UuF, s. 137.
21 Siitä otettiin syksyllä 1933 useita painoksia, ja se käännettiin sekä espanjaksi että hollanniksi.
22 UuF, s. 119.
23 Mt., s. 128.
24 OCVII-1, s. 154.
25 Tästä vrt. vaikuttavaa tutkimusta Applebaum, A. (2019).
26 UuF, s. 133.
27 Pétrement, S. (1973), s. 258.
28 Tapaamisen kulku ja lainaukset: Pétrement, S. (1973), s. 278 ja seur.; Trotski, s. 9–12.
29 Pétrement, S. (1973), s. 279.
30 Lev Trotski kuoli 21. elokuuta 1940 Mexico Cityssä vammoihin, jotka oli saanut Neuvostoliiton agentin Ramón Mercaderin edellisenä päivänä tekemässä hyökkäyksessä jäähakulla. Stalin myönsi samana vuonna murhaajalle Leninin kunniamerkin.
31 Pétrement, S. (1973), s. 291.
32 UuF, s. 151–240.
33 BJ, s. 140. [Suomennos: *Voiman vuodet*, s. 182.]
34 Mt. [Suomennos: *Voiman vuodet*, s. 182–183.]
35 Mt., s. 110. [Suomennos: *Voiman vuodet*, s. 140.]
36 Sartre, joka edellisenä vuonna oli reputtanut, nousi ensimmäiselle sijalle pitkän keskustelun jälkeen. Beauvoir sijoittui toiseksi, kaikkien aikojen nuorimpana naispuolisena kokelaana.
37 BJ, s. 111. [Suomennos: *Voiman vuodet*, s. 141.]
38 Kirkpatrick, K. (2019), s. 143.
39 Memoiren, s. 323 ja seur. [Suomennos: *Perhetytön muistelmat*, s. 289.]
40 Descartes, R. (1965).
41 Descartes, R. (1965), toinen mietiskely, s. 29. [Suomennos: *Teokset II*, s. 43.]
42 Vrt. Memoiren, s. 311: "Subjektiivinen idealismi, jota minä kannatin, riisti maailmalta syvyyden ja erikoislaadun." [Suomennos: *Perhetytön muistelmat*, s. 278.]
43 BJ, s. 118. [Suomennos: *Voiman vuodet*, s. 151–152.]
44 Eräässä myöhemmässä tekstissään vuodelta 1938 Sartre luonnehtii tätä husserlilaista maailman ja tietoisuuden välistä suhdetta seuraavalla runollisella tavalla: "Tietoisuus on yhtäkkiä puhdistunut, se on yhtä kirkas kuin voimakas tuuli. Se ei ole muuta kuin

itseään pakenevaa liikettä, liukumista pois itsestään. Niin mahdotonta kuin se onkin, jos voisitte mennä tietoisuuden 'sisään', teihin tarttuisi pyörremyrsky ja heittäisi teidät takaisin ulos, pölyyn, lähelle puuta, sillä tietoisuudella ei ole 'sisäpuolta'. – – Kun tietoisuus yrittää saada itsestään otteen, saada itsensä käymään lopullisesti yksiin itsensä kanssa, lämpimässä ja mukavassa suljettujen ikkunoiden takana, se tuhoaa itsensä. Sitä, miten tietoisuudelle on tällä tavoin välttämätöntä olla tietoisuutta jostakin, Husserl nimittää 'intentionaalisuudeksi'." Sartre, J.-P. (2010/1947), s. 34.
45 Lainaukset: BJ, s. 155 ja seur. [Suomennokset: *Voiman vuodet*, s. 205, 218, 217.]
46 Mt., s. 156. [Suomennos: *Voiman vuodet*, s. 204–205.]
47 Mt., s. 174. [Suomennos: *Voiman vuodet*, s. 229.]
48 Mt., s. 136 ja seur. [Suomennos: *Voiman vuodet*, s. 177.]
49 Tämän vaiheen elämäkertatiedoista vrt. erityisesti Heller, A. C. (2009), s. 71 ja seur.
50 Mt., s. 71.
51 Letters, s. 7.
52 Mt., s. 8.
53 Heller, A. C. (2009), s. 72.
54 Mt., s. 74.
55 Letters, s. 17 ja seur.
56 Mt., s. 8.
57 Vrt. We the Living, s. 423.
58 = Journals.
59 Mt., s. 66.
60 Burns, J. (2009), s. 25.
61 Journals, s. 73.

III
Kokeiluja

1 Vrt. Heller, A. C. (2009), s. 77.
2 Three Plays, s. 3 ja seur.
3 Mt.
4 Ortega y Gasset, J. (1956/1929).
5 Journals, s. 71.
6 Tämän episodin kuvaus: Heller, A. C. (2009), s. 109.
7 Mt., s. 79.
8 BJ, s. 178. [Suomennos: *Voiman vuodet*, s. 235.]
9 Vrt. mt.
10 Romaani ilmestyi myöhemmin nimellä *Inho*.
11 BJ, s. 199. [Suomennos: *Voiman vuodet*, s. 264.]
12 Mt., s. 204 ja seur. [Suomennos: *Voiman vuodet*, s. 271–272, missä jälkimmäinen virke on kuitenkin jätetty pois.]
13 Mt., s. 206. [Suomennos: *Voiman vuodet*, s. 273–274.]
14 Mt., s. 217. [Suomennos: *Voiman vuodet*, s. 290.]
15 Vrt. BJ, s. 182.
16 Beauvoir/Sartre 1, s. 41.
17 BJ.
18 Mt., s. 190. [Suomennos: *Voiman vuodet*, s. 251.]
19 Mt., s. 191. [Suomennos: *Voiman vuodet*, s. 252.]
20 Mt., s. 190. Mainittu novellikokoelma julkaistiin vasta vuonna 1979 nimellä *Quand prime le spirituel* (Kun henkinen on ensisijaista), ja se on suomennettu nimellä *Ei yksin hengestä*. [Suomennos: *Voiman vuodet*, s. 252.]
21 Bair, D. (1998), s. 230.
22 BJ, s. 207. [Suomennos: *Voiman vuodet*, s. 275–276.]
23 Mt., s. 206. [Suomennos: *Voiman vuodet*, s. 274.]
24 Mt., s. 218. [Suomennos: *Voiman*

vuodet, s. 291.]
25 Lisa, s. 122. [Suomennos: *Ei yksin hengestä*, s. 129.]
26 Mt., s. 141. [Suomennos: *Ei yksin hengestä*, s. 147.]
27 UuF, s. 232.
28 Bouchardeau, H. (1995), s. 132.
29 Fabrik, s. 121.
30 Vrt. Pétrement, S. (1973), s. 335 ja seur.
31 Fabrik, s. 48.
32 Mt., s. 157 ja seur.
33 Mt., s. 161.
34 Marx, K. & Engels, F. (1958/1846), s. 33. [Suomennos: *Valitut teokset 2*, s. 91–92.]
35 UuF, s. 162.
36 Mt., s. 170.
37 Mt., s. 223.
38 Mt., s. 227.
39 Mt., s. 235.
40 Mt., s. 214.
41 Mt.
42 Fabrik, s. 61.
43 Mt., s. 121.
44 Nieradka-Steiner, M. (2018), s. 67.
45 Mt.
46 Arendtin muotoilu televisiohaastattelussa Günter Gausin kanssa 28. lokakuuta 1964. Litteroituna: https://www.rbb-online.de/zurperson/interview_archiv/arendt_hannah.html
47 Mt.
48 Young-Bruehl, E. (2018/1982), s. 178.
49 Mt.
50 Scholem, G. (2018), s. 95.
51 Young-Bruehl, E. (2018/1982), s. 180.
52 Weinstock, N. (1975), s. 60.
53 Muotoilu haastattelussa Günter Gausin kanssa.
54 EuU, s. 605. [Suomennos: *Totalitarismin synty*, s. 361.]
55 Kummassakin asiakirjassa orjat ja afrikkalaista syntyperää olevat ihmiset joko suljettiin nimenomaisesti pois tai jätettiin mainitsematta.
56 EuU, s. 603. [Suomennos: *Totalitarismin synty*, s. 360.]
57 Mt., s. 604 ja seur. [Suomennos: *Totalitarismin synty*, s. 360–361.]
58 Briefe Freunde, s. 15
59 Kirje Blumenfeldille 17. heinäkuuta 1946, Briefe Freunde, s. 63.
60 Young-Bruehl, E. (2018/1982), s. 182.
61 Scholem, G. (2018), s. 205.
62 Young-Bruehl, E. (2018/1982), s. 206.

IV
Lähimmäisiä

1 Letters, s. 23.
2 Mt.
3 Vrt. Heller, A. C. (2009), s. 95.
4 Journals, s. 77.
5 Mt., s. 81.
6 Mt., s. 93.
7 Mt.
8 Mt., s. 93 ja seur.
9 Mt., s. 95.
10 Mt., s. 95 ja seur.
11 Mt., s. 97.
12 Letters, s. 36 ja seur.
13 Arendt/Blücher, s. 59.
14 Scholem, G. (2018), s. 224.
15 Mt., s. 223.
16 Kershaw, I. (2016), s. 396.
17 Vrt. Schreiber, G. (2013), s. 12.
18 Applebaum, A. (2003), s. 73. Vuonna 1943 luku oli noin neljä miljoonaa.
19 Vrt. Kershaw, I. (2016), s. 411.
20 Vrt. mt., s. 408 ja seur.
21 Mt., s. 413.
22 Young-Bruehl, E. (2018/1982), s. 185.

23 Vrt. mt., s. 185 ja seur.
24 = Aug.
25 Arendt/Heidegger, s. 14.
26 Aug, s. 103.
27 Mt., s. 109.
28 Mt., s. 97.
29 Mt., s. 110.
30 Arendt/Blücher, s. 83 ja seur.
31 BJ, s. 246. [Suomennos: *Voiman vuodet*, s. 330.]
32 Mt., s. 241. [Suomennos: *Voiman vuodet*, s. 322.]
33 Mt., s. 239. [Suomennos: *Voiman vuodet*, s. 319.]
34 Bair, D. (1998), s. 239.
35 Ks. tarkemmin Webber, J. (2018), s. 57–73.
36 BJ, s. 222 ja seur. [Suomennos: *Voiman vuodet*, s. 297.]
37 Mt., s. 222. [Suomennos: *Voiman vuodet*, s. 296–297.]
38 Bair, D. (1998), s. 243.
39 BJ, s. 245. [Suomennos: *Voiman vuodet*, s. 329.]
40 Sartre, J.-P. (2018/1938), s. 200 ja seur. [Suomennos: *Inho*, s. 200–201.]
41 Mt., s. 266. [Suomennos: *Inho*, s. 261.]
42 Mt., s. 245. [Suomennos: *Inho*, s. 242.]
43 BJ, s. 243. [Suomennos: *Voiman vuodet*, s. 325.]
44 Mt., s. 247. [Suomennos: *Voiman vuodet*, s. 331.]
45 Pétrement, S. (1973), s. 420.
46 Mt., s. 401.
47 Tämän vaiheen elämäkertatiedot: pääasiassa Pétrement, S. (1973), s. 383–430.
48 *Partido Obrero de Unificación Marxista* – eräs lukuisista sirpaleryhmistä, joita kommunistisen puolueen entiset jäsenet olivat perustaneet.
49 Bernanos, G. (1949/1938).
50 KuG, s. 60.
51 BJ, s. 247. [Suomennos: *Voiman vuodet*, s. 331.]
52 KuG, s. 62 ja seur.
53 Mt., s. 40.
54 Saksaksi: KuG, s. 37–57.
55 KuG, s. 38 ja seur.
56 Mt., s. 40.
57 Mt., s. 60.
58 Mt., s. 43 ja seur.
59 Vrt. mt.
60 Pétrement, S. (1973), s. 415 ja seur.

V
Tapahtumia

1 Mt., s. 467.
2 OCII-3, s. 93 ja seur.
3 Pétrement, S. (1973), s. 466.
4 Vuoden 1938 poliittisista kouristuksista erityisesti Ranskassa vrt. Foessel, M. (2019).
5 Pétrement, S. (1973), s. 466.
6 Vrt. Bouchardeau, H. (1995), s. 214.
7 Perrin, J.-M. (2008), s. 75.
8 Mt., s. 74 ja seur.
9 Mt., s. 75.
10 Vrt. Pétrement, S. (1973), s. 468.
11 Cahiers 1, s. 105.
12 Mt., s. 172. [Herbertin runo: suom. Kirsti Simonsuuri, *Parnasso* 3/2001, s. 311.]
13 Pétrement, S. (1973), s. 468.
14 Mt., s. 468.
15 Mt., s. 469 ja seur.
16 Cahiers 1, s. 11.
17 Vrt. Pétrement, S. (1973), s. 466.
18 ”– – niin huomispäivänä kansat on veljet keskenään.” [Eugène Pottier'n alkuperäisessä ranskankielisessä tekstissä sanotaan sanatarkasti, että 'huomenna internationaalissa on mukana koko ihmislaji' (– – *et demain l'Internationa-*

le sera le genre humain).]
19 Fabrik, s. 121.
20 Vrt. Heller, A. C. (2009), s. 98.
21 Applebaum, A. (2017), s. 102.
22 Mt., s. 99.
23 Tästä elämänvaiheesta vrt. Heller, A. C. (2009), s. 102 ja seur.; Burns, J. (2009), s. 49 ja seur.
24 Vrt. Heller, A. C. (2009), s. 102.
25 Vrt. mt., s. 102 ja seur.
26 Anthem, s. 4.
27 Mt., s. 3.
28 Mt., s. 1.
29 Mt., s. 57.
30 Mt., s. 65.
31 Mt., s. 73.
32 Kallasta ja hänen tuotantoaan koskevista tiedoista erityiset kiitokset tohtori Pia Päiviölle.
33 Letters, s. 40.
34 Burns, J. (2009), s. 50.
35 Heller, A. C. (2009), s. 105.
36 Journals, s. 95.
37 Heller, A. C. (2009), s. 117.
38 Burns, J. (2009), s. 51.
39 Nietzsche, F. (1999/1888), s. 365 ja seur. [Suomennos: *Ecce Homo*, s. 121–122.]
40 Heller, A. C. (2009), s. 123.
41 Journals, s. 192.
42 Mt., s. 193.
43 Mt., s. 192.
44 Ursprung, s. 17.
45 Vrt. Später, J. (2016), s. 354 ja seur.
46 Var, s. 218.
47 Mt., s. 214.
48 Mt., s. 218.
49 Mt., s. 223.
50 Mt., s. 224.
51 Mt.
52 Mt., s. 218.
53 Mt., s. 224 ja seur.
54 Scholem, G. (2018), s. 262.
55 = EuU.
56 Var, s. 222.
57 Arendt/Blücher, s. 88.
58 Scholem, G. (2018), s. 290.
59 Mt., s. 291.
60 Scholem tarkoittaa tässä 'juutalaisten siirtokuntaa Palestiinassa', ei 'palestiinalaisia' sanan nykyisessä merkityksessä.
61 Scholem, G. (2018), s. 307 ja seur.
62 Mt., s. 309.
63 Tämä oli sodan jälkeen itse asiassa ainoa olemassa oleva kappale tekstiä. Scholem lähetti sen Arendtin pyynnöstä (kirje 17. lokakuuta 1941) New Yorkiin. Se julkaistiin ensimmäisen kerran englanniksi Lontoossa vuonna 1957, saksaksi vuonna 1959 ja Yhdysvalloissa vuonna 1974.
64 BJ, s. 301. [Suomennos: *Voiman vuodet*, s. 407.]
65 Virallisesti Beauvoir kiisti läpi elämänsä, että hänellä olisi ollut seksuaalisia suhteita naisten kanssa.
66 Vrt. Kirkpatrick, K. (2019), s. 156 ja seur.
67 Mt., s. 158.
68 Mt.
69 Beauvoir/Sartre 1, s. 85 ja seur.
70 Mt., s. 85.
71 Mt., s. 90.
72 Kirkpatrick, K. (2019), s. 143.
73 BJ, s. 269. [Suomennos: *Voiman vuodet*, s. 361.]
74 Mt., s. 293. [Suomennos: *Voiman vuodet*, s. 394.]
75 Mt., s. 269. [Suomennos: *Voiman vuodet*, s. 362.]
76 Vrt. mt., s. 270 ja seur.
77 Mt., s. 287. [Suomennos: *Voiman vuodet*, s. 387.]
78 Mt. [Suomennos: *Voiman vuodet*, s. 387.]
79 Mt., s. 289. [Suomennos: *Voiman vuodet*, s. 390.]
80 Beauvoir'n nuoremmasta sisaresta Hélènestä oli tulossa maalari, samoin

Beauvoir'n läheisestä ystävästä Gégéstä.
81 BJ, s. 290. [Suomennos: *Voiman vuodet*, s. 390–391.]
82 Skub, s. 187 ja seur.
83 Kuvio muistuttaa läheisesti sitä, joka esiintyy Sartren myöhemmässä näytelmässä *Suljetut ovet*.
84 BJ, s. 288. [Suomennos: *Voiman vuodet*, s. 387–388.]
85 Orson Wellesin radiokuunnelma *Maailmojen sota* esitettiin lokakuussa 1938.
86 Beauvoir'n teos *Toinen sukupuoli* ilmestyi ranskaksi vuonna 1949.
87 Beauvoir/Sartre 1, s. 87 ja seur.
88 Wroblewsky, V. v. (toim.) (2008), s. 281 ja seur.

VI VÄKIVALTA

1 Vrt. Pétrement, S. (1973), s. 501.
2 KuG, s. 161–191.
3 KuG, s. 161. [Suomennos: "Ilias, väkivallan runoelma", s. 73.]
4 Mt., s. 162. [Suomennos: "Ilias, väkivallan runoelma", s. 74.]
5 Mt., s. 165. [Suomennos: "Ilias, väkivallan runoelma", s. 76.]
6 Vrt. Pétrement, S. (1973), s. 488.
7 KuG, s. 168. [Suomennos: "Ilias, väkivallan runoelma", s. 77–78.]
8 Mt., s. 170. [Suomennos: "Ilias, väkivallan runoelma", s. 79.]
9 Mt., s. 189. [Suomennos: "Ilias, väkivallan runoelma", s. 91.]
10 Vrt. Pétrement, S. (1973), s. 502 ja seur. [André Weilin omaelämäkerran Suomea käsittelevä osio on ilmestynyt Osmo Pekosen suomennoksena *Suomen Kuvalehden* numerossa 32/1991, s. 18–24.]
11 Tästä episodista vrt. Roberts, A. (2019), s. 77 ja seur.
12 KuG, s. 170 ja seur. [Suomennos: "Ilias, väkivallan runoelma", s. 79–80.]
13 KuG, s. 175 ja seur. [Suomennos: "Ilias, väkivallan runoelma", s. 82–83.]
14 Heidegger, M. (2004/1924), s. 116.
15 KuG, s. 177 ja seur. [Suomennos: "Ilias, väkivallan runoelma", s. 84.]
16 Mt., s. 179. [Suomennos: "Ilias, väkivallan runoelma", s. 85.]
17 Mt., s. 181 ja seur. [Suomennos: "Ilias, väkivallan runoelma", s. 86.]
18 Mt., s. 182. [Suomennos: "Ilias, väkivallan runoelma", s. 87.]
19 Mt., s. 184. [Suomennos: "Ilias, väkivallan runoelma", s. 88.]
20 Mt., s. 187. [Suomennos: "Ilias, väkivallan runoelma", s. 90.]
21 Mt., s. 190 ja seur. [Suomennos: "Ilias, väkivallan runoelma", s. 92.]
22 Pétrement, S. (1973), s. 514.
23 Beauvoir/Sartre 2, s. 198.
24 Wroblewsky, V. v. (toim.) (2004), s. 292.
25 BJ, s. 379. [Suomennos: *Pariisi 1939–44*, s. 92.]
26 Mt., s. 380. [Suomennos: *Pariisi 1939–44*, s. 93.]
27 Vrt. Kirkpatrick, K. (2019), s. 175.
28 Wroblewsky, V. v. (2004), s. 41 ja seur.
29 Beauvoir/Sartre 2, s. 60, 15. tammikuuta.
30 Mt., s. 66, 18. tammikuuta.
31 Heidegger, M. (2010/1929), s. 285.
32 BJ, s. 373. [Suomennos: *Pariisi 1939–44*, s. 83.]
33 Mt., s. 380 ja seur. [Suomennos: *Pariisi 1939–44*, s. 93–94.]
34 Historiantutkimuksen mukaan tällainen saksalaisten vastaanotto ei ollut täysin tuntematon, mutta sitä voidaan selittää myös heidän pois ajamiensa Stalinin joukkojen usein yhtä epäinhimillisten tekojen taustaa vasten.

Joka tapauksessa saksalaisten tuloon liittyneet toiveet kokivat pian hirvittävän pettymyksen.
35 Wroblewsky, V. v. (2004), s. 297.
36 Kriegstagebuch, s. 391 ja seur.
37 Mt., s. 420.
38 Mt., s. 201; merkintä 11. heinäkuuta 1940.
39 BJ, s. 393. [Suomennos: *Pariisi 1939–44*, s. 110.]
40 Mt., s. 402. [Suomennos: *Pariisi 1939–44*, s. 121.]
41 Mt., s. 403. [Suomennos: *Pariisi 1939–44*, s. 122.]
42 Wroblewsky, V. v. (2004), s. 299.
43 Beauvoir/Sartre 2, s. 201.
44 Mt., s. 226.
45 Tämä on *Kutsuvieras*-romaanin motto. [Vrt. myös *Voiman vuodet*, s. 361. – Heikki Ikäheimon suomennos kyseisestä tekstikohdasta (*niin & näin* 3/2010, s. 30) kuuluu: "Yksilö, joka ei ole vaarantanut elämää, voidaan hyvinkin tunnustaa *persoonaksi*, mutta hän ei ole saavuttanut tämän tunnustettuna olemisen totuutta itsenäisenä itsetietoisuutena. Kummankin on yhtä lailla haettava toisen kuolemaa kuin asetettava oma elämänsä alttiiksi, sillä toinen ei merkitse yksilölle yhtään itseä enempää."]
46 Skub, s. 552 ja seur. [Suomennos: *Kutsuvieras*, s. 461.]
47 Arendt/Scholem, s. 17.
48 Mt., s. 21 (alaviite 10).
49 Vrt. Young-Bruehl, E. (2018/1982), s. 229.
50 Koestler, A. (1971).
51 Mt., s. 424.
52 Flüchtlinge, s. 18 ja seur.
53 EuU, s. 908. [Suomennos: *Totalitarismin synty*, s. 505.]
54 Mt., s. 921. [Suomennos: *Totalitarismin synty*, s. 514.]
55 Mt., s. 912. [Suomennos: *Totalitarismin synty*, s. 507.]
56 Mt., s. 922. [Suomennos: *Totalitarismin synty*, s. 514.]
57 Flüchtlinge, s. 12.
58 Mt., s. 24.
59 Vrt. EuU, s. 925.
60 Adorno, T. W. & Benjamin, W. (1994), s. 441–443.
61 = vastauksen postimaksu maksettuna.
62 Arendt/Benjamin, s. 139.
63 Pétrement, S. (1973), s. 523.
64 Arendt/Scholem, s. 18.
65 Arendt/Benjamin, s. 101–112.
66 Mt., s. 106. [Suomennos: Benjamin, *Messiaanisen sirpaleita*, s. 182.]
67 Mt., s. 112. [Suomennos: Benjamin, *Messiaanisen sirpaleita*, s. 189.]
68 Vrt. Meyer-Moses, H. (2019), s. 10: noin 5 600 ihmistä karkotettiin tuolloin Badenista Gursiin. Noin kolmasosa heistä kuoli Gursissa tai sen eri alaleireillä.
69 Arendt/Scholem, s. 10.
70 Mt., s. 19.
71 Vrt. Young-Bruehl, E. (2018/1982), s. 223.
72 Heller, A. C. (2009), s. 132.
73 Mt., s. 133.
74 Mt., s. 129.
75 Letters, s. 42.
76 Vrt. Heller, A. C. (2009), s. 116.
77 Journals, s. 209.
78 Mt., s. 215.
79 Mt., s. 209 ja seur.; tämä merkintä on päiväämätön.
80 Mt., s. 229.
81 Mt., s. 228.
82 Mt., s. 229.
83 Ursprung, s. 822.
84 Vrt. Heller, A. C. (2009), s. 134.
85 Vrt. Burns, J. (2009), s. 43 ja seur.
86 Monia eurooppalaisia hämmentävällä tavalla "liberaali" tarkoittaa Yhdysvalloissa keskivertoa vasemmis-

tolaisempaa poliittista näkemystä, ja sitä käytetään nykyään lähes "demokraatin" synonyyminä puoluekannan merkityksessä.
87 Journals, s. 345 ja seur.
88 Mt.
89 Mt.
90 Mt., s. 350.
91 Mt., s. 351.
92 Mt., s. 355.

VII
Vapaus

1 BJ, s. 415. [Suomennos: *Pariisi 1939–44*, s. 139–140.]
2 Mt., s. 411. [Suomennos: *Pariisi 1939–44*, s. 133–134.]
3 Mt., s. 413. [Suomennos: *Pariisi 1939–44*, s. 137.]
4 Schreiber, G. (2013), s. 58.
5 Mt., s. 42.
6 Mt., s. 66.
7 BJ, s. 413 ja seur. [Suomennos: *Pariisi 1939–44*, s. 137.]
8 Bair, D. (1998), s. 310.
9 BJ, s. 430. [Suomennos: *Pariisi 1939–44*, s. 159.]
10 Kriegstagebuch, s. 452.
11 Mt., s. 453 ja seur.
12 Vrt. Sartre, J.-P. (2019/1943), s. 254 ja seur.
13 Mt., s. 1071.
14 Sartre, J.-P. (2018/1947), s. 145–191.
15 Tässä voi yhtyä varauksitta arvioon, jonka esittää Kirkpatrick, K. (2019), s. 198: "So it has been mistakenly assumed that Sartre developed the ethics of existentialism, one of the most popular movements in twentieth-century philosophy, when in fact, Beauvoir did."
16 BJ, s. 424. [Suomennos: *Pariisi 1939–44*, s. 152.]
17 Mt., s. 428. [Suomennos: *Pariisi 1939–44*, s. 157–158.]
18 Vrt. Kirkpatrick, K. (2019), s. 178.
19 BJ, s. 433. [Suomennos: *Pariisi 1939–44*, s. 163.]
20 Mt., s. 431. [Suomennos: *Pariisi 1939–44*, s. 160.]
21 Kriegstagebuch, s. 456.
22 Mt., s. 460.
23 Pétrement, S. (1973), s. 571 ja seur.
24 Mt., s. 581.
25 Pétrement, S. (1973), s. 581.
26 Vrt. OCIV-1 = Écrits de Marseille 1940–1942.
27 Tämän kauden ajattelupäiväkirjat on julkaistu saksaksi niteissä Cahiers 2 ja Cahiers 3.
28 Sartren filosofiaa luonnehti ensimmäisenä "eksistentialistiseksi" katolilainen filosofi Gabriel Marcel (1889–1973). Etenkin käännöksissä saksasta ranskaksi esiintyy terminologista samankaltaisuutta "eksistenssifilosofian" käsitteeseen, jota Karl Jaspers käytti nimenä omalle (myös Kierkegaardin perinteeseen kuuluvalle) lähestymistavalleen, johon myös Marcelin ajattelu liittyy. Ei ole täysin selvää, mihin Weil viittaa tässä – kritiikin voi suunnata Jaspersia (ja Heideggeria), samoin kuin Sartrea ja Beauvoiria vastaan.
29 Cahiers 2, s. 102.
30 Mt., s. 105.
31 Mt., s. 210.
32 Cahiers 3, s. 249.
33 Cahiers 2, s. 289.
34 Mt., s. 320.
35 Mt., s. 180.
36 Mt., s. 323.
37 Mt., s. 240.
38 Cahiers 3, s. 145.
39 Mt., s. 10.
40 Mt., s. 145.

41 Mt., s. 145.
42 Mt., s. 341.
43 Mt., s. 118.
44 Mt., s. 310.
45 Mt., s. 256.
46 Mt., s. 194.
47 Cahiers 2, s. 233.
48 Mt., s. 238.
49 Mt., s. 177.
50 Cahiers 4, s. 67 ja seur.
51 Cahiers 2, s. 224.
52 Mt., s. 104.
53 Mt., s. 316.
54 Mt., s. 349.
55 Mt., s. 193.
56 Vrt. Spinoza, B. (1986/1677).
57 Vrt. Wittgenstein, L. (1984).
58 Vrt. tästä myös Winch, P. (1989).
59 Cahiers 3, s. 331.
60 Cahiers 2, s. 254.
61 Vrt. Wittgenstein, L. (1984), s. 305 (*Filosofisia tutkimuksia* -teoksen esipuhe).
62 Pétrement, S. (1973), s. 608.
63 Cahiers 2, s. 24.
64 Perrin, J.-M. & Thibon, G. (1954), s. 172.
65 Pétrement, S. (1973), s. 617.
66 Arendt/Scholem, s. 28 ja seur.
67 Mt., s. 29.
68 Arendtin kolumnin vakiotsikko *Aufbau*-lehdessä.
69 Mt., s. 21, teksti 14. marraskuuta 1941.
70 Wir Juden, s. 171 ja seur.; s. 173.
71 "Aufbau", s. 28, teksti 28. marraskuuta 1941.
72 Schreiber, G. (2013), s. 64 ja seur.
73 Wir Juden, s. 179.
74 Mt., s. 188.
75 Mt., s. 177.
76 "Aufbau", s. 122.
77 Mt., s. 120.
78 Esim. "Aufbau", s. 82: "Harvat asiat ovat tänään yhtä tärkeitä poliitikallemme kuin sorrettujen ihmisten vapaustaistelun pitäminen puhtaana fasistisesta rutosta. Tämä sota voitetaan vain, jos se vapauttaa kaikki kansat, ja tämä tarkoittaa, että kaikki 'rodut' muuttuvat kansoiksi."
79 Arendt/Scholem, s. 39.
80 Young-Bruehl, E. (2018/1982), s. 240.
81 Letters, s. 59.
82 Vrt. Burns, J. (2009), s. 71 ja seur.
83 Vrt. Heller, A. C. (2009), s. 143 ja seur.
84 Vrt. Burns, J. (2009), s. 80.
85 Letters, s. 63 ja seur.
86 Journals, s. 69.
87 Mt., s. 221.
88 Mt.
89 Ursprung, s. 980.
90 Fountainhead, s. 677.
91 Ursprung, s. 985.
92 Mt., s. 987.
93 Mt., s. 989.
94 Mt., s. 989.
95 Mt., s. 991.
96 Mt., s. 993 ja seur.
97 Mt., s. 994 ja seur.
98 Mt., s. 998.

VIII
Tuli

1 Heller, A. C. (2009), s. 165.
2 Mt., s. 55.
3 Näinä kuukausina Rand aloitti säännöllisen (vuosikymmeniä kestäneen) bentsedriinin käytön. Se oli amfetamiinivalmiste, jota lääkärit määräsivät tuohon aikaan Yhdysvalloissa usein.
4 Heller, A. C. (2009), s. 165.
5 Letters, s. 87 ja seur.
6 Mt., s. 88.

7 Romaani *Kun maailma järkkyi* ilmestyi lopulta vuonna 1957.
8 Letters, s. 174.
9 Burns, J. (2009), s. 96.
10 Vrt. Heller, A. C. (2009), s. 79.
11 Mt., s. 160.
12 Mt., s. 161.
13 Journals, s. 234.
14 Beauvoir/Sartre 2, s. 311.
15 Mt., s. 312.
16 Drei Essays, s. 193–264.
17 Mt., s. 259.
18 Mt., s. 248.
19 Mt., s. 256.
20 Mt., s. 262.
21 BJ, s. 475 ja seur. [Suomennos: *Pariisi 1939–44*, s. 221.]
22 Vrt. Wroblewsky, V. v. (toim.) (2004), s. 329.
23 BJ, s. 477. [Suomennos: *Pariisi 1939–44*, s. 223.]
24 Mt., s. 470. [Suomennos: *Pariisi 1939–44*, s. 218, missä nämä virkkeet on kuitenkin jätetty pois.]
25 Arendt/Scholem, s. 37 ja seur.
26 Mt., s. 39.
27 Vrt. tästä Lewi Stone, "Quantifying the Holocaust: Hyperintense kill rates during the Nazi genocide", *Science Advances*, Vol. 5 No. 1, http://doi.org/10.1126/sciadv.aau7292 (2019).
28 Vrt. Young-Bruehl, E. (2018/1982), s. 262.
29 Suunnitellusta kirjasta muotoutui osa 1 Arendtin teokseen *Totalitarismin synty*.
30 Arendt/Scholem, s. 39.
31 Scholem, G. (1951/1941).
32 Arendt/Scholem, s. 469.
33 Benjamin, W. (2003), s. 695. [Suomennos: *Messiaanisen sirpaleita*, s. 180.]
34 Arendt/Benjamin, s. 30.
35 Arendt/Scholem, s. 482.
36 Mt.
37 Vrt. Kant, I. (1983/1798).
38 Mt.
39 Vrt. Young-Bruehl, E. (2018/1982), s. 264.
40 Arendt/Scholem, s. 39.
41 Gabellieri, E. & L'Yvonnet, F. (toim.) (2014), s. 195.
42 Mt.
43 Mt., s. 196.
44 Tämän vaiheen elämäkertatiedot teoksesta Pétrement, S. (1973), s. 673–693.
45 Cahiers 4, s. 317.
46 Pétrement, S. (1973), s. 680.
47 Vrt. Pétrement, S. (1973), s. 684 ja seur.
48 Mt., s. 689.
49 Vrt. mt., s. 691.

Käytäviä

1 Pétrement, S. (1973), s. 692.
2 Zürichilainen Diaphanes-kustantamo on vuodesta 2009 lähtien julkaissut useita näistä kirjoituksista uusina saksannoksina.
3 Lainaus ranskalaisessa *L'Express*-lehdessä 11. helmikuuta 1961.

HENKILÖHAKEMISTO

Kursivoidut nimet viittaavat fiktiivisiin hahmoihin.